JINRONGXUELEI ZHUANYE
KECHENG SIZHENG JIAOXUE ANLIJI

金融学类专业
课程思政教学案例集

主　编　彭红枫　冯　林
副主编　宿淑玲　张　晶

中国财经出版传媒集团
经济科学出版社
Economic Science Press

图书在版编目（CIP）数据

金融学类专业课程思政教学案例集／彭红枫，冯林主编 . —北京：经济科学出版社，2021. 10（2022. 6 重印）
ISBN 978 - 7 - 5218 - 2992 - 1

Ⅰ. ①金… Ⅱ. ①彭… ②冯… Ⅲ. ①思想政治教育 - 教学研究 - 高等学校 Ⅳ. ①G641

中国版本图书馆 CIP 数据核字（2021）第 215024 号

责任编辑：刘　悦
责任校对：刘　昕
责任印制：邱　天

金融学类专业课程思政教学案例集

主　编　彭红枫　冯　林
副主编　宿淑玲　张　晶
经济科学出版社出版、发行　新华书店经销
社址：北京市海淀区阜成路甲 28 号　邮编：100142
编辑部电话：010 - 88191412　发行部电话：010 - 88191522
网址：www. esp. com. cn
电子邮箱：esp_bj@ 163. com
天猫网店：经济科学出版社旗舰店
网址：http：//jjkxcbs. tmall. com
固安华明印业有限公司印装
787 × 1092　16 开　24 印张　470000 字
2021 年 11 月第 1 版　2022 年 6 月第 2 次印刷
ISBN 978 - 7 - 5218 - 2992 - 1　定价：98. 00 元
（图书出现印装问题，本社负责调换。电话：**010 - 88191510**）
（版权所有　侵权必究　打击盗版　举报热线：**010 - 88191661**
QQ：2242791300　营销中心电话：**010 - 88191537**
电子邮箱：**dbts@ esp. com. cn**）

编委会名单

主　编　彭红枫　冯　林

副主编　宿淑玲　张　晶

编　委　李文君　邢雅菲　王　倩

　　　　　吴　琼　庄爱华

前　言

2020 年 6 月，教育部印发的《高等学校课程思政建设指导纲要》（以下简称《纲要》）指出："落实立德树人根本任务，必须将价值塑造、知识传授和能力培养三者融为一体、不可割裂。要让学生通过学习，掌握事物发展规律，通晓天下道理，丰富学识，增长见识，塑造品格。"立德树人在高等学校课程中的落实集中体现为课程思政建设。所谓课程思政，是指在专业课程教学中坚持"一课双责"，即各门课程既要传授专业知识又要注重对学生的价值引领，传递向上向善的正能量，加强理想信念教育，厚植爱国主义情怀，把社会主义核心价值观教育融入专业教育各环节，深入开展道德教育和社会责任教育，引导学生养成良好的道德品质和行为习惯。《纲要》同时强调，要紧紧抓住教师队伍"主力军"、课程建设"主战场"、课堂教学"主渠道"，挖掘各门课程所蕴含的思政元素和所承载的思政功能，把社会主义核心价值观的要求、实现民族复兴的理想和责任融入课程教学中，实现知识传授、能力培养和价值引领有机统一。

金融产业发展和金融活动在我国经济发展和社会进步中发挥着重要作用，金融类专业作为当前和未来经济管理类本科专业中热门的专业之一，肩负着为国家和社会培养金融人才的重任。而我国金融业的发展改革实践蕴含着丰富的思政资源，与立德树人的基本要求和金融类课程思政建设目标有着极高的契合度，也是金融类专业开展课程思政建设的立足点和教学资源基础。因此，在高校金融类专业开展课程思政建设，将金融理论与思政理论相融合，有助于增强学生对中国特色社会主义市场经济发展和经济理论的道路自信、理论自信、制度自信、文化自信，树立崇高的理想和远大的抱负，塑造高尚的品德和良好的职业道德，形成坚韧不拔的意志品质。

但是，课程思政并非局限于课程建设，而是依托课程建设开展的包括教师培训、教学内容和资源建设以及教学方法设计等一系列要素的整体方案及育人体系。为此，山东财经大学金融学院结合金融类专业教育资源及课程特点，从四个方面设计了课程思政实施方案并付诸实践：一是挖掘金融类专业课程思政育人元素，结合各专业和课程特点，提炼金融学类专业课程思政主题。二是建设金融类专业课程思政内容资源，包括在金融学专业中开设"中国金融史"课程；组织专业教师参加课程思政教学案例竞赛，通过研发教学案例为案例教学提供教学资源等。三是丰富金融类专业课程思政教学方法，结合在线教学及混合式教学改革实践，遴选出多门核心专业课程开展课程思政教学改革研究，目前已完成16门金融类专业主干课程的课程思政教学设计。四是打造金融类专业课程思政师资队伍，学院先后四次聘请校内外专家为专业教师开展课程思政讲座，受众覆盖学院半数以上的专业教师。

本书结集的案例是山东财经大学金融学院在课程思政建设方面的工作成果之一。为探索金融学类专业课程思政案例教学方法、丰富金融类课程思政教学资源，学院于2019年底启动了首届课程思政教学案例大赛，32名专业教师共提交了39篇教学案例，经过两轮评选，筛选出25篇优秀教学案例。在此基础上，学院组织编委会对优秀案例进行了细致的筛选和修改，最终确定19篇案例作为课程思政教学案例结集出版。根据最终遴选出的优秀案例，编委会提炼出八个方向的课程思政教学主题，每篇案例分为正文和案例使用说明两个部分。其中，正文部分客观描述了金融事件发展的来龙去脉，供本科生作为课上学习资料或者课下阅读材料。案例使用说明则是教师开展案例教学的使用指导，任课教师结合本课程内容选用相关案例，在指导学生阅读案例的基础上，在案例使用说明指引下开展案例教学，可以达到专业教学目标和思政教学目标相融合的教学效果。

由于课程思政教育教学改革仍在摸索中前进，本书也是金融类专业课程思政案例教学方面的初步探索，因此，虽然在编纂过程中本书编委会孜孜以求，数易其稿，但缺点和不足之处在所难免，恳请各位同行在使用过程中提出宝贵意见和建议，帮助我们进一步完善本书，共同在课程思政教学领域探索前行。

本书编委会

2021 年 8 月于山东财经大学金鸡岭下

目　录

红色金融与金融史——坚定理想信念，增强道路自信

长剑出鞘　谁与争锋

——北海银行的货币战

庄爱华

摘　要：北海银行是新民主主义革命时期，在中国共产党领导下革命根据地建立的主要银行之一，在中国红色金融史上占有极其重要的地位。北海银行作为"战时银行"，除了开展一般性的银行业务之外，还要与敌人进行残酷的货币战来维护山东革命根据地金融市场的稳定，进而平抑物价和促进生产发展，使北海币成为根据地独立的本位币。货币战是战争时期的一条特殊战线，它和武装斗争同步而行。在枪林弹雨中，北海银行的金融先驱经历了艰苦卓绝的斗争，使北海币成为山东抗战根据地唯一流通的本位币，保卫了根据地经济建设的成果，为武装斗争的胜利提供了坚实的物质保障。

一、引言

"一九四七年，是国民党重点进攻山东最猖狂的一年。我们北海银行沂南办事处，也就是鲁中二专属银行，共十四人，在四个县、近二百万人口的区域内，负担着支援前线、资金供应的任务。从三月份到五月份的三个月时间里，和敌人周旋在沂蒙山区。行程约五千里，上有飞机扫射，下有敌兵追赶，经常雨天行军，露宿山头，有时和敌人隔山相望。有的同志病了，我们就互相帮助，抬着走，架着走，不让一个同志落入敌人手里。那时的运输工具，是一匹驴子和两辆脚踏车，整天在山里转，不到三个月，两辆脚踏车全部报废，小驴子就成为唯一的运输工具了。谁说小驴子不能过河？淄河、米河、沂河都是靠人背驴驮过来的。我们经过两次挑选，把两角以下的小票就地销毁，剩下五角票和元票几个人分担，我们男同志身披黄金，腰扎北海币，把贵重的金银和大额北海币背在身上，就这样靠人力和畜力负担起运送钞票的任务，支援了孟良崮战役和南麻战役。在战斗间隙，我们还到沂水县贷款所和沂东县贷款所了解情况，帮助工作，这对各县也是个支持。

人虽瘦了，但意志、斗志更强了。每到一地，总是不顾劳累地兑换法币，坚持进行反法币斗争……"①

这个惊心动魄的场景不是抗战影视剧中的镜头，而是抗战年代，北海银行的金融前辈在山东革命根据地开展工作的一个缩影，这是原北海银行沂南办事处的老前辈蒋文同，讲述了在峥嵘的抗战岁月里，那支特殊的"金融队伍"开展工作的真实经历。当时，北海银行各印钞厂的金融前辈，在荒郊野外的山洞里、在偏僻的民房里、在灯光微弱的地下道里，克服技术的困难，冒着敌人的枪林弹雨，经历着我们难以想象的艰难困苦，印刷北海币，为抗战的胜利经受战火的洗礼。让我们回到烽火连绵的战争岁月，回顾北海银行的前辈们如何在战火纷飞、硝烟弥漫的战争年代，为夺取抗战的全面胜利，在经济金融战线上所进行的英勇而悲壮的货币斗争。

北海银行是新民主主义革命时期，在中国共产党领导下革命根据地建立的主要银行之一，在中国红色金融史上占有极其重要的地位。北海银行在山东革命根据地辗转奋战了 11 年，其中包括抗日战争 7 年，解放战争 4 年，其全部活动具有"战时金融"和"地方金融"的特点，北海银行成长壮大的过程，是中国共产党经济金融斗争策略的具体实践过程，体现了老一辈共产党人和经济学者卓越的经济策略与金融智慧。

那么，我们先来了解一下山东革命根据地创建北海银行的时代背景。

二、长剑出鞘，北海银行因战而建

1937 年，日本帝国主义发动全面侵华战争，对中国进行野蛮侵略，同时在占领区遍设银行，建立金融网络，以达到"以战养战"的目的。1937 年 12 月，日军占领济南后，立即接管了山东民生银行、平市官钱局等金融机构。1938 年 2 月，华北伪政权设立中国联合准备银行，发行联银券并强制百姓使用，以图在财政、金融上控制山东经济的命脉。

抗日战争爆发后，抗日热潮在山东各地迅速涌起，勇敢的山东人民奋起反抗，举起了反侵略的大旗。1938 年，胶东地区蓬莱、黄县、掖县抗日民主政府成立。当时，日寇入侵，国民党的法币币值急剧下跌，不法奸商和投机者趁机滥发票券，大发国难财，造成物价飞涨，特别是粮价暴涨，给部队供给和人民生活造成了极大的困难。

面对如此困难的经济状况，中共中央指示，要有计划地与敌人发行伪币及破坏法币的政策作斗争，允许在革命根据地设立地方银行，发行地方货币，支持经济发展，全力支援抗战。

---

① 蒋文同. 战斗中的一支银行队伍——临沂大学山东革命根据地北海银行博物馆展出图片文字。

为了巩固和发展山东抗日根据地，中共山东党组织和抗日民主政权开始筹建根据地金融建设工作。1938 年，为稳定财经秩序，调整物价，解决军民的供需矛盾，胶东抗日游击队第三支队成立了财政经济委员会，筹办银行，准备发行货币。经过周密筹划，游击队员突破敌人的重重封锁，筹备齐全发行货币所需要的物资和设备，1938 年 10 月正式对外发行钞票，12 月 1 日，北海银行在掖县民主政府大院举行正式成立开幕仪式并发行北海币，为掖县、黄县、蓬莱三个根据地的通用货币，与法币等值流通，同时，对私人土杂小钞限期清理收兑。由于北海币信誉高，得到人民的拥护，市场流通良好。

1939 年 1 月，国民党与地方土匪相互勾结，侵犯蓬莱、黄县、掖县的抗日根据地。在敌我实力悬殊的情况下，游击队员被迫转入山区进行游击战争。2 月下旬，迫于形势严峻，北海银行被迫解散。

1939 年 4 月，《中共对山东问题之处置办法》指出："山东方面过去退让太多，如接受取消北海行政公署及北海银行……如上述情形不加改变，山东创造根据地与坚持抗战是要受挫折的。"[①] 5 月，中共山东分局指示胶东区委：北海银行务必要努力经营，保持在我们手里，必须成为全省的金融调剂机关。8 月，在胶东特委的指示下，在招远、莱阳交界的张格庄地区重新建立起北海银行，冬天，北海银行又转移回掖县，建立了印钞厂，有了独立的印钞体系，继续发行北海币，开始了正常的运转。

1939 年 5 月 4 日，中共中央北方局、八路军总部根据中央书记处的决定，组建八路军第一纵队，统一指挥山东与冀鲁边及苏北地区的八路军、115 师、新四军游击支队等武装。随着山纵、一纵的相继建立，山东庞大而又分散的抗日武装有了统一的指挥机关，这支武装力量是山东抗日根据地的主要力量。但对于敌后各抗日根据地的物资供应方面，中央无法照顾，只能发扬自力更生的精神，衣食住行都要靠部队自行筹备，保障这支庞大抗日武装的给养及政府经费，便成了抗战工作的重中之重。

为解决抗战队伍的物资供应，1940 年 10 月，八路军一纵供给部决定在鲁中沂南县成立"北海银行总行"，并在沂南县夏庄附近的艾山山沟里建立印钞厂，印制北海币，在鲁中、鲁南地区流通，解决了庞大军队的急需给养和军费匮乏问题，保障根据地民众的生活物资需要。自此，北海银行逐步发展壮大，成为遍及山东各抗日根据地的地方银行，并在山东及周边地区建立起以北海币为本位币的独立货币体系。

三、发行辅币，粉碎敌人"以战养战"的阴谋

为进一步解决抗战队伍的物资供应，粉碎日寇"以战养战"之经济掠夺阴谋，

---

① 山东省钱币学会，临沂市钱币学会. 北海银行在沂蒙［M］. 北京：中国金融出版社，2014：6－7.

1940 年 11 月 22 日，山东省财委会发布了《关于发行北海银行辅币的通知》。

"当抗战进入艰苦的相持阶段的今天，敌寇愈益加紧对其占领区及敌后抗日根据地之经济上的榨取、掠夺、破坏、封锁等种种阴谋，不一而足。其毒计，一方面吸收国家资财物力，大量抛弃我法币，企图使我外汇暴跌，经济陷于困难；一方面极力挽救其经济危机和加强其侵略中国之经济实力，以达其彻底灭亡中华民族之目的。

目前我们在敌后的财政经济政策，亟应针对敌寇侵略诡计急筹对策，如能粉碎其'以战养战'之经济掠夺阴谋，并增其困难，促其崩溃。此乃我们渡过艰关，争取最后胜利之重大任务之一。

因此，山东敌后财政经济政策急需发行辅币，以便维护法币之备用和整理地方金融之需要。我们必须深刻认识，它与开发地方经济、创设产业工厂、扶助农村手工业之发展、推行产销合作事业等，有不可分离之关系。

本会为保护法币、稳固金融与粉碎敌寇'以战养战'之经济侵略，争取抗日战争的最后胜利，受拟发行'北海银行'辅币，以资周转而利抗战，其意义之重大，实关整个战略"。①

四、货币乱象严重，法币贬值

抗日战争时期，山东各地的货币金融状况极为紊乱，国民党政府和军队大量滥发各种纸币、流通券，轻易从民众身上搜刮大量财富。形成了不但行署可以出钞票，投降派的一个团长、一个营长都可以随便发土钞，一时形成土钞比废纸还多的局面。土杂钞流入市场后，国民党官僚以欺诈甚至强迫的手段让民众使用，从民众手中购买粮食、棉花等重要物资囤积起来，等到物价上涨再卖出去，以致物价腾贵，民众受到一再剥削，民不聊生。

1940 年，日寇侵占民生银行以后，为大肆掠夺中国战略物资和黄金白银，随即开始滥发大量民生券，与国民党政府发行的民生券合流，民生券的价值一再下跌，几乎丧失了购买力，成了废纸一般。日寇在沦陷区、国统区发行伪币，并且大量伪造北海币和法币，通过各种渠道投放到根据地，致使法币日益贬值，导致通货膨胀，企图以此扰乱根据地的金融秩序，掠夺民众的物资，破坏生产经济的发展。

当时山东整个地区的货币乱象给人民带来了深重的灾难，我们从以下两个文件可以看出，山东省战时工作推行委员会领导北海银行进行货币斗争的信心与决心。

1941 年 4 月 1 日，《北海银行总行推行新钞宣传大纲及三个附件》中揭露了日寇、

① 山东省钱币学会，临沂市钱币学会.北海银行在沂蒙［M］.北京：中国金融出版社，2014：235.

汉奸、阴谋家、捣乱派伪造北海币的阴谋。

"伪造北海币的出现，是日寇、汉奸、阴谋家、捣乱派一贯的毒辣诡计，企图以毫无代价的伪造币无限度地倾注到我们的内部，来摧残我们抗战的金融，来保持伪准备票毒害民众的地盘，特别是企图以这些废纸潜入到市场来贬低币值，使人民生活愈益艰苦，危害民众，驱广大人民群众于饥寒交迫的绝境。因此，对于日寇、汉奸、阴谋家、捣乱派及其所制造出来用以破坏抗战、危害人民利益的伪造北海币，我们山东三千八百万人民应该义不容辞的共同起来坚决反对之，严格肃清经济战线上的奸细"。①

1942年1月11日，《山东省战时工作推行委员会关于禁用民生银行钞票的通知》描述了民生银行发行纸币对山东人民的毒害。

"查山东省民生银行纸币，原系韩复榘在山东时所发行，资金短少，等于空头支票。抗战后，沈鸿烈不顾民生疾苦，复继续大量印发，数年来流通巨万，我全山东人民受其毒害者实非浅鲜。乃近来敌人为扰乱我金融，破坏我抗战……我们为巩固敌后抗战金融，避免人民受害，对伪民生银行伪钞之流通，自当禁止使用。特此通知全山东各级民主政权机关，自即日起应即布告民众，明令禁用，并广为宣传，严加查禁，以期彻底禁绝流通为要"。②

五、货币战的复杂性与残酷性

北海银行作为战时银行，除了开展正常的银行业务之外，面对根据地各种货币乱象，肩负着特殊使命：发行本位币，打击各种假币及日伪货币的入侵，取缔各种土杂钞，与引起通货膨胀的法币作斗争，建立起独立自主的、统一的北海币市场，保护根据地的物资，平抑物价和促进根据地的生产发展。货币战是战争时期的一条特殊战线，它和武装斗争同步而行。

在货币乱象丛生的革命年代，根据地货币斗争异常残酷和严峻，斗争对手有土杂钞、各地方省钞、各种敌伪钞和法币等，其中法币、伪币是主要的斗争对手。面对如此残酷的斗争形势，北海银行需要采取多种灵活的斗争策略，一方面是货币流通范围的大小之争；另一方面是外汇管理中的比价斗争。斗争的目的主要是稳定民心、争夺物资、稳定物价、促进经济发展、为夺取抗战胜利提供物资保障。

1944年7月1日，时任山东省工商管理局监察委员的薛暮桥在《山东的北海票》一文中，如此描述根据地经济的严峻形势以及发行北海币的必要性和紧迫性。

① 山东省钱币学会，临沂市钱币学会. 北海银行在沂蒙 [M]. 北京：中国金融出版社，2014：235.
② 山东省钱币学会，临沂市钱币学会. 北海银行在沂蒙 [M]. 北京：中国金融出版社，2014：238.

"抗战七年，物价本来是天天上涨。现在不论重庆或者上海，物价均比战前涨了几百倍，尤其是最近三四年来涨得最快。物价如此飞涨，已使抗战经费难以保证，人民生活难以维持。再加上敌伪的推行伪钞，排挤法币，掠夺物资，使我根据地的有用物资滚滚外流，换回一堆堆的废纸。这种巨大的抗日财富之损失，我们是不能忍受的。山东的共产党和民主政府为着坚持抗战，保护人民利益，挽救经济危机，决定自己发行本位币来稳定币值，平抑物价".①

下面以抗战时间为顺序，具体讲述货币战争的具体过程。

（一）抗战初期至 1942 年以前的货币斗争

这一时期，由于北海币还处于辅助法币流通的地位，法币与北海币并存流通，市场上北海币的发行数量，很大程度上要受法币流通数量的影响。另外，根据地同时存在伪钞、土杂钞和假币的使用，因群众难以分辨，一时难以杜绝。

革命根据地采取的措施是：根据地内部严禁日伪货币侵入流通，严禁它与法币的兑换。当时与国民党已建立了革命统一战线，对法币采取"保护政策"，要保证其正常行使并巩固信用，只能采取防御式的斗争策略，未能从根本上杜绝掉法币的危害，在这种情况下，重要物资流失现象严重，由法币引起的通货膨胀日益加剧，物价剧烈波动，一时难以控制。同时，根据地制定一系列斗争措施来查禁伪钞，并动员群众不得使用；关于土杂钞，用登记、交押金、限期收回等办法进行肃清，并查获了数起假造北海币案件。

1943 年 8 月，省战工会主任委员黎玉在临时参议会第二次大会上所作的施政报告中，讲述了这一时期货币金融斗争所取得的阶段成效。

"1. 打击伪钞。敌人自 1939 年起，在华北发行大量伪准备银行券，首先，在各大城市及交通沿线流通，并逐渐向我根据地推行，严予查禁，并动员群众不得使用，1941 年冬，山东省平市官钱局及民生银行被敌收买变为伪币，我们也明令禁止，除个别游击区外已不流通。

2. 取缔土杂钞。抗战后，因秩序紊乱，金融滞涩，各地商民大量发行土杂钞，特别是游玩区更多。为统一币制，用登记、交押金、限期收回，或代为兑换等办法肃清了土杂钞。

3. 反假票斗争。敌人为破坏我金融，1940 年，在鲁中即发现两种伪造北海票，1942 年内敌又有计划、有组织地在各地区伪造北海票多种，利用奸人向我根据地行

---

① 山东省钱币学会，临沂市钱币学会. 北海银行在沂蒙 ［M］. 北京：中国金融出版社，2014：242.

使，在我们宣传查禁、建立识别所等办法的打击下，也均先后绝迹。胶东五起伪造假票，滨海、鲁中查获数起。"①

（二）1942 年以后的货币斗争

为了摆脱法币贬值的影响，山东根据地从 1942 年起开始了"排法"斗争，开始停用法币，首先在胶东获得成功；其次在滨海、鲁中、渤海、鲁南相继成功。到 1944 年春，在根据地内部全面确立北海币的本位币地位，形成完全独立自主的货币市场。解放战争时期，在国民党统治区的物价暴涨、法币最终成为废纸的情况下，山东解放区的物价相对来说还是保持了基本稳定。

1. 艰苦卓绝的"排法"斗争。

（1）"排法"斗争的现状。滨海专员公署于 1942 年 8 月 1 日发布了公告，宣布北海币为本位币。然而实施以来，因宣传工作没有充分开展，群众不明白真相导致谣言四起，人心惶惶。土匪、汉奸、特务趁机扰乱市场，煽动群众的不满情绪，有的土匪汉奸借政府检查法币之名，掠夺人民财产，破坏政府威信；部分商人停止营业，静观其变，甚至从事投机生意。这一举措致使民心与商业状态涣散，市场秩序紊乱，甚至在抗日根据地的中心市场造成物价飞涨。这种情况的主要原因是群众没有充分了解北海币作为本位币的作用，出现以下各种混乱的状况。

一是因为事前没有进行广泛深入的宣传，老百姓不了解贬低法币价格的原因，加上奸商散播、污蔑八路军收买法币的谣言，导致老百姓对打击法币的行为产生困惑。有的农民说："鬼子打击法币，八路军也打击法币，这难道不是帮着鬼子做事吗？"

二是商人也遇到了现实困难："法币不让用了，没处兑换北海票，怎么去采购商品呢？"②

三是不法商人却乘机假借政府检查法币之名，掠夺百姓的财产，破坏政府的威信。有的商贩开始投机敛财，民心与商业顿失正常状态，造成物价剧烈波动，严重影响了百姓的生活。

此时，轰轰烈烈的排法斗争只是在局部取得胜利，通货膨胀问题并没有得到根本解决。根据地的货币战争陷入困境中，时任山东省军区书记朱瑞和政府主席黎玉也一筹莫展。

恰逢其时，新四军中的经济学家薛暮桥准备去延安工作，路过山东境内，被朱瑞

---

① 山东省钱币学会，临沂市钱币学会. 北海银行在沂蒙 [M]. 北京：中国金融出版社，2014：83 – 84.
② 山东省钱币学会，临沂市钱币学会. 北海银行在沂蒙 [M]. 北京：中国金融出版社，2014：88.

和黎玉极力挽留，请薛暮桥想办法解决货币战这一难题。薛暮桥就此留在山东，利用他的经济学理论与实践指导货币战的开展。

1943年春，薛暮桥对山东地区的货币情况深入调研后，提出："想取得排法战争的彻底胜利，必须建立以北海币为本币的市场，要把法币彻底从根据地驱逐出去。"[①]

但驱逐法币谈何容易呢？

在集市上，根据地的群众和地方党政军民各界仍使用法币，法币仍畅通无阻，造成物价剧烈波动。

敌占区集市的货币情况更是严峻，货币的使用完全被敌人所操纵，法币、伪造的各种票、联银券混合使用，其中联银券的价格最高，是敌占区货币流通单位。敌人除了强迫使用伪币、禁用法币外，还在集市上用了各种方法来提高伪币的价格，再加上敌人反宣传的作用，群众一时难以分辨真实情况，以致法币价格大跌，北海币也随之跌价，导致物价飞涨，敌占区与游击区的老百姓对货币的使用都按照敌人规定的价格，给人民的生活带来了极大的困难。

面对这些问题，根据地对开展"排法"斗争以来的工作进行了深入分析，认真查找了原因。主要原因有：一是关于北海币的使用，没有在群众中进行广泛深入的宣传动员，及时澄清谣言，结果有些群众不了解贬低法币价格的原因。二是没有及时设置兑换所，帮群众解决北海币兑换的难题。三是执行法令不够严格。四是斗争中的细节没有考虑到位。

（2）货币战采取的主要措施。为了切实开展好货币斗争，保障根据地金融市场的稳定，发展战时经济，改善民生，根据地采取了一系列经济对策，主要有对内和对敌两个方面。

对内方面，采取的具体措施如下。

一是扩大本位币的使用范围。只要流通范围扩大，本币的价格即能提高。推动各市集商贾、部队机关均使用本币，爱护本币，并有计划地在群众基础好的敌占区进行贷款，推广使用范围。

二是出入兑换。银行负责存储法币，有计划地在边沿地区成立兑换所，便利商人出入境兑换。

三是盐业方面。各县盐类交易所必须保证严格使用本位币，例如商人带有法币时按价折合使用，为了避免商人作弊，盐商必须在盐署或交易所领取运盐证方准购买。

四是布匹方面。竭力提高土布生产，争取不再用外布，达到自给自足的目的。为了解决目前布匹缺乏问题，贸易局有计划地准备一些花生米或花生油出口，但必须保

---

① 山东省钱币学会，临沂市钱币学会. 北海银行在沂蒙［M］. 北京：中国金融出版社，2014：312.

证换回一部分布匹，适当地掌握本币价格。另外，到各集市发卖，并以北海币作价，以调剂根据地内当前布匹缺乏的困难，提高本币威信与流通范围。

五是食粮方面。各县政府应该酌量地拨出一部分优救粮，例如无优救灾粮就暂由公粮适当地借出一部分作资本，于各集市成立粮店，按本币价格出售（甚至可能低于市价）。

对敌方面，采取以下三项措施。

"一是针对敌人的毒计。专员公署先是严格执行法币贬值使用的法令，并逐渐做到完全停用法币。同时在边沿区大集镇设立兑换所，用一切办法提高北海币的信用，使敌人将法币大量倾入根据地的企图破产。

二是针对敌人对我资源的掠夺。根据地实行统制出入口贸易。但统制贸易并不是垄断贸易，与民争利，而是在繁荣根据地的条件下，与商人取得合作，对粮食以及资敌的军用，绝对禁止出口。对我根据地可以出口的土产，主要采取"以货易货"的办法。以广大群众为基础设立合作社，以统制运销。

三是针对敌人利用奸商和特务活动。对我粮食土产的高价收买，我们建立封锁带，加强边沿区的封锁和缉私工作，是完全必要的。为了堵住这一漏洞，不仅贸易人员加强了防范，而且除了主力和地方武装的配合之外，主要还依靠广大民兵自卫团游击小组，取得了很好的效果。"①

由于采取了对内对敌这一系列有效措施，滨海根据地的"排法"斗争取得了胜利，市场以北海币为流通货币，群众都能主动自觉地排斥法币。

（3）以薛暮桥的经济理论与实践为武器。1943年，山东抗日根据地依据经济学家薛暮桥对马克思主义货币理论的研究，在"纸币的基本保证是物资"思想指导下，严格控制货币发行数量，掌握重要物资，造成对外贸易的优势，根据市场规律灵活掌握北海币与伪联银券的比价，制定正确的政策和策略，在抗日根据地指导"排法"斗争。

敌人利用货币为手段，对根据地的经济斗争发起进攻，将无价值的法币，大量向我方根据地倾销，以扰乱根据地金融市场，换取物资，企图借此使法币在根据地造成恶性循环，通货膨胀，物价高涨，物资枯竭，民生痛苦，不战而败。这种大破坏对根据地的影响比几次扫荡甚至还要严重。为粉碎敌人的经济进攻，根据地军民坚守阵地，以北海币为本位币，驱逐法币，让法币失去在市场贸易中的桥梁作用，免去货物不等量的交换损失。

薛暮桥在北海币没有金银和外汇做储备的情况下，提出了自己独特的观点。

---

① 山东省钱币学会，临沂市钱币学会. 北海银行在沂蒙［M］. 北京：中国金融出版社，2014：80－90.

"货币的价值决定于货币发行数量,而不取决于它所包含的黄金价值。为了更好地控制物价,稳定币值,要在根据地建立工商局,负责随物价的涨落吞吐物资,调解货币流通数量,从而保持币值和物价的稳定"。[①]

"每发行一万元北海币,至少有 5 000 元用来购存粮食、棉花、棉布、花生等重要物资。如果物价上涨,就出售物资回笼资金;反之,则增加货币发行量,收购物资。因此,货币价值决定于货币发行量,而不取决于它所包含的黄金价值"。[②]货币斗争理论包含着三个层面:货币斗争、贸易管理、生产建设。货币斗争排第一位,要取得货币斗争的胜利,必须有贸易管理和生产建设的支持。

战争时期,薛暮桥以特有的经济理论指导货币斗争取得了伟大的胜利。"币值决定于货币发行数量"这一著名论断,在 30 年后,才成为国际社会公认的经济原理,薛暮桥创造了世界上的一个奇迹。北海币之所以能够成为中国共产党领导的根据地货币中流通时间最长、使用人口最多、涉及范围最广、币值最为稳定的货币,得益于薛暮桥货币金融理论的正确指导。

2. 反假币斗争。

日伪敌顽为配合他们在政治上的进攻,实施从经济上摧毁抗日根据地的阴谋。为破坏北海币的信誉,扰乱根据地金融秩序,毁坏根据地的经济壁垒,敌伪势力不断制造假北海币,利用特务、汉奸潜入根据地大量抛出假币,让不少百姓上当受骗,蒙受损失,一时造假活动十分猖獗。

为此,北海银行总行于 1941 年 4 月 1 日发布了第一个关于反假货币斗争的文件《对付假造本币的办法》,共分为对群众的宣传教育、揭破伪造本币者的阴谋、假票之处理及奖惩办法、如何识别假票技巧四个部分。特别是要求各地普遍设立纸币识别所,帮助群众识别本币和伪币;对确系故意携带假币在 5 元以上企图使用获利者,查实后以私造伪钞扰乱抗战金融论罪;对查获假票或捕获使用假票犯者,给予奖励;同时,办法还明确了假票的识别机关和识别方法。

山东省战工会于 1941 年 5 月 5 日发布了《山东省战时工作推行委员会关于查禁北海银行假钞的通知》,要求各地严厉查禁假票。1942 年 12 月 11 日,由山东省战时工作推行委员会主任黎玉、北海银行总行行长艾楚南、中共山东分局财委会主任冯平联名签发的《关于查禁伪造北海本币的指示》,这是山东抗日根据地开展反假货币斗争的纲领性文件。文件分析了当前反假币斗争面临的形势,并指出了敌人伪造北海币的阴谋。根据山东省战工会的这一指示,一场群众性的反假币斗争在山东各个根据地如火如荼地开展起来。

---

①② 山东省钱币学会,临沂市钱币学会. 北海银行在沂蒙［M］. 北京:中国金融出版社,2014:312.

（1）假币流入方式。

当时假北海币流入根据地的方式主要有以下五种。

一是利用奸商在根据地边缘地带高价收购粮食等物资，每千元中混有三四百元假票；二是利用汉奸的亲朋好友等，到根据地内集市上用假票购买粮食、布料等；三是奸商持假票到乡村购买汇票，既能一次放出大量的假票，又因不在集市上而不易被人发觉；四是利用奸细冒充根据地工作人员，在根据地边缘地区的集市上专查真北海币，推行假北海币；五是日军在根据地大"扫荡"时，给抓去做劳役的民工发放假北海币。

当时，根据地的报纸经常报道有关假币的消息。

例如，1942年12月27日《大众日报》载："蒙阴敌寇近以三百万元向我根据地收买粮食、棉花。其中一百万元即系近日发现之伪造蓝色伍元北币，其破坏我金融之毒辣阴谋可以想见。"[①]

1943年1月，莒南市面发现伪造的北海币伍元券。1月18日、19日，在十字路查获三人带入伪造的北海币10万余元。将犯人移交司法机关依法处置。

1943年2月8日《群众报》载："滨海各地连日发现大批敌人伪造之北海银行纸币，混入我根据地，企图扰乱我金融。其伪造票已达两千万元之多。"[②]

山东省战工会已于日前通令各地，紧急动员，展开群众性反假票斗争。北海银行总行同时公布真假北海币识别办法，张贴大小集市。在党政军民紧急动员下，群众性反假票斗争已广泛展开，各地查获散布假票之奸商多起。滨海各地连日召开村民大会，深入传达真假票识别办法，动员群众协助政府缉私。

（2）反假币的斗争措施。

第一，通过党政军民各种组织自上而下地深入动员，能够识别真钞、伪币。第二，由政府布告人民，指出真钞与伪币区别之点。第三，由县政府以区为单位召集村主任联席会议，研讨识别方法及如何查禁问题。第四，由贸易局、北海银行召开各地商人座谈会，从商人本人的识别做起达到禁绝伪币的目的。第五，利用各种报纸书刊及冬学等教育机关，指出维护北海本币，查禁伪造假票是全体抗日人民的严重政治任务。第六，对于伪币来源，应由各地公安局负责严密侦察，做到正本清源。第七，查获大批使用伪造北海本币，确与敌寇勾结，计在破坏根据地金融之奸人，应即处以极刑，以资镇压。第八，北海银行总行，各地分行及办事处，会同各地政府机关，设立识别所，替人民辨别真伪。[③]

在这场金融战争中，斗争最激烈的是货币战争，敌我双方都力争以自己发行的货

---

①②③　山东省钱币学会，临沂市钱币学会. 北海银行在沂蒙［M］. 北京：中国金融出版社，2014：93，97.

币占领流通市场，驱逐对方货币。金融战争伴随着政治军事斗争，一直持续到抗战斗争的结束，最终我们取得了伟大的胜利。

六、货币斗争胜利的伟大意义

经过艰苦卓绝的货币斗争，北海银行胜利完成了"排法"工作，消除了各种土杂钞，制定了一系列查禁假币的具体措施，完全消灭了由于法币膨胀所造成的经济危机。北海币已经成为市场上唯一的流通工具，它的流通范围且已逐渐扩张到游击区和敌占区，敌占区的人民纷纷储藏北海币，因而本币流通数量虽然增加两倍，仍是供不应求。货币斗争和贸易斗争的胜利，减轻了财政开支，保证了财政供给。在物价的下落中，根据地人民的生活逐渐得到改善，根据地的生产经济得到极大的发展，为夺取抗战的伟大胜利提供了坚实的物资保障。

北海银行前后存在达11年之久，出色地发挥了新民主主义革命金融机构的作用，为发展新民主主义经济事业开展了许多创造性的工作，与此同时，北海银行还为新中国的金融事业培养了一大批专业人才，积累了丰富的实践经验。

北海银行的创建和发展，反映了中国共产党领导下的红色金融事业在战争年代披荆斩棘、浴血奋战、成长壮大的伟大历程，是中国共产党新民主主义革命理论和路线在经济工作领域的重要实践。对北海银行的发展历史进行综合研究和探讨，可以为我们当前的金融工作提供有益的启迪与借鉴。

案例使用说明

一、教学目的与用途

1. 适用课程：金融学、金融工程学、投资学。

2. 适用对象：本案例主要为金融学院的本科生开发。

3. 教学目的：学习本案例，掌握货币战的基本知识，深入思考当下全球金融经济的发展现状与趋势，完善自我知识建构，为新时期我国经济的发展做出应有的贡献。

北海银行兼具"战时金融"和"地方金融"的特征，是我们国家红色金融的重要组成部分。本案例再现了战争年代，北海银行的革命先辈从无到有，历经千辛万苦，冒着枪林弹雨，在齐鲁大地上写下可歌可泣的英雄事迹。金融开拓者在革命斗争中创新了理论，完善了实践，彰显了超凡的智慧和勇气。金融先驱和抗日战争军民在共和国金融史上留下了浓墨重彩的一笔。

金融学子传承红色金融文化基因，牢记新时代所肩负的历史责任和光荣使命，汲取金融先辈们在战争年代所积累的宝贵经验，激励广大金融从业者继承发扬革命先辈的光荣传统，不断推进我国金融事业深化改革和稳健发展，为新时期经济的振兴作出应有的贡献。

具体目标分为以下三个方面。

（1）学史明理，知行合一。历史总是惊人的相似，却不是简单地重复。北海银行在艰苦的战争年代，历经千险万难，发行北海币，开展货币斗争，抑制物价，调整通货膨胀，促进根据地经济的发展，在具体实践中积累了一系列宝贵的工作经验，为今天的金融工作者提供了有益的思考和借鉴。

（2）货币战争的基本形式。北海银行建立后，作为"战时银行"，除了要开展一般性的银行业务之外，面对革命根据地各种货币乱象，还肩负着货币战争的特殊使命：发行本位币，打击假票及日伪货币的入侵，取缔各种土杂钞，与引起通货膨胀的法币作斗争，并最终将法币排除，建立起独立自主的、统一的北海币市场，北海币成为根据地唯一流通的本位币，保护了根据地军用和民用物资，平抑了物价，促进了根据地的生产发展，为革命斗争的胜利提供了坚实的物质保障。

（3）传承红色金融文化基因。抗日战争和解放战争时期，北海银行为革命做出了巨大的贡献。北海银行在发展历程中，经历了无数次的枪林弹雨，浴血奋战，金融战线的斗争与军事战争同样惊心动魄。学生在学习过程中，通过了解北海银行创建历程的艰难困苦以及为革命胜利所做出的巨大贡献，传承红色金融文化基因，汲取金融先辈们在战争年代的奋斗精神，自我激励，学有所成，不断推进我国金融事业深化改革和稳健发展，为新时期经济的腾飞做出应有的贡献。

二、启发思考题

1. 什么是货币战？为什么战争年代和和平年代都会发生货币战？各有什么特点？应如何应对？

2. 薛暮桥的"币值决定于货币发行数量"这一理论在 30 年后才成为国际社会公认的经济原理，你如何理解这一原理？

3. 在艰苦的战争年代，北海银行的先驱者和开拓者坚守红色金融革命精神，为革命的胜利做了哪些贡献？

4. 探索抗日战争年代和解放战争年代，货币战取得胜利的有效经验以及对当今的借鉴意义。

三、理论依据与具体分析

（一）理论依据

1. 关于货币供给与发行的有关理论。货币供给与发行的问题，历来受到各国中央银行和货币管理当局高度重视，也是各国经济学家一直关注的重大课题。其原因皆在于货币供给是否适当，会直接影响国家经济发展的状况，货币供给过多容易引起通货膨胀，货币供给不足又容易引起通货紧缩。无论是通货膨胀还是通货紧缩都不利于经济的可持续增长。在追求经济可持续增长和建设和谐社会的时期，讨论货币供给与发行的问题，具有重要的现实意义。

货币发行就其性质来说，可以分为经济发行和财政发行。经济发行是指为了满足商品流通的需要而发行的货币。这种发行是符合货币流通规律要求的，因此，它既能满足国民经济需要，又能保持币值稳定。财政发行是为弥补财政赤字而发行的货币。这种发行超过商品流通的实际需要，往往会导致通货膨胀。

2. 关于货币战的本质。从本质上讲，货币战就是掌握国际巨大金融财富的人群使用手中所掌握的巨大财富施加经济和政治的影响，在一个国家或者数个国家甚至世界范围内制造大的金融动荡，又或者是制造一种新的金融货币体系，继而通过这种动荡或者体系达到他们获取更大财富以及持久获取财富的途径。

几乎每一场世界重大变故背后，都能看到国际金融资本势力的身影，他们通过左右一国的经济命脉掌握国家的政治命运。通过煽动政治事件、诱发经济危机，控制世界财富的流向与分配。可以说，一部世界金融史，就是一部谋求主宰人类财富的货币战争史。

（二）具体分析

1. 货币战是各国通过自己的货币来得到利益的最大化。而货币的两个最基本要素就是价值和发行量，各国通过控制着两个因素相互博弈，当这种博弈很激烈的时候即是货币战。

苏联革命成功的经验和巴黎公社的失败，使中国共产党领导人深刻地认识到：革命想要成功，必须一手抓枪杆子，一手抓钱袋子。因此，在山东革命根据地创建北海银行，繁荣根据地经济，加强对敌金融货币斗争，冲破敌人的经济封锁，稳定金融秩序，促进经济建设，改善人民群众的生活，为革命战争提供军费保障，确保山东革命根据地能独立自主地开展金融工作。

山东革命根据地作为全国货币金融的主战场之一，多种金融力量厮杀，中国共产党为夺取经济战线的胜利，驱逐法币，打击假币，成为抗日根据地救亡图存的唯一选择。开展的货币战主要是北海币与法币、日伪钞、假币和土杂钞的斗争。

北海银行配合山东根据地党政军民积极开展敌后货币战，严禁伪、杂钞行使，推行北海币，排除法币，打击假币。根据山东省战工会的指示，一场群众性的"排法币"和反假币斗争在山东根据地如火如荼地开展起来。

2. 北海银行遵循货币发行与物价同步增长的规律：每发行 1 万元北海币，至少有 5 000 元用来购买粮食、棉花、棉布、花生等重要物资。如果物价上涨，就出售物资回笼货币；反之，则增加货币发行量，收购物资。因此，货币价值决定于货币发行数量，而不取决于它所包含的黄金价值。"币值决定于货币发行量"这个理论是中国人在现代经济学上的一个新发明，领先于美国 30 年。

薛暮桥的"货币斗争理论"包含三个层面，即货币斗争、贸易管理、生产建设。其中，货币斗争排第一位，但要取得货币斗争的胜利，必须有贸易管理和生产建设的支持。同样，完善贸易管理和生产建设，就必须完成"停法禁伪"工作，这样才能保护物资，稳定物价，克服经济危机。

3. 在与侵华日军和国民党政府不见硝烟的经济战场上，共产党人和抗日民众一起，历经长期的艰苦斗争，保卫了抗日根据地经济建设的成果，为夺得抗战胜利增添了有力的砝码。1944 年 4 月，山东抗日根据地宣告"排法"斗争获得胜利，日伪币、法币完全退出市场，北海币成为根据地唯一流通的本位币。

北海银行是山东革命根据地的战时银行，是红色金融的象征。北海币是人民币发行前各根据地中流通地域最广、使用人口最多、影响范围最大、历经时间最长、币值最稳定的货币之一，为中国人民银行的成立和人民币本位制度的建立，奠定了坚实的基础。

4. 这是一场惊天动地的货币战争，山东对敌经济斗争取得巨大胜利的经验：一是坚决服从中国共产党的领导，进行广泛深入的宣传，统一思想，严格执行法令；二是以先进的理论为指导，根据地以薛暮桥同志的经济理论为依托进行"排法"斗争，粉碎了敌人通过法币掠夺根据地物资的阴谋，同时打击假票及日伪货币的入侵，取缔各种土杂钞，建立起独立自主的、统一的北海币市场；三是充分发动群众、依靠群众，进行阵地斗争（流通范围）和比价斗争（外汇管理），斗争形式多样化，争夺物资，稳定物价。

山东根据地取得的货币战争胜利，被很多中外人士认为是一场奇迹。革命根据地红色金融的创建为当今社会主义金融体系的建立和金融事业的发展提供了宝贵的经验和启迪，早期金融工作者艰苦奋斗、无私无畏、勇于创新的革命精神，也时刻激励着当代金融学子为金融事业的发展贡献力量。

参考资料：

［1］车少远，衣方杰，张庆举．没有硝烟的战场．北海银行：货币较量的斗士［EB/OL］．http：//ly. wenming. cn/jjym/201508/t20150820_1925198. html.

［2］山东省钱币学会，临沂市钱币学会．北海银行在沂蒙［M］．北京：中国金融出版社，2014.

［3］中国金融思想政治工作研究会．中国红色金融史［M］．北京：中国财政经济出版社，2021.

［4］王丽英．中国红色金融简史［M］．北京：中国旅游出版社，2020.

纸币发行制度

——以北海币的发行为例

李德荃　苏仪宸　王　磊

摘　要： 完全的纸币制度是迄今为止人类社会最为先进的货币制度。在完全的纸币制度下，纸币的发行以重要商品或物质为最终准备，以物价稳定为首要目标；且纸币流通存在良币驱逐劣币的规律。尽管早在北宋时期我国便已出现较为科学的纸币发行理念和思想，但在重要政党与政府的层面上，不仅形成较为科学且系统的纸币发行理念和思想，而且还能始终坚定地贯彻实施，中国共产党与人民政府无疑开启人类之先河。本文将以山东北海银行的纸币发行为例，系统阐述纸币发行的基本原理，并归纳提炼与弘扬北海银行红色金融文化与精神。

一、引言

在作为金属货币替代物的纸币制度下，货币政策的核心目标是确保所发行纸币可依约定比率自由兑换金融货币。而在完全的纸币制度下，货币政策的核心目标是确保物价稳定。换句话说，就是确保所发行纸币的购买力相对稳定。完全的纸币制度及其思想是人类迄今为止最先进的货币思想与货币制度。

人民币一开始便是完全的纸币，它从来就不是黄金、白银等金属货币的替代物；它也不以美元或英镑等强势货币为准备。因此，人民币发行制度一开始便是完全的纸币制度。人民币实质上是以物资做准备的。而在北海银行总行成立之后，北海币的发行很快就具有了这一属性。中国共产党人掌握完全纸币制度下货币政策理念的时间远早于西方。①

----

① 南宋时，政府已经不再按时收兑会子，因此，南宋会子已经是不兑现纸币，类似于当今的完全纸币制度。而且当时宋人已经意识到维持购买力是纸币发行的关键。例如，《历代名臣奏议》卷二七三知江州府袁燮《便民疏》中说：盖楮之为物多，多则贱，少则贵，收之则少矣；贱则壅，贵则通，收之则通矣。但这种理念尚未形成共识，更未切实地践行。

在 20 世纪 20 年代末至 40 年代末的战争时期，由于贵金属和外汇的缺乏，储备与调配物资，凭以稳定货币购买力，成为我党制定货币政策的首要考虑因素。这一货币政策思想的演化过程，在北海银行的对敌货币斗争中表现得最为清晰。山东解放区也是我党对敌货币斗争战果最为辉煌的案例。

"不以贵金属或外汇作保证，也能维持物价稳定"的观点显然违背了直至 20 世纪 70 年代初西方主流经济学的信条。因此，要以物资作保证，设法稳定货币对社会大众商品的购买力，而不是稳定对贵金属或外汇的购买力。中国共产党人这一货币思想的生成与成功实践极具创新性。北海银行在 40 年代的货币发行理念足以奠定其在世界货币思想史中的地位。

货币发行原理与制度属于金融学专业的核心课程内容。以北海银行的纸币发行为例，在讲解纸币发行基本原理的同时，得以感怀革命先烈的丰功伟绩，并深刻体会金融、银行和货币在国家与民族命运抗争与发展道路选择上的重大意义与无可替代的作用。这些革命先烈志士全是故乡人，其可歌可泣的英雄事迹均为家乡事，追忆起来自然感人至深，动人心魄。

二、掖县①北海银行的诞生

（一）北海银行的诞生

1937 年 7 月 7 日，"七七"事变爆发，日寇发动全面侵华战争。10 月初，日军沿津浦路南犯山东。12 月，山东省主席韩复榘弃省南逃，省内大多数地方政府瓦解，官员作鸟兽散。1937 年 12 月 24 日，中共胶东特委在天福山发动抗日武装起义，组建"山东人民抗日救国军第三军"。1938 年 3 月 9 日，中共掖县县委组织领导抗日游击队光复掖县县城；13 日，成立"胶东抗日游击第三支队"②，郑耀南任支队长。

北海银行开始筹组于 1938 年 4 月，正式成立于 1938 年 12 月 1 日。③ 资本金为 25 万元；张玉田任总行行长，陈文其任副行长兼黄县分行行长，邢松岩任经理；首次发行 1 角、2 角、5 角、1 元四种面值的北海币（如图 1、图 2 所示），合计 9.5 万元。④

---

① 掖县即今山东省烟台市莱州市。

② 8 月三支队与胶东特委领导的抗日救国军第三军合编，改番号为八路军山东纵队第五支队。

③ 八路军山东纵队第五支队二十五旅（胶东抗日游击队第三支队）主办的半月刊《海涛》创刊号（1938 年 12 月 10 日出版），曾专题报道"十二月一日北海银行开幕"，正式对外营业。

④ 徐兵. 红楼隔雨相望冷——张玉田和北海银行 [J]. 企业文化, 2014（8）：72-73.

图 1　北海银行"掖县"壹角（正、背面）

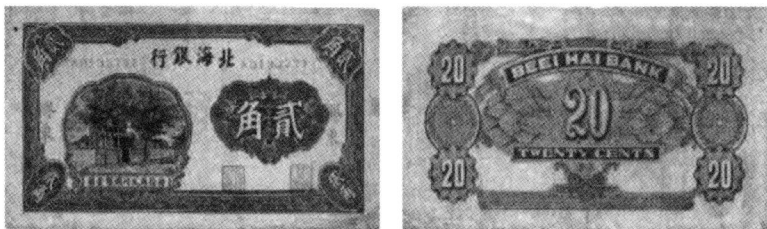

图 2　北海银行"胶东"贰角（正、背面）

资料来源：孙培宽. 北海银行及其发行的纸币［J］. 收藏，2015（7）：72 - 76.

北海银行原始股份认购如表 1 所示。

表 1　　　　　　　　　　　　　　**北海银行原始股份认购**　　　　　　　　　　　　　单位：元

股东	计划资金数	实收资金数
胶东抗日游击队第五支队司令部	75 000	0
掖县经济委员会	65 000	55 672.02
黄县经济委员会	55 000	45 664.545
蓬莱经济委员会	55 000	0
合计	250 000	101 336.565

注：1938 年 9 月 18 日，山东人民抗日救国军第三军与胶东抗日游击队第三支队正式合编为"国民革命军第八路军山东人民抗日游击队第五支队"。

资料来源：中国人民银行金融研究所，中国人民银行山东省分行金融研究所. 中国革命根据地北海银行史料（第 1 册）［M］. 济南：山东人民出版社，1986.

北海银行的主要业务和职责是：取缔土杂私钞，禁用伪币，提高本币信誉；发放贷款，打击高利贷；兑换黄金和外汇；上缴外汇进行区外采购，以保证军需供应，支援抗战。

（二）掖县北海银行诞生的偶然性*

对于银行的价值，我党早有认识；对组建银行，我党并非外行。因此，在胶东地

---

　　* 之所以命名为"北海银行"，原因有二：一是因为掖县北临大海，当地群众还有"南山松不老，北海水长流"的传统提法；二是 1938 年 8 月掖县、黄县、蓬莱联合政府定名为"胶东北海行政督察专员公署"。

区我党创建北海银行之前，其他许多革命根据地早已创立了自己的金融机构。

实际上，发行货币，用以筹措军费，是当时中国各色势力较大的割据政权或武装皆已知晓且早已掌握的诀窍；其基本流程并非秘密，更非高科技。在当时的农村地区，甚至稍大一点的商号也会发行自己的货币。

不过，在胶东抗日根据地的草创最初期，革命势力弱小，根基不稳，艰巨且繁杂的工作千头万绪。在这样的背景下，掖县这样一个层级不高（因而通常欠缺足够战略视野）的地方党组织便能够自主决策组建银行，则实属不寻常的案例。其中的偶然性远大于必然性。

在这其中，民族银行家张玉田的出现最为关键。张玉田原是青岛中鲁银行的总经理，兼任青岛市银行公会常务理事。青岛沦陷后，他带着钱款和两部汽车逃回掖县黄山后村老家避难。途经平度县境时，被国民党第五战区直属十六支队司令张金铭截住，抢走了他的钱物和一部汽车。回黄山后村之后，张金铭又派人跟踪而至，他只好连夜逃到掖县县城，投靠儿子张中厚。张中厚时任掖县政务大队政委兼副大队长。掖县抗日政权领导人郑耀南得知此事后，立刻派人送去现洋二百块作为生活费。张玉田深为感动，专程到县政府拜访致谢。在寒暄交谈中，张玉田提及自己懂银行事务，若抗日政府需要，则愿意效劳。郑耀南等掖县抗日政府主要领导人认为可行①，于是决定聘请张玉田为掖县财经委员会副主任，负责筹组银行。②

（三）掖县北海银行得以成功创立的原因

掖县北海银行之所以能顺利创立并营业，得益于以下三个条件。

1. 抗战爆发前山东各地主要流通法币，此外也流通韩复榘发行的"山东民生银行"纸币。尽管社会公众认可法币，但法币的辅币紧缺，给地方民众的日常交易带来了极大的不便。正是由于辅币短缺，造成土杂私券流行。北海币定位于法币的辅币，因而顺应社会需求。

---

① 最初建立北海银行，党委没有专门开会讨论。——中国人民银行金融研究所，中国人民银行山东省分行金融研究所. 中国革命根据地北海银行史料（第1册）[M]. 济南：山东人民出版社，1986.

② 自1938年4月开始筹备成立银行以后，张玉田便把原青岛中鲁银行的职员邢松岩、王蒂村、王复生、方德卿、邢述先、杨崇光、刘翙初等人邀请到掖县；请掖县沙河镇小学校长邓振元（邓文卿）设计票面图案。北海币票面以掖县县政府大院、城南关火神阁、鼓楼和玉皇顶为主要图案；并在票面主景右下角草书图案设计者的名字（振元）作为防伪暗记。"北海银行"四个字则由邢松岩手书。张玉田派人带着票样到日伪统治下的青岛制版。青岛光华制版社经理班鹏志老家也在掖县，他冒险帮助将北海币的票样铸成铜版。为防伪搜查，张玉田把镌刻好的铜版装在一个金属箱子里，再把箱子的缝隙焊起来，用一条铁链拴在船底拖回掖县。张玉田还亲自带人到天津购买印钞用的道林纸，找关系海运到掖县虎头崖港口。最后张玉田委托掖县西门里"同裕堂"私人印刷局印钞，银行派人监督，并打号盖章，加印"掖县"地名。筹备印钞工作至7月底基本完成。8月北海银行券便开始投放市场，与法币等值流通。

2. 胶东地区的国民党地方政府已逃走，但日寇尚未达到，掖县等地区出现政治空白期。于是胶东地方党组织奋起组建的抗日政府在民间很快就获得了政治合法性。掖县地方社会各界普遍认可北海银行是政府开办的银行，北海银行的资本金主要就是以政府向各地方摊派的方式筹措的。这样，北海币就有了官方货币的色彩，自然有利于推广使用。

3. 胶东掖县等周边地区经济相对发达，易于筹措资本金。掖县政府本身就有较为充沛的财税来源，每月各种税收达 30 多万元；除去政府和部队开支外还有很大节余，这在山东地区绝无仅有，成为胶东抗日革命根据地建立银行发行货币的物质基础。①

张玉田的出现，结合掖县地方党组织郑耀南等领导人的远见卓识和领导力，辅以上述三个客观条件，于是掖县北海银行类似于一个"早产儿"②③，但却最终坚韧地活了下来，并且茁壮成长。

三、北海银行的发展

（一）太平洋战争爆发之前

1939 年 1 月，敌伪进犯掖县，北海银行停办。④

1939 年 8 月，中共胶东区党委在莱阳城北与招远交界处的驻地张格庄重建北海银行，陈文其任行长。⑤

1940 年 10 月，山东北海银行总行在鲁中抗日根据地成立，艾楚南任行长，洒海秋任副行长，下设发行、会计、营业三科。并相继在省内各区和省界边区设立分行，原胶东地区的北海银行改称为"山东北海银行胶东分行"。

---

① 相较于掖县的税收，北海银行的预算资本金仅为 25 万元。

② "最初既无此种认识，也不具有此种条件"。——张加洛. 筹建北海银行的始末 ［C］. //北海银行五十周年纪念文集. 济南：山东省金融学会，1988：18.

③ 1939 年 1 月，日伪军进攻掖县。北海银行撤退时相关职员未配发武器，经理邢松岩在撤退当晚曾专门跑去请求五支队司令高锦纯派队伍保护，结果被拒。于是北海银行被追逼到蓬莱县境时，相关人员被迫把银行的账册、票版和剩下的一部分票子掩埋在蓬莱北沟，然后分散突围。——孙守源. 青岛及周边地区抗战货币与日伪货币的抗争——抗日战争时期青岛及周边地区的货币侵入与抗争（下）［J］. 中国钱币，2017（1）：20-32.

④ 1939 年 1 月 16 日，日伪军占领掖县县城，杀害为北海银行办过事的群众及抗日军属 40 多人；查封承制北海币的掖县同裕堂印刷局和重华印刷所，并刀劈 2 名职员。

⑤ 开始没有银行机构，只是几个人管印发票子，先由胶东《大众报》社代印，银行的工作人员验收打号码。是年冬在转移到掖南草庵时，印钞才从报社分出来，报社给了一部印机和一个号码机以及几位工人，银行才有了印钞机构。但报社后被敌人包围，受了很大损失，印机被报社要回。直到 1941 年银行才得到印刷机，建立了自己的印钞厂，有了银行机构。——中国人民银行金融研究所，中国人民银行山东省分行金融研究所. 中国革命根据地北海银行史料（第 1 册）［M］. 济南：山东人民出版社，1986.

（二）太平洋战争爆发之后至 1943 年夏季

1941 年 12 月 8 日，太平洋战争爆发。由于丧失利用法币套取外汇的渠道，所以日寇对法币改采排挤政策：一方面在沦陷区大量发行伪币，以图取代法币；另一方面把缴获和搜罗来的巨额法币抛向国统区和我军抗日根据地，大肆套购物资。

1942 年流入山东抗日根据地的法币不少于 5 亿元。"敌寇现正大量将法币倾入我根据地，尤以 50 元、10 元一张之大票为多，致使我集市上物价飞涨。据赣愉敌占区来人谈，敌寇以法币大量高价收买我根据地麦子，现奸商从事私运渔利者，日必有千余大车"。① 在胶东，"敌曾以轮船载入大批法币，到荣成各市镇和文登东部地区用购货方式进行推销。五垒岛是个很小的海口，在七、八、九月份内，由南船带进的法币达数百万，完全用于向我根据地买盐买花生油等"。②

日寇还大量倾泻假法币。仅在清河区发现的假法币就有十五种之多。③

与此同时，国民政府也放弃了维护沦陷区法币信用的政策。并且为缓解国统区的通货膨胀，转而推动法币流向沦陷区，致使敌后抗日根据地内的法币流通量剧增，币值狂跌。

1942 年 1 月日寇俘获国民党山东当局"民生银行""平市官钱局"发行的纸币。于是山东省战时工作推行委员会④明令禁止使用这两个机构发行的纸币，并着手开展排挤法币的工作。1942 年 1 月山东省战时工作推行委员会财政处指示："为提高北票⑤信用，巩固我抗战金融，各地区应迅速确定以北票及民主政权所发行之纸票为本位币，对法币实行七折、八折、九折等使用。对伪杂钞在我占区流通者，一律禁止使用（如民生银行、平市官钱局等票）。"但为保护民众利益，又强调"必须通过各级机关、团体、部队向民众宣传动员后方限期执行，反对不加解释强迫执行的办法"。⑥ 1942 年 5 月 29 日中共山东分局⑦财委会发出《关于法币问题的指示》，正式提出"展开对敌金融斗争"，"自 7 月 1 日起，所有军政民间之来往账目，借约、契据，一律以北币计

① 大众日报，1942 - 08 - 16.
② 中国人民银行金融研究所，中国人民银行山东省分行金融研究所. 中国革命根据地北海银行史料（第 2 册）[M]. 济南：山东人民出版社，1986：251.
③ 申春生. 山东抗日根据地的两次货币斗争 [J]. 中国经济史研究，1995（3）：135 - 140.
④ 1940 年 7 月底，山东省抗日根据地成立山东省战时工作推行委员会，先后辖鲁南、鲁西、胶东、清河、滨海 5 个主任公署以及鲁行政联合办事处、冀鲁边区战行政委员会。1943 年 8 月，山东省战时工作推行委员会改称山东省战时行政委员会，1945 年 8 月又改称山东省政府；中华人民共和国成立后，改称山东省人民政府。
⑤ 即北海币。当时也称北币、北钞或抗币。
⑥ 山东省战时工作推行委员会财政处关于一九四二年财政工作的指示 [M].//山东革命历史档案资料选编（第八辑）. 济南：山东人民出版社，1983：122.
⑦ 1938 年 5 月，中共中央将山东省委扩大为苏鲁豫皖边区省委；1938 年 12 月又改组为中共中央山东分局。

算"；法币则按北海银行之规定折价使用，"逐渐达到取消法币"。史称山东根据地的第一次货币斗争。①

在第一次货币斗争中山东根据地采取的措施主要有三：一是宣布以北海币为本位币；二是统制根据地对外贸易，主要采取以货易货方式，以阻止法币内流及物资低价外流；三是贬抑法币价值，以求逐渐取消法币。

根据山东分局的指示，排挤法币的工作始于滨海地区，尔后推及各地。滨海专署宣布自 8 月 1 日起以北币为本位币，自 8 月 15 日起法币五折使用并逐渐达到停止法币流通。

不过，山东根据地第一次货币斗争的成效不佳。除在胶东地区获得成功外，其他地区排挤法币的工作均告失败。法币在"市面上绝大多数仍是元顶元的使用，斗争取得的效果，只是把北海币的威信稍提高了一点，使用的地区比以前扩大了一点"。② 根据地的经济状况更加恶化。"据记者亲自在莒南土沟、沟头、良店等区集市上与民间所见，法币仍一元按一元，一角按一角畅行无阻。群众如此，我地方党政军民各界亦复如此，恶果的影响造成物价剧烈波动"。③ "最近沂蒙、滨海各地物价陡然上涨，同一东西在同一集上，一天即涨到五六次之多。现在麦子已涨到 45 元一斗，锅饼已涨到 6 元 5 角一斤，花生已涨到 420 元一秤（100 斤），各种物价都比过去贵一倍到两倍的样子。敌三井洋行最近在罗密庄（秦石路北）安设分行，并在周围各据点设立土产收买交易所，大肆收买粮食花生五金等物。相公庄、汤头、夏庄等各据点，亦设立粮库，专收买我根据地的食粮土产，最近由台潍公路和陇海路上外流的食粮土产等很多"。④

为扭转民众继续足值使用法币的局面，清河区决定加大法币折价的幅度，规定从 1943 年 2 月 15 日起在全区实行法币五折，结果引起民众恐慌。老百姓普遍认为抗日政府此举的目的是吸收法币，于是纷纷兑出北海币，兑进法币，致使北海币对法币的比值迅速下跌。⑤ 强制折价甚至还引发歇市的后果。如清河区滨海办事处在"提高五折之后，各市场即停止了"。⑥

折价使用法币之后，北海币的流通功能还受到严重削弱。群众买进北海币只为纳税，而不用其购买商品；贫苦农民贷款得到北海币后，也到集市上卖出，换回法币进行交易。⑦

① 中共山东分局财委会关于法币问题的指示 [M]. //山东革命历史档案资料选编（第八辑）. 济南：山东人民出版社，1983：309 - 310.

② 韩天祥. 对目前货币战的几点意见 [M]. //中国革命根据地北海银行史料（第 1 册）. 济南：山东人民出版社，1986：279.

③ 大众日报，1942 - 09 - 07.

④ 大众日报，1942 - 12 - 15.

⑤⑥⑦ "清河区扩大的货币工作会议记录"，1943 - 04 - 16，清河区行政公署档案 G033 - 1 - 15.

（三）1943 年夏季之后至 1948 年底

自 1943 年夏季开始，山东根据地调整了货币斗争策略。史称山东根据地的第二次货币斗争。

相较于第一次货币斗争，第二次货币斗争的创新之处主要有三点：一是立即禁止法币流通，不再允许法币折价流通；二是进一步强化统制对外贸易；并且在重要物资采取易货贸易的同时，还鼓励高价输出，低价输入，以便创造贸易出超的局面，凭以压低法币和伪钞价值；三是北海币的发行坚持以物资为储备，坚决杜绝财政发行，为此，每一次货币发行都至少拿出 1/2 用于储备物资，发展生产，以平抑物价。

实际上，早在第一次货币斗争期间胶东地方党组织便发觉折价使用法币的弊端，因此，早在 1942 年 9 月 19 日胶东行署便决定即日起北海和东海两区立即停止法币流通，凡一切公私交易、货币收受，绝对禁止使用法币，违者没收。① 为此，胶东行署通过政治动员，营造出对法币"人人喊打"的氛围，规定"凡自卫团、游击小组、群众团体、部队机关以及一切人民，均有缉私之权利与义务"，而人民亦"必须服从遵守，不能有任何阻挠与破坏的行为。故意违反币制法令，破坏抗战金融的，都要受到政府法纪制裁"。② 胶东区禁止法币流通的做法成效显著。

胶东地区禁用法币的初步胜利，富有启发意义③；再加上 1943 年春来到山东根据地的红色财经专家薛暮桥和石英等同志及时且准确地总结了第一次货币斗争的经验和教训，进而提出极具建设性的政策建议，于是山东根据地迅速调整货币斗争策略。

1943 年 7 月 9 日，中共山东分局严令全体党员不得使用、收受法币，政府财政机关和部队供给机关不得再下发法币，各党政军民团体不得储存法币，否则将受到"国法和党纪的制裁"。④ 据此，胶东区继续扩大禁法范围，而滨海、鲁中、鲁南、清河各区也陆续开始禁止法币流通。例如，1943 年 7 月初滨海专署宣布：自 7 月 21 日起停止法币流通；自 7 目 21 日至 8 月 10 日的 20 天内分两期兑换，前 10 天法币一元换本币一元，后 10 天法币二元换本币一元；自 8 月 11 日起查出行使法币者概予没收。

---

① 胶东区行政公署关于停止法币流通的布告［M］.//中国革命根据地北海银行史料（第 1 册）. 济南：山东人民出版社，1986：247.

② 胶东区行政公署关于停止法币流通的布告［M］.//中国革命根据地北海银行史料（第 1 册）. 济南：山东人民出版社，1986：247，248.

③ 山东省战时工作推行委员会主任黎玉于 1943 年 8 月在省临参会二次大会上的施政报告中专门提道："在金融斗争中以胶东最好，不但贬低与停用了法币，肃清了土杂钞，而且打击了伪币，提高了本币，降低了物价。"——中国人民银行金融研究所，中国人民银行山东省分行金融研究所. 中国革命根据地北海银行史料（第 1 册）［M］. 济南：山东人民出版社，1984：296.

④ 中共山东分局关于停用法币的指示［M］.//山东革命历史档案资料选编（第九辑）. 济南：山东人民出版社，1983：542.

山东根据地各级政府均成立停用法币委员会，统一步调，加强领导，强化边沿缉私工作，查禁法币黑市交易，并有组织地将法币排挤到敌占区换回物资。同时为方便正当对外贸易，设置常设兑换所，商人凭政府出具的证明，既可用法币兑换本币，也可用本币兑换法币。效果很好。例如，1943 年 7 月 22 日滨海区临沭×集停止使用法币，开始时部分群众怀疑政府"只兑入不兑出，找老百姓的便宜"，后经该集兑换所说明不但不兑入，而且兑出，"群众试探后即甚为满意，市场顿呈活跃，物价亦立刻下跌"。①

另外一个关键的举措就是山东根据地各战略区都成立工商管理局，重点统制几种既能大量输出同时又为敌占区所必需的物资（如食盐、花生油、鲁中的毛皮、鲁南的金银花、胶东的花椒等），实行专买专卖，并争取高价输出、低价输入，以便促成贸易出超的有利局面。例如食盐专卖法币，花生油、花生米专卖伪钞，并有意识地逐渐压低法币和伪钞的价值。

总起来说，由于抓住了"坚决立即停用法币和禁用伪钞，建立独立自主的本位币""设立物资储备，以平抑物价"以及"统制对外贸易，创造出超局面"这三个关键环节，山东根据地的货币斗争很快取得了决定性胜利。主要表现在以下六个方面。

1. 北海币作为本币基本垄断了根据地市场。例如，清河垦三区村集上"有一个农民粜了一石高粱换来二千二百五十元法币，要买棉花与布，但一点都没买到，因为卖的人不要法币了，后来借了一千元本币，才买到一部分棉花与布"。至 1945 年春，除部分地区尚未完成禁法工作外，山东根据地绝大部分已经成为北海币的统一市场，完全使用北海币的人口达 1 000 万人，占根据地全部人口的 2/3，游击区均成为北海币与伪币的混合市场，敌占区市场亦有北海币暗中流通。②

2. 根据地内的物价明显回落。例如，临沭县集市上的粮食每升由 80 元降为 60 元；洋布每匹由 1 900 元降至 1 300 元。③

3. 根据地稳定形成对外贸易出超的局面。例如，1944 年山东根据地的贸易纯利达 6 000 万元。④ 敌占区不得不将其原本严格控制输出的军工器材和民用必需品低价卖出，以获取根据地的食盐和花生油等物资。

4. 根据地经济迅速恢复和发展。对外贸易的胜利不仅有力地支持了货币斗争，而且还使根据地政府拥有了更多资金投入经济建设。例如，1944～1945 年山东根据地的

---

① 《大众日报》摘录，1943 – 08 – 01.
② 薛暮桥. 工商管理工作的方针和政策［M］. //山东革命历史档案资料选编（第十四辑）. 济南：山东人民出版社，1984：394.
③ 大众日报，1943 – 07 – 29.
④ 山东革命历史档案资料选编（第十五辑）［M］. 济南：山东人民出版社，1984：62.

农业、手工业、合作社、公营工厂贷款额达 2 亿元。① 其中仅 1945 年春就发放农业贷款 1 亿元。

5. 在山东根据地全区域统一货币发行与流通。在物价日趋稳定以及各战略区物价基本平衡的基础上，先于 1944 年下半年在滨海、鲁中、鲁南三地区实现了本币的统一发行与流通②；到 1945 年 8 月山东根据地五大战略区最终实现了本币的统一发行与流通。

6. 与根据地本币物价和币值保持稳定的局面形成鲜明的对照，敌占区和国统区的物价趋于上涨，法币和伪币的币值持续下跌。山东根据地北海币与周边敌占区法币之间的币值也逐步呈现出一边倒的局面。例如，在 1944 年夏初，滨海区小麦每斤可售本币一元二角，邻近敌占区则售法币十元上下；根据地花生油每斤可售本币四元八角，敌占区则售法币四五十元；食盐在根据地沿海地区每斤可售本币三角，但在津浦铁路附近的敌占区的法币售价却高达二三十元。③

在山东省内的国统区，国民党地方政府也对敌伪的货币侵扰采取了一些抵制措施。例如反假币等。但总的来说国民党山东地方政府对货币的认知层次很低，各级地方政府和军队争相揽取货币发行权，其主要目的就是满足自身经费开支的需要。

伪造的假币如图 3 所示。

图 3　青岛周边地区国民党敌后地方政府查缉日寇伪造的民国三十年中央银行十元券假币

资料来源：孙守源. 青岛及周边地区抗战货币与日伪货币的抗争——抗日战争时期青岛及周边地区的货币侵入与抗争（下）[J]. 中国钱币，2017（1）：20－32.

由于中央政府远在陪都重庆，各敌后游击区无银行，不能通汇；现款支付又辗转困难；再加上敌伪大肆采用敌伪钞套取法币，造成山东境内法币紧缺；因此，山东敌后国民党抗日军队和组织的经费十分困难。基于此，早在 1939 年国民政府就允许各战区省份自行印制发行地方券，替代法币流通。从 1939 年 6 月至 1940 年 1 月国民政府财政部先后核准山东省主席沈鸿烈在省内印制发行山东民生银行券共计 1 500 万元。④

---

① 山东革命历史档案资料选编（第十五辑）[M]. 济南：山东人民出版社，1984：59.
② 在此之前，由于各地物价很不平衡，本币分区发行，只限当地流通。
③ 山东革命历史档案资料选编（第十二辑）[M]. 济南：山东人民出版社，1984：257.
④ 财政部复军政部函——告知苏鲁冀察皖等省赶印省券情况，民国二十九年十月三日 [M].//中国人民银行总行参事室. 中华民国货币史料（第二辑）. 上海：上海人民出版社，1991.

但仍不敷用，于是山东各地的国民党武装及其政权开始发行纸币。总计超过50余种。[1]具体名称有流通券、兑换券、救济券、乡票、钱票、角票等。实际流通区域一般不超过本县境，甚至仅在本乡境内流通。[2] 国民党的官员，从专员、县长到乡长，从游击司令、旅长到团营长都在自己的地盘内印制钞票。例如，赵保原治下的平度县内流通的纸币就达百余种之多。连重庆中央政府都意识到"山东币制紊乱……地方土票，各专员区及各县府均有发行，各区乡公所亦多印发，其流通数量颇多"。[3]

1942年12月太平洋战争爆发以后，日寇改吸收利用法币套汇的政策为排挤法币政策，将所攫取的大量法币推向国统区和根据地；重庆国民政府也放弃维持沦陷区法币的政策，转而鼓励法币流向沦陷区，致使各沦陷区法币暴跌。由于山东省内各地方流通券与法币等值，这些地方流通券的购买力也随之降低。为解决经费困难，国民党各地方政府和军队在准备金不足甚或根本就无准备金的情况下竞相滥发纸币，纸币的面额越来越大。例如，赵保原印制的山东第十三区经济合作社流通券百圆券和莱阳地方经济合作社流通券拾圆券总计超过二十亿元。[4] 以至于当地百姓交易时嫌数钱太费事，改用秤称重。在办理"白事"时则直接用赵保原发行的纸币当冥纸烧。当时民间买一头驴的价钱需要整整一麻袋赵保原印制的纸币，因此当时莱阳县民间流传"卖驴借驴驮钱"的笑话。

山东第十三区经济合作社流通券百圆券如图4所示。

图4 山东第十三区经济合作社流通券百圆券

资料来源：孙守源. 青岛及周边地区抗战货币与日伪货币的抗争——抗日战争时期青岛及周边地区的货币侵入与抗争（下）［J］. 中国钱币，2017（1）：20－32.

第二次货币斗争的胜利极大地提高了山东根据地党和政府在人民群众中的威望，并为解放战争的胜利创造了条件。1944年10月《大众日报》记者就国共谈判中国民党方面提出敌后各抗日根据地"不得发行银票，其已发行之银票，应与财政部协商办

① 王士花. 北海银行与山东抗日根据地的货币政策［J］. 史学月刊，2012（1）：53－62.

②③ 特种经济调查处电——报告山东地方钞券紊乱情况，民国二十九年十月九日［M］.//中国人民银行总行参事室. 中华民国货币史料（第二辑）. 上海：上海人民出版社，1991.

④ 国民党军队赵保原统治地区的经济实况［N］. 大众报，1945－01－15.

法处理"一事征询中共方面意见时,薛暮桥的书面答复是:"我们本来并不愿意自己发行银票,但重庆政府滥发法币,弄得币值狂跌,物价上涨。自从去夏开始改革币制以来,各地物价平均跌落一半(同一时间法币物价高涨了五倍到十倍);现在物价稳定,市场日益繁荣,本币与法币的比值,在去年夏季是一比一,现在本币一元可以兑法币十元到十五元。这是有目共睹的事实,究竟应该取消本币改用法币,还是取消法币改用本币,这应当让山东人民来公决。我的意见,我们的地方银票,实在用不到与财政部来协商处理,倒是几千万跌得像冥票一样的法币,却应当请财政部来协商处理一下才好。"① 1946 年春《新华日报》记者李普来到山东解放区首府临沂,目睹根据地币值和物价之稳定,与大后方相比简直是两个世界。他在报道中感慨地写道:"一元五角的钞票②能买到的东西,对于我这个重庆来的人真是一件大新闻。"③

(四) 1948 年底之后

1948 年 12 月 1 日,中共中央决定在华北解放区的华北银行、山东解放区的北海银行和西北解放区的西北农民银行的基础上合并成立中国人民银行,总行设在石家庄。

1949 年 1 月底开始回收北海银行币。

1949 年 4 月,北海银行进驻济南,陈文其继任行长;11 月 1 日,山东北海银行改称中国人民银行山东分行。北海银行终于完成了它的历史使命,宣告结束。而北海银行发行的北海币直到 1950 年 1 月才基本被人民币取代④;至此,北海币在胶东和山东省的大部分地区⑤最长流通了 12 年左右。

北海银行历年发行货币额统计如表 2 所示。

表 2   北海银行历年发行货币额统计   单位:万元

年度	当年发行额	其中			累计发行额	其中		
		北海币	华中币	人民币		北海币	华中币	人民币
1939	32	32			32	32		
1940	790	790			829	829		
1941	1 455	1 455			2 278	2 278		
1942	4 794	4 794			7 073	7 073		
1943	7 984	7 984			15 057	15 057		

---

① 薛暮桥. 抗日战争时期和解放战争时期山东解放区的经济工作 [M]. 北京:人民出版社,1979.

② 这里指北海币.

③ 李普. 开国前后的信息 [M]. 北京:新华出版社,1982:107.

④ 许树信. 中国革命根据地货币史纲 [M]. 北京:金融出版社,2008:136.

⑤ 解放战争时期在华东和华中也有流通.

续表

年度	当年发行额	其中			累计发行额	其中		
		北海币	华中币	人民币		北海币	华中币	人民币
1944	38 763	38 763			53 821	53 821		
1945	155 071	155 071			208 892	208 892		
1946	1 362 909	1 362 909			1 571 801	1 571 801		
1947	6 956 274	6 956 274			8 528 076	8 528 076		
1948	57 109 627	57 109 627	4 920 000		65 637 703	65 637 703		
1949	753 972 219	18 206 840	25 295 379	71 029 000	819 429 923	78 924 543	30 215 379	71 029 000
总计	819 429 923	78 924 543	30 215 379	71 029 000	819 429 923	78 924 543	30 215 379	71 029 000

资料来源：北海银行历年发行货币额统计表，山东省档案馆馆藏北海银行总行档案，档号：G013 - 01 - 299。

山东北海银行、华北银行和西北农民银行都既发行货币，又从事普通信贷业务，因而都属于集中央银行业务与商业银行业务于一身的金融机构。直至改革开放之前，中国人民银行也具有类似的性质，称为计划经济制度下的大一统银行体制。

四、山东根据地两次货币斗争成败的原因分析

（一）关于第一次货币斗争失败的原因分析

关于第一次货币斗争失败的原因，当时总结的教训主要有以下五条。

一是组织领导薄弱；二是没有深入宣传动员群众，广大群众普遍不了解为什么要贬低法币价格；三是没有及时设立兑换所帮助群众兑换，严重阻碍了不可或缺的正常对外贸易[①]；四是对外贸易工作的配合不到位，例如"贸易局应有计划地准许一部分花生米或花生油出口，但必须保证换回一定数量的布匹"等，但实际并未做到；五是执行法令不严格。

上述五个问题都是现实存在，且都很重要。在第二次货币斗争时期根据地政府有针对性地解决了这些问题，从而取得了显著的战果。但上述总结仍未触及第一次货币斗争失败的关键原因。直到薛暮桥等同志来到山东主管财经工作之后，才指出了第一次货币斗争失败的关键原因就是没有立即绝对禁止法币流通，而是认为"政府法令主要是为了降低法币，提高本币价格。但基本上并非禁止法币流通及使用"。[②] 如此一来，毕竟法币是国民政府发行的货币，且流通区域广大，在普通民众的心目中早已拥

[①] 大众日报，1942 - 09 - 04.

[②] 大众日报，1942 - 12 - 17.

有正统货币的信誉，因此，北海币在与法币的市场信任竞争中很难占据上风。

（二）第二次货币斗争取得胜利的原因

从 1941 年下半年到 1943 年上半年，是山东敌后抗战最困难的时期。但从 1943 年夏季开始山东地区的政治、经济与抗战形势明显好转，这就为山东根据地货币斗争的胜利创造了良好的外在条件。具体表现在以下五个方面。

一是 1943 年夏于学忠的东北军及国民党省政府撤离山东，山东境内从此无国民党主力部队，法币失去政治依托。

二是 1942 年 12 月毛泽东主席提出"发展经济保障供给"的财经工作总方针，山东分局派时任山东省军区政治部主任的肖华去太行区学习对敌斗争和经济建设的经验。基于太行区将根据地经济建设与对敌经济斗争结合于一体的经验[①]，山东分局确定了货币、贸易、生产三位一体的斗争策略，决定成立工商管理处，并在各战略区成立工商管理局，统一领导对敌经济斗争。[②]

三是山东根据地逐步扩大，广大军民对抗战必定胜利的信心显著增强。

四是山东根据地普遍实行减租减息，农民的生产积极性大大提高，农业生产连年丰收，粮食、棉花、油料等都能够自给，有些地区还有多余可以输出。

五是山东海岸线长，产盐十分丰富。津浦、胶济铁路两侧和津浦路西有一千多万日本人和敌区人民的食盐主要来自山东根据地。抗日民主政府实行食盐专卖，适度提高出口盐价，造成对敌贸易的出超，从而储备了一定的财力。这不但可以从敌区换回物资，而且还可用来压低法币和伪币的比价。此外，根据地还可以将更多的财力用于发展生产。

就货币斗争本身而言，第二次货币斗争取得胜利最为关键的原因就是立即禁止法币流通。禁止法币流通的政策之所以如此重要，主要原因就是从全局来看法币泛滥已成趋势，物价飞涨不可避免。在这种局势下，一方面大量食盐、粮食和棉花等产品的输出势必造成大量法币输入；另一方面敌伪区和国统区也有意识地向根据地倾泻法币，则根据地势必法币泛滥；而在允许法币流通的情况下，北海币也势必会通货膨胀。这样一来，山东根据地不可能抑制住物价上涨的趋势。

（三）中国共产党人的纸币发行思想与智慧

在抗日战争初期，中国共产党人对货币问题的认识并不深刻。1938 年 9 月 26 日，

---

① 邓小平文选（第一卷）［M］. 北京：人民出版社，1994：78.
② 1943 年夏，战工会改组为战时行政委员会（政委会）。

北海币实际上已经发行，但并没有涉及建立银行、发行货币问题。自 1938 年 10 月毛泽东主席在中共六届六中全会上提出"有计划地与敌人发行伪币与破坏法币的政策做斗争，允许被割断区域设立地方银行，发行地方纸币"① 之后，山东党组织与根据地政府的货币政策思想发生了重大的转变。

中国共产党人的货币斗争智慧与艺术具体体现在以下八个方面。

1. 确立北海币的唯一本位币地位。薛暮桥认为，在根据地内驱逐法币，让北海币独占根据地市场，是稳定根据地物价的唯一办法。因此，早在 1943 年春夏之交他就向中共山东分局提出不能只用收兑的办法"排法"，而应从根本上禁止其在根据地流通，从而确立北海币在根据地的唯一本位币地位。

2. 储备物资，以平抑物价。根据地立法强制停用法币势必导致法币币值下跌。这时为了保值，根据地里的民众会把手里的法币拿到敌占区套购物资。根据地政府不仅鼓励群众这样做，而且还用北海币收购这些物资。一则凭以投放本币；二则以所收购的物资为保证，凭以稳定北海币的币值。具体地，当物价上涨时，政府就抛出物资，回笼货币。如此往复，根据地物价飞涨的态势逐步得到逆转。

根据地坚持把货币发行量的半数以上用来掌握重要物资，以作为货币发行的准备基金。并根据市场物资供求的变化和物价波动的具体情况，或者增加货币投放，购存物资；或者抛售物资，回笼货币。② 例如，秋冬之交粮贱布贵，于是根据地政府大量购存粮食以抬高粮价，并以较低价格出售布匹，以抑制布价过度上涨；春夏之交布贱粮贵，于是根据地政府高价购存布匹，以抬高布价；低价售出粮食，以平抑粮价过度上涨。

3. 基于稳定物价的目的，灵活发行货币。物价上升是坏事，物价大幅下跌更是坏事。所以当物价回落幅度过大时，根据地政府便增加货币供给，大量收购物资，以稳定物价。例如，在禁止法币流通以后市场流通的北海币严重不足，物价明显回落，于是中共山东分局在 1943 年 9 月 23 日决定以根据地人均本币流通量不超过 30 元为标准③，增发本币 2 亿元（其中胶东、滨海④各 6 000 万元，鲁中 4 000 万元，清河 3 000 万元，鲁南 1 000 万元）。

此外，货币的流通需要量不是固定不变的。首先，战时根据地的幅员和人口会发生变化，北海币的流通范围自然会随之发生变化；其次，农业生产的季节性对货币流

① 毛泽东．论新阶段［M］．//中共中央文件选集（第 11 册）．北京：中共中央党校出版社，1991：615.
② 1942 年 3 月山东分局财委会决定"年内发行北海币一千万元，以 50% 投资于农业生产，20% 投资农村工业、合作事业、小商人，15% 投资贸易局，15% 投资部队兵工生产。"并要求各地"切实整顿金融，绝对取缔伪钞，根据当地法币流通数量适当贬低法币价格和提高北海币信用，平衡物价，调剂金融，统制出入口"。——山东革命历史档案资料选编（第八辑）［M］．济南：山东人民出版社，1984：243，248，249.
③ 山东革命历史档案资料选编（第十辑）［M］．济南：山东人民出版社，1984：361.
④ 1943 年底清河区与冀鲁边区合并为渤海区。

通需要的影响也很大，旺季（秋冬）和淡季（春夏）货币流通的需要量差异明显。因此，根据地政府在秋收以后增发货币，大量收购各种农产品，以防止物价过度下跌；春荒时则抛售库存物资，以防止物价过度上涨。投放和回笼的数量均以保持物价基本稳定为准。

4. 以物资为本位发行纸币。基于上述逻辑，支撑北海币的就不是黄金、白银或外汇（美元、英镑或法币等），而是物资。薛暮桥因此提议根据地建立工商局①，其职责就是吞吐物资，调节货币流通量，以保持币值和物价的稳定。

日本投降以后，有一个美国新闻记者来到山东根据地。他看到北海币没有法定含金量，没有金银贮备，也得不到美元或英镑的支持，但却能够保持币值和物价的稳定，认为这是无法理解的奇迹，于是问薛暮桥北海币以何物为"本位"，薛暮桥答曰"物资本位"。抗日民主政府控制货币发行数量，勿使超过市场流通需要。"我们每发行一万元货币，至少有五千元用来购存粮食、棉花、棉布、花生等重要物资。如果物价上涨，我们就出售这些物资来回笼货币，平抑物价；反之，如果物价下降，我们就增发货币，收购物资"。

5. 货币斗争必须以对外贸易斗争和经济建设为依托。货币斗争、对外贸易斗争和经济建设互为依托，相辅相成。具体地说，首先，对外贸易政策应造成出超的有利局面，如此不仅直接配合支持货币斗争，而且还直接推动了盐业、榨油业等出口产业的生产；与此同时，根据地政府还拥有了更多财力扶助那些攸关民生和抗战的产业的发展。其次，货币发行必须恪守经济发行的原则。自1943年下半年开始山东根据地政府便有意识地以货币发行量的一部分用于发展生产，以增强根据地的物资实力，充实货币发行基础。最后，经济（相关产业）的发展反过来又巩固了货币斗争和对外贸易斗争的胜利。

6. 努力追求财政收支平衡，决不滥发货币弥补财政赤字。中国共产党人很早就意识到货币财政性发行的危害。中共北方局早在1940年4月1日就要求各根据地"必须正确认识银行作用，积极运用银行去开展生产事业（农村中主要的是农业生产）。树立自力更生的基础，反对眼睛望到印刷机，把无限制发行新钞当作解决经济困难唯一办法的错误观念""各银行发行新钞额，应随时上报北方局，不得自由增发"。②

为适应市场流通及准备反攻购贮物资的需要，1944年12月6日中共山东分局决定至1945年1月底突击增印货币1.3亿元，然后于1945年上半年内增印4亿元，以便在

---

① 集根据地政府市场监管机关、根据地重要物资统购统销机构与根据地进出口贸易机构于一身，因而不同于现今的市场监督管理局。其在山东根据地货币斗争中的地位和作用远高于北海银行。

② 山东省金融学会. 北海银行五十周年纪念文集［C］. 济南：山东省金融学会，1988：166.

需要时请示总行批准随时发行；这样就使本币发行总量共达 10 亿元。但即便如此，中共山东分局仍重申不许以增发货币作为财政收入的基本原则。①

7. 尊重市场规律，不人为扭曲北海币与法币和伪币间的合理比价。

在山东根据地货币斗争期间，一些地区曾一度拒绝收兑伪币，甚至没收伪币当众焚毁。这样就把北海币与伪币间的交易逐入黑市，从而被敌伪和投机商人所操纵。此外，还有一些地区过度压低法币和伪币的比价，结果却阻碍了根据地山货土产等物资的输出，导致贸易入超，最终造成法币伪币供不应求，黑市比价上升。

1943 年秋冬，山东根据地的货币斗争取得巨大胜利，法币的比价迅速跌落。这时有些地区没有采取增发本币的政策，而是"乘胜追击"，继续提高本币的比价。实际上在法币退出以后，根据地市场上的货币流通数量严重不足，物价自然回落。这时根据地政府本应迅速增发本币，一则用以弥补法币退出所造成的货币供给缺口；二则用以收购物资，从而维护物价稳定。但这些地区在物价回落的过程中却把手里的物资抛售出去了。结果市场上货币的流通数量更少，物价跌落得更快，许多经济单位（特别是新发展起来的供销合作社）经营亏本，甚至破产倒闭。而且由于没有在秋后增发货币收购农产品，凭以稳定物价，支持本币，结果到来年春夏没有足够的物资阻止物价的上涨。

不过，在上述这些问题出现以后，由于山东省党委党组织与根据地政府判断准确，很快予以纠正，因而并没有产生全局性消极影响。这些货币斗争的经验和教训促使山东省党委党组织与根据地政府意识到：尽管法币和伪币贬值得越严重，越有利于北海币市场地位的稳固。不过这并不意味着必须禁止使用法币和伪币，也不意味着把法币和伪币的比价压得越低越好。其道理很简单：根据地必须维持对外贸易，而在这一过程中必须使用法币或伪币。为此，必须授权根据地银行有条件地兑换法币和伪币，而且必须合理规定本币与法币和伪币的比价，不能把压低法币和伪币的比价作为货币斗争的基本方针。

8. 发动群众。发动群众、依靠群众是共产党人干革命的诀窍。这一点在对敌货币斗争中表现得也很明显。

首先，在货币斗争期间根据地政府积极宣讲排除法币与取缔日伪货币的必要性。当群众明白了其攸关自己的切身利益时，自然乐于配合。例如，滨海区的老百姓在1943 年 7 月 21 日正式停用之前便主动拒绝法币，并主动将法币贬值，这就使政府从 7月 21 日开始便能以七折收兑法币。

其次，发动群众，全民缉私，稳定物价。

---

① 山东革命历史档案资料选编（第十三辑）[M]. 济南：山东人民出版社，1984：254.

最后，发动群众，全民反假币。例如，在工商贸易、公安、税务、民兵等大力配合，严厉打击制造和推销假票的奸商和罪犯行为；组织力量查缉假币，重点关注集市，尤其是粮食集市、布匹集市和汇票集市；每当发现一种新假币，便立即总结识别方法，发布公告，及时通知到每一个乡村和单位，并立即停止使用被造假的北海币，定期全部收回；每逢集市日便将假币贴在一块大布上，挂在集市的显眼处，帮助过往群众识别假币；把识别假币知识写在各村的识字班上，并到学校、乡村夜校、冬学宣讲识别法币知识等。

1943 年 7 月 21 日《大众日报》公布的假币如图 5 所示。

图 5　1943 年 7 月 21 日《大众日报》公布的假币

资料来源：孙守源. 青岛及周边地区抗战货币与日伪货币的抗争——抗日战争时期青岛及周边地区的货币侵入与抗争（下）［J］. 中国钱币，2017（1）：20 – 32.

五、北海银行精神①

北海银行精神是金融战线上的沂蒙精神。北海银行的创立、发展、壮大与山东根据地和解放区的财政经济建设休戚与共，砥砺同行，将勇于创新、为公为民，自力更生、艰苦奋斗的北海银行精神书写在了山东根据地和解放区的大地上。

（一）勇于创新，为公为民

根据地金融没有现成经验可以借鉴，山东根据地金融工作领导人把马克思的货币经济学说与山东根据地的具体实际相结合，创造性地提出了"物资本位论"，薛暮桥根据马克思理论中关于货币是各种商品的一般等价物及货币流通数量必须符合市场流通需要的规律，结合根据地货币斗争的经验，指出货币不一定同金银联系，也可以同其他商品联系；根据地持有北海币的人民关心的不是北海币能换回多少金银，更不是

---

① 邓强. 临沂大学山东革命根据地北海银行博物馆解说词。

能换回多少美元或英镑，他们关心的是能换回多少粮食、棉布等日用必需品：拥有粮食、棉布等日用必需品就是北海币最可靠的保证。

（二）自力更生，艰苦奋斗

根据地金融是在频繁流动、极为危险、高度机密的战时环境下发展起来的，北海银行工作者自力更生、艰苦奋斗，牢牢地掌握了山东根据地的经济命脉。

（三）北海银行精神的凝结

中国共产党的坚强领导、北海银行工作者的艰苦奋斗、山东根据地人民的坚定支持，是山东根据地革命金融的宝贵历史经验。北海银行从创立的第一天起，就明确了"根据地人民自己的银行"定位，将服务山东抗战、服务根据地人民作为自己的使命；它的创立、发展与壮大也深深地根植于山东根据地，人民的倾力支持与无私奉献中。北海银行的历史，就是对"水乳交融、生死与共"的沂蒙精神的深刻诠释与生动表达。

案例使用说明

一、教学目的与用途

1. 适用课程：金融学、货币银行学。

2. 适用对象：本案例主要为经济以及金融方面的本科生开发，适合大一、大二的本科生进行学习。

3. 教学目的：本案例以山东北海银行发行北海币为例，系统阐述纸币发行的基本原理，从而既为学生提供鲜活的纸币发行案例或素材，帮助其深刻理解纸币发行的内在机制，同时又能令其了解与缅怀革命先烈彪炳千秋的业绩，并深刻体会金融、银行和货币在国家与民族命运抗争与发展道路选择上的重大意义与无可替代的作用。

具体目标如下。

（1）基于在抗战时期北海银行北海币的发行，以及与法币和敌伪币的斗争过程为依据。使学生理解北海银行在当时为什么要发行北海币、如何发行纸币、如何实现纸币回笼、如何维持币值稳定等一系列问题，理解完全的货币制度。

（2）基于在抗日战争时期北海银行艰难的发展历程和日寇对于法币和北海币疯狂的排挤为依据。使学生了解当时革命先烈的不易，以及除了军事之外，金融对于一个国家和一个地区的巨大发展意义。

（3）基于纸币发行制度—以北海币的发行为例整篇文章的论述。使学生了解到其中所蕴含的思政元素：①勇于创新，为公为民；②自力更生，艰苦奋斗；③北海银行精神。

二、启发思考题

本案例的启发思考题主要对应的是案例教学目标的知识传递目标，启发思考题与案例同时布置，另外要让学生尽量在课前阅读、熟悉相关知识点。因此，在案例讨论前需要布置学生了解山东省在抗日战争期间的相关历史，以及货币发行制度，包括货币的发行、货币的回笼、如何稳定币值以及如何稳定物价等方面的具体内容。

1. 结合日军进攻山东省的时间线和相关路径，分析山东沦陷的大致过程，并尽量与北海银行的创立和发展过程相结合。

2. 结合案例本身，分析法币经历了什么，为什么会大幅度贬值，以至于最后失去百姓们的信任。

3. 掌握北海银行发行北海币的相关信息，说明第一次货币斗争失败的原因和第二次货币斗争取得胜利的原因。

4. 了解我国现阶段纸币发行的具体流程，并与北海币的发行进行对比，分析其中的相同点与不同点。

5. 北海银行是中国共产党在极为艰难与危险的战时环境下创造的山东根据地金融战线的奇迹，创造性地取得了对伪币、法币斗争的胜利，创造性地提出了"物资本位论"，是马克思主义政治经济学理论的经典运用。结合本案例分析北海币的发行对于我国现阶段纸币的发行有什么启示。

三、分析思路

1. 从古代简单的物物交易进行分析，论述货币的由来以及货币的演变。随着社会经济的发展纸币也应运而生，并以近代以来的纸币相关事项作为背景来展开本案例的论述。

2. 从 1937 年日寇全面侵华战争的开始为背景，讲述北海银行的诞生和其能够诞生的原因。

3. 以 1938 年北海银行成立至 1949 年北海银行改组为中国人民银行山东分行为时间线，介绍了北海银行的发展和期间的两次货币斗争，其中还包含了北海币发行和回笼的相关细节。

4. 基于领导、群众、贸易、资源等方面对山东根据地两次货币斗争成败的原因进行分析。

5. 详细阐述了中国共产党人在北海银行发行北海币所展现出的智慧——唯一本位、物价本位制、贸易依托、拒绝发币弥补财政等思想。

6. 总结北海币发行机制，包括发行北海币的前提条件和货币发行的机制。

7. 根据北海银行发行北海币的事迹，提炼出北海银行精神。

四、理论依据与具体分析

（一）理论依据

1. 货币的本质。货币其实就是商品，货币的根源在于商品本身，这是为价值形式发展的历史所证实了的结论。但货币不是普通的商品，而是固定地充当一般等价物的特殊商品，并体现出一定的社会生产关系。这就是货币的本质的规定。

首先，货币是一般等价物。从货币起源的分析中可以看出，货币是商品，具有商品的共性，即都是用于交换的劳动产品，都具有使用价值和价值。如果货币没有商品的共性，那么它就失去了与其他商品相交换的基础，也就不可能在交换过程中被分离出来充当一般等价物。

然而，货币又是和普通商品不同的特殊商品。作为一般等价物，它具有两个基本特征：第一，货币是表现一切商品价值的材料。普通商品直接表现出其使用价值，但其价值必须在交换中由另一商品来体现。货币是以价值的体现物出现的，在商品交换中直接体现商品的价值。一种商品只要能交换到货币，就能使生产它的私人劳动转化为社会劳动，商品的价值得到了体现。因此，货币就成为商品世界唯一的核算社会劳动的工具。第二，货币具有直接同所有商品相交换的能力。普通商品只能以其特定的使用价值去满足人们的某种需要，因而不可能同其他一切商品直接交换。货币是人们普遍接受的一种商品，是财富的代表，拥有它就意味着能够去换取各种使用价值。因此，货币成为每个商品生产者所追求的对象，货币也就具有了直接同一切商品相交换的能力。

其次，货币体现一定的社会生产关系。货币作为一般等价物，无论是表现在金银上，还是表现在某种价值符号上，只是一种表面现象。货币是商品交换的媒介和手段，这就是货币是商品的本质同时还反映商品生产者之间的关系。马克思指出："货币代表着一种社会生产关系，却又采取了具有一定属性的自然物的形式。"商品还是在特定的历史条件下，人们互相交换劳动的形式。社会分工要求生产者在社会生产过程中建立必要的联系，而这种联系在私有制社会中只有通过商品交换，通过货币这个一般等价物作为媒介来进行。因此，货币作为一般等价物反映了商品生产者之间的交换关系，体现着产品归不同所有者占有，并通过等价交换来实现他们之间的社会联系，即社会生产关系。

总的来说，货币的出现实际上就是为了解决以物易物这种交易方式的困难和不便。其中，由于金属货币太沉重，交易不便，因此，作为金属货币的替代物，纸币出现了。本案例中，北海银行发行北海币就是在特定背景下产生的。

2. 货币形式的变化历程。货币的本质特征是不会改变的，否则就不会称其为货币，但货币的存在形式却是不断变化的。如果说货币的本质是货币的内涵，那么货币的存在形式就是货币的外延，它是随着社会生产力的发展和社会的演化而变化的。

历史上最初充当货币的，不得不是商品的一种。在商品经济的初期，在等价交换的原则下，没有人会拿自己的商品去同无价值的东西交换。因此，最初取得货币地位的一定是有价值的商品。金银由于其良好的自然属性而优于其他商品，长期占据着货币地位。但是金银及其他货币商品的等价地位，最终还是被信用货币所取代，是商品经济发展的规律，也是为人类社会发展所证实了的历史事实。现代社会中，货币不再是足值的金属货币，而是代替金属货币充当流通手段和支付手段的信用票据。信用货币是货币的较高发展形式。信用货币最显著的一个特征是它作为商品的价值与其作为货币的价值是不相同的。信用货币是不可兑现的，它只是一种符号，通过法律确定其偿付债务时必须被接受，即法偿货币。

在人类社会经济生活中，货币自身的形式是不断发展的，由足值的金属货币，如金币、银币到足值货币的代表，例如纸币，它几乎没有内在价值，但可以兑换成足值货币，最终到不可兑现的信用货币。货币形式的发展过程是商品经济不断发展的客观要求，也是其必然产物。在这个过程中，货币是商品的这一要求逐渐被淡忘，而与此同时货币的主要功能得以继续发挥。人们普遍接受了这一事实，并且国家法律也作出了相应的规定，信用货币在现代经济中仍然发挥着一般等价物的作用。只要商品经济不断发展，货币形式也就有了继续演变发展的动力。

3. 货币职能。货币职能是指货币本质的具体体现。在发达的商品经济条件下，货币具有价值尺度、流通手段、贮藏手段、支付手段和世界货币五大职能。货币的这五大职能是随着商品经济的发展而逐渐形成的。

价值尺度是用来衡量和表现商品价值的一种职能，是货币的最基本、最重要的职能。衡量商品价值的货币本身也是商品，具有价值；没有价值的东西，不能充当价值尺度。

货币充当商品交换媒介的职能。在商品交换过程中，商品出卖者把商品转化为货币，然后再用货币去购买商品。在这里，货币发挥交换媒介的作用，执行流通手段的职能。货币充当价值尺度的职能是它作为流通手段职能的前提，而货币的流通手段职能是价值尺度职能的进一步发展。

贮藏手段是货币退出流通领域充当独立的价值形式和社会财富的一般代表而储存起来的一种职能。货币能够执行贮藏手段的职能，是因为它是一般等价物，可以用来购买一切商品，因而货币贮藏就有必要了。

支付手段是货币作为独立的价值形式进行单方面运动时所执行的职能。

世界货币在世界市场上执行一般等价物的职能。由于国际贸易的发生和发展，货币流通超出一国的范围，在世界市场上发挥着作用，于是货币便有世界货币的职能。作为世界货币，必须是足值的金和银，而且必须脱去铸币的地域性"外衣"，以金块、银块的形状出现。原来在各国国内发挥作用的铸币以及纸币等在世界市场上都失去了作用。

本案例中，在北海币同其他货币作斗争的过程中，北海币在货币职能尤其是在价值尺度和流通手段方面赢得了其他货币。究其原因，是由于抓住了"坚决立即停用法币和禁用伪钞，建立独立自主的本位币""设立物资储备，以平抑物价""统制对外贸易，创造出超局面"这三个关键环节，山东根据地的货币斗争很快取得了决定性胜利。

（二）具体分析

1. 抗日战争爆发前山东各地主要流通法币，此外也流通韩复榘发行的"山东民生银行"纸币。尽管社会公众认可法币，但法币的辅币紧缺，给地方民众的日常交易带来了极大的不便。正是由于辅币短缺，造成土杂私券流行。在抗日战争爆发之后，胶东地区的国民党地方政府已逃走，但日寇尚未到达，掖县等地区出现政治空白期。于是胶东地方党组织奋起组建的抗日政府在民间很快就获得了政治合法性。掖县地方社会各界普遍认可北海银行是政府开办的银行，北海银行的资本金主要就是以政府向各地方摊派的方式筹措的。这样一来，北海币就有了官方货币的色彩，自然有利于推广使用。1941 年 12 月 8 日，太平洋战争爆发。由于丧失利用法币套取外汇的渠道，因而日寇对法币改采用排挤政策：一方面在沦陷区大量发行伪币，以图取代法币；另一方面把缴获和搜罗来的巨额法币抛向国统区和我抗日根据地，大肆套购物资。1942 年流入山东抗日根据地的法币不下 5 亿元。"敌寇现正大量将法币倾入我根据地，尤以 50 元、10 元一张之大票为多，致使我集市上物价飞涨"。与此同时，国民政府也放弃了维护沦陷区法币信用的政策。并且为缓解国统区的通货膨胀，转而推动法币流向沦陷区，致使敌后抗日根据地内的法币流通量剧增，币值狂跌。

据记者亲自在莒南土沟、沟头、良店等区集市上与民间所见，法币仍一元按一元，一角按一角畅行无阻。群众如此，我地方党政军民各界也复如此，恶果的影响造成物价剧烈波动。[①] 最近沂蒙、滨海各地物价陡然上涨，同一东西在同一集上，一天即涨到五六次之多。现在麦子已涨到 45 元一斗，锅饼已涨到 6 元 5 角一斤，花生已涨到 420 元一秤（100 斤），各种物价都比过去贵一倍到两倍的样子。敌三井洋行最近在罗密庄（秦石路北）安设分行，并在周围各据点设立土产收买交易所，大肆收买粮食花生五金等物。相公庄、汤头、夏庄等各据点，也设立粮库，专收买我根据地的食粮土产，最近由台潍公路和陇海路上外流的食粮土产等很多。

以上法币的经历以及种种原因最终导致百姓对于法币失去信任。

2. 关于第一次货币斗争失败的原因，当时总结的教训主要有以下五条。

一是组织领导薄弱；二是没有深入宣传动员群众，广大群众普遍不了解为什么要贬低法币价格；三是没有及时设立兑换所帮助群众兑换，严重阻碍了必可或缺的正常对外贸易；四是对外贸易工作的配合不到位，例如"贸易局应有计划地准许一部分花生米或花生油出口，但必须保证换回一定数量的布匹"等，但实际并未做到；五是执行法令不严格。

---

① 大众日报，1942 - 09 - 07.

　　上述五个问题都是现实存在的，且都很重要。在第二次货币斗争时期根据地政府有针对性地解决了这些问题，从而取得了显著的战果，但上述总结仍未触及第一次货币斗争失败的关键原因。直到薛暮桥等同志来到山东主管财经工作之后，才指出了第一次货币斗争失败的关键原因就是没有立即绝对禁止法币流通，而是认为"政府法令主要是为了降低法币，提高本币价格。但基本上并非禁止法币流通及使用。"[①] 如此一来，毕竟法币是国民政府发行的货币，且流通区域广大，在普通民众的心目中早已拥有正统货币的信誉，因此北海币在与法币的市场信任竞争中很难占据上风。

　　关于第二次货币斗争胜利的原因，具体表现在以下五个方面。

　　一是1943年夏，于学忠的东北军及国民党省政府撤离山东，山东境内从此无国民党主力部队，法币于是失去政治依托。

　　二是1942年12月，毛泽东主席提出"发展经济保障供给"的财经工作总方针，山东分局派时任山东省军区政治部主任的肖华去太行学习对敌斗争和经济建设的经验。基于太行区将根据地经济建设与对敌经济斗争结合于一体的经验，山东分局确定了货币、贸易、生产三位一体的斗争策略，决定成立工商管理处，并在各战略区成立工商管理局，统一领导对敌经济斗争。

　　三是山东根据地逐步扩大，广大军民对抗战必定胜利的信心显著增强。

　　四是山东根据地普遍实行减租减息，农民的生产积极性大大提高，农业生产连年丰收，粮食、棉花、油料等都能够自给，有些地区还有多余的可以输出。

　　五是山东海岸线长，产盐十分丰富。津浦、胶济铁路两侧和津浦路西有1 000多万日本人和敌区人民的食盐主要来自山东根据地。抗日民主政府实行食盐专卖，适度提高出口盐价，造成对敌贸易的出超，从而储备了一定的财力。这不但可以从敌区换回物资，而且还可用来压低法币和伪币的比价。此外，根据地还可以将更多的财力用于发展生产。

　　就货币斗争本身而言，第二次货币斗争取得胜利最为关键的原因就是立即禁止法币流通。禁止法币流通的政策之所以如此重要，主要原因就是从全局来看法币泛滥已成趋势，物价飞涨不可避免。在这种局势下，一方面大量食盐、粮食和棉花等产品的输出势必造成大量法币输入；另一方面敌伪区和国统区也有意识地向根据地倾泻法币，则根据地势必法币泛滥；而在允许法币流通的情况下，北海币也势必会通货膨胀。这样一来，山东根据地不可能抑制住物价上涨的趋势。

　　3. 人民币的发行程序大致分为四步。

　　首先，提出人民币的发行计划，确定年度货币供应量。每年由人民银行总行根据

---

① 大众日报，1942 - 09 - 07.

国家的经济和社会发展计划，提出货币发行和回笼计划，报国务院审批后，具体组织实施。包括负责票币设计、印制和储备。

其次，国务院批准人民银行报批的货币供应量计划。

再其次，进行发行基金的调拨。发行基金是中央银行为国家保管的待发行的货币。它是货币发行的准备基金，不具备货币的性质，由设置发行库的各级人民银行保管，总行统一掌管，发行基金的动用权属于总库。

最后，普通银行业务库日常现金收付。人民币的货币发行主要是通过商业银行的现金收付业务活动来实现的。各商业银行将人民银行发行库的发行基金调入业务库后，再从业务库通过现金出纳支付给各单位和个人，人民币钞票就进入市场。这称为"现金投放"。同时，各商业银行每日都要从市场回收一定的现金，当业务库的库存货币超过规定的限额时，超出部分要送交发行库保管。这称为"现金归行"。货币从发行库到业务库的过程叫作"出库"，即货币发行；货币从业务库回到发行库的过程叫作"入库"，即货币回笼。

北海币作为人民币的"前身"，两者在发行方式方面存在着个别共同点：都是基于物价稳定为目的，灵活的发行货币。

人民币作为我国现阶段的本位币与抗战期间地方性货币北海币相比，发行的过程更为复杂，也更为精细，两者的不同点表现在以下三方面。

一是人民币是信用货币，是由国家法律规定的，强制流通不以任何贵金属为基础的独立发挥货币职能的货币。信用货币是由银行提供的信用流通工具，其本身价值远远低于其货币价值，与20世纪初期资本主义国家的金本位和银本位有很大不同。而北海币不是信用货币，它是以物资为本位发行纸币。

二是人民币在发行过程中需要通过国务院的审核，而北海币的发行只需要通过地方政府的允许，在严格程度上有着很大的区别。

三是人民币和北海币的准备基金也不同，人民币的准备基金为中央银行为国家保管的待发行的货币。而在北海币的发行过程中，根据地坚持把货币发行量的半数以上用来掌握重要物资，以作为货币发行的准备基金。

4. 通过北海币的发行所能带来的启示。

我国的货币发行，始终贯彻执行稳定货币的方针，并坚持货币发行权集中于中央和有计划地发行的原则。我国人民币的发行，是在每年国民经济计划综合平衡的基础上，根据国民经济发展的需要，经国务院核批最高发行额，由中国人民银行具体负责执行。

同时，除了向市场上发行货币之外，各商业银行每日都要从市场回收一定的现金，当业务库的库存货币超过规定的限额时，超出部分要送交发行库保管。这称为"现金

归行"。货币从发行库到业务库的过程叫作"出库"，即货币发行；货币从业务库回到
发行库的过程叫作"入库"，即货币回笼。目前主要是通过货币政策和财政政策来管
理货币的流动性，其中货币政策中最具代表的是央行的"三大法宝"：存款准备金率、
再贴现政策、公开市场操作；财政政策主要是政府通过税收以及政府支出来进行调节。

北海银行的成立在中国金融史上具有跨时代的意义，不仅为红色根据地经济作出
巨大贡献，在货币理论方面也作出了重要的探索和创新。在山东革命根据地创立了一
套全新的货币发行理论，经济学家薛暮桥提出：货币的价值决定于货币发行数量，而
不取决于它所包含的黄金价值。打破了发行货币把黄金和外汇作为准备金的固有模式，
创造性地把粮食、棉花等战略物资作为发钞的准备金。由金本位到物资本位是货币发
行理论的一种突破和创新。为山东地区的抗战活动，提供了有力的金融支持，作出了
重要贡献。

参考资料：

［1］薛暮桥. 山东抗日根据地的对敌货币斗争［J］. 财贸经济纵横，1980（1）：58 – 62.

［2］申春生. 山东抗日根据地的两次货币斗争［J］. 中国经济史研究，1995（3）：135 – 140.

［3］吴伟，邓强. 北海银行：谨以此片纪念北海银行成立75周年暨中国人民银行成立65周年
［J］. 时代文学，2012（12）：66 – 88.

［4］孙培宽. 北海银行及其发行的纸币［J］. 收藏，2015（7）：72 – 76.

［5］刘志鹏，钟钦武. 抗战时期北海币发行量与物价波动关系研究［J］. 中国地方志，2017
（8）：37 – 46，64.

［6］钟钦武. 山东抗日根据地中共对北海币信用建设的探索（1937 ~ 1945）［J］. 党史研究与
教学，2020（2）：57 – 73.

［7］姬雄华，殷丹丹. 抗日战争时期国民政府和边区政府货币政策比较研究［J］. 中共南京市
委党校学报，2017（5）：45 – 52.

［8］唐致卿. 抗战时期山东解放区的对敌货币斗争［J］. 文史哲，1999（2）：3 – 5.

［9］张凤坤. 北海银行正式成立时间及初期北海币［J］. 中国钱币，2007（1）：76.

［10］周传芳. 北海银行的发展历程与北海银行币的版别研究［J］. 江苏钱币，2018（1）：30 – 43.

［11］马克思恩格斯全集（第44卷）［M］. 北京：人民出版社，2001.

［12］中国人民银行金融研究所，中国人民银行山东省分行金融研究所. 中国革命根据地北海银
行史料（第2册）［M］. 济南：山东人民出版社，1986：251.

［13］山东革命历史档案资料选编（第十五辑）［M］. 济南：山东人民出版社，1984.

［14］薛暮桥. 抗日战争时期和解放战争时期山东解放区的经济工作［M］. 济南：山东人民出
版社，1984：180 – 181.

［15］山东革命历史档案资料选编（第十辑）［M］. 济南：山东人民出版社，1984.

［16］范心然. 北海银行撤出掖县前后［C］. //山东省金融学会. 北海银行五十周年纪念文集. 济南：山东省金融学会，1988.

［17］刘卫东. 抗战时期山东北海币与法币的关系述论［J］. 中国经济史研究，2010（3）：108 - 115.

［18］王士花. 北海银行与山东抗日根据地的货币政策［J］. 史学月刊，2012（1）：53 - 62.

［19］马克思恩格斯全集（第44卷）［M］. 北京：人民出版社，2001.

［20］山东革命历史档案资料选编（第八辑）［M］. 济南：山东人民出版社，1983.

［21］山东革命历史档案资料选编（第八辑）［M］. 济南：山东人民出版社，1984.

［22］中国人民银行金融研究所，中国人民银行山东省分行金融研究所. 中国革命根据地北海银行史料（第1册）［M］. 济南：山东人民出版社，1988：297.

［23］清河区扩大的货币工作会议记录，1943 - 04 - 16，清河区行政公署档案 G033 - 1 - 15.

［24］韩天祥. 对目前货币战的几点意见［M］. //中国革命根据地北海银行史料（第1册）. 济南：山东人民出版社，1988：279.

［25］胶东区行政公署关于停止法币流通的布告［M］. //中国革命根据地北海银行史料（第1册）. 济南：山东人民出版社，1988：247 - 248.

［26］东海支行1942年工作总结［M］. //中国革命根据地北海银行史料（第1册）. 济南：山东人民出版社，1988：255.

［27］中共山东分局关于停用法币的指示［M］. //山东革命历史档案资料选编（第九辑）. 济南：山东人民出版社，1983：542.

［28］薛暮桥. 工商管理工作的方针和政策［M］. //山东革命历史档案资料选编（第十四辑）. 济南：山东人民出版社，1984：394.

［29］山东革命历史档案资料选编（第十五辑）［M］. 济南：山东人民出版社，1984：62.

［30］孙守源. 青岛及周边地区抗战货币与日伪货币的抗争——抗日战争时期青岛及周边地区的货币侵入与抗争（下）［J］. 中国钱币，2017（1）：20 - 32.

［31］财政部复军政部函——告知苏鲁冀察皖等省赶印省券情况，民国二十九年十月三日［M］. //中华民国货币史料（第二辑）. 上海：上海人民出版社，1991.

［32］特种经济调查处电——报告山东地方钞券紊乱情况，民国二十九年十月九日［M］. //中华民国货币史料（第二辑）. 上海：上海人民出版社，1991.

［33］李普. 开国前后的信息［M］. 北京：新华出版社，1982：107.

［34］许树信. 中国革命根据地货币史纲［M］. 北京：金融出版社，2008：136.

［35］邓小平文选（第一卷）［M］. 北京：人民出版社，1994：78.

［36］杨建立. 走向革命：华北的战争、社会变革和中国共产党［M］. 北京：中共党史资料出版社，1987：224.

［37］中共中央文件选集（第11册）［M］. 北京：中共中央党校出版社，1991：615.

［38］山东革命历史档案资料选编（第十辑）［M］. 济南：山东人民出版社，1983：361.

［39］北海银行五十周年纪念文集［C］. 济南：山东省金融学会，1988：166.

［40］山东革命历史档案资料选编（第十三辑）［M］. 济南：山东人民出版社，1983：254.

［41］山东省战时施政纲领［M］. //山东革命历史档案资料选编（第五辑）. 济南：山东人民出版社，1982：134.

［42］推行新钞宣传大纲［M］. //山东革命历史档案资料选编（第六辑）. 济南：山东人民出版社，1982：320.

［43］洒海秋. 怎样推行使用北海银行钞票［M］. //中国革命根据地北海银行史料（第1册）. 济南：山东人民出版社，1988：207.

［44］陈文其. 北海银行的创建和重建［C］. //北海银行五十周年纪念文集. 济南：山东省金融学会，1988：118.

［45］刘涤生. 从胶东分行到鲁中分行［C］. //北海银行五十周年纪念文集. 济南：山东省金融学会，1988：122.

［46］邢松岩. 我对北海银行创始阶段的回忆［C］. //北海银行五十周年纪念文集. 济南：山东省金融学会，1988：108.

［47］邓强. 临沂大学山东革命根据地北海银行博物馆解说词.

管仲助力齐桓公位列春秋五霸

——《管子》的金融思想及其启示

卢立香

摘　要： 春秋时期，齐桓公在管仲的辅佐下将齐国治理成为最富强的国家，并成为春秋五霸之首。这一成功离不开管仲先进的治国理念和经济金融思想，这一思想集中体现在《管子》这本著作中。《管子》的金融思想十分丰富，不仅讨论了对货币的管控和信贷的运用，还通过对金融政策的运用，使物价与币值之间的"轻重"保持一个动态的平衡关系，从而可以促进经济增长，使国家可以强大，人民可以安居乐业。本案例分析了《管子》金融思想的主要内容、金融政策的主要内容以及对金融政策的具体应用，从而了解《管子》金融思想是如何助力齐国经济发展和助力齐桓公成为春秋五霸之首的。这样的案例，一方面能够带领学生们阅读经典，了解我国早已有之的金融思想，增强学生们的文化自信；另一方面让学生们能够从本案例中更好地理解金融是如何支持实体经济发展的，同时去思考当前情况下金融应该如何有效支持我国经济发展。

先秦诸子的著作是中国古代智慧的结晶，也是习近平总书记经常引用的古代经典。《管子》思想起源于齐桓公时期，由管仲辅佐齐桓公治理齐国为起始，至战国中期发展成一个完整体系，再至西汉时刘向整理成书。《管子》原本含有 86 篇，之后在流传中遗失了 10 篇，在现存的 76 篇文章中，有大约 2/3 的文章直接讨论或主要涉及经济问题，其文字有 10 余万字，《管子》绝对可以称得上是一本经济学著作。20 世纪初期，随着新文化运动的兴起，大量的西方经济金融理论涌入我国。我国学者开始更加注重对《管子》经济思想的研究，更注重将我国已有的经济金融理论与西方经济金融理论相比较，在此基础上梁启超提出"我国先秦以前，原有此学"。近代著名学者黄汉也说道："国民经济观念，在欧洲近数十年始形注重，而《管子》则在我国二千年前，已力言之。"姚遂（2012）在《中国金融思想史》一书中提到"轻重理论是《管子》一书所传播的中国古代君主辅臣治国理财的一整套理论，包括方案及其措施和手段，构成我国古代经济思想的基石，自然也是我国古代金融思想的基石"。这是对

《管子》金融思想的极大肯定。

一、从"公子小白"到春秋五霸之首

"公子小白"就是春秋时期赫赫有名的齐桓公。最初，"公子小白"在鲍叔牙的辅佐下与管仲辅佐的公子纠争夺齐国王位，管仲曾经用箭射"公子小白"，"公子小白"通过假死迷惑管仲后继承了齐国王位。后来管仲的好友鲍叔牙劝说齐桓公，齐桓公便听从他的建议，拜管仲为相。之后齐桓公在管仲的辅佐下励精图治，对内厉行改革、通货积财，对外富国强兵、尊王攘夷。最终齐桓公成为第一个中原霸主。

管仲辅佐齐桓公的业绩之大是有目共睹的，孔子对管仲都有很高的评价，说"桓公九合诸侯，不以兵车，管仲之力也"，还说"管仲相桓公，霸诸侯，一匡天下，民到于今受其赐，微管仲，吾其披发左衽矣"。（意思是说要是没有管仲，我们就得沦为落后的蛮夷那样）《管子》的思想奠基人正是管仲，他辅佐齐桓公长达41年之久，后人对管仲治国理政的经验有所记载，从而形成了《管子》一书的主要框架。《管子》虽不是管仲所著，但其中确实记载了管仲的思想和言行，阐述了管仲的主张。

春秋战国时期的齐国作为诸侯国之一，在太公受封伊始，只不过是一个方圆百里的弹丸小国。到齐桓公时期，任管仲为相，实施工商兴国的经济策略，"通轻重之权，檄山海之业""得鱼盐之利"，推行农工商并重等经济政策，并拥有短线贸易航线和南北内陆的贸易通道，达到了富民强国的目的，最终实现了"九合诸侯，一匡天下"的霸业。齐国都城临淄是春秋战国时期的大城市之一。临淄的重商思想非常活跃[①]。20世纪60年代以来，山东省临淄齐国故城的考古发掘发现古代齐地已具有比较先进的经济发展水平，金属生产工具较早出现并得以推广使用，手工业和商业的发展也已初具规模。这些都说明了当时齐国的经济实力。接下来，本案例分析《管子》金融思想的主要内容、金融政策的主要内容以及对金融政策的具体应用，从而了解了《管子》金融思想是如何助力齐国经济发展和助力齐桓公成为春秋五霸之首的。

二、《管子》讲货币

在《管子》的《轻重》各篇中，都是以货币的轻重为依据的。《管子》的金融思

---

① 司马迁对此也有记载"天下熙熙，皆为利来；天下攘攘，皆为利往""临菑之涂，车毂击，人肩摩，连衽成帷，举袂成幕，挥汗成雨，家殷人足，志高气扬"。

想主要体现在其中的《轻重》十六篇中（本有十九篇，遗失三篇），除了《轻重已》重在论述四时节令外，其余的《轻重》篇主要专门论述商品货币关系。① 《管子》的《轻重》各篇不仅重视发展农业和物质财富的生产，同时还十分重视财富的流通，既重视物质财富在诸侯国之间的流通，防止本国产品外流，又重视国内产品流通，防止物质财富为富商大贾所囤积。既然如此重视物质财富的流通问题，自然就会研究产品流通过程中所包含的货币、商品价格问题以及需要采取的政策措施。从金融发展史的角度来说，这是从单纯重视农业生产向同时重视商品货币经济的转变，这在古代文献中是第一次如此明确提出来的（巫宝三，《管子经济思想研究》）。具体来说，《管子》的货币思想主要包括以下三个方面。

（一）《管子》讲货币职能

在《管子》中不仅认识到了货币在贸易中的中介作用，还对货币进行了概念界定，明确地提出了货币流通的概念，并且把货币明确概述为通货或者流通渠道，这在我国历史上还是首次。在《揆度》篇中谈道："刀币者，沟渎也。"沟渎也就是现在的渠道的意思，是从流通领域对货币进行界定。在《国蓄》篇中更是提出："黄金刀币，民之通施也"这一观点，而在《轻重乙》中也提道："黄金刀布，民之通货也。"这里的"沟渎""通货""通施"都是指在贸易中互通有无、相互交换的手段和交易的工具。

"以珠玉为上币，黄金为中币，刀布为下币"和"黄金刀布，民之通货也"表明黄金和刀布是通用货币，当时黄金主要是在诸侯国之间流通，而珠玉被认为是一种价值高于黄金和刀布的财物，并未用于流通。"铸钱立币"是为了满足物品交换的需要。《轻重篇》同时认为，货币在行使流通手段职能和财富贮藏手段职能的过程中，国家应该加以监管，否则，整个国家的货币和经济容易被富商大贾所操纵，例如，流通中的货币不足时，可能是由于货币被富商大贾囤积，并不是因为货币供应不足。

（二）《管子》讲货币购买力——"币重"论和"币轻"论

"轻重"一般有狭义和广义之说，狭义的"轻重"是指钱币的轻重，说明货币购买力的大小，是关于货币贵贱论和货币价值论，是货币理论中的中心问题。广义的"轻重"包含了古代君主的治国安邦之术。本案例中的"轻重"是指狭义的"轻重"，是与货币和各种物品之间的价格直接相关的轻重。

---

① 《管子》重视商品货币关系不是偶然的，而是对于管仲"贵轻重、慎权衡""通货积财、富国强兵"（《史记·管晏列传》）、"通轻重之权，檄山海之业"（《史记·平准书》）政策思想的继承和发扬。

货币和万物是贵贱相反的，货币和谷物也是贵贱相反的。《轻重》篇提出"币重而万物轻，币轻而万物重以及粟重黄金轻，黄金重而粟轻"（或者"币轻谷重"）。这就是明确提出了货币和万物、货币和谷物之间的价格关系。"币重而万物轻"意味着一单位货币能够买到更多数量的商品，货币的购买力提高了，"币轻而万物重"则是相反的含义。谷物是万物之一，自然就可以理解"币轻谷重"的含义了。

（三）《管子》讲货币需求——货币流通数量论

《轻重》各篇还进一步论述了流通中货币需要量的决定因素。一般来说，全社会的货币需求量取决于：可供交易的商品总量、各种商品的价格和货币流通速度。古代社会的货币流通速度相对稳定。关于全国所需要的货币数量的计算筹划，《管子》中的《山至数》篇明确指出，所谓货币的计算筹划，就是把方六里的货币需求量作为基准，根据方六里的土地肥沃贫瘠状况、粮食产量状况和粮价高低状况，计算出方六里的土地的货币需求量，并以此推算全国的货币需求量。

《轻重》各篇对于流通中货币需要量的分析，主要是为了国家可以通过货币的周转来掌握重要物资和控制物价水平，尤其是谷物和衣帛，同时也可以看出《轻重》各篇对于货币流通手段这一职能的格外重视。

三、《管子》讲经济金融政策

《管子》中的《轻重乙》篇、《地数》篇和《揆度》篇都提到"高下中币，制下上之用"，《轻重乙》篇还提到"以珠玉为上币，黄金为中币，刀布为下币"。"高下中币"就是制定金融政策的办法，因此，国家需要通过调整黄金的价值来影响作为主要流通货币的刀布的价值，从而调节物价，进一步更好地促进经济发展。接下来，用什么办法来实现"高下中币"呢？那就是通过利用"轻重敛散"来达到"调通民利"的目的。[①] 具体来说，"高下中币"和"轻重敛散"的政策措施主要包括以下三个方面。

（一）国家掌握货币铸造权

国家要"执其通施"，即掌握大量货币。为此，国家要垄断造币权。《轻重甲》

---

① 借用《国蓄》中的话来说就是"凡将为国，不通于轻重，不可为笼以守民。不能调通民利，不可以语制为大治"。

讲"君铸钱立币"。《国蓄》篇又提到国君要"自为铸币",都表述了这一思想。轻重论者认为,国家掌握了足够数量的货币,就可用它"以守财物,以御民事而平天下"。

(二)《管子》的税收政策——以货币来征税

根据民众喜欢获得利益,不喜欢被夺取利益的特点,应该采取"见予之形,不见夺之理"的做法,即君主应该向民众展现给予利益的一面,而隐藏夺取民众利益的一面。基于此,提出了"天子籍于币"的政策主张,即指君王不应该以房屋、六畜、田亩、人丁和门户来征税,应该通过货币来征税,用谷物、盐、铁等加价政策来取得财政收入。一方面这是一种税收政策;另一方面它也是一种货币政策,因为采用这种政策,就能使国家在出售谷物、盐、铁等货物时,可以从民间收回大量货币,从而影响货币流通数量,进一步影响币值的高低。此外,"赀家假币"是指国家向民间借债,货币流向国家,因此,货币购买力提高,有利于国家来聚敛万物。令民间向上贺献必须用黄金,这样人们必须纷纷出售货物,以取得货币上缴,物价必然降低,货币购买力大增,从而国家可以聚敛万物。

(三)国家作为贷款人控制货币供应量

"置公币"是指国家对民间发放贷款,既可以用来预购粮食,也可以用来赈济贫穷。在五谷丰登之时,粮食价格大跌,需要用大量的粮食来偿还国家发放的贷款,从而国家能够掌握大量的谷物。接下来由于大量的粮食被国家收走,民间粮食减少,从而造成币轻而谷重。

"以币据谷"是指国家用钱币买粮食,使粮食归于国库,钱币散在民间,国家的钱币投在民间,币值下跌,粮食价格就会上升,造成币轻而谷重,所以国家可以通过售谷而聚敛财富。

综上所述,所谓轻重之术就是国家制定合理的货币金融政策,通过货币管理和价格水平的调节来促进经济社会的协调发展。正如《国蓄》篇所说,国家如果不掌握轻重之术,就难以对经济活动进行引导和调节,难以实现国强民富。国家用货币向臣民购买粮食和其他产品,即散货币、敛粮帛,在适当的情况下,国家则进行相反的敛散,即散粮帛、敛货币,这种国家与臣民间的买卖交易就是所谓敛散。① 要使敛散达到预

---

① 对于这种取财的先进性,《国蓄》中提出了以下观点:"夫民者,亲信而死利,海内皆然。民予则喜,夺则怒,民情皆然。"所以必须使民"见予之形,不见夺之理",才能博得百姓之心。而轻重敛散取财正是"见予之形,不见夺之理"和"非怨民心,伤民意"的好办法。

期效果，就必须掌握各种物品之间的价格关系，最重要的是"币"和"谷"之间的关系，因为谷物是人们生活的必需品。同时，货币数量的多少又会影响谷物价格的高低，因此，把握好谷物和货币两者之间的关系对于调节全社会的经济运行至关重要。

四、《管子》如何助力齐桓公称霸

（一）低买高卖，稳定物价

货币与粮食之间的关系是轻重诸多关系中最为重要的一种关系。一方面，货币和粮食在民众日常生活中均有着很重要的地位。《国蓄》篇认为，"五谷食米，民之司命也；黄金刀币，民之通施也。故善者执其通施以御其司命，故民力可得而尽也"。"司命"是指能够支配命运的人，"通施"在前边已经论述过了。这句话的意思就是善于治国的君主掌握货币来控制关乎民众生死的粮食，就可以最大限度地使用民力了。另一方面，货币与粮食之间是一种动态的价值变化关系——"粟重而黄金轻，黄金重而粟轻"。粮食价格是由市场上粮食与货币的供求情况决定的。如果市场上粮食多，而货币数量少，那么粮食价格便会下降；而市场上粮食少，货币数量多，那么粮食价格便会上升，而粮食价格的过度波动会对人民的生活产生很大的影响，也会影响社会稳定。因此，国家应该调节粮食价格，尽力保障粮食供应，从而维持经济社会稳定。

"敛积之以轻，散行之以重"的意思是，以低价收购粮食等物资，以高价卖出粮食等物资，这样操作，国家会有盈利，并且粮食等物资的价格也可以得到调节进而保持相对稳定，从而有利于人口数量的增长和经济发展。丰收之年粮食价格过低，农民生产粮食，却收益很低，甚至亏损。荒年粮食价格过高，就是高价也难以买到粮食，路有饥民。在古代，人口数量的增长经常被认为是经济发展和国力强盛的重要指标。因此，国家应该想方设法来实现粮食等物品的价格和粮食等物品数量的相对稳定。善治国者应该在民间物资不足时把库存的东西供应出去；而在民间物资有余时，把市场上的商品收购起来。民间物资有余，就肯于低价卖出，因而君主可以低价收购；民间物资不足，就肯高价买进，因而君主可以高价售出。

（二）利用币值的不同来调节地区间的粮食价格和粮食供求

《轻重丁》篇中记载：桓公曰："齐西水潦而民饥，齐东丰庸而粟贱，欲以东之贱被西之贵，为之有道乎？"管子对曰："今齐西之粟釜百泉，则鏂二十也（五鏂为釜）。

齐东之粟釜十泉，则鎺二钱也。请以令籍人三十泉，得以五谷菽粟决其籍。若此，则齐西出三斗而决其籍（十斗为一釜），齐东出三釜而决其籍。然则釜十之粟皆实子仓廪，西之民饥者得食，寒者得衣；无本者予之陈，无种者予之新。若此，则东西之相被，远近之准平矣。"上述内容的译文为：齐桓公说："齐国西部经常有涝灾，百姓挨饿，齐国东部劳动力众多，粮食充足而价格低廉，我想用东部粮食的低价来调节西部粮食的高价，有什么办法吗？"管仲回答说："现在齐国西部每釜粮食价值一百钱，每鎺就是二十钱。齐国东部每釜粮食十钱，每鎺就是二钱。请您下令每人缴税三十钱，并要用粮食来缴纳。这样，齐国西部每人缴纳三斗粮食就可以完成，齐国东部每人则要缴纳三釜粮食。那么，齐国东部一釜仅卖十钱的粮食就进入国家粮仓了。齐国西部饥饿的百姓可以得到粮食，受寒的百姓可以得到衣服，无粮食的百姓可以得到囤粮，无种子的百姓可以得到新粮。这样的话，齐国东部和西部就可以互补，远近各方的粮食价格就可以得到平衡了。"齐西地区和齐东地区的情况如表1所示。

表1 　　　　　　　　齐西地区和齐东地区的粮食调节

项目	齐西（歉收地区）	齐东（丰收地区）
每釜粮食价格（钱）	100	10
每斗粮食价格（钱）	10	1
人口税征收额（钱）	30	30
折成粮食缴纳（斗）	3	30

这是针对具体地区粮价和人民生活问题而展开的非常有典型意义的金融政策应用，通过对不同地区的不同币值水平的运用，国家可以从齐东收到大量粮食，用来救济齐西缺粮的民众。这个政策应用的关键在于对齐西和齐东每人的征税额相同，税额规定是货币数，而实际是按照粮价折合粮食来缴纳。这样对于调节地区粮价、调剂粮食供求和解决灾区人民生活都可以起到很好的作用。在2000多年前，人们能够如此巧妙地制定和实施此种政策，实在难能可贵。

（三）国家向民众发放贷款以解决农业周期性问题

《国蓄》篇中提道："春以奉耕，夏以奉芸，耒耜械器，种镶粮食，毕取赡于君。故大贾蓄家不得豪夺吾民矣。"意思就是春夏耕耘所需农具、口粮、种子等都由国君保证，得到满足，富商豪强就不能从中巧取豪夺。为了更好地促进农业发展，国家在春季向民众发放贷款用以敛收丝绸，在夏季向民众发放贷款用以收购秋粮。这样不仅帮助了民众，促进了农业生产，还增强了国家的威信，树立了很好的政府形象，这与我国现在的扶贫政策有一定的相似之处。同时，国家通过这种信贷也可以增加收入，也可在一定程度上减少民间高利贷，可谓一举多得。

（四）《管子》轻重论改善对外贸易

《管子》中一直贯彻"以轻重御天下"的政策，因此，在同外国的贸易中也继续执行这样的政策，进而促进本国经济发展。第一，对于需要从国外进口的物资，例如，粮食等关系国计民生的重要物资，应当采用其他国家的重要物资的价格低和我国同样的重要物资的价格高的政策措施。"彼诸侯之谷十，使吾国谷二十，则诸侯谷归吾国矣；诸侯谷二十，吾国谷十，则吾国谷归于诸侯矣"。这段话明确指出，如果其他诸侯国的粮食价格是十，我国的粮食价格是二十，那么各诸侯国的粮食就会流入我国；反之，我国的粮食就会流入其他国。因此，善于治理天下的人，一定要牢记这个规律。粮食流向高价的地方，就像水往低处流一样。"吾国岁非凶也，以币藏之，故国谷倍重，故诸侯之谷至也"。即我国并不是发生灾荒，而是可以用货币来囤积粮食，使粮食价格提高，因此，各诸侯国的粮食就会流入我国了。这就是国内货币政策和对外贸易政策的结合应用，就可以使"天下之归我者若流水"。第二，如果对其他国家的一些物资的需求不大，同时又不想让国内的同类物资大量流出本国，就应该使国内物价与其他国家的物价基本一致，这样可以保持国内物资不外泄，做到"守国财，而毋税于天下"。第三，对于一国出口国外的物资，就应该使这些商品的价格低于外国同类商品价格，产生价格上的竞争力，便可以对外销售，在同外国商品的竞争上赢得价格优势。

综上所述，《管子》不仅谈论了货币管理、国家信贷、对外贸易等一系列金融举措，而且还提出了一套成体系的金融思想，即通过运用一系列的金融措施管控国家的经济运行，进而提升国家的实力，丰富民众的生活。其中金融思想的核心是"轻重论"，而这一理论在我国两千多年的封建统治中占有极重的地位，它的身影出现在各朝各代的经济管理中，为我国古代社会的经济发展提供了很好的助力，是我国古代社会经济管理的基础理论之一。《管子》的金融思想十分丰富，不仅讨论了货币的管控、信贷的运用，也涉及了国家对物资的管理工作。通过对货币政策的运用，以及国家的信贷举措，使物价与币值之间的"轻重"保持一个动态的平衡关系，从而使国家可以富强，人民可以安居乐业。

案例使用说明

《管子》以如此多的篇幅论述商品货币关系，不但是先秦其他古籍所没有，并且也未见于以后各学派的著作。春秋战国时期，很长时间以来齐国是大国，也是强国，所以本案例试图从《管子》中所蕴含的金融思想的角度，分析《管子》金融思想是如何助力齐国经济发展和助力齐桓公成为春秋五霸之首的。相信这样的案例分析一方面能够带着学生们阅读经典，了解我国早已有之的金融思想，增强学生们的文化自信；另一方面让学生能够从本案例中更好地理解金融是如何支持实体经济发展的，同时去思考在 2000 多年后的今天金融应该如何有效支持我国经济发展。

一、教学目的与用途

1. 适用课程：金融学、中国金融思想史。

2. 适用对象：本案例主要为学习金融类课程的本科生开发。

3. 教学目的：本案例描述了《管子》金融思想的主要内容、经济金融政策的主要内容以及《管子》金融思想是如何助力春秋战国时期齐国经济发展的，为如何发挥金融对实体经济的支持作用提供有益启示与借鉴。

具体目标分为以下三个方面。

（1）从学生知识获取方面，通过本案例，学生们可以学习了解《管子》中关于货币、货币购买力和货币需求的主要内容，并从专业的角度理解 2000 多年前的经济金融政策是如何助力齐国经济发展和助力齐桓公成为春秋五霸之首的。

（2）从能力培养方面，通过本案例，学生们可以学习如何研究货币的作用、货币和其他商品的关系、货币对于控制社会财富以及强化国家经济力量的作用等，提高理论联系实际和学以致用的能力，并能够在此基础上去分析我国当前各项具体的经济金融政策和思考当前情况下金融应该如何有效支持我国实体经济发展。

（3）从素质提高方面，这样的案例能够带着学生们阅读经典，了解我国早已有之的金融思想，增强学生们的文化自信。正如近代著名学者黄汉所说："国民经济观念，在欧洲近数十年始形注重，而《管子》则在我国 2000 年前，已力言之。"

二、启发思考题

1. 分析《管子》中货币的作用，为什么一个国家应该对货币进行管理？

2. 如何理解《管子》中"轻"和"重"的明确含义？

3. 《管子》中有哪些金融政策能够帮助国家收回市场中的货币？哪些金融政策能够帮助国家向市场中投放货币？

4. 《管子》中国家如何通过金融政策的实施来控制关系到国计民生的粮食价格？

5. 作为一名当代大学生，你认为《管子》中的传统文化和金融政策是如何影响对外贸易的？

三、分析思路

本案例首先介绍了《管子》中货币职能、货币购买力和货币需求理论；其次分析了《管子》的经济金融政策；最后分析了经济金融政策在齐国经济发展和齐桓公称霸过程中的作用，给学生们充分展示了这部经典著作的经济学魅力。教师可以根据自己的教学目标（目的）来灵活使用本案例。这里提出供参考的案例分析思路，主要是依照思考题的顺序进行。

1. 在学生已经学习了当代金融学教材中的货币的定义、本质和功能的基础上，进一步学习 2000 多年前的典籍《管子》对货币的界定和职能，分析两者的异同，深刻理解在不同时代的人们看来货币管理对一个国家的重要性和必要性。

2. 《管子》的金融思想主要体现在其中的《轻重》16 篇中（本有 19 篇，遗失 3 篇），在《轻重》各篇中，都是以货币的轻重为依据的，由此可见，准确理解"轻"和"重"这两个字含义的重要性。

轻重"一般有狭义和广义之说，狭义的"轻重"是指钱币的轻重，说明货币购买力的大小，是关于货币贵贱论和货币价值论的，是货币理论中的中心问题。广义的"轻重"包含了古代君主的治国安邦之术。本案例中的"轻重"是指狭义的"轻重"，是与货币和各种物品之间的价格直接相关的轻重。

3. 《管子》中轻重之术的核心观点之一是国家控制货币供应量来调节市场上的物价水平，进而影响社会的方方面面，保持社会各方面的平衡，让社会在运行中保持一个多维平衡的状态。正如《国蓄》篇所说，执政者如不通晓轻重之术，就不能运用货币政策来影响经济发展，国家要运用金融政策，通过市场，对于盈利的营运活动进行管理，排除不法行为，限制贫富差距，增强社会凝聚力，壮大国家实力，以达到大治的目标。

那么如何控制货币量来调节物价水平？轻重论者给出的答案是：靠轻重敛散取

财。国家用货币向臣民购买粮食和其他产品，即散货币、敛粮帛，在适当的情况下，国家则进行相反的敛散，即散粮帛、敛货币，这种国家与臣民间的买卖交易就是所谓敛散。

4. 自古以来，粮食都是关系国计民生的重要物品，粮食的供应量和价格自然就是需要关注的重要问题，《管子》已经注意到粮食价格与粮食和货币的供求数量密切相关。因此，国家应该控制好货币的供应量，让货币数量同粮食数量保持一个平衡关系，想方设法来实现粮食等物品的价格和粮食等物品数量的相对稳定，避免一方数量过度，影响国家的经济生活。《管子》认为，应该在民间物资不足时把库存的东西供应出去；而在民间物资有余时，把市场上的商品收购起来。民间物资有余，就肯于低价卖出，因而君主可以低价收购；民间物资不足，就肯高价买进，因而君主可以高价售出。

5. 在同外国的贸易中，两国之间的同样物品的价格水平会直接影响国际贸易的方向和规模，因此，《管子》中继续执行调整价格的政策来改善对外贸易。一定要牢记这个规律，物品流向高价的地方，就像水往低处流一样。

四、理论依据与具体分析

（一）理论依据

1. 货币职能和货币价值理论。货币职能是货币本质的具体体现，是随着商品经济的发展而逐渐发展起来的。商品交换由物物交换逐渐转变为以货币为媒介的商品流通，这是货币各种职能存在的前提条件。同时，对货币各种职能的深刻理解有助于认识货币与实体经济的关系。

货币的价值尺度是货币最基本的职能之一，但是货币的价值尺度职能能够表现和衡量其他商品与劳务的价值，但是不能表现货币自身的价值，而是需要用货币购买力来体现货币的价值。所谓货币购买力是指单位货币在一定时期内所能购买到的商品和劳务的数量，并且货币的价值大小与物价水平的变动成反比。

2. 金融发展与经济增长理论。一个国家或地区的金融发展的状况可以通过该国与别国或该国的不同历史时期的金融结构变化的情况反映出来，它包括各种金融工具和金融机构的性质、经营方式及其规模的变化，各种金融中介的分支机构情况及其活动的集中程度，金融资产总额及其占国内生产总值、资本总额、储蓄总额等经济总量的不同比重等。金融发展与经济增长理论研究这两者之间的关系，金融发展与经济增长的关系自古至今已经得到了众多学者的关注和研究，并将继续进行下去。

（二）具体分析

1. 分析《管子》中货币的作用，为什么一个国家应该对货币进行管理？

在《管子》中不仅认识到货币在贸易中的中介作用，更是对货币进行了概念界定，明确地提出了货币流通的概念，并且把货币明确概述为通货或者流通渠道，这在我国历史上还是首次。

在货币流通不足时，可能不是由于铸币不足，而是由于"并财"，即货币为富商大贾所积聚之故。《轻重》篇认为，黄金和铸币作为商品流通手段和财富贮藏手段，商人可以利用，国家也可以利用，如果听任商人利用货币的这两种职能，政府不加管理，那么不但商品和货币流通不能保持"准平"状态，并且国家经济也将为富商大贾所操纵。

2. 如何理解《管子》中"轻"和"重"的明确含义？

轻重"一般有狭义和广义之说，狭义的"轻重"是指钱币的轻重，说明货币购买力的大小，是关于货币贵贱论和货币价值论的，是货币理论中的中心问题。广义的"轻重"包含了古代君主的治国安邦之术。本案例中的"轻重"是指狭义的"轻重"，是与货币和各种物品之间的价格直接相关的轻重。

3. 《管子》中有哪些金融政策能够帮助国家收回市场中的货币？又有哪些金融政策能够帮助国家向市场中投放货币？

"天子籍于币""赍家假币"和令民间向上贺献必用货币可以帮助国家收回市场中的货币。"天子籍于币"是指君王不应该以房屋、六畜、田亩、人丁和门户来征税，应该通过货币来征税，用谷物、盐、铁等加价政策来取得财政收入。一方面这是一种税收政策；另一方面也是一种货币政策，因为采用这种政策，可以使国家在出售谷物、盐、铁等货物时，可以从民间收回大量货币，从而影响货币流通数量，进一步影响币值的高低。此外，"赍家假币"是指国家向民间借债，货币流向国家，因此，货币购买力提高，有利于国家来聚敛万物。令民间向上贺献必须用黄金，这样人们必须纷纷出售货物，以取得货币上缴，物价必然降低，货币购买力大增，从而国家可以聚敛万物。

"置公币"或者"以币据谷"能够帮助国家向市场中投放货币。"置公币"是指国家对民间发放贷款，既可以用来预购粮食，也可以用来赈济贫穷。在五谷丰登之时，粮食价格大跌，需要用大量的粮食来偿还国家发放的贷款，从而国家能够掌握大量的谷物。接下来由于大量的粮食被国家收走，民间粮食减少，从而造成币轻而谷重。"以币据谷"是指国家用钱币买粮食，使粮食归于国库，钱币散在民间，国家的钱币投在民间，币值下跌，粮食价格就会上升，造成币轻而谷重，所以国家可以通过售谷而聚敛财富。

4. 《管子》中国家如何通过金融政策的实施来控制关系到国计民生的粮食的价格？

丰收之年粮食价格过低，农民生产粮食的收益很低，甚至亏损；荒年粮食价格过高，就是高价也难以买到粮食，路有饥民。在古代，人口数量的增长经常被认为是经济发展和国力强盛的重要指标。因此，国家应该想方设法来实现粮食等物品的价格和粮食等物品数量的相对稳定。善治国者应该在民间物资不足时把库存的东西供应出去；而在民间物资有余时，把市场上的商品收购起来。民间物资有余，就肯于低价卖出，因而君主可以低价收购；民间物资不足，就肯高价买进，因而君主可以高价售出。"敛积之以轻，散行之以重"的意思就是，以低价收购粮食等物资，以高价卖出粮食等物资，这样操作，国家会有盈利，并且粮食等物资的价格也可以得到调节进而保持相对稳定，从而有利于人口数量的增长和经济发展。

5. 作为一名当代大学生，你认为《管子》中的传统文化和金融政策是如何影响对外贸易的？

《管子》中一直贯彻"以轻重御天下"的政策，因此，在同外国的贸易中也继续执行这样的政策，进而促进本国经济发展。第一，对于需要从国外进口的物资，例如粮食等关系国计民生的重要物资，应当采用其他国家的重要物资的价格低和我国同样的重要物资的价格高的政策措施。"彼诸侯之谷十，使吾国谷二十，则诸侯谷归吾国矣；诸侯谷二十，吾国谷十，则吾国谷归于诸侯矣"。这段话明确指出，如果其他诸侯国的粮食价格是十，我国的粮食价格是二十，那么各诸侯国的粮食就会流入我国；反之，我国的粮食就会流入其他国。因此，善于治理天下的人，一定要牢记这个规律。粮食流向高价的地方，就像水往低处流一样。"吾国岁非凶也，以币藏之，故国谷倍重，故诸侯之谷至也"。即我国并不是发生灾荒，而是可以用货币来囤积粮食，使粮食价格提高，因此，各诸侯国的粮食就会流入我国了。这就是国内货币政策和对外贸易政策的结合应用，就可以使"天下之归我者若流水"。第二，如果对其他国家的一些物资的需求不大，同时又不想让国内的同类物资大量流出本国，就应该使国内物价应与其他国家的物价基本一致，这样可以保持国内物资不外泄，做到"守国财，而毋税于天下"。第三，对于一国出口国外的物资，就应该使这些商品的价格低于国外同类商品的价格，产生价格上的竞争力，便可以对外销售，在同外国商品的竞争上赢得价格优势。

参考资料：

[1] 十三经注疏（四）[M]. 阮元，校刻. 北京：中华书局，2009：31-50.

[2] 管子 [M]. 李山，轩新丽，译注. 北京：中华书局，2019：917-1118.

[3] 马非百. 管子轻重篇新诠（上、下）[M]. 北京：中华书局，1979：76-90.

[4] 巫宝三. 管子经济思想研究 [M]. 北京：中国社会科学出版社，1989：254-378.

[5] 巫宝三. 先秦经济思想史 [M]. 北京：中国社会科学出版社，1996：35-429.

［6］［美］威廉·戈兹曼. 千年金融史［M］. 张亚光，熊金武，译. 北京：中信出版集团，2017：106 - 149.

［7］杨伯峻. 春秋左传注（修订本）［M］. 北京：中华书局，1990：25 - 70.

［8］论语译注（简体字本）［M］. 杨伯峻，译注. 北京：中华书局，2017：213 - 215.

［9］姚遂. 中国金融思想史［M］. 上海：上海交通大学出版社，2012：35 - 72.

［10］翟玉忠. 国富策——读〈管子〉知天下财富（修订版）［M］. 北京：中国书籍出版社，2018：87 - 222.

［11］赵守正. 管子经济思想研究［M］. 上海：上海古籍出版社，1989：69 - 87.

［12］赵守正. 管子通解［M］. 北京：北京经济学院出版社，1989：57 - 73.

［13］赵守正. 白话管子［M］. 长沙：岳麓书社，1993：15 - 69.

金融创新服务实体经济——
培育创新精神，坚守初心使命

"扶贫果"和"黄金果"

——苹果期货诞生记

李文君

摘　要：2017 年 12 月 22 日，苹果期货在郑州商品交易所正式挂牌交易。本案例描述了苹果期货上市的背景与上市后的市场走势，重点描述了苹果合约上市后发挥的作用及其市场走势引发的各方关注和质疑。一方面，带着扶贫使命上市的苹果期货，通过"保险＋期货"的模式参与精准扶贫，促进了更多的产业主体关注期货价格、利用期货工具，加速苹果产业结构优化；另一方面，上市第一年苹果期货价格走势的气势磅礴，又引发了社会各界对"疯狂的小苹果"的质疑。那么，作为鲜果第一品种的苹果期货是否有必要推出？苹果期货是否是实现金融服务实体经济，实现精准扶贫的重要手段？苹果期货的上市，是否发挥了转移价格风险与价格发现功能？苹果期货是否是现货苹果价格走高的背后推手？

一、引言

2017 年 12 月 22 日，苹果期货在郑州商品交易所挂牌交易。苹果期货是我国第一个鲜果期货品种，也是全球首创。从其诞生就带着"精准扶贫"的使命，被誉为扶贫领域的创新之举，可以通过金融工具对贫困实现精准"打击"。在农业农村部认定的 122 个苹果重点县市中，有 33 个是国家级贫困县。因此，苹果期货的推出，是期货市场参与扶贫的重要安排，苹果也被视为"扶贫果"。

然而苹果期货上市以来，经历了大起大落的市场行情（见图 1），对其发挥的作用众说纷纭，莫衷一是。既有大量参与苹果期货的法人客户，利用苹果期货进行贸易定价，又有热情高涨投机者的创富故事，吸引更多资金大幅涌入，对现货市场价格也带来推波助澜的作用。有苹果期货加持的小苹果一度被市场称作"黄金果"。尤其是 2019 年 6 月 7 日央视《经济半小时》播出一档节目"谁在推高苹果的价格？"将苹果期货推向了风口浪尖。

图 1 苹果主力合约月 K 线

推出将近 3 年的苹果期货，是实现了开辟初衷的"扶贫果"还是成为资本炒作工具的"黄金果"？对这一极具争议的问题，为了避免雾里看花，仍然需要寻根溯源，抽丝剥茧，理清概念，还原事实，认清真相。苹果期货的定价功能和避险功能的正常发挥，既需要对市场的专业建设，也需要良好的社会认知和支持，合力发挥提高果农收入，实现精准扶贫的社会责任和目的。

二、带着扶贫使命的诞生

（一）必要性

1. 苹果供需量大。2005～2015 年我国苹果种植面积增速放缓，产量呈现稳步增长态势。2016 年种植面积超过 3 000 万亩，产量达到 4 388 万吨，占世界苹果总产量（7 716 万吨）的 57%，位居世界第一，堪称"苹果王国"（见图 2）。

我国也是世界上最大的苹果消费国，消费量占世界的一半以上。人均年消费量为30 千克，超过美国、欧盟等发达国家。根据国家统计局数据，2006～2016 年，我国苹果表观消费量（＝产量＋进口量－出口量）从 2 512 万吨增长到 4 262 万吨，10 年的增长幅度达到 70%，消费总量已经达到全球消费总量的 1/2 以上，成为世界最大的苹果消费国。除 2007 年以外，其余年份人均苹果消费量都呈上升趋势，2010 年超过欧盟跃居世界第一位，2016 年人均消费水平达到 30 千克/人·年。

2. 价格波动大。通过对农业农村部发布的苹果价格分析，2012～2016 年，我国苹果价格呈"过山车"式的涨跌交替的态势（见图 3）。

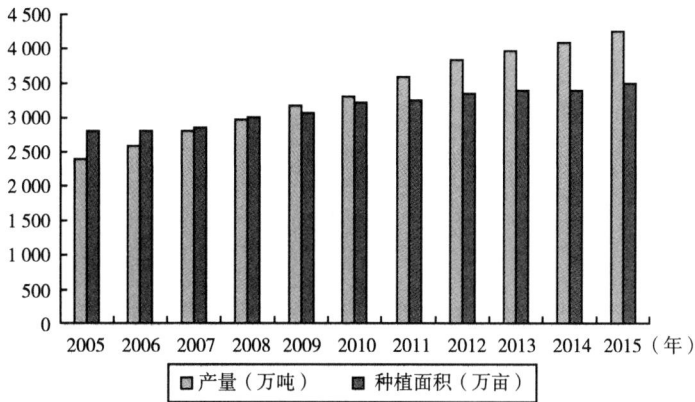

图2 2005~2015年我国苹果产量及种植面积

资料来源：国家统计局相关数据。

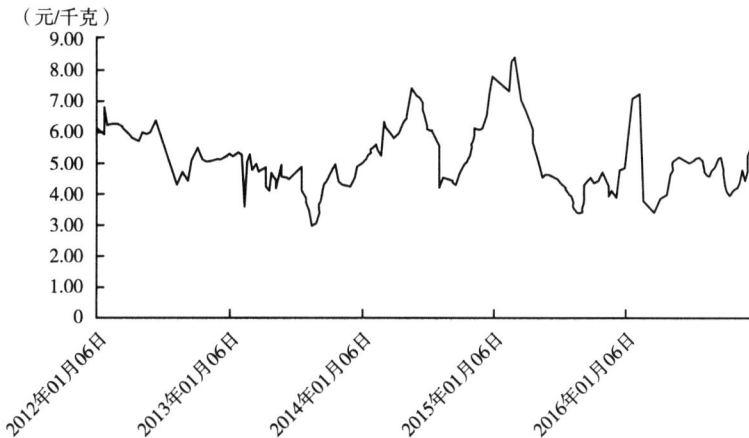

图3 2012~2016年我国苹果批发价格走势

资料来源：农业农村部相关数据。

第一，2012~2014年先跌后涨。该阶段，我国苹果批发价格由2012年的均价5.43元/千克快速下跌至2013年的4.47元/千克，后又上涨至2014年的5.78元/千克。其中，2012年后苹果价格下跌主要是由于2012年苹果产量比2011年增加251万吨，是近年来产量增幅最大的一年，供过于求，带动价格下跌。但随着苹果生产成本的逐年上升，苹果产量增幅放缓，需求急剧增长，2014年消费量达到3 687万吨，比2013年增加了195万吨，苹果价格开始回升。

第二，2015~2016年止涨下行。该阶段，我国苹果批发价格由5.78元/千克跌至5.27元/千克。主要原因为以下两个方面：一是我国苹果供大于求。自20世纪90年代以来，我国苹果生产进入快速发展阶段，产量由2014年的4 092万吨增至2016年的4 388万吨。然而，由于需求增加缓慢，当期苹果市场呈供大于求格局，局部地区滞销。2015年"五一"过后，我国苹果产区库存尚余50%，如山东烟台苹果出库率不到40%，山西临猗2/3的苹果滞销，陕西洛川库存高达15万~16万吨。二是我国苹果消费需求发生转变。作为世界上最大的苹果生产国和消费国，我国已从"短缺时代"进入"过剩时代"。同时，随大棚栽植的普及和保鲜技术的提升，一年四季都能吃上苹果。同时随生活水平提高，人们对大宗水果的需求基本满足，对健康果品的诉求日益增长，要求水果丰富多样，这使国外中高端水果进口增加，挤占国内苹果消费的市场份额。苹果产量不断增加的同时，出现了一定的"卖难"问题。因为苹果供过于求，价格持续走低。产业链的相关主体难以主动应对市场供需变化，只能被动地承受价格波动风险，经常造成果农和企业盲目囤积苹果，出现"果贱伤农"、企业损失严重的情况。

3. 价格周期性特点。苹果价格波动具有农产品特有的季节性特点（见图4）。一般来说，由于9~11月为我国苹果采收期，大量新年度苹果流入现货市场，市场供应增加，批发价格相对较低。12月至来年2月受元旦及春节节日因素影响，市场需求量增加，批发价格逐步抬升。3~4月两个月，机械冷库的苹果集中出库，供应量变大，带动价格下跌。5月随着机械冷库出货接近尾声，供应量减少，价格有所回升。6~8月则为早中熟苹果集中上市时间，价格相对较低，带动苹果批发价格整体走低。

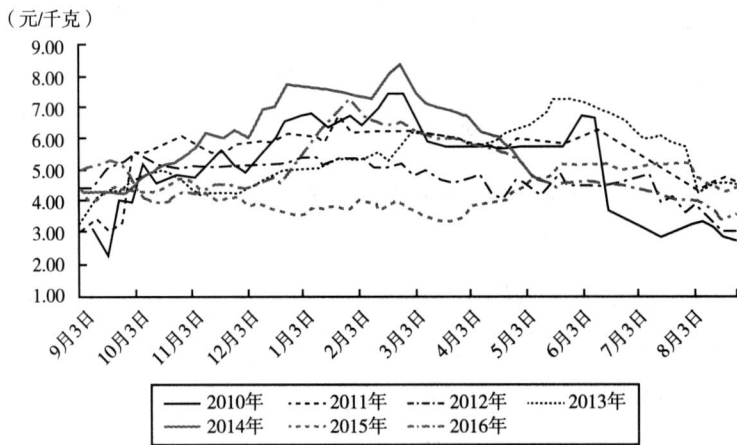

图4　2010~2016年我国苹果批发价格趋势

资料来源：农业农村部相关数据。

（二）扶贫使命

我国苹果种植广泛分布于25个省份，其中有2个优势产区，分别是黄土高原产区和环渤海产区。黄土高原优势产区包括陕西、山西、河南、甘肃；环渤海优势产区包括山东、辽宁、河北。这 7 个省份产量合计占全国 90% 以上。

目前我国苹果产业碎片化特征较为明显，产业集中度低。根据中国苹果产业协会提供的数据显示，2015 年我国种植面积 5 亩以下的果农占比达到 80%，行业内排名前十的贸易企业市场占有率不足 2%。山西、陕西、宁夏、甘肃等苹果产区，生产方式落后、生产条件差；由于生产主体的缺陷，必然导致供需匹配成为主要矛盾，而农民由于个体经营支付能力不足，很难与现代生产模式相结合，导致种植经营的价格收益无法体现出来，销售价格受制于下游企业和自然因素，难以获得平均收益，价格预期不能实现。

随着产业结构的优化调整，我国苹果产业已经成为优势核心产区的优势产业。随着市场变化与脱贫攻坚需要，避免价格波动造成的产业不稳定，也是政府面临的新课题。在农业农村部认定的 122 个苹果重点县市中，有 33 个是国家级贫困县。

（三）苹果期货的诞生

2017 年 12 月 22 日，苹果期货在有着"舌尖上的交易所"之美称的郑州期货交易所挂牌交易。这是证监会落实党的十九大以来国家脱贫攻坚战略部署的重要举措，也是期货市场支持贫困地区经济发展、服务实体经济的重要安排，即在供给侧结构性改革中，纳入金融工具，使用价格风险管理工具。苹果是天然的"扶贫果"，其主要产区与我国重点扶贫区域高度重合，苹果种植是当地农户重要收入来源。苹果期货上市的初衷是形成公开透明的苹果市场价格，完善价格形成机制，为市场各方提供价格指导；可以为市场提供套期保值、防范价格风险的工具，稳定产业企业生产经营，以期货市场为桥梁，通过多种模式，有效转移种植和生产经营风险，保障农户收益稳定，服务国家脱贫攻坚战略，实现苹果主产区精准扶贫的目标。

三、"保险＋期货"的创新模式

将"高大上"的期货与扶贫联系起来，似乎有点困难。毕竟绝大多数果农对于期货都缺乏基本的认知。而且果农普遍生产规模较小，缺乏对期货套期保值的意愿。那么如何让苹果期货为果农服务？

（一）"保险＋期货"的风险管理模式

近 10 年来，国家在农产品的价格机制和收储机制的改革上做出了一系列探索。农产品价格保险是现代农业发展到一定阶段的产物，在国家政策的大力推动下，保险业参与农产品价格形成机制是大势所趋，但仅凭传统价格保险困难重重。传统农产品价格保险由于没有风险对冲机制形成了巨大的风险敞口，且很难通过再保险将全部风险有效转移，这种亏损压力阻碍了农产品价格保险的推广。

自 2014 年起，中央一号文件连续 4 年提出，探索农产品目标价格保险试点工作，建立农产品期货和农业保险联动机制，稳步扩大"保险＋期货"试点。为此，国内几家商品交易所连续 4 年投入了大量资金，支持期货公司创新模式，对国内期货市场的主要农产品期货品种开展"保险＋期货"试点。农产品期货行业创新的"保险＋期货"模式在试点中显现出生命力。

"保险＋期货"的创新模式是以保险公司作为媒介，农民或农业企业以购买保险公司农产品价格保险产品，稳住了收益；而保险公司再购买证券公司或期货风险管理子公司场外期权产品，转移了赔付风险，实现了"再保险"；证券及期货公司通过场内期货市场实现对冲，分散了价格风险。

在项目探索创新的过程中也遇到了诸多问题与挑战。其中一个就是涉及范围有限。这种模式能够更加成功地运行，依赖于这个模式中的被保产品在期货市场上有对应品种，但由于目前上市的期货品种还不够完善，很多产品并不能运用这个模式进行避险。再加上由于某些产品的产量和交易量较小又不耐储存等因素，约束了这个模式具体的使用范围。因此，为了更好地实现该模式，在精准扶贫上面，国内商品交易所两手抓，一手抓紧上市"扶贫"新品种；另一手加大推广"保险＋期货"试点项目。

苹果期货就是在克服苹果保存缺点的情况下，作为全球第一个鲜果期货被设计出来，同时采用了"保险＋期货"的推广模式。

（二）苹果"保险＋期货"实践

华信期货公司率先在我国苹果产区陕西宜君县、延长县和甘肃秦安县接连完成了三个苹果"保险＋期货"项目。其中，陕西宜君县的苹果价格险项目为全国首单。公司合计补贴 19 万余元保费，共为 52 户贫困农户生产的 74.4 万斤苹果规避了约 40 万元的价格下跌风险。

宜君县项目是在郑商所苹果期货上市当天，由华信期货联合人保财险陕西省分公司（以下简称"人保财险"）正式签约运作。该项目 6.12 万元保费由华信期货全额补贴，当地 26 户贫困果农实现零保费参与，项目共计为 20 万斤苹果提供价格保障。当时，宜君县当地苹果销售价格普遍为 4 元/斤（8 000 元/吨），项目确定了 4.3 元/斤（8 600 元/吨）的目标价格。采用"美式＋触碰式"期权，以苹果期货 1805 合约为标的，在 2018 年 3 月 9 日项目到期前，若该期货合约收盘价格触碰 6 000 元/吨，参保农户将获得 2 600 元/吨的固定赔付；若未触碰上述价格，项目到期时农户也将获得低于目标价格部分的差额赔偿。经过 1 个多月的运行，农户选择提前行权，行权价是 7 660 元/吨，每吨理赔 940 元，等于规避了 940 元/吨的风险。在"保险+期货"试点项目上，农户没出一分保费，却拿到了保险公司大量赔款，真正实现了增收增效，而且为中国农业发展开拓出一条新的风险管理道路。

（三）"保险+期货"模式的推广

"保险+期货"模式共涉及五方主体，即投保农户、保险公司、期货公司（包括具有隶属关系的期货风险管理子公司）、交易所以及地方政府。如何让农户购买价格保险产品？核心问题在于保费的来源。目前的项目实施中一般由期货公司先行垫付，最终由郑商所补贴。农户们认为，只要这个项目能保障收益，愿意掏钱参保。

1. "保险+期货+银行"模式。2018 年 4 月，在"保险+期货"的基础上，引入银行作为第三方战略合作金融机构，由人保财险、银河期货、青岛农商行三方金融机构共同参与的国内首单苹果期货"保险+期货+银行"业务花落山东省莱西市，为果农提供农业经营授信贷款，解决果业企业融资难题，开创出金融扶贫、金融服务三农的又一新模式。

每年 10 月和 11 月苹果集中下树，苹果企业在这期间均面临大量苹果收购入库。大部分苹果企业属于民营企业，自有资金不足和信贷成本较高是现实问题，对于资金的需求迫切。农业企业本来就融资难，收储的苹果又不能作抵押，很难获得银行贷款。苹果期货上市，企业可以通过仓单融资的方式获取流动资金。

仓单融资指客户以其自有的、经期货交易所注册的标准仓单为质押物，向金融机构融资申请正常生产经营周转的短期流动资金的贷款业务。例如，中信中证资本针对苹果企业的需求，积极开展仓单融资质押业务。2018 年 10 月至 11 月在渭南白水、咸阳淳化、平凉静宁三地为四家苹果企业做了苹果标准仓单融资业务，货值 1 400 多万元，质押率为 80%，质押周期为 4 个月至 5 个月。整个过程中苹果企业得到了短期融资，较银行资金更加灵活、周期更短、流程简便、成本降低。

2. "保险+期货+银行信贷+订单收购"模式。2019 年，在郑商所的支持下，浙商期货在富县开展苹果"保险+期货+银行信贷+订单收购"试点，承保现货 3 万吨，覆盖种植面积 2 万亩，参保农户 1 780 位，其中贫困户 511 位。由于 2019 年苹果丰收，苹果价格较 2018 年出现较大幅度下跌，AP2001 合约最低仅为 7 335 元/吨，较 2018 年最高点下跌超过 40%，现货价格下跌 1~1.5 元/斤。项目最终产生理赔 900 元/亩，

共 1 800 万元理赔资金全部赔付到户，参保农户户均赔付 1 万多元，赔付率达到
131.29%。同时，项目团队积极创新模式，在项目中引入陕西省农村信用合作联社，
对参保农户授信 100 万元以上，实际发生贷款 55 万元。与银行贷款合作的模式拓宽了
果农资金渠道，有助于果农稳定经营。此外，项目附加订单收购苹果现货 710 吨，实
现了产销闭环，保障了农户的稳定收入。

（四）"保险＋期货"扶贫效果

"保险＋期货"一路走来，从 2015 年的萌芽破冰，到之后的全面启动、发展壮大，
逐步走向深化与提质增效，项目规模不断壮大，项目品种不断增多，项目模式不断创
新，而不曾改变的是期货行业服务"三农"、精准扶贫的初心。"保险＋期货"项目作
为近年来兴起的金融行业服务实体经济新模式，能够充分发挥风险管理、价格发现的
功能，为农村、农业、农民以及涉农企业服务，为实现乡村振兴计划以及全面建设小
康社会贡献自己的一分力量。

2020 年是脱贫攻坚决战决胜之年。3 月 6 日，习近平总书记在决战决胜脱贫攻坚
座谈会上强调，坚决克服新冠肺炎疫情影响，坚决夺取脱贫攻坚战全面胜利。静宁苹
果"保险＋期货"项目的大力实施，使农民"足不出户"享受金融服务，实现了"风
险入场，农民不入场"的良好效果，从机制上保障农民苹果销售价格，走通了金融精
准扶贫链路的"最后一公里"，为静宁实现全县稳定脱贫摘帽和苹果产业经济健康快
速发展注入了强劲动力。目前，静宁县贫困发生率降至 0.78% 以下。3 月 3 日，甘肃
省正式对外宣布，静宁脱贫摘帽。

四、优果优价的"金苹果"

（一）产业发展需要差别定价

就全国而言，苹果种植面积逐年扩大，我国生产的苹果出口量不多，以内销、鲜
食为主；同时，目前我国鲜食苹果的出口量远大于果汁的出口量。这种以鲜食为主的
消费结构，决定了我们生产的苹果必须要重视果品的品质和口感。市场法则优胜劣汰。
当前我国的苹果生产整体上处于供大于求的状态，这种状态下的竞争要求只有好苹果
才有竞争力，才能卖出好价，这样种植户的收益才能提高，种植积极性才会高。然而
目前管理出高品质的苹果没有卖上高品质的价格是最大问题。很多地方存在着"好苹
果买不到，坏苹果卖不出"的尴尬局面。因此，从产业结构和产业发展来看，未来市
场将更加重视果品品质和口感，塑造品牌，才有竞争力，种植户的收益才会提高。

（二）苹果期货的价格发现

苹果期货作为一个期货品种，可以发挥价格发现功能，为高品质苹果定价实现"优果优价"。根据苹果期货合约的规定，苹果交割品级清晰明确，对交割品的硬度、果径、品级、品种、质量容许度等都做了明确的规定。例如，符合《中华人民共和国国家标准鲜苹果》（GB/T 10651－2008）一等及以上等级质量指标的红富士苹果，其中质量容许度不超过5%等标准，是实实在在的"金苹果"。

2018～2019年度，苹果大减产，导致延续了十几年的苹果供求平衡或供大于求的局面在这一年得到彻底扭转。成本决定价值，价值决定价格。参与买方交割，首先考虑的是成本；其次考虑的是销售。

根据专业机构提供的数据，例如，2018年10月对交割品整理成本，以收购价每斤4.2元的优质80#一级、二级果为例，符合交割品标准的占比高达70%（相较其他收购点这一比例较高）。分拣剩下的苹果，三级果占20%，次果占10%。以三级果卖价2.0元、次果卖价0.7元计算，交割品直接成本5.33元。加上代办和短途运输费0.20元，再加上分拣成本0.06元，直接成本就5.6元。因此，11 200元是不考虑任何利润的极限成本价。但实际交易中还是要加上冷库费、每月1%的资金利息，以及每斤0.5元的利润。所以在期货合约价格低于11 000元之后，自己采购现货整理仓单，还不如到期货市场交割。

从2018～2019年整个产季来看，苹果期货主力合约价格从2018年10月到2019年5月都在10 476～12 626元波动，符合交割成本区间，对市场起到了价格发现的作用（见图5）。这也是贸易商参与1810合约及以后各合约交割的动力，是现货商和投资者参与1810合约高达700吨交割的主要原因。

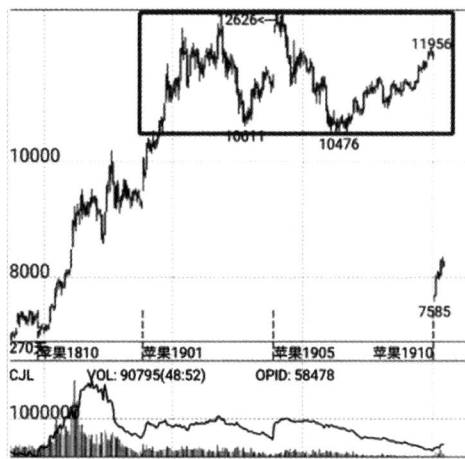

图5　苹果期货1810～1910主力合约日线趋势

（三）交易所修改交割品规定

苹果期货推出一年，参与苹果期货的法人客户已有 6 600 多户，主产地陕西、山东大部分现货企业已经开始参与苹果期货的交易，或者利用苹果期货的价格，来进行一些贸易定价。

2019 年 10 月开始的苹果合约，交易所修改了交割品的规定，质量容许度放宽到 10%，且允许质量容许度达到 15% 的苹果贴水交割。这一模式，除了适合商超和电商，也更适合冷库贸易商，从而逐渐吸引现货贸易商入场。商超和电商可以将贴水交割的费用转化为分拣费用，实际上是扩大了交割品的买方。这将有利于期货市场的价格发现，促使期现价格逐渐接轨。随着越来越多的现货贸易商和商超、电商进入期货市场参与买方交割，苹果期货的价格将更接近现货市场的价格。

五、风口浪尖的"金苹果"

从 2017 年 12 月 22 日苹果期货正式挂牌上市到 2020 年 10 月，这一品种已经经历了近 3 年的市场运行。从其行情走势来看可谓一波三折，跌宕起伏。由于其上市第一年就出现了行情的剧烈波动，引起市场各方关注，被称为"疯狂的小苹果"。

（一）风平浪静

各月份上市合约挂牌基准价格均为 7 800 元/吨。上市后就一路走低，最低价出现在 2018 年 2 月 22 日，主力合约价格为 5 921 元/吨，跌幅高达 24%，按每斤苹果价格算，低于现货价格。单日成交量不到 20 万手，持仓量也不足 3 万手。可以说，整体上是交投比较清淡。

（二）突然拉升

这种风平浪静的行情在 2018 年 4 月 23 日周一开盘后就被打破，成交量和持仓量都开始与日俱增。5 月 15 日，苹果 1810 期货的成交额高达 2 528 亿元，瞬间秒杀当天沪、深两市各自成交额 1 629.9 亿元和 2 151.2 亿元。苹果期货成交量如此"疯狂"背后，是苹果主力合约 1810 期货价格从 4 月初的 6 500 元/吨一路上涨至 5 月 16 日盘中最高为 9 235 元/吨，短短一个半月，累计涨幅高达 38.75%。

5 月 11 日，郑州商品交易所发布通知：自 2018 年 5 月 16 日结算时起，将苹果期货 1807 合约、1810 合约、1811 合约、1812 合约、1901 合约、1903 合约、1905 合约，日内平今仓交易手续费调整为 3 元/手，此前手续费为 0.5 元/手，增加了 6 倍。同时，自 2018 年 5 月 16 日结算时起，1807 合约交易保证金标准调整为 10%。但是这没能阻止苹果期货价格不断刷出新高。然而，到了 5 月 16 日当天午后，随着一股神秘资本的突然砸盘，原先处于涨停板的苹果期货主力合约 1810 价格突然大跌逾 8%，随之而来的单日成交量再度刷新历史新高，达到 401 万手，也成为历史最高。

（三）多空博弈

1. 第一轮多空争夺。多头在清明期间苹果主产区受到霜冻灾害的消息刺激下将苹果期货价格连续大幅拉升，而后受到了空头的抵制。此后，多空双方展开博弈（见图 6）。多头坚持苹果主产区受到 50 年不遇的严重霜冻灾害，大幅减产的预期下苹果价格还可以更高。一面在山东、山西、甘肃等地区采购大量苹果现货"锁仓"；另一面在期货市场大举买涨苹果期货，想通过逼空策略获得高额回报。

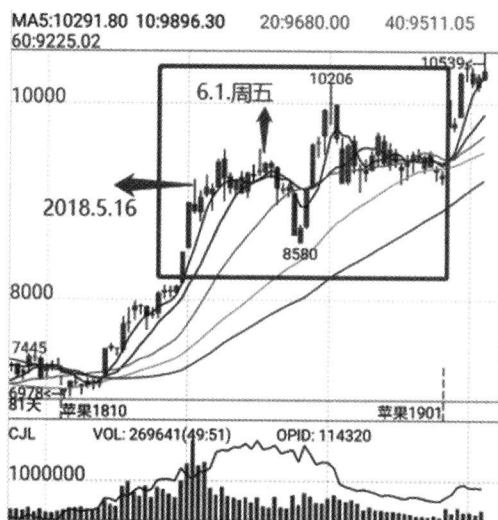

图 6　1810 主力合约日线走势

随着期货价格的持续上涨，越来越多资本开始入场与多头玩起对手盘。截至 2018 年 5 月 16 日收盘时，徽商期货、永安期货与中信期货分别以 10 925 手、10 458 手、10 199 手净卖单量位列苹果期货空头机构的前三位。其中，在 5 月 16 日午后苹果期货价格从涨停板大幅下滑 8% 期间，中信期货与长江期货的净卖单量分别骤增 1 113 手与 1 166 手。①

---

① 根据 21 世纪经济报道资料整理。

空头的"反扑",一方面是郑州期货交易所连续调高交易保证金与手续费,以及发布风险提示函遏制苹果期货投机买涨,让空头感到狙击多头机会来临;另一方面当时苹果现货价格远低于期货价格,也让空头认为,现货价格不支持期货价格持续上涨,是逢高沽空苹果期货的好时机。

而中央电视台《财经评论》栏目2018年6月2日的报道《苹果期货太"疯狂"!苹果还没红呢,为何期货先火了?》指出,发生在4月清明节前后的低温减产预期让苹果期货价格大幅上涨,苹果期货两个月的时间,涨幅达到四成以上,这也在一定程度上,拉动了现货的价格,但实际上受到影响的不仅仅是苹果,其他水果也受到影响。且苹果大概只有1/4的产区产能受到低温的影响,因此,苹果期货上涨属于游资助推的价格虚火。这也给空头进一步打压价格的信心,此后六天,跌幅最大将近9%,但是随后多头用了三天时间便收复失地,6月19日盘中最高到10 206元/吨。

2. 第二轮多空争夺。在减产事实的背景下,市场做多情绪继续发酵,主力合约7月17日从10月合约换到1901合约之后,价格迅速拉升到10 000元/吨以上,市场价格最高到12 088元/吨,最低10 611元/吨;11月15日主力从1901合约换到1905合约,最高价12 626元/吨,最低10 476元/吨,即呈现多空双方剧烈博弈的特征,而此时的市场交易量与持仓量大幅下降(见图7)。

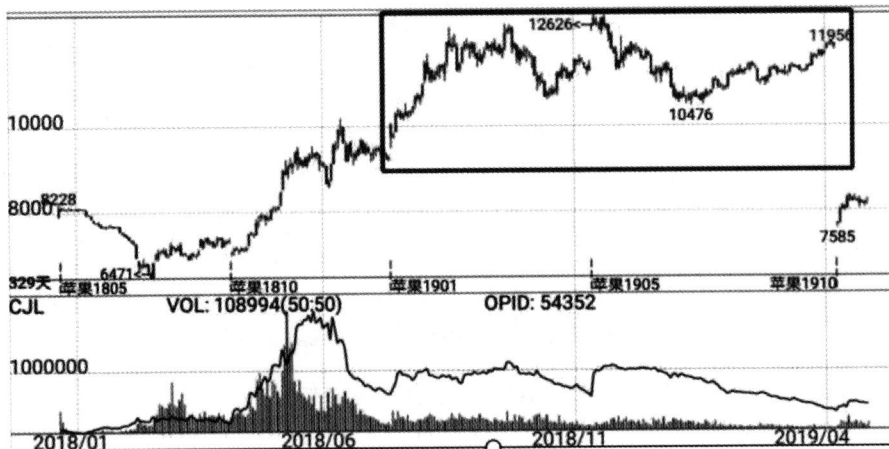

图7　苹果期货1901与1905主力合约的市场走势

然而,2019年6月7日央视《经济半小时》新播出一档节目"谁在推高苹果的价格?",将苹果期货再一次推向风口浪尖。节目中提出"前几年苹果一直都是五六元钱一斤,今年的价格为什么突然就翻了3倍"的质疑。

节目组走访了陕西洛川县的种植户,了解到2018年因为当地爆发了50年不遇的霜冻,有的农户当年苹果歉收近40%,但是苹果如果卖得晚,收购价提高近一倍，整体损失并不大；当然也有的农户受灾严重，减产近 90%，几乎是绝收，损失非常大。另外，与农户的惨淡收成形成鲜明对比的是一些大型果品贸易商的大赚。因为苹果下树集中在每年 10 月，果品贸易商的收购价虽然比往年高出 30% ~ 50%，但是随着行情暴涨，苹果出库价也水涨船高，甚至到了一果难求的局面，获利丰厚。

最后节目组从一线调查的情况得出结论：看好价格上涨的多头资金大量入场，一步步推高了苹果的期货价格，消费市场上的苹果价格连续攀升，并不是期货炒作者关心的问题，而一些大宗苹果经销商们横跨两界，苹果低价收购进库，囤积不卖，在期货市场上炒期货挣钱，顺带还把手上的苹果价格炒高，一手金融炒作；一手囤货居奇。苹果期货的开辟初衷，是借助金融手段，实现好苹果卖好价格，提高果农收入，实现精准扶贫。但眼下，好好的苹果已经成了资本炒作利用的一个工具，我们期待着苹果生产农户、销售商、期货市场管理者的共同智慧，期待着一个平稳健康的农产品市场。

六、回落

随着 2019 年 4 月 15 日主力合约切换到 1910 合约，市场开始了对 2019 年苹果价格的预期定价（见图 8）。

与 2018 年的减产不同，2019 年苹果大丰收，因此，全年主力合约走出了如图 9 所示的趋势。10 月主力合约 2019 年 5 月 6 日最高价格为 9 409 元/吨，在整个生产季都没有到达 10 000 元/吨，最低为 6 277 元/吨。

图 8　第二个完整生产季苹果期货主力合约价格趋势

（2019 年 4 月 15 日至 2020 年 4 月 17 日）

案例使用说明

一、教学目的与用途

1. 适用课程：金融市场学、金融衍生工具、金融工程学。

2. 适用对象：本案例主要为金融学、投资学、金融工程专业本科生开发。

3. 教学目的：本案例总结新上市期货品种的市场表现和功能，围绕苹果期货的推出、实践中的推广应用、市场表现为主线，分析苹果期货在扶贫中的应用优势、应用模式以及发挥的效果；同时对于期货市场的价格发现功能、市场参与各方的作用进行梳理。为新期货品种的上市，以及更多的人了解期货市场的功能，共同维护市场稳定，发挥市场应有的作用，提供有益的启示与借鉴。

（1）知识目标。本案例涵盖的知识点包括期货标的物特征、期货合约及其设计、期货类型；期货市场的概念及其组织结构；期货市场的基本功能；期货交易策略；投机者在现代期货市场中的作用；期货交易制度等。

（2）能力目标。本案例在课程中规划的能力训练包括引导学生学会分析期货合约的新品推出的必要性和可行性；归纳商品期货合约的标的物具有的一般特征；判断交易所设计交割品品质标准对期货定价的影响；掌握套期保值的原理，解析与评价苹果期货价格发现功能的发挥效果，以及影响因素；培养学生在复杂环境里的综合分析能力和决策能力；学会在期货市场中制定交易策略，明确各方参与市场的方式、发挥的作用以及可能承担的结果；尤其是对投机者在现代期货市场中的作用发挥给予客观认识。

（3）思政目标。本案例在课程中规划的思政元素包括引导学生加深理解金融服务实体经济的功能；设计和推出苹果期货为实现金融扶贫提供了相应的期货品种；新品种的初衷是提供避险工具和实现价格发现；通过"保险＋期货"的方式建立农产品期货和农业保险联动机制，使果农真正实现增收增效，实现金融扶贫，为中国农业发展开拓出一条新的风险管理道路；"保险＋期货"基础上引入银行、农村信用社等的创新模式扩大了金融服务实体经济的范围和模式，解决果业企业融资难题，开创出金融扶贫、金融服务"三农"的新模式；"保险＋期货"项目能够充分发挥风险管理、价格发现的功能，为农村、农业、农民以及涉农企业服务，为实现乡村振兴计划以及全面建设小康社会贡献力量。

二、启发思考题

本案例的启发思考题主要对应的是案例教学目标的知识传递目标，启发思考题与案例同时布置，另外要让学生尽量在课前阅读熟悉相关知识点。因此，在案例讨论前需要布置学生阅读教材中期货市场的内容，主要包括期货的概念和类型、期货市场的产生与发展、期货市场功能、市场组织结构、市场制度等内容。

1. 你认为苹果作为鲜果为什么可以推出苹果期货？

2. 你认为苹果期货参与扶贫，发挥了期货市场的什么功能？是如何发挥这一功能的？作为推出这一品种的郑商采取了哪些措施来保证苹果期货的稳定发展？

3. 你认为案例中"金苹果"的含义是什么？苹果期货的推出是否助长了现货市场"疯狂的小苹果"？

4. 你认为苹果期货是避险工具还是投机工具？期货市场中是否应该允许投机者参与？投机者起到什么作用？

5. 你认为参与期货交易需要具备的素质有哪些？如果你是苹果生产企业、苹果贸易商、苹果电商，你会如何利用苹果期货制定何种交易策略？

三、分析思路

在学生阅读学习期货市场的产生和发展历史的基础上，首先，引导学生总结期货是为避险而生，同时并非所有有避险需求的商品都适合推出相关期货品种。在此基础上，学生需要结合案例中苹果期货的推出，学习分析期货合约新品推出的必要性和可行性；归纳商品期货合约的标的物具有的一般特征；判断交易所设计交割品品质标准对期货定价的影响。其次，引导学生理解苹果期货参与扶贫的原理。利用期货套期保值原理、价格发现功能是本案例教学的重点。在分析过程中，要紧密结合案例正文提供的素材，激发学生们主动将苹果期货在"保险＋期货"扶贫方案中发挥的作用阐述出来。并且理解为什么具有避险功能的期货需要以多种复杂的形式参与扶贫过程中，并体会设计者的良苦用心。通过苹果期货扶贫的效果，感受到在这个过程中多方合作的重要性，以及金融扶贫中专业知识的重要性。深刻理解苹果期货服务国家脱贫攻坚战略，实现苹果主产区精准扶贫的使命。让学生树立起崇高的职业责任感与使命感。最后，相比较苹果期货扶贫的效果，市场和媒体对苹果期货价格的高度关注更容易让学生对苹果期货的价格发现功能产生困惑。这正是选择这个案例的关键点。引导学生客观评价市场价格的波动，正确认识期货市场的价格发现功能，对市场的投资和投机有清晰地界定和判断。通过案例的分析引导学生自己总结期货交易的交易者需要具备的素质。

四、理论依据与具体分析

（一）理论依据

1. 期货的产生与发展是社会生产力发展和生产社会化的内在要求。期货合约是指协议双方同意在约定的将来某个日期按约定的条件（包括价格、交割地点、交割方式）买入或卖出一定标准数量的某种商品的标准化协议。

现代期货交易产生于19世纪中期的美国。由于当时粮食生产的季节性所带来的谷物供求之间的尖锐矛盾，使谷物商和农场主承受了巨大的价格风险，苦不堪言。于是，1848年芝加哥的82位商人发起并组建了芝加哥期货交易所，给交易者提供了一个集中见面寻找交易对象的场所，交易双方通过签订远期合同，以事先确定销售价格，确保利润。

在期货交易发展过程中，出现了两次堪称革命性的变革，一是合约的标准化；二是结算制度的建立。因此，现代期货交易的产生和现代期货市场的诞生，是商品经济发展的必然结果，也是社会生产力发展和生产社会化的内在要求。

2. 期货市场的基本功能。根据期货的产生和发展演进的历史，期货是为避险而生的工具，因此，期货市场的基本功能之一是规避价格风险。期货的风险规避是通过套期保值来实现的，投资者可以通过在现货市场和期货市场反向操作达到规避风险的目的。之所以如此，是因为现货价格和期货价格在理论上是同向变动的，且在期货到期日理论上趋于一点，即基差有收敛现象。期货的引入，为现货市场提供了对冲风险的工具。担心现货价格下跌的投资者可通过卖出期货合约对冲市场下跌的风险；反之担心现货价格上涨的投资者可以通过买入期货合约对冲市场上涨的风险。

期货市场的另一个基本功能是价格发现。通过在公开、高效的期货市场中众多投资者的竞价，有利于形成更能反映真实价值的价格。期货市场之所以具有发现价格的功能，一方面在于期货交易的参与者众多，价格形成中包含了来自各方的对价格预期的信息；另一方面在于，期货具有交易成本低、杠杆倍数高、指令执行速度快等优点，投资者更倾向于在收到市场新信息后，优先在期市调整持仓，也使期货价格对信息的反应更快。

3. 投机者是期货市场的重要组成部分，是期货市场必不可少的润滑剂。没有投机者的市场缺乏流动性，缺乏主动承担风险者，因此，套期保值功能也无法发挥。在有投机者参与期货市场运行的情况下，由于投机者会频繁地建立仓位、不断对冲所持合约，从而必然会增加期货交易的机会和交易数量，这在总体上便提高了期货市场的流动性，使期货市场具有了绵绵不断的活力。这一方面能够便于套期保值交易的顺利进行；另一方面投机者通常为了赚取价差利润，总是在价格较低时买进期货合约，在价格较高时卖出期货合约，这在客观上平抑了期货价格。投机者的这种交易特点从长期角度来看，会促使期货价格趋于稳定，从而形成较为合理的价格水平。

（二）具体分析

1. 你认为苹果作为鲜果为什么可以推出苹果期货？期货的产生与发展是社会生产力发展和生产社会化的内在要求。适合推出期货的商品往往需要具有供需量大、价格波动频繁、有众多买卖者，能够在质量、规格、等级方面划分和确定，损耗小、不易变质等特点。根据案例资料苹果已经成为我国供需量最大的水果品种，同时又存在价格波动大等特点，因此，苹果期货有其推出的必要性。另外，相关冷藏技术的发展，以及其他商品期货运行的经验为苹果期货的顺利推出提供了可行性。

2. 你认为苹果期货参与扶贫，发挥了期货市场的什么功能？是如何发挥这一功能的？扶贫效果如何？作为推出这一品种的郑商采取了哪些措施来保证苹果期货的稳定发展？

根据期货的产生和发展演进的历史，期货是为避险而生的工具，因此，期货市场的基本功能之一就是规避价格风险。

在本案例中，作为苹果生产者的农户，经营苹果生产成本高、生产周期长，而农户受自身资金能力限制，不能很好地承担风险，遇到自然灾害和个人因素，会出现经营亏损，因而有避险需求。但是目前果农由于缺乏专业能力，理解期货这个衍生工具还需要时间，很难对期货行情全面研判，从事期货套保的成本高，实际操作中的困难太大。实践中果农对于参保比较熟悉且程序简单，但是保险业参与农产品价格形成机制困难重重。传统农产品价格保险由于没有风险对冲机制形成了巨大的风险敞口，且很难通过再保险将全部风险有效转移，这种亏损压力阻碍了农产品价格保险的推广。

而期货市场可以帮助保险机构壮大经营风险的能力，在帮助分散农户风险和减少农户损失中，获得自身更高金融投资收益，起到拓展金融机构服务功能的作用。自2014年起，中央一号文件连续4年提出，探索农产品目标价格保险试点工作。因此，苹果扶贫继续稳步扩大了"保险＋期货"试点品种。"保险＋期货"的模式是以保险公司作为媒介，农民或农业企业以购买保险公司农产品价格保险产品，稳住了收益；而保险公司再购买证券公司或期货风险管理子公司场外期权产品，转移了赔付风险，实现了"再保险"；证券及期货公司通过场内期货市场实现对冲，分散了价格风险（见图9）。因此，为了实现果农的避险需求，需要保险公司、期货公司（包括具有隶属关系的期货风险管理子公司）、交易所以及地方政府的通力合作。保险公司设计保险产品，交易所设计苹果合约，推出苹果期货品种，政府或者期货交易所在试点过程中往往为农户垫付保费。

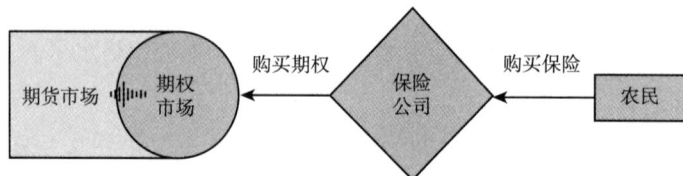

图9 "保险＋期货"扶贫模式

实践中还不断探索出"保险＋期货＋银行""保险＋期货＋银行信贷＋订单收购"等新模式，引入银行等金融机构，增加了果农保单抵押贷款、苹果企业参与期货交易形成的仓单抵押贷款等有利于果农和苹果企业的短期融资服务，流程简便、成本降低，拓宽了果农资金渠道，有助于果农稳定经营。

交易所在"保险＋期货"扶贫模式中起到主导作用。一方面体现在设计并推出了苹果期货合约，为该扶贫模式的开展提供了相应的工具；另一方面通过设计和调整合约内容，修改交易制度等办法引导市场进行合理定价。引导学生通过交易所官方网站，搜索苹果期货作为一个新品，交易所进行的两次合约修订以及交易规则、监管措施的调整完善。无论是2019年10月开始苹果质量容许度的放宽，还是自2110合约开始删除7月合约，增加4月合约、统一入库降低出库指标、简化交割流程等，都有利于提高苹果期货的产业客户参与度，大幅降低买卖双方的交割争议，同时扩宽不同区域的苹果参与交割的覆盖面，尤其是对水心病的约定，贴近了市场消费观念，降低成本、降低交割风险，提高普惠性、提高交割便捷和时效性。苹果期货将在服务产业转型升级中进一步发挥作用。

苹果"保险＋期货"项目的大力实施，使农民"足不出户"享受金融服务，实现了"风险入场，农民不入场"的良好效果，从机制上保障农民苹果销售价格，走通了金融精准扶贫链路的"最后一公里"，为苹果产区稳定脱贫摘帽和苹果产业经济健康快速发展注入强劲动力。目前，苹果产区静宁县贫困发生率降至0.78%以下。2020年3月3日，甘肃省正式对外宣布，静宁脱贫摘帽。

3. 你认为案例中"金苹果"的含义是什么？苹果期货的推出是否助长了现货市场"疯狂的小苹果"？

价格发现功能是期货市场的基本功能之一。在苹果产业链上，由于生产主体的缺陷，必然导致供需匹配成为主要矛盾，而农民由于个体经营支付能力不足，很难与现代生产模式相结合，导致种植经营的价格收益无法体现出来，销售价格受制于下游企业和自然因素，难以获得平均收益，价格预期不能实现。苹果期货上市后，期货价格机制可以帮助现货价格的发现和形成，全国统一的苹果市场加快形成，苹果现货市场机制加速构建，开拓农户市场思维。期货市场发挥价格预期作用，可以帮助农民最优化组织生产和经营，提高种植理念和经营水平，预测未来收益状况，帮助农民获得高等级品种的收益，实现苹果种植与市场销售的对接，尽最大可能扩大经营收益。

因此，本案例中"金苹果"的第一含义体现的就是苹果期货价格的定价功能。根据苹果期货合约内容，参与竞价交割的苹果品质非常高，要求符合"《中华人民共和国国家标准鲜苹果》（GB/T 10651-2008）一等及以上等级质量指标的红富士苹果，其中，质量容许度不超过5%，果径大于80毫米，入库硬度≥6.5千克力/平方厘米"的标准，期货价格对应交割品品质高，属于优果，价格自然也高。

此外，在2018～2019年产季苹果期货价格博弈中，因为减产给予市场更多的做多热情，使当年期货主力合约价格在高位震荡，现货价格也水涨船高，本身既体现了期货的价格发现功能，也体现了市场的供求规律，"金苹果"名副其实。进一步结合案例，对比到期合约的仓单成本与期货价格的关系。成本决定价值，价值决定价格。参与买方交割，首先考虑的是成本，根据专业机构提供的数据，要求学生计算一下2018年10月交割品直接成本，为什么是5.6元。实际交易中还是要加上冷库费、每月1%的资金利息，以及每斤0.5元的利润。因此，引导学生理解为什么在期货合约价格低于11 000元之后，自己采购现货整理仓单，还不如参与期货市场交割。其次考虑的是销售。主力合约换成1901之后价格大幅拉升，是因为市场在减产预期下，现货市场走货量很快，因此，供求规律进一步发挥作用，做多热情增加，市场价格在春节备货预期下大幅拉升。

而2019～2020年完整产季下，不仅是苹果大丰收，而且证交所修改了自2019年10月开始的苹果合约交割品的规定，将质量容许度放宽到10%，且允许质量容许度达到15%的苹果贴水交割。苹果期货的主力合约价格走势也是对相当品质苹果的定价，且体现市场供求，此时的苹果已不再是"疯狂的小苹果"。在成本下降的同时，叠加疫情对需求的影响，进一步压低苹果期货价格。

因此，将现货苹果价格的上涨归咎于苹果期货价格的助推作用，而对苹果期货和现货价格的下跌却关注不足，这样的判断明显有失公允客观。综上可得出，苹果期货具有价格发现功能，对现货价格具有引导作用。正是这种作用，可以引导市场参与者的行为。

4. 你认为苹果期货是避险工具还是投机工具？期货市场中是否应该允许投机者参与？投机者起到了什么作用？

我国苹果产业链较短，根据消费形式分成以贸易商为主和以加工企业为主的两条支链，其中，鲜果消费为我国苹果消费的主要形式，主要通过各级贸易商对收购的苹果进行分拣、筛选、包装等初级加工后直接提供给消费者实现。加工消费主要通过加工企业将收购的苹果制成果脯、苹果脆片、苹果醋、苹果酒等深加工产品提供给消费者实现。

一般来说，期货套期保值交易策略分为两种：买入期货套期保值，是保证现货买家计划未来买入现货防止价格上行风险；卖出期货套期保值，是保证现货卖家计划未来卖出现货防止价格下行风险。

苹果加工企业一般采取按照预定价格收购农民苹果，可以根据市场价格通过卖出期货套期保值，稳定苹果成本，进行后续加工和销售。对于苹果贸易商，通过苹果买卖赚取差价收益。因此，对于整个苹果产季都需要关注苹果的成本和供需状况，做出判断。为了锁定苹果成本，可以提前与果农签订远期合约，或者在期货市场做多头套期保值；而在苹果入库后，为了规避未来销售价格的下跌，可以在期货市场进行空头套期保值，锁定收益。所以相对而言，苹果贸易商的套期保值需要建立在对苹果产量、成本、销量做出预判的情况下进行。

当然，因为苹果期货的推出，苹果产业链参与者还可以通过期现套利、跨品种套利、跨期套利来获取收益，同时套利行为也有利于增强市场流动性，促进市场合理定价。

投机者也是期货市场的重要组成部分，是期货市场必不可少的"润滑剂"。期货市场的主要功能之一是定价。如果流动性太少定出来的价格是不合理的，当然流动性太多也会对定价带来影响。因此，如果市场投机过盛，是应该否定期货还是应该加强监管？在期货市场的交易制度中，大部分制度是针对风险管理的，例如大户报告制度、持仓限额制度、每日结算制度、涨跌停板制度等，而且期货是双向交易市场，投机的方向是可多可空。通常，投机者为了赚取价差利润，总是在价格较低时买进期货合约，从而造成合约需求的增加并推动期货价格上涨，这时，投机者便会选取适当时机抛出合约，从而使期货合约的供给增加并形成期货价格的下降，这在客观上平抑了期货价格。投机者的这种交易特点从长期角度来看，会促使期货价格趋于稳定，从而形成较为合理的价格水平。

本案例中，中央电视采访的陕西洛川县种植户陈长建，虽然 2018 年霜冻灾害下他们家的果树比 2017 年减少 40%，但收购价格比哪年都高，一定程度上弥补了歉收的损失。反观，2019 年苹果大丰收，期货现货价格都大跌如何避免"果贱伤农"？没有期货市场，无法参与套期保值，果农无法规避价格下跌的风险。无论是现货商品价格还是期货，理论上同向变化。正因此，才可以通过套期实现保值的目的。也正是由于期货市场的价格发现和引导作用，才使现货市场不会被过度炒作。

期货市场上各种上市品种的商品价格与非期货商品价格之间具有高度相关性。投机者参与期货交易，必然可以促进相关市场和相关商品的调节，有利于改善不同地区之间价格差别的不合理性，有利于改变商品在不同时期的供求结构，使商品价格趋于合理，并且有利于调整某一商品对相关商品的价格比值，使其更加趋于合理化，从而可以有效地保持市场价格体系的稳定。如果苹果的现货价格过高，消费者自然可以选择替代商品，例如梨。那么苹果销量下降的信息就会立刻反映到期货市场，从而会平抑价格的波动。根据央视 2019 年 6 月 6 日的《经济半小时》报道，有"中国鸭梨之乡"称号的河北省泊头市，2018 年也因为倒春寒，12 万亩果树受到了影响，到收获季节平均减产 35% 左右。齐桥镇种植户刘凤喜家有十多亩梨树，倒春寒让他家的梨损失了 2/3。虽然产量减少，但收购价格却比往年有所提高，纯收入竟比往年多赚了四五千元。梨果经销商苏文江在收梨价 1.4 元的时候收了 5 万多箱梨。尽管这个价格和往年 1.2 元的价格相比高了不少，但是春节过后，鸭梨、皇冠梨的出货价格节节攀升。到 5 月初，苏文江的冷库里还有 7 000 箱皇冠梨，往年最后一批货十有八九都是赔钱，今年却让苏文江结结实实地大赚一笔。5 月下旬，一箱皇冠梨的价格突破 200 元，做了 30 多年梨果经销商，苏文江做梦也没想到，价格会涨到这么高。根据中国果品流通协会监测的全国鲜梨批发市场平均价格显示：2019 年 5 月，一公斤皇冠梨从 8.95 元上涨到了 13.24 元，环比上涨 48.43%。以 1.5 元的收购价算，比往年高了 50%，而批发市场价格上涨了 340%。相比较苹果的价格，根据案例资料，往年果径 80 毫米以上的优质苹果在每斤 3 元左右，一家大型果品贸易商在 2018 年 10 月以 4~4.5 元的价格收了 790 万斤苹果，比往年高了 73%，而批发价格按照 8 元一斤的价格算，只上涨了 77%。作为苹果替代品的皇冠梨，没有相应的期货，其收购价上涨了 50%，不如苹果收购价上涨的幅度 73%，而批发价上涨了 340% 远超过同期苹果的涨幅 77%。这不正是苹果期货价格发挥功能的体现吗。

尽管投机者在期货市场运行中具有无可替代的积极作用，但是，由于投机行为在任何时候都有着高逐利性特点，从而存在着控制和操纵市场价格的可能，因此，对于包括投机者在内的所有期货市场参与者的"入市"行为，都要有严格的资格限定；同时需要期货市场的严格监管保驾护航。

5. 如果你是苹果生产企业、苹果贸易商、苹果电商，你会如何利用苹果期货制定何种交易策略？你认为参与期货交易需要具备的素质有哪些？

这是一个开放性问题。引导学生自己总结期货交易者需要具备的素质。基本的职业素质包括具备专业知识和技能、遵守职业道德、加强业务知识更新，不断提高专业胜任能力。

我国苹果产业链较短，根据消费形式分成以贸易商为主和以加工企业为主的两条支链，其中，鲜果消费为我国苹果消费的主要形式，主要通过各级贸易商对收购的苹果进行分拣、筛选、包装等初级加工后直接提供给消费者实现。加工消费主要通过加工企业将收购的苹果制成果脯、苹果脆片、苹果醋、苹果酒等深加工产品提供给消费者实现。

　　无论是苹果生成企业、加工企业、贸易商还是电商，一般来说，应该利用期货进行套期保值。期货套期保值交易策略分为两种：买入期货套期保值，是保证现货买家计划未来买入现货防止价格上行风险；卖出期货套期保值，是保证现货卖家计划未来卖出现货防止价格下行风险。

　　苹果加工企业一般采取按照预定价格收购农民苹果，可以根据市场价格通过卖出期货套期保值，稳定苹果成本，进行后续加工和销售。对于苹果贸易商，通过苹果买卖赚取差价收益。因此，对于整个苹果产季都需要关注苹果的成本、供需状况，做出判断。为了锁定苹果成本，可以提前与果农签订远期合约，或者在期货市场做多头套期保值；而在苹果入库后，为了规避未来销售价格的下跌，可以在期货市场进行空头套期保值，锁定收益。所以相对而言，苹果贸易商的套期保值需要建立在对苹果产量、成本、销量做出预判的情况下进行。

参考资料：

［1］张亦春，郑振龙，林海．金融市场学［M］．北京：高等教育出版社，2017．

［2］"保险＋期货"金融助脱贫［EB/OL］．https：//finance. jrj. com. cn/2020/03/31095129155693. shtml.

［3］鲜苹果期货合约［EB/OL］．http：//www. czce. cn/cn/sspz/pg/H770221in-dex_1. htm.

［4］刘开雄．苹果期货助果业企业解融资难题［EB/OL］．http：//www. xinhuanet. com/fortune/2019 - 01/04/c_1123949281. htm.

［5］杨毅．金融活水润陇中——期货市场精准帮扶甘肃省秦安县侧记［EB/OL］．https：//www. financialnews. com. cn/gc/sd/201910/t20191017_169518. html.

［6］真正搞明白苹果仓单成本，就看这篇了！［EB/OL］．［2018 - 10 - 29］．https：//www. sohu. com/a/272038014_555060.

［7］苹果期货太"疯狂"！苹果还没红呢，为何期货先火了？［EB/OL］．［2018 - 06 - 03］．ht-tps：//baijiahao. baidu. com/s？id = 1602263394773319305.

［8］梨价上涨的背后［EB/OL］．［2019 - 06 - 06］．http：//tv. cctv. com/2019/06/06/VIDE-HrVcC2xiPZFyYIQpfmmu190606. shtml.

［9］谁在推高苹果的价格？［EB/OL］．［2019 - 06 - 07］．https：//tv. cctv. com/2019/06/07/VI-DEyQgbtA8JSPjHYlTEou9U190607. shtml.

［10］关于发布苹果期货合约规则修订案的公告［EB/OL］．［2020 - 07 - 14］．http：//www. czce. com. cn/cn/gyjys/jysdt/ggytz/webinfo/2020/07/1593526867733922. htm.

链上金融，价值相连

——蚂蚁集团何以区块链赋能供应链金融

邢雅菲

摘　要：中小微企业是普惠金融服务的主要对象，是实现我国国内国外双循环新发展模式的主要动力。然而长期以来，"三角债"、"萝卜章"、缺乏抵押担保是我国中小微企业面临的主要融资障碍和风险，特别是新冠肺炎疫情使中小微企业融资困境更加突出。虽然供应链金融在一定程度上可以帮助产业链企业清理三角债，缓解中小企业融资难、融资贵问题，然而链条过长、参与环节众多，以及交易场景难以识别等痛点使企业实际资金需求难以有效解决。区块链作为一种新型的技术组合，可以有效解决交易中的信任问题，实现价值的互通互联，在供应链金融场景应用中有着独特的优势。本案例针对蚂蚁集团及其推出的"双链通"分析了蚂蚁集团如何将区块链与供应链金融相结合，经过不断的研发创新，推陈出新，更好地服务于中小微企业融资，不仅体现了企业的创新精神，更体现了作为大企业的社会责任。

一、背景——围城中的中小企业

自 1978 年改革开放以来，中小企业的发展从无到有，从小到大，从弱到强，在促进经济社会发展、推动就业、贡献税收、支持技术创新等方面发挥了重要作用。但是，作为国民经济的重要组成部分，与国有企业相比，中小企业长期以来饱受融资难、融资贵、"三角债"、"萝卜章"等问题，导致了中小企业的淘汰率过高，有研究显示，目前中小企业的平均寿命已经不足 3 年。[①]

（一）中小科技企业的艰难融资路

中科大旗是一家做景区智慧系统的科技企业，集"咨询规划、技术研发、建设实施、

[①]　章凯. 企业是社会经济的公民 [J]. 现代企业文化，2012（10）：2.

运维运营"业务于一体的国家高新技术企业，年销售超亿元。其服务覆盖全国万家景区酒店及文博单位，包含智慧文旅产业链各个节点的行业信息化解决方案和服务，是国内智慧文旅行业领军企业。即使是这样优秀的企业，也面临着长期融资难、借款难的困境，无法从银行获得融资而使企业一筹莫展。创始人周道华说："公司没有厂房设备，只有厚厚一沓知识产权证书，我们靠技术生存，但这些技术都不算不动产抵押物，十几年来，每次去银行基本都吃闭门羹。"银行抵押贷款的限制大大制约了中科大旗的科技研发、产品创新以致未来的长远发展。周老板的朋友蔡老板，经营一家注册资本只有30元的电子产品专卖店，人聪明能干经营良好，打算扩大经营种类和规模，但也常常因为下游企业账期问题被资金缺口难住。像他这样的小店，信用等级不高，经营风险相对较大，很难获得金融机构的担保和授权。"贷款需要资产抵押，可我那小店虽然生意不错，但是店面是租来的，哪有什么资产，能拿出来的只有客户的欠条，唉……"每次聊起来，老朋友之间就惺惺相惜。

这样的问题在中小微科技企业中非常普遍。曾有新华社记者报道，一些银行贷款利率为 7.6%，保险费、服务费、担保费层层加码，企业最终要承担 22% 以上的融资成本！贷款承诺费、投融资顾问费、法人账户透支业务承诺费、以贷转存、配套承兑汇票……不断推高的融资成本，成为小微企业的不能承受之重。

但对于担保公司而言，他们也承担着较大的风险。成都担保公司"中小担"累计服务了超万家中小企业，很多都是像中科大旗这样的企业。通过对其核心企业的担保增信，这些中小企业才有可能获得银行的贷款。虽然担保公司一般收取一定比例担保费，但企业一旦出现坏账，担保公司就要 100% 赔付银行损失。疫情期间我国企业普遍遭遇寒冬，担保公司赔付增加，道路艰难。

（二）防不胜防的"萝卜章"陷阱

周老板还曾经深陷"萝卜章"陷阱，饱受其苦。2012 年，中科大旗公司与某省多家银行合作，打算通过定期存款推动营销业务。朱某、袁某二人得知后，冒充银行工作人员上门为中科大旗公司开户套取资料，然后用伪造的公司印鉴到银行开户，资金转入后，再用伪造印鉴将资金转走。案发后，中科大旗公司诉至法院，诉请涉案银行赔偿存款本金 1.3 亿余元及利息。该省高级人民法院审理后，判决两家涉案银行分别对中科大旗公司不能追回的资金本息承担 40%、20% 的赔偿责任，而剩下的 30% 只能由企业自己承担。这对本来就面临融资难、融资贵的中科大旗公司而言无异于雪上加霜。

伪造印章引发金额上亿元侵权案，发生在审核严格的金融合同领域，显示了辨识印章真伪的极度复杂与重要性。在现代社会中，合同作为民事主体之间设立、变更、终止民事法律关系的协议，进入到社会生活的各个方面。《民法典》第四百九十条规定自当事人均签名、盖章或者按指印时合同成立，增加"按指印"这一确认方式，是出于社会交易习惯和指纹唯一性、防伪能力强的多方考量。但是，当事人为法人时，印章成为合同是否成立的重要确认方式，印章真伪的审核就成为合同审核的重中之重。但是现实中，实体印章容易伪造，无法即时验证。只要持有一份真实合同，就存在成功复刻真实合同上印章的概率。在实践中，许多印章采用密码或类似指纹纹路防伪，但除非是采用可防止准确扫描的特制印泥等特殊手段，印章密码或类似指纹纹路仍存在破译并被成功复刻的可能性，一旦复刻成功，非专业人士极难准确辨别。

"区块链技术可以有效解决这一问题。区块链分为公共链、行业链、私有链。当电子签章上传到公共链上后，可随时在任何一台互联网计算机上核验电子签章是否正常，还可以使用区块链技术，全程记录某次电子签章使用的时间、地点及合同参与人"。在一次企业家联谊会上，周老板认识了一家区块链技术公司的老总，该老总向周老板详细介绍了区块链技术及应用，特别是区块链技术如何解决"萝卜章"问题（见图1）。他还介绍了现在欧美一些大型公司选择将普通的电子合同升级到区块链电子合同，这种在大型公共链上的区块链合同，不可篡改。争议发生后，可以引入区块链技术进行核验。这也是通过新技术手段来高效解决司法实践中的传统问题，有助于进一步提高社会诚信度。

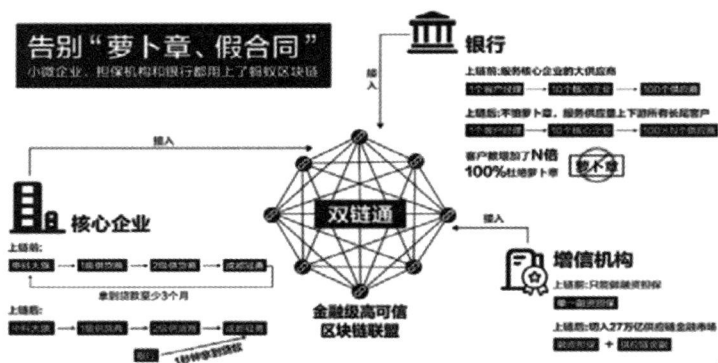

图1　区块链技术解决"萝卜章"示意

资料来源：蚂蚁区块链落地与客户案例精选。

（三）剪不断、理还乱的中小企业"三角债"

2020年在新冠肺炎疫情的影响下，民营企业现金流紧张，融资难、融资贵问题更加突出，很多中小企业正面临巨额负债而破产的情况。其中，最典型的就是中小企业间剪不断、理还乱的"三角债"。因为新冠肺炎疫情影响，旅游业发展受创，酒店业不景气，下游企业的资金缺口使得中科大旗也陷入企业的三角债，这让该企业资金周转滞缓，成本加大，严重影响企业经济效益，困扰企业生产经营。

三角债，是人们对企业之间超过托收承付期或约定付款期应当付而未付的拖欠货款的俗称，是企业之间拖欠货款所形成的连锁债务关系。通常由甲企业欠乙企业的债，乙企业欠丙企业的债，丙企业又欠甲企业的债以及与此类似的债务关系构成。长此以往这种债事关系会在企业间形成是一种无秩的、开放的、复杂化的债务链。三角债的形成毋庸置疑是经济快速发展下的产物。三角债的形成，源于商品交换不能即期付现所发生的商业信用违约。简单来说，即经济持续下行时企业之间形成"三角债"、信用环境不好，而造成了众多企业既不愿意偿债，而它的债权也无法得到清偿。而随着企业之间的资金拖欠波及面扩大，就会严重影响企业生产经营的正常进行，同时也会冲击银行信贷计划的执行。巨额的未清偿的债务拖欠使企业不能进一步向金融机构申请到贷款，或难以申请到信贷。从而形成了企业间的债务危机，也对整体社会经济产生重大影响，造成经济信息的混乱。

新冠肺炎疫情下的三角债使被拖欠款项的中小企业严重缺乏流动性资金，甚至关系到企业的生死存亡。科法斯集团最近出台的《2020 中国企业付款调查》表明，我国中小企业支付状况越来越糟糕。提供平均信用期限超过 120 天的比例从 2017 年的 12% 和 2018 年的 20%，上升到 2019 年的 23%。50% 的调查企业提供的最大付款期限超过 120 天。

面对款项被拖欠中科大旗有哪些解决问题的办法呢？一是自行融资，但当下融资难，且融资成本远高于大企业；二是向银行申请应收账款质押贷款或保理，但核心企业根本不愿意向银行确权盖章，因为会增加财务人员工作量，且担忧承担付款责任时出现操作风险，所以该业务一直开展不顺利。此外，新冠肺炎疫情期间国有大型企业拖欠账款问题较为普遍。亏损面不断扩大导致诸多大型国有企业账款拖欠现象严重、账款构成比例上升、账款周转率下降等风险开始显露。如某大型国企在重大项目立项上未立项先招标，使中科大旗备货积压，大量占压其资金。

对于企业三角债问题，党中央、国务院非常关注，国务院常务会议于 2020 年 7 月 1 日通过了《保障中小企业款项支付条例（草案）》，以维护中小企业的合法权益。但是政府政策的引导无法从操作层面上根本解决中小企业款项被拖欠和融资难、融资贵的困境。而区块链是行之有效的应对方案之一，可以较好地缓解中小企业因三角债导致的资金缺乏，拓宽企业融资渠道，解决融资难、融资贵的问题。

二、区块链 + 供应链金融——价值相连，普世普惠

（一）传统供应链金融的痛点

解决中小企业融资困境的方式之一就是利用供应链金融，将核心企业和上下游企业联系在一起形成一个整体，利用核心企业为中小微企业提供灵活的金融产品和服务

的一种融资模式。在经济下行背景下，实体经济受到诸多挑战，供应链金融的重要性也日益凸显。但是传统的供应链金融产品一直存在着较大的痛点，例如参与环节众多、链条长、关联度较高、交易场景难以识别等。对核心企业而言，其优质信用尚未充分利用，承担大量财务费用；而对中小微企业而言，由于信用等级低，企业实际资金需求难以有效解决，同时其产业链地位弱势，赊销严重。具体而言：第一，供应链金融缺乏监管体系，致使供应链内部一级、二级及三级供货商或者经销商为满足自身融资需求，任意提升融资利率，导致供应链整体运营成本增加；第二，一级融资企业缺乏资质及商票无法分割问题，导致二级供应商难以在供应链体系内获得融资，致使供应链金融无法覆盖至整个供应链体系；第三，供应链体系内信息数据分割度较大，存在较为严重的信息孤岛问题，不仅限制了供应链内部信息访问和流动速率，同时也增加了信息审核部门的成本，提高了验证交易真实性的难度。

（二）"区块链 + 供应链金融"模式——破除痛点

区块链作为一种新型的技术组合，综合了 P2P 网络、共识算法、非对称加密、智能合约等新型技术，具有分布式对等、链式数据块、防伪造和防篡改、可追溯、透明可信和高可靠性的典型特征，其技术特性在供应链金融场景中有着独特的优势特点，它与供应链金融在本质上具备相互匹配的特性，可以弥补供应链金融业务环节的缺失与缺陷，更好地发挥供应链金融普惠金融的作用。第一，区块链技术可建立透明性融资账本，消除信息非对称问题。一个完整的产业供应链包括：生产商、供应商、分销商及零售商等主体，而各环节及各主体的信息较为分散且分别只存在于各自系统内，无法实现信息自由交流。在区块链技术条件下，各供应链内部企业所有数据都将在整个区块链系统集中与公开，避免了相关部门的重复审查与反复校验过程。同时，区块链时间戳功能可以将供应链参与主体的每一笔交易按照时间顺序记录，防止各节点对数据进行篡改，可以建立透明性融资账本。第二，区块链技术可实现金融脱媒，降低人为影响因素。商业银行等金融机构对供应链金融的风险把控其实是核心企业对整个供应链系统的风险把控，而核心企业作为单一的"记账人"，存在较大的潜在道德风险。区块链技术可以建立全局相互信任机制，没有任何主体或者节点可以单一记账，极大地降低信任成本。第三，区块链技术可实现智能合约功能，降低供应链金融人力成本。区块链中的智能合约作为一套以数字形式定义的承诺，只要读取信息符合合约制定标准，就会忽视其他一切阻力，及时完成合约，可以最大化减少金融机构的人工操作流程，实现自动化运营。第四，区块链技术可作为电子票据补充，提升供应链金融服务质量。现阶段我国票据融资普遍以纸质票据交易为主，不易控制其道德风险及操作风险。而部分电子票据也将存在金额与期限无法匹配及无法与纸质票据兑换等问题。而区块链技术可以通过计算机编辑出可交易的电子票据，并且根据其智能合约所构建的票据池，将具有交易、融资及结算等功能，充分弥补现有电子票据的缺陷，更好地为中小型企业提供高质量融资服务。第五，区块链技术将创新金融交易机制，建设更具秩序的供应链金融生态环境。区块链是一种按照时间生成先后顺序，以首尾相接所组成的链式数据结构，通过加密技术以保证整个区块链系统不可伪造、不可篡改的分布式账本。因此，供应链金融系统在使用区块链技术后，将不必对金融参与各主体以及它们的过往交易进行审查，真正实现"金融脱媒"，有利于建设更加有序和规范的供应链金融生态环境。在现实业务中可以采用以下四种区块链＋供应链金融的融资模式。

1. 基于实物资产数字化的采购融资模式。

这种模式主要应用在大宗商品行业，利用区块链技术实时仓单上链状态数据，形成和实体仓储资产流转映射的"数字资产"。从仓储货物的入库、入库调整、锁定、质押、解押、出库、退货入库等全流程数据第一时间上链，杜绝数据信息造假，使得仓单数据流转自身能形成一个完整的闭环，数据能自证清白；仓储货物资产数字化后，可以通过密码学技术（如门限签名技术）来由多方（如企业和金融机构）联合控制仓单资产的状态，从而实现更灵活的动产控制，从而衍生更多的创新模式服务。

在该融资模式中，之前很难流转的仓单价值通过数字化和技术处理，纸质仓单摇身一变成为可以流通的有价值的数字化资产，从而能以此为担保从金融机构获得贷款，如图2所示。

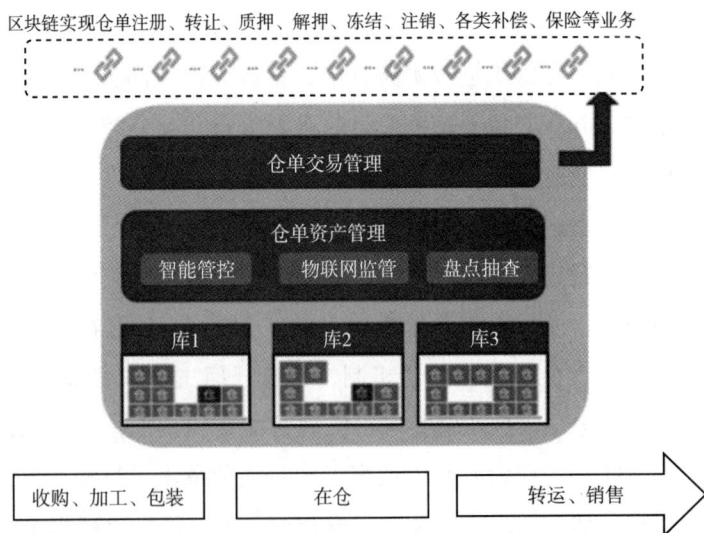

图2 基于仓单数字化融资模式流程

资料来源：浙商行官网。

2. 基于核心企业信用的应付账款拆转融模式。

通过将核心企业和下属单位的应付账款形成一套不可篡改的区块链数字凭证，在核心企业的内部单位中依照一定的规则签发，具有已确权、可持有、可拆分、可流转、可融资、可溯源等特点。依据基于核心企业信用的模式围绕着中小企业的评级方向、信用管理和信用科技多元业务不断深化，以区块链技术助力供应链金融，为中小微企业融资赋能，实现普惠金融服务，如图 3 所示。

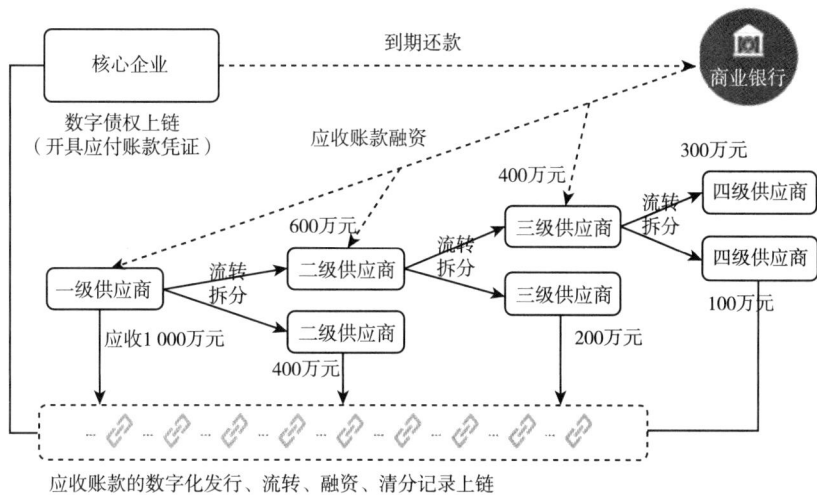

图 3　基于仓单数字化融资模式流程

资料来源：浙商行官网。

该模式分为如下五个阶段。

阶段一，系统对接。金融机构与商业银行签订总对总的整体合作协议，将核心企业 ERP（enterprise resource planning）管理系统的业务流、合同流、物流、资金流等关键点数据按照时间顺序直接上链存证，由金融机构根据核心企业的资产实力情况给予一定额度的授信。

阶段二，供应商推荐。核心企业将可能有存在应收账款融资需求的一级供应商直接推荐给金融机构，由金融机构逐个对供应商进行合规性准入审核；对于金融机构审核通过的一级供应商，可以推荐它的上游二级供应商给金融机构，以此类推。

阶段三，融资申请。在核心企业确认的前提下，已经形成应收账款的一级供应商，可以向金融机构申请融资，或者将已确权的应收账款拆分给二级供应商。

阶段四，审核放款。金融机构对核心企业的确权审核无误后，并向供应商收集发票复印件、对账单等相关资料，同时，确认核心企业支付款项的账户为已开设的专项监管账户，并签署合同，便可以开始启动放款。

阶段五，到期扣款。实到资金到期后，核心企业直接将款项偿还给金融机构。

3. 基于多而分散的中小微企业再融资模式。

各个中小微企业通过联盟链的方式上链，金融机构利用区块链技术对其资产进行审核、筛选、审计、发行销售、二级流通等环节，商业银行通过提供再保理、资产证券化、资产包转让等方式，对中小微企业提供再融资业务。

在资产形成环节中，先由客户提出申请，金融机构对其进行风控审核，然后与客户签署融资合同、保证金交款以及应收账款确认。通过区块链浏览器的方式，可对相关上链节点数据可视可信化，审计方核验时，可通过哈希值（Hash）值比对的方式来确认数据文件信息的真实性。在资产包筛选环节中，对于满足集中度、信审等方面要求的资产，将被打包到 SPV（special purpose vehicle）里，通过将筛选过程进行链上存证，增加筛选环节的透明可视性，打造成彼此几方都能认可查验的筛选流程。在资产审计环节中，资产打包环节需经过相关审计机构的严格审计。例如，律师事务所需要对资产包情况出具法律方面的专业意见，会计师事务所需出具财务方面的专业意见等。基于可信的区块链资产为依托，并对资产数据与各项主体数据进行一定程度的共享，有助于促进相关方的审计流程。在资产发行销售环节中，基于区块链可信环节的证券化资产信息，资产的相关数据信息公开透明化，有助于提升销售环节中对投资者的吸引力，提升投资者的认购率水平。在资产二级流通环节中，基于区块链智能合约技术对资产的表现情况进行实时的追踪展示，可及时反映底层资产的表现情况，底层客户的经营信息、还款情况以及业务信息等，有助于根据资产情况的变化来调整资产价格的变动。同时，也便于监管进行针对 ABS（asset-backed securities）底层资产的穿透式管理，降低由于人工干预造成的业务复杂度和出错概率，显著提升现金流管理效率。具体流程如图 4 所示。

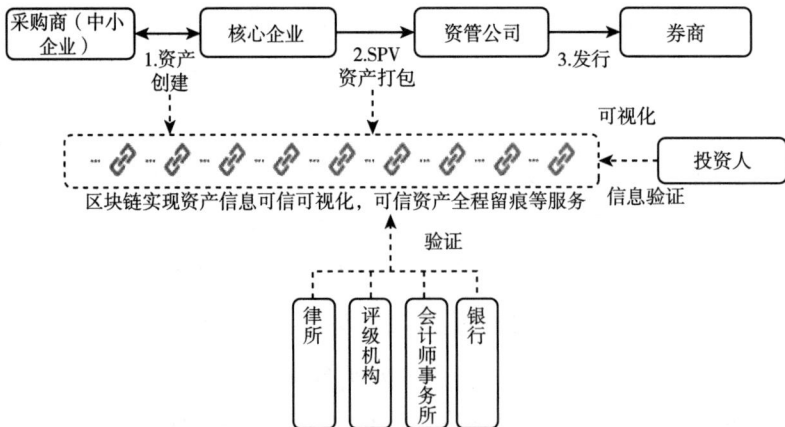

图4 基于多而分散的中小微企业再融资模式

资料来源：浙商行官网。

4. 基于历史数据/采购招标的订单融资模式。

针对供应商采用赊销方式进行货物销售，订单融资模式往往可以解决供应商资金回笼的困难。模式的风控要点在于判断供应商是根据中标而产生的订单，还是基于历史数据为基础的交易。基于核心企业采购/政府采购的业务，往往通过区块链将中标通知书以存证的方式来解决项目的真实性问题，例如各地政府公共资源交易中心主导的区块链中小微企业融资平台。通过将标书的核心数据不可篡改的上链，体现中标金额、交付周期等重要事项，从而为金融机构给中标企业的授信融资提供场景支持。还有一种情况，将供应商历史的过往销售数据进行不可篡改的链上存证，并通过趋势分析等手段，可以判断出这一时期可能发生的供应规模，并以此为依据，作为授信支持等。

三、典型区块链金融产品——蚂蚁链的"双链通"

（一）蚂蚁区块链：逆流而上，全面布局底层技术的"专利大户"

在计算机、芯片等技术领域，绝大多数中国公司都是以场景应用为主要后发优势，在底层专利上吃了很多亏。在区块链上，蚂蚁金服早早起步并把着重点放在了偏底层的核心技术。

根据公开的信息，蚂蚁区块链全球专利申请量已经达到 1 005 件，连续 3 年位居全球第一。蚂蚁集团副总裁蒋国飞表示：在蚂蚁金服区块链的专利中，62% 是偏向底层基础技术的核心专利，例如共识算法、密码、跨链、隐私保护、管理、存储等，38% 是基于业务逻辑和商业应用。"区块链专利申请情况背后，反映的是公司对区块链研发方向的选择和重视程度""规模越大，越是会涉及公式、算法、性能这些底层核心技术问题"，蚂蚁集团副总裁蒋国飞说道，"我们不是为了专利而专利，而是聚焦核心技术研发的过程当中，自然而然地产生了专利"。

正如互联网有七层结构（国际标准化组织推荐的一个网络系统结构），随着对区块链的探索加深，蚂蚁金服也自然而然建立一套自己的区块链分层结构标准。正如互联网的结构一样，分片、分层、跨链、链上链下、物理世界、现实世界，一层层去链接才会有空前的性能。蒋国飞透露，蚂蚁金服自主研发的区块链引擎从技术上已实现"双 10 亿"，其可拓展共识以及双层网络设计，能支持 10 亿个账户规模、每日 10 亿元交易量，并实现每秒 10 万笔跨链信息处理能力（PPS）。

除了底层的核心逻辑，蚂蚁金服的专利还涉及很多隐私保护的技术。隐私问题也是区块链厂商重点关注的领域。在关系设计里区块链要做到多方共识，但区块链的一个问题是，可能存在几方有相互利益冲突关系，A 跟 B 不能共享。这种情况下，保证双方的数据隐私成了一个必须解决的问题。蚂蚁金服在隐私保护技术上做过许多尝试，其中包括软件和硬件结合的密码方法。2019年11月，蚂蚁金服发布了《隐私保护和数据安全白皮书》，率先推出的"摩斯"安全计算平台（MORSE），通过结合区块链等技术，有效解决商业医疗保险、政务服务等行业中数据共享的隐私保护问题。

第三类问题是存储，蚂蚁金服在这方面也有很多专利储备。存储是很早便出现的问题，区块链既不能篡改也不能删除数据，这样的特性使存储会越来越大。蚂蚁金服也为此攻克了许多存储方面的技术问题。

技术布局与投入之外，还有一个不可忽视的力量是，蚂蚁金服及阿里巴巴有多元化的场景实践优势。有些技术创新源自实际问题，有些源头性研发又可以迅速反哺向业务实践。但有所为有所不为，在场景选择上，蚂蚁金服更愿意布局"复杂"行业。

此前，蚂蚁金服区块链技术负责人张辉就解释道，蚂蚁金服在确定一个区块链项目的时候，首先要看这个行业有没有一个真正的痛点；其次如果是一个需要连接多方信任的行业问题，就要看区块链技术本身是否具有不可替代的能力；最后就是落地的区块链项目的工程化能力。

（二）"双链通"供应链金融服务平台

作为区块链行业发展的领航者，2018年12月6日蚂蚁集团成立了蚂蚁区块链科技有限公司。蚂蚁区块链用技术构建新一代的信任机制，提高价值流转和多方协同的效率，降低不信任所造成的成本，在赋能实体经济的同时，成为推动我国数字经济发展的一大动力。2019年1月，蚂蚁区块链成功推出了"双链通"区块链平台服务供应链金融。蚂蚁链－双链通供应链金融服务平台，通过将核心企业的应收账款进行数字化升级，使应收账款可以作为信用凭证，在供应链中流转而传递给上游供应商，从而解决供应链末端的小微企业融资贵、融资难的问题。同时，基于金融级别的身份安全和交易安全认证，也为企业在线零接触交易提供了较完整的解决方案。

所以"双链通"平台做的事情就是让"萝卜章"不再危害企业，打破"三角债"的围城，让中科大旗这样的科技企业的技术资质和应付账款转变为真实的价值，并以此为依托，以产业链上各参与方间的真实贸易为背景，让中科大旗的信用可以在区块链上逐级流转。由于整个流转过程中信息不可篡改，不论是担保公司、银行、中科大旗还是冠勇，它们任何一方的确权凭证、授信资金实际去向等信息都互相可见，一链杜绝了资金挪用等风险，有利于中科大旗这样的核心企业优化供应链管理，而融资服务也由点对点升级为面对面，信贷可得性、融资覆盖面大幅度提升。

1. "双链通"供应链金融服务平台架构。"双链通"通过蚂蚁区块链硬件隐私保护技术，确保多方参与的安全性、隔离性；基础服务集成支付宝核心与企业网银核心能力，通过网银 U 盾签名，确保交易可靠无纠纷确权；业务中台核心服务实现云化，更多联盟参与方可以直接通过简单 API（application program interface，应用程序接口）加入网络（见图 5）。硬件级别的交易安全隐私合约链，通过可信执行环境，确保多方参与的隐私计算与数据隔离。

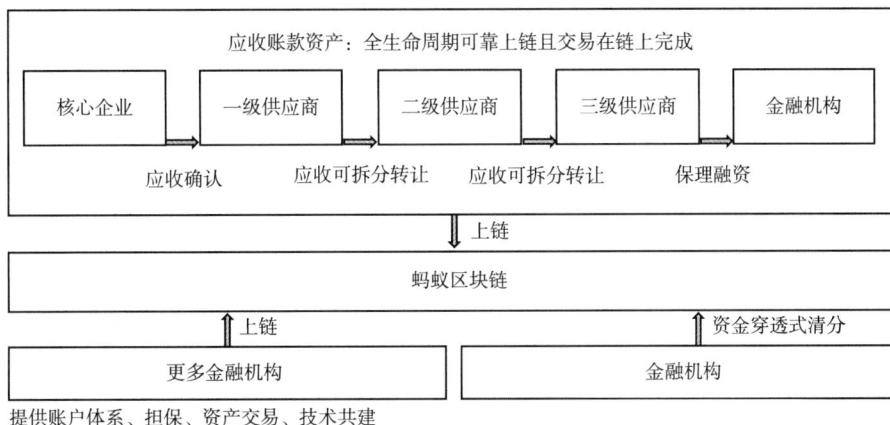

图 5 "双链通"供应链金融服务平台架构

资料来源：蚂蚁区块链落地与客户案例精选。

2. "双链通"服务平台的特点。蚂蚁链 - 双链通采用自研的区块链技术，从硬件、网络、存储、计算、密码学、共识、成块等底层技术，到应收账款的确认、流转、融资、清分等业务环节，保证供应链上各环节业务的信息和业务数据安全可控。该平台通过和各主流银行深度合作，可以实现企业网银的底层对接。使企业开立和转让应收账款，可以像网银转账一样安全，根据不同的金额分层，执行不同层级的审批流程。从技术上杜绝"萝卜章"，从源头上降低交易操作风险。

3. "双链通"服务平台的优势。首先，通过该平台建立协作生态。"双链通"平台可以向银行、保理、担保、信托等各种金融机构，以及供应链上下游的核心企业及供应商全面开放，共建基于区块链的供应链金融协作生态。其次，降低供应链风险。支持核心企业利用区块链技术，通过应收账款的多级流转，对供应链进行穿透式管理，降低供应链风险。核心企业可以基于银行授信，将对一级供应商的应付账款线上确权并上链。一级供应商可以在链上将应收账款转让给二级或多级供应商。各级供应商可以将链上持有的应收账款转让给出资方，从而提前获得现金收款。再次，保证数字资产的有效性和不可篡改。应收账款全生命周期数字资产上链，数字资产的生成、流转、融资、销毁直接在链上完成。核心企业付款后，"双链通"合作的清分机构将资金结算到应收账款的链上持有者，从而杜绝非区块链系统常见的双花和对账不一致问题。最后，可以有效保护企业和金融机构隐私。基于蚂蚁链＋硬件级 TEE 技术，确保从接口调用，智能合约运算，到落块成链，全链路可信，全过程加密。

四、区块链＋供应链金融的优势

（一）"双链通"盘活了小微企业应收款资产

竞争激烈又瞬息万变的市场中，即刻锚定交易并迅速实施的赊销成为许多中小微企业的重要竞争手段，甚至是主流交易模式。产业上下游多级递推，就形成了大量的"应收账款"，这也让许多企业的经营者陷入困局：一方面企业有着大量的应收款没有到账；同时又需要立即支付上游企业的应付款。另一方面应收与应付之间的"时间差"常常造成巨大的经营困难，再加上难以从银行等金融机构获取及时的信用贷款，企业流动性得不到保障，可能会陷入绝境。

此外，应收付账款产生于企业间交易，比较封闭，真实性缺乏权威认证与背书，因而很难对该企业持有的应收账款进行确权，这也是供应链金融市场规模巨大却一直很难突破的原因之一。

传统银行融资，主要围绕企业资产负债表右侧的"负债"和"所有者权益"科目，以间接融资、直接融资、股权融资为主。围绕企业资产负债表左侧的"资产"科目，将企业"应收票据、应收账款、存货、固定资产"等债权和物权，应用区块链技术转化为电子金融工具（见图6）。企业通过转让工具进行融资、采购原材料和服务、偿还债务。不形成新的负债，减少融资和利息支出，降低融资成本。蚂蚁链通过支付宝等平台获取的大量数据为依据，通过"双链通"，将核心企业应付账款价值确认、流转、融资、清分等全生命周期上链，以此为依托通过向上下游企业背书，拓宽中小

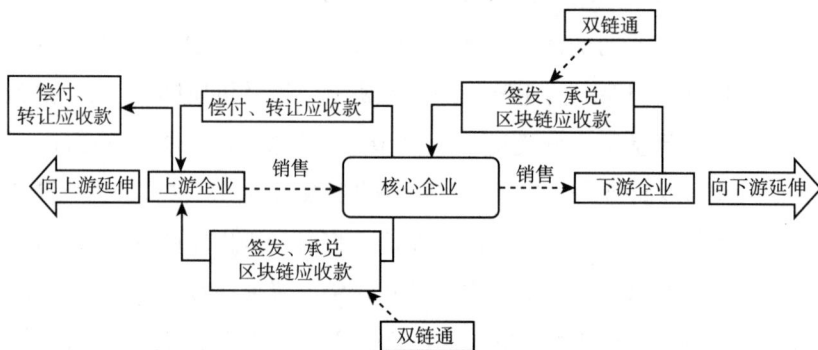

图6　"双链通"盘活应收账款示意

资料来源：蚂蚁区块链落地与客户案例精选。

微企业融资渠道和提高核心企业资金利用效率的双赢；同时在弱确权情况下实现了企业应收与应付互抵，切切实实为中小企业融资带来了极大便利。

（二）区块链为供应链上的物流企业提供更好的流动性

1. 可信问题。对于物流行业的小微企业而言，无论是整车物流还是快递网点都普遍存在多应收账款、少固定资产的情况，这就造成了企业在传统贷款模式下难以获得融资的局面。而蚂蚁区块链"双链通"搭建的"信用流转"平台，让整个供应链上下游的中小企业都能依托核心企业的信用流转得到融资支持。

2. 风控问题。针对物流行业的小微企业提供金融服务，风控问题一直阻碍着金融机构的审核与放款。通过"双链通"，无论是物流网点还是整车运输，这些小微企业都可以将以往不确定的应收账款账期变为了固定日期，并且得到了担保增信，有利于其提高资金使用效率；而区块链的可信存证，也可以更好地帮助监管授信资金的实际去向，有效防控资金被挪用的风险。

3. 协同问题。区块链的特征是多方协作共识的基础设施，通过区块链构建的网络，让物流企业基于"双链通"构建了协作网络，银行、增信机构、核心企业、供应商、小微企业其他服务商形成一个新型契约机制，加强了互信和协作。

案例使用说明

一、教学目的与用途

1. 适用课程：本案例适用于金融学、金融科技等课程。

2. 适用对象：本案例适合的对象为金融学本科生和硕士生。

3. 教学目的：通过本案例的学习和探讨使学生理解和掌握区块链金融技术特点，以及区块链＋供应链金融在解决中小微企业融资难方面的优势。具体的教学目标包括以下四项。

（1）理解长期困扰我国中小微企业融资的痛点，以及面临的主要的金融排斥现象。

（2）掌握利用区块链＋供应链金融对中小微企业进行融资的原理，以及引入区块链技术后在防范风险方面的优势。

（3）通过了解蚂蚁集团产品研发的过程，理解创新是企业长期发展根本动力，也是一个国家可持续发展的主要动力，激励学生在学习以及今后的工作中培养勇于钻研、勤于思考、开拓创新的精神。

（4）通过案例的学习理解金融创新的初心和使命就是服务实体经济，金融来源于实体经济，反过来要反哺实体经济；学生在今后的工作中要牢记金融的使命，更好地为经济发展服务，如果偏离金融服务实体经济的根本，则害人害己害国家。

二、启发思考题

1. 我国中小微企业融资的主要途径有哪些？融资难的根本原因是什么？中小微企业面临的金融排斥是如何产生的？

2. 区块链技术产生的背景以及技术特点是什么？为什么说区块链技术可以解决经济社会中的信任问题从而降低交易中的信用风险？

3. 供应链金融在解决中小微企业融资中有哪些优势和痛点？有了区块链的供应链金融有何不同？

4. 蚂蚁集团的"双链通"能够给客户提供哪些优势服务？如何理解金融创新的使命和企业的社会责任？

三、分析思路

本案例从中小企业"融资难、融资贵"，以及面临的典型融资陷阱入手，紧密围绕区块链＋供应链金融从根本上解决中小微企业融资难这一主题展开，通过案例分析让学生全面系统地理解中小微企业面临的金融排斥、融资难的主要原因，区块链技术与供应链金融结合可以解决融资难的主要原理，双链通业务流程、产品特点和优势等。

通过我国中小微企业当前面临"融资难、融资贵"难题、"萝卜章"陷阱、"三角债"困境等典型事实，引导学生深入了解中小微企业融资的主要渠道，启发学生思考我国中小微企业融资难的主要原因，面临的金融排斥是如何产生的，进一步思考不同类型的中小微企业会面临不同的金融排斥类型及其原因。可鼓励学生了解国外金融排斥情况，与国内金融排斥情况比较，有何异同。

在学生理解中小微企业融资难及其困境的基础上，引导学生了解供应链金融是解决中小企业融资困境的方式之一，它可以将核心企业和上下游企业联系在一起形成一个整体，利用核心企业为中小微企业提供灵活的金融产品和服务。但是传统的供应链金融产品存在着较大的痛点，例如参与环节众多、链条长、成本费用较高、缺乏监管体系、信息孤岛问题严重等。这些问题产生的根本原因之一是信任问题，而区块链技术的引入可以解决信任问题进而解决上述提到的痛点。在此基础上进一步引导学生了解区块链技术特点，理解为何区块链可以利用分布式存储、信用画像、智能合约等技术解决信任问题，消除信息不对称、降低信用风险等，进而改善交易中的信用环境，最终实现互联链上的价值互联。在此基础上，帮助学生理解区块链＋供应链金融在盘活企业应收款、增加企业流动性等方面具有的独特优势。

区块链＋供应链金融典型的比较成功的产品是蚂蚁链的"双链通"。在区块链技术及其业务应用方面，蚂蚁金服具有领先的优势，这是通过十多年的研发和技术创新积累起来的。而金融创新只有以服务实体经济为根本目的，真正落地于企业和消费者，才能得到源源不断的动力，才能具有长久的发展活力。通过了解蚂蚁链的"双链通"产品的特点及优势，让学生体会到科技创新对一个企业的重要性的同时，理解只有企业将服务普通大众、提高人们的生活质量、让国家社会发展的更加美好为企业责任时，其金融创新行为才能真正服务于实体经济。案例分析思路与步骤如图7所示。

四、理论依据与具体分析

（一）理论依据

该案例涉及金融学与金融科技等领域相关理论和分析工具，具体可供参考的理论和分析工具如下。

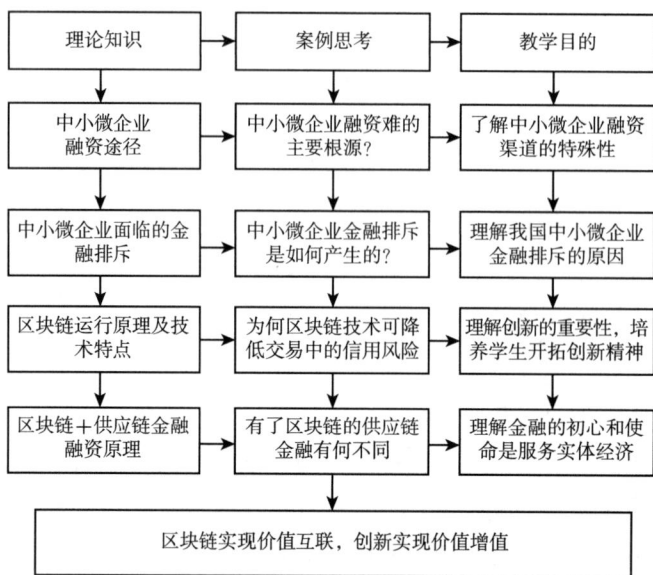

图7 案例分析思路与步骤

资料来源：作者自行绘制。

1. 金融排斥相关理论。金融排斥指社会中的某些群体没有能力进入金融体系，没有能力以恰当的形式获得必要的金融服务，从而被排斥在金融服务体系之外。金融排斥包括地理排斥、自我排斥、评估排斥、条件排斥、价格排斥和营销排斥。各个国家的中小微企业在上述六个方面都不同程度上受到金融排斥的影响从而难以从金融机构获得融资。

2. 信用理论。马克思的经济学信用理论产生、成熟于 19 世纪 40 年代初至 50 年代末。他认为信用是经济上的一种借贷关系，是以偿还为条件的价值的单方面让渡。主要是一种包含"借贷""报酬"等经济维度的经济关系和经济运动，是价值运动的特殊形式。引用图克对信用（信贷）的解释："信用，在它的最简单的表现上，是一种适当的或不适当的信任。"信用产生和存在根本来源于商品经济，随着商品经济发展而发展，是历史范畴。当商品经济高度发展，作为货币借贷媒介信用应运而生。信用制度可能会加剧商业信用中的投机风险，银行信用中的支付风险，还会推动虚拟资本的发展。

3. 区块链技术及区块链金融。根据中国信通院《区块链白皮书（2019）》中的定义：区块链（block chain）是一种由多方共同维护，使用密码学保证传输和访问安全，能够实现数据一致存储、难以篡改、防止抵赖的记账技术；在中国人民银行《金融分布式账本技术安全规范》中定义：分布式账本技术是密码算法、共识机制、点对点通信协议、分布式存储等多种核心技术体系高度融合形成的一种分布式基础架构与计算范式。

区块链最早是作为比特币的底层支撑技术被提出。一般认为，区块链技术是指利用加密链式区块结构来验证与存储数据、利用分布式节点共识算法来生成和更新数据、利用智能合约来编程和操作数据的一种全新的去中心化基础架构与分布式计算范式，具有共享、加密、不可篡改等技术特点。通俗来讲，区块链可视为一种特殊的记账系统。以单位的财务报账为例，目前的计算机录入信息与原始凭证，都需要集中保存在单位的财务部门，这种保存方式叫作中心化。区块链技术提供了一种去中心化的记账技术，它将各类信息保存在云端，不再保存在单位的财务部门。由于云端服务器与网络中的每个电子设备不断地进行着后台信息交换，因而记账信息可以迅速地传遍全世界。从理论上实现了由全世界的所有人来监控交易（去中心化），而不是由某个人或某个机构来监控交易（中心化）。由于区块链的信息修改一般原则上要求全链条51%的节点同意才能进行，所需节点太多使得恶意篡改信息几乎不可能实现，因而区块链利用大数据的技术特征消除了信息不对称并保证了交易的真实性。

美国学者梅兰妮·斯万于2015年首次提出区块链金融的概念，认为在区块链上可以进行任何资产的注册、存储和交易；所有的资产都将变成数字资产，都能直接在区块链系统上被跟踪、控制、交换和买卖，实现真正的万物互联。区块链金融利用数字货币充当价值交换的媒介，嵌入智能合约的数字货币将实现价值交换的智能化、便捷化；区块链金融的发展意味着价值互联网时代的到来。区块链技术通过对传统金融及其商业运作模式改造，将人类数千年来的经济贸易活动以数以亿计的分布式账本和相应的智能合约迁移至区块链中运行，自动化地实现物理资源和人力资源的分配，区块链技术通过改变金融底层基础构架、解决交易双方互信难题、促进价值互联网的崛起、降低金融服务门槛等方面使得人们习以为常的制度基础和商业流程被颠覆。

4. 供应链金融。供应链金融是指人们为了适应供应链生产组织体系的资金需要而开展的资金与相关服务定价与市场交易活动。现代意义上的供应链金融，发端于20世纪80年代，深层次的原因在于世界级企业巨头寻求成本最小化冲动下的全球性业务外包，由此衍生出供应链管理的概念。一直以来，供应链管理集中于物流和信息流层面，到20世纪末，企业家和学者们发现，全球性外包活动导致的供应链整体融资成本问题，以及部分节点资金流"瓶颈"带来的"木桶短边"效应，实际上部分抵消了分工带来的效率优势和接包企业劳动力"成本洼地"所带来的最终成本节约。由此供应链核心企业开始了对财务供应链管理的价值发现过程，国际银行业也展开了相应的业务创新，以适应这一需求。供应链金融随之渐次浮出水面，成为一项令人瞩目的金融创新。

供应链金融是对供应链金融资源的整合，由特定的金融机构或其他供应链管理的参与者充当组织者，为特定供应链的特定环节或全链条提供定制化的财务管理解决服务。包括对供应商提供的信贷产品，还包括供应链上下游企业相互之间的资金融通等。

（二）具体分析

1. 中小微企业面临的金融排斥是导致企业融资难的根本原因。因内源融资的低成本和低风险，使其成为中国中小微企业目前优先选择的融资渠道。外源融资中最主要的融资渠道为民间融资，少部分的中小企业可以从银行中获得抵押贷款。中小微企业融资难最直接的表现就是很难正常地从银行等金融机构获得所需要的金融服务，或金融服务不能完全满足它们的需求，从而形成金融服务壁垒。

（1）地理排斥。地理排斥指被排斥对象为获取金融服务，不得不依赖公共交通系统到达距离较远的金融机构，其程度往往取决于金融机构的分布密集状况。在我国，相当一部分的小微企业都处于农村以及农村和城市边缘地区，在这些地区，商业性金融组织机构网点较少，使这些企业到金融服务网点较远和交通不便，大大增加了获得金融服务的难度，从而被排斥在发达的金融体系之外。随着这些年中国的城镇化改造以及互联网的普及，地理排斥现象有明显改善，但是一些偏远地区还依然存在地理排斥现象。

（2）评估排斥。评估排斥是指风险评估程序限制了客户接近金融资源。金融机构作为风险与收益相对称的独立的经纪人，其经营目的是获取利益最大化。现在大多数的金融机构拥有了自己的客户价值评估体系，为了提高自身的收入与财富，这种客户价值评估体系就必然使金融机构更愿意服务那些风险小、收益大的优质客户，进一步远离处于劣势的中小微企业这样的弱势群体。我国绝大多数中小微企业面临的是这种金融排斥。

（3）条件排斥。条件排斥即附加于金融产品的条件不适合某些群体的需要。金融机构往往通过提高金融服务的准入条件而将中小微企业排斥于金融体系之外。我国绝大多数中小微企业属于家族企业，由于观念、传统、习惯等方面的原因使企业存在诸如公司治理结构不规范，信用管理观念差，内部财务制度、产权制度不健全，经营风险较高，可抵押固定资产较少，信用担保体系缺乏等方面的问题，所以金融机构对中小企业的放款条件严格、十分谨慎。这也是我国中小微企业面临的主要金融排斥形式。

（4）价格排斥。价格排斥是指金融产品定价过高，超出了某些经济主体的偿付能力，而将其排斥在外。金融机构对中小微企业具有较强的价格排斥性。如上面所分析，大多数中小微企业经营存在一定问题，使金融机构对中小微企业的贷款具有高风险性和高管理成本，金融机构自然会对其收取较高的贷款利率。如果利率过高，超过中小企业的承受能力，就会降低中小微企业对资金的可获得性，从而形成价格排斥。

（5）营销排斥。营销排斥是指一些人或群体被排除在金融机构产品营销目标市场之外。金融机构为了最大限度获取收益，大多金融产品的创新主要是针对富裕客户群体，而供应针对低收入等其他被排斥群体的产品却很少，这些群体的需求几乎被忽略，导致我国金融机构针对中小微企业的金融服务市场出现了产品空洞，金融服务较匮乏，缺少针对性。

（6）自我排斥。自我排斥是指由于人们认为申请获得金融产品的可能性很小，被拒绝的可能性很大，从而把自己排除在获得金融服务的范围之外。自我排斥往往与经济主体的心理、风俗习惯等主观方面密切相关。我国金融机构的一些金融服务手续较为烦琐，条款过于复杂难懂，无法满足中小企业对贷款手续简便、灵活、快捷的需要。于是中小企业会选择非正规金融渠道（如民间贷款等）来满足自身的资金需求。长此以往，这些企业被主流金融边缘化，造成其金融习惯的不同和金融知识的贫乏，产生了对金融机构的不信任。

区块链技术实现信息和价值的互联，可以消除地理排斥，有效减低价格排斥、条件排斥和自我排斥。2019年10月24日，习近平总书记在主持中共中央政治局第十八次集体学习中强调，我们要把区块链作为核心技术自主创新的重要突破口，明确主攻方向，加大投入力度，着力攻克一批关键核心技术，加快推动区块链技术和产业创新发展，并且强调要推动区块链和实体经济深度融合，解决中小企业贷款融资难、银行风控难、部门监管难等问题，敦促相关部门及其负责领导同志要注意区块链技术发展现状和趋势，提高运用和管理区块链的技术能力，使区块链技术在建设网络强国、发展数字经济、助力经济社会发展等方面发挥更大作用。

2. 区块链技术中的分布式存储、智能合约等可以解决经济社会中的信任问题。区块链技术是一组技术组合。它是由密码学、数学、经济学、计算机信息等学科组合的结果。这些不同学科的技术以特定的方式组合在一起，形成一种新的去中心化数据记录与存储体系，并给存储数据的区块打上时间戳使其形成一个连续的、前后关联的诚实数据记录存储结构，最终目的是建立一个保证诚实的数据系统，可将其称为分布式数据库。所以区块链技术，首先它是一本由多重技术组合具有去中心化、不可篡改、过程透明、可追踪的数字化的新型的分布式账本。其次它是一套智能合约体系，是一套以数字形式定义的承诺，承诺控制着数字资产并包含了合约当事人的权利与义务，由计算机程序自动执行的协议。它可像传统的合约那样来界定当事人权利与义务，但不需要依赖以往的外部信用关系，只要通过现有的程序编码来定义，并由预先编制好的程序编码来强制执行，即当一个预先编写好的条件被触发时，便自动执行相应的合约条款而无须干预。在这种条件下，网上的所有交易活动及价值转换都可以通过智能合约来完成。智能合约不仅能够节约传统交易活动所需要中介保证及监管合约完成的交易费用，也能够降低交易活动中的信用风险，并让其交易活动在时间上延伸及在空间上拓展。最后区块链技术最终目标就是要通过一套交易活动或价值转换的全新游戏规则由线上向线下延伸，由传统的信息传递的互联网（TCP/IP 协议）提升到价值交换的互联链，这样整个市场的交易活动或价值转换可以不借助任何第三方的信任背书，点对点、端对端、P2P 地来传递、交易、支付、汇兑价值物。

3. 区块链技术可以解决供应链金融中的痛点。区块链使供应链金融可以更好地进行全链路覆盖：上链后，整个融资流转过程清晰留痕、不可篡改，一链杜绝了资金挪用等风险。

（1）让应收账款授信更可信透明。对于供应链上的小微企业而言，普遍存在多应收账款、少固定资产的情况，这就造成了企业在传统贷款模式下难以获得融资的局面。而双链通搭建的"信用流转"平台，让整个供应链上下游的中小企业都能依托核心企业的信用流转得到融资支持。

（2）为加强风险防控提供了有效手段。在传统的信贷业务中，金融机构面临的一大风险是贷款资金不受控。通过"双链通"，供应商将以往不确定的应收账款账期变为了固定日期，并且得到了担保增信，有利于其提高资金使用效率；应收凭证传递的路径，有利于核心企业优化对供应链的穿透式管理，也可以帮助增信机构更好地监管授信资金的实际去向，有效防控资金被挪用的风险。

（3）可以使供应链金融链条上的各方协同更高效。区块链是多方协作共识的基础设施，"双链通"是一个供应链协作网络，银行、增信机构、核心企业、供应商、小微企业其他服务商都可以通过信任成本的降低触发新的价值，形成一个新型契约机制。最终在供应链领域，整个链条上的各方，包括银行、增信机构、核心企业乃至最终的小微商家，大家都是受益方。

4. 基于蚂蚁集团的"双链通"理解金融创新的使命和企业的社会责任。金融创新对金融业高质量发展起到了相当重要的作用。从机构角度来说，一方面，创新的金融产品为金融机构创造了更为丰富的业务增长点；另一方面，创新的科技手段也能够降低金融机构的运营成本，"开源"与"节流"并举之下，金融机构的运营效率明显提高。从服务客户角度来看，层出不穷的金融创新产品则更好地满足了金融消费需求，金融机构利用数字化手段提供更为个性化、便捷和高效的服务，也改善了大众的金融消费体验。但是金融创新背后也潜藏一定风险。技术在连通一切、提供便捷服务的同时，也带来信息被窃取、复制、伪造的高风险。从国际经验来看，引发 2008 年全球金融危机的一个重要因素就是"不适当"的金融创新。由此看来，金融创新必须掌握尺度，且应以实体经济为基础，只有以服务实体经济为使命，金融创新才能焕发真正的活力。蚂蚁集团的"双链通"是科技金融创新的产物，其研发创新的理念基础就是满足消费者需求，更好地服务实体经济；反过来，更好地服务实体经济使其业务发展也越来越好，所以蚂蚁集团在区块链金融研发方面一直处于业界领先地位。

蚂蚁集团技术研发和金融创新的初心也源于企业的社会责任感。作为一个有社会担当的企业，在创造利润、对股东和员工承担法律责任的同时，还要承担对消费者、社区和环境的责任，企业的社会责任要求企业必须超越把利润作为唯一目标的传统理念，强调要在生产过程中对人的价值的关注，强调对环境、消费者、对社会的贡献。在供应链金融中核心企业利用金融机构的授信，帮助上下游特别是中小企业，解决其融资难，这是其社会责任的体现。蚂蚁科技集团股份有限公司起步于 2004 年成立的支付宝。2013 年 3 月支付宝的母公司宣布将以其为主体筹建小微金融服务集团，小微金融成为蚂蚁金服的前身。2020 年 7 月蚂蚁金服正式更名为蚂蚁集团，旨在为消费者和小微企业提供普惠、绿色、可持续的服务，并将自己的社会责任定义为秉持公益的初心、商业的手法、科技的力量，为世界带来更多平等的机会。蚂蚁集团不断在技术和产品上创新，更好地服务于中小微企业，降低其面临的金融排斥，提供更多平等的机会，这也是企业社会责任的体现。

参考资料：

［1］郭菊娥，陈辰．区块链技术驱动供应链金融发展创新研究［J］．西安交通大学学报（社会科学版），2020（3）：46－54．

［2］郭莹，郑志来．区块链金融背景下小微企业融资的模式与路径创新［J］．当代经济管理，2020（9）：79－85．

［3］胡跃飞，黄少卿．供应链金融：背景、创新与概念界定［J］．金融研究，2009（8）：76－82．

［4］李建军，张丹俊．中小企业金融排斥程度的省域差异［J］．经济理论与经济管理，2015（8）：92－103．

［5］梁洪，张晓玫．区块链与银行的融合能否破解中小企业融资困境？［J］．当代经济管理，2020（5）：91－97．

［6］吕劲松．关于中小企业融资难、融资贵问题的思考［J］．金融研究，2015（11）：115－123．

［7］乔海曙，谢珊珊．区块链金融理论研究的最新进展［J］．金融理论与实践，2017（3）：75－79．

［8］宋华，陈思洁．供应链金融的演进与互联网供应链金融：一个理论框架［J］．中国人民大学学报，2016（5）：95－104．

［9］邢乐成，王延江．中小企业融资难问题研究：基于普惠金融的视角［J］．理论学刊，2013（8）：48－51．

［10］徐忠，邹传伟．区块链能做什么、不能做什么？［J］．金融研究，2018（11）：1－16．

［11］易宪容. 区块链技术、数字货币及金融风险——基于现代金融理论的一般性分析［J］. 南京社会科学, 2018（11）: 9 – 16, 40.

［12］Chod, J., Trichakis, N., Tsoukalas, G., Aspegren, H. and Weber, M. "On the Financing Benefits of Supply Chain Transparency and Blockchain Adoption"［J］. Management Science, 2020（66）: 4359 – 4919.

［13］Cong, L. W. and He, Z. "Blockchain Disruption and Smart Contracts"［J］. Review of Financial Studies, 2019（32）: 1754 – 1797.

合规经营与金融监管——坚持合规经营，培育规则意识

从"獐子岛扇贝跑路"事件看
金融科技的监管应用

侯成晓

摘　要： 2014 年 9 月"獐子岛扇贝跑路"事件发生，由此所引发的"扇贝劫"直到 2020 年 6 月以证监会的一纸处罚书才宣告终结。本文概述了"獐子岛扇贝劫"一系列事件发生的背景、探源、发展过程和最终结局，在还原事件真相的基础上，分析了原有技术条件局限下生物活体类养殖公司存货监管的难点，厘清"扇贝跑路"事件中的疑点和獐子岛公司多次实施财务造假、进行虚假信息披露并得逞的原因，重点剖析了金融科技加速应用的背景下，大数据、区块链和数据逻辑分析在"獐子岛扇贝劫"信息披露监管中的运用和对还原事件真相的贡献。本案例对在金融科技快速发展背景下上市公司完善合规经营、证券监管部门优化信息披露制度建设有一定的启发意义。

一、引言

2020 年 6 月 23 日，新冠肺炎疫情仍在全球蔓延，刚刚取得抗击疫情决定性胜利的中国如风暴中的一座安全岛庇护着她的儿女。此时，在黄海深处、大连之滨的长山列岛中，有一座盛产刺参、皱纹盘鲍和虾夷扇贝的海岛，正处于风雨飘摇中。她就是周恩来总理曾指定钓鱼台国宾馆招待外国元首用鲍鱼海参专供地而闻名海内外的獐子岛。垄断经营岛上渔业资源的上市公司獐子岛集团股份有限公司（以下简称"獐子岛公司"）（002069）刚刚收到了中国证券业监督管理委员会《行政处罚书》和《市场禁入决定书》，对獐子岛公司给予警告，并处以 60 万元罚款，对 15 名责任人员处以 3 万 ~ 30 万元不等罚款，对 4 名主要责任人采取 5 年至终身市场禁入。这标志着震惊中国资本市场的"獐子岛扇贝跑路"事件所引发的迷雾在金融科技助力下云开雾散。

（一）事件背景

獐子岛位于辽宁省大连市长山群岛的最南端，由獐子岛、褡裢岛、大耗子岛和小耗子岛四个岛屿组成，距离大连 56 海里。改革开放以来，獐子岛人优化养殖产业结构，从单一捕捞业发展成为集养殖、捕捞和加工为一体的现代海洋牧场，虾夷扇贝底播面积达 40 万亩，是全国最大的虾夷扇贝底播生产基地，曾创造日销售收入过 300 万元的纪录，被称为"海底银行""海洋取款机"。

事件的主角"虾夷扇贝"是"獐子岛三宝"之一。它的闭壳肌肥大鲜嫩，含有丰富的营养物质，干贝氨基酸含量高达 88.3%，居各类扇贝之首。每年的 11 月是虾夷扇贝的播种期，播种后的虾夷扇贝经过两年左右的海底自然生长，个体达到 10 厘米以上，开始人工潜水采捕或船舶拖网采捕并进行精细加工。

獐子岛区域的大气一直保持国家一类标准，獐子岛渔业的养殖海域被国家海洋局确定为清洁海域，适合养殖海洋珍品。獐子岛底播虾夷扇贝采收后在加工过程中，严格按照欧盟关于水产品加工的指令和美国 FDA 关于 HACCP 的质量认证标准要求，2002 年 10 月"獐子岛"牌海参、鲍鱼、扇贝、黄条通过国家绿色食品认证，獐子岛牌虾夷扇贝系列产品也被评为"2001 中国国际农业博览会名牌产品"。产品由于品质好、质量优成为国际市场上的畅销名品。

由于獐子岛生态条件保护得非常好，这里采用底播技术出产的虾夷扇贝个体大、生长快、味道鲜，又是绿色食品，地方名优特产，经济效益非常突出，以此为主业的獐子岛渔业公司于 2006 年成功登陆中小企业板。

（二）"冷水团"引发的扇贝劫

2014 年 10 月 30 日晚间，獐子岛公司发布公告（獐子岛公司关于部分海域底播虾夷扇贝存货核销及计提存货跌价准备的公告）称，"因北黄海遭到几十年一遇异常的'冷水团'，公司在 2011 年和部分 2012 年播撒的 100 多万亩即将进入收获期的虾夷扇贝绝收"。受此事件影响，公司前三季度业绩"大变脸"，由预报盈利变为亏损约 8 亿元，全年预计大幅亏损。不过，让人感觉蹊跷的是，此前长海县政府官网（2014 年 7 月 20 日）曾刊文称，扇贝进入收获期，没有听到有养殖户因"冷水团"受灾的信息。面对铺天盖地的质疑，深交所责令獐子岛公司"进行自查"，由此引发了"獐子岛扇贝跑路"事件。

二、扇贝的磨难一波三折

（一）"冷水团"走了，阴影留下了

2014 年 12 月 7 日，獐子岛公司 8 亿元扇贝消失是否涉及造假终于有了结果。证监

会经核查：未发现公司 2011 年底播虾夷扇贝在苗种采购、底播过程中存在虚假行为；未发现大股东长海县獐子岛投资发展中心存在占用上市公司资金行为；公司存在决策程序、信息披露以及财务核算不规范等问题。

在公众大量质疑面前獐子岛公司虽涉险过关，但或为"平息民愤"（公司股票因该事件影响出现连续跌停见图1），公司出台包括董事长自掏 1 亿元补偿上市公司、总裁办成员集体降薪并增持股票、员工持股计划等系列措施以对冲利空。公司的诚意、监管的态度、取证的困难和投资者的麻木叠加在一起，人们选择了沉默，但满心的困惑与不解，在股价大跌后却没有消失。"冷水团"走了，阴影却没有走，留在了人们心底。

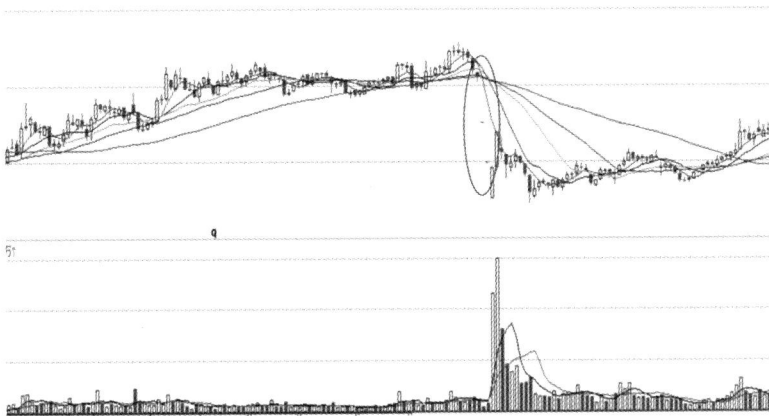

图 1　受"冷水团"事件影响獐子岛股票连续跌停

资料来源：根据同花顺软件资料整理。

（二）扇贝这次被活活饿死了

2018 年 1 月 31 日，獐子岛公司发布重大事项停牌公告，称目前发现部分海域的底播虾夷扇贝存货异常。根据企业会计准则的相关规定，可能对部分海域的底播虾夷扇贝存货计提跌价准备或核销处理，相关金额将全部计入 2017 年度，预计可能导致公司 2017 年度全年亏损。其股票复盘后连续跌停（见图2）。

獐子岛公司底播扇贝再出事故，从跑路"升级"为直接死亡。公司公告称，经海洋牧场研究中心分析判断：降水减少导致扇贝的饵料生物数量下降，养殖规模的大幅扩张更加剧了饵料短缺，再加上海水温度的异常，造成高温期后的扇贝越来越瘦，品质越来越差，长时间处于饥饿状态的扇贝生命活力没有得到恢复，最后诱发大面积死亡。受"扇贝被活活饿死"事件的影响，2017 年獐子岛公司将发生净亏损 7.26 亿元。

因獐子岛公司涉嫌信息披露违法违规，根据《中华人民共和国证券法》的有关规定，2018 年 2 月 9 日中国证券监督管理委员会（以下简称"中国证监会"）下发《调查通知书》。

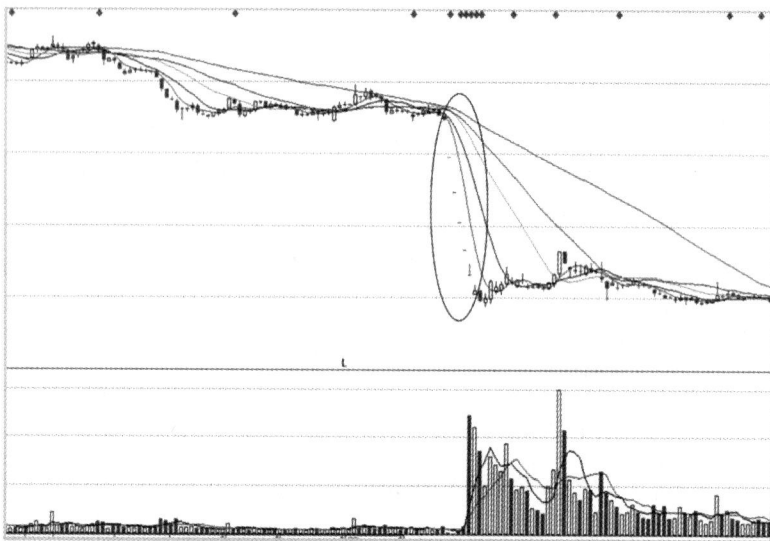

图 2　因扇贝饿死獐子岛公司股票自公告后复盘连续跌停

资料来源：根据同花顺软件资料整理。

大华会计师事务所对獐子岛公司 2017 年财务报表出具保留意见的审计报告称，由于证监会的立案调查仍在进行中，尚未收到证监会对上述立案调查事项的结论性意见或决定，再加上公司财务报表对持续经营能力的重大不确定性及应对计划未充分披露，故无法对公司未来 12 个月内的持续经营能力做出明确判断。

进一步地，深交所也于 5 月 16 日一口气抛出"20 大问题"，对獐子岛公司 2017 年年报发函问询。

（三）扇贝会好吗？

1918 年 11 月，年已六旬的梁济，问他 25 岁的儿子梁漱溟"这个世界会好吗？"晚年的梁漱溟用自己的一生思考书写了《这个世界会好吗》。而等待獐子岛公司浪子回头的投资者们也在反反复复中追问：扇贝会好吗？美好未至，心却再次被扇贝撕裂、抽打。

2019 年 4 月，獐子岛公司宣布"底播虾夷扇贝受灾"，导致 2019 年第一季度亏损 4 314 万元，被戏称"扇贝又跑了"。同时，公司 2018 年财务报表被大华会计师事务所出具保留意见的审计报告。

2019 年 11 月，獐子岛又上演"扇贝集体死亡"的闹剧。公司公告称，"底播扇贝在近期出现大比例死亡，其中部分海域死亡扇贝比例约占 80% 以上，死亡时间距抽测采捕时间较近"。也就是说，正是在临近抽测采捕之时，扇贝们突然集体死亡了。然而，事情还没有结束，"扇贝跑路连续剧"仍在上演，而公司的股价也随"扇贝跑路"

从 2014 年事发前的最高 22.50 元下跌到 2020 年最低 2.08 元（见图 3）。

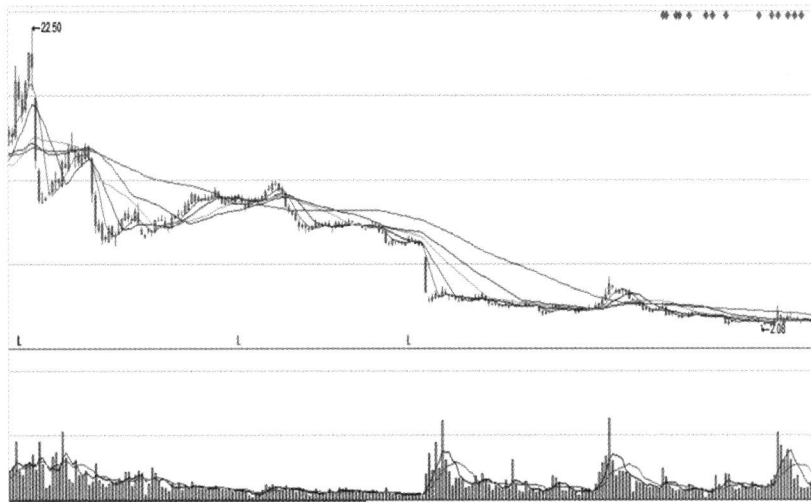

图 3　獐子岛公司股票自 2014 年高点 22.5 元下跌至最低 2.08 元

资料来源：根据同花顺软件资料整理。

三、扇贝跑路事件中的疑点

2020 年 5 月，在獐子岛公司 2019 年会计年度经营业绩网上说明会上，面对投资者关于扇贝问题的提问，公司董事长吴厚刚声称："有关专家调研组认为：近期獐子岛底播虾夷扇贝大量损失，是海水温度变化、海域贝类养殖规模及密度过大、饵料生物缺乏、扇贝苗种退化、海底生态环境破坏、病害滋生等多方面因素综合作用的结果。"

自 2014 年獐子岛公司爆发扇贝跑路事件以来，獐子岛公司对于事件的解释引来投资者普遍质疑，甚至有投资者表示："骗我可以，请注意次数。"

（一）"冷水团"是否真实存在

獐子岛公司《关于部分海域底播虾夷扇贝存货核销及计提存货跌价准备的公告》中指出的：是中科院海洋研究所对"冷水团"做出了解释说明（见图 4，详见獐子岛集团股份有限公司关于部分海域底播虾夷扇贝存货核销及计提存货跌价准备的公告）。

但专业解释方中科院海洋研究所与獐子岛公司有密切的业务合作，其解释的权威性因利益关系存疑。

獐子岛公司于 2009 年开始与中科院海洋所进行合作，在獐子岛海面安放浮标群测

> 2. 2014 年 10 月 21 日，中国科学院海洋研究所召集海洋环境监测与观测、物理海洋、海洋地质、海洋生态、海水养殖、海洋生物等领域的专家，围绕獐子岛海洋牧场确权海域的水文监测、洋流和底质调查、生态调查、虾夷扇贝养殖生物学、养殖生态学现场实验等资料，分析了中国科学院近海观测研究网络黄海站监测数据及开放航次调查数据，研讨了影响底播虾夷扇贝存活和生长的生态因子及其效应，探讨了獐子岛海域底播虾夷扇贝亩产下降的原因，并形成了《中国科学院海洋研究所会议纪要》（具体内容详见公司于 10 月 31 日刊登在《证券时报》、《中国证券报》及巨潮资讯网（http://www.cninfo.com.cn）上的《中国科学院海
>
> 洋研究所会议纪要》）。
>
> > 根据公司存量抽测结果、中国科学院近海观测研究网络黄海站监测数据及开放航次调查数据，以及《中国科学院海洋研究所会议纪要》，综合判定公司海洋牧场发生了自然灾害，灾害主要原因为北黄海冷水团低温及变温、北黄海冷水团和辽南沿岸流锋面影响、营养盐变化等综合因素。

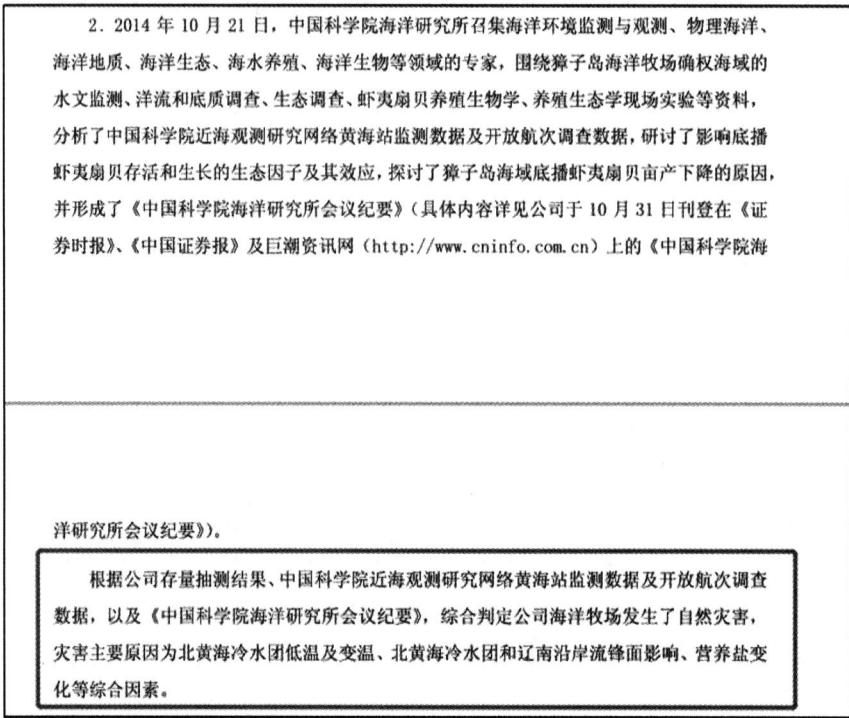

图 4　中科院海洋研究所对獐子岛海洋牧场自然灾害发生原因的解释说明

资料来源：根据巨潮资讯网资料整理。

试多种数据，用 GPS 卫星系统将这些数据传递到中科院海洋所的黄海海洋观测基站室里，并通过多要素同步观测，对獐子岛海洋牧场实施 24 小时监测。种种迹象表明，公司对于"冷水团"是有着密切的监控措施的。

根据 2014 年 10 月 21 日的《中科院海洋研究所会议纪要》，"冷水团"的发生是在 2014 年 8 月或之前，而同水域的小长山乡虾夷扇贝的养殖未受"冷水团"影响。同时，在"冷水团"发生时獐子岛公司并没有进行任何信息披露，而是到第三季度报告时才加以说明。由此可以推断：公司的智能化系统的 24 小时监测存在重大问题，或者公司是故意推迟或隐瞒披露这次事件，在重大事项的披露方面存在问题。

（二）獐子岛公司存货异常

2006～2013 年的年报及 2014 年的季报显示，獐子岛公司的存货金额由 2006 年的 3.89 亿元不断上升，在 2013 年达到 26.84 亿元，2014 年的半年报显示：獐子岛公司的存货金额已经上升到 28.3 亿元，是 2006 年的 7 倍之多。

獐子岛公司年报中显示（见表 1），存货占总资产的比例在 2010～2013 年分别为 51.92%、53.35%、49.77%、50.50%，与同期水产养殖业的存货占比均值 22.90%、

25.14%、33.35%、31.10%相比，平均约高出 25%。而在扇贝事件之后的 2014 年獐子岛公司第三季度报告中显示的存货占比 31.88%却与同期水产养殖业存货占比均值 31.74%相近。

表1　　　　　　　　　　　**2005～2014 年獐子岛公司流动资产构成**

项目	2014/12/31	2013/12/31	2012/12/31	2011/12/31	2010/12/31	2009/12/31	2008/12/31	2007/12/31	2006/12/31	2005/12/31
货币资金	5.959 亿元	4.618 亿元	5.282 亿元	5.758 亿元	4.771 亿元	2.445 亿元	1.087 亿元	1.907 亿元	2.535 亿元	3 168 万元
应收票据及应收账款	2.019 亿元	1.801 亿元	1.722 亿元	1.935 亿元	1.219 亿元	7 631 万元	4 789 万元	978.4 万元	3 370 万元	1 064 万元
其中：应收账款	2.019 亿元	1.801 亿元	1.722 亿元	1.935 亿元	1.219 亿元	7 631 万元	4 789 万元	978.4 万元	3 370 万元	1 064 万元
预付款项	1.636 亿元	1.235 亿元	2.522 亿元	1.629 亿元	9 751 万元	1.646 亿元	6 326 万元	4 457 万元	4 336 万元	496.3 万元
其他应收款合计	3 572 万元	4 003 万元	1 270 万元	2 352 万元	922.4 万元	580.9 万元	541.3 万元	110.5 万元	172.2 万元	101.3 万元
其中：应收股利	—	176.4 万元	—	161.7 万元	380.5 万元	98.00 万元	—	—	—	—
其他应收款	3 572 万元	3 826 万元	1 270 万元	2 190 万元	541.9 万元	482.9 万元	541.3 万元	110.5 万元	172.2 万元	101.3 万元
存货	17.07 亿元	26.84 亿元	24.49 亿元	23.58 亿元	17.16 亿元	11.73 亿元	9.902 亿元	7.630 亿元	3.887 亿元	2.820 亿元
一年内到期的非流动资产	784.3 万元	473.2 万元	396.2 万元	297.9 万元	253.2 万元	642.9 万元	1 267 万元	629.6 万元	299.7 万元	—
其他流动资产	1 600 万元	500.0 万元								
流动资产合计	27.28 亿元	35.00 亿元	34.19 亿元	33.17 亿元	24.24 亿元	16.71 亿元	12.28 亿元	10.15 亿元	7.240 亿元	3.305 亿元

资料来源：根据东方财富网数据整理而成。

獐子岛公司投苗成熟的时间约为 3 年。2006 年、2007 年、2008 年的底播面积分别是 20.6 万亩、32.15 万亩、43.9 万亩，对应 2009 年、2010 年、2011 年的虾夷扇贝营收额分别是 5.5 亿元、9.05 亿元、11.8 亿元。2008 年底播面积 43.9 万亩是 2006 年的 2 倍面积，2011 年虾夷扇贝营收额 11.8 亿元也是 2009 年的 2 倍，这 3 年的虾夷扇贝营收额与底播面积成正比。而到 2009 年，獐子岛公司共底播 65.4 万亩，是 2008 年底播面积的 1.5 倍，但 2012 年的投苗产出率只为 0.16，扇贝营收额 10.6 亿元，比 2011 年减少 1.2 亿元。更反常的是 2010 年投苗情况，2010 年共底播 129.7 万亩，是 2008 年底播面积的 2 倍，但是 2013 年的投苗产出率仅有 0.07，是 2011 年的 25%；虾夷扇贝营收额只有 9.56 亿元，比 2011 年减少 20%。2 倍的底播面积换来的是往年 1/4 的投苗产出率和 1/5 的虾夷扇贝营收额的减少，对此獐子岛公司在年报中只说明是亩产下降，但具体原因并没有解释。2009 年、2010 年数据已经值得怀疑，而 2011 年底播的 127.4 万亩的虾夷扇贝竟然因"冷水团"的原因直接放弃采捕，这也说明了獐子岛公司的存货估值存在问题。

（三）生物产品特殊性决定了取证的难度

獐子岛公司存货数据的造假无疑与其产品的特殊性密切相关。首先，水产品与传统的制造业不一样，很多方面，包括运营成本方面预估存在明显的困难——中间出了多少次海、投放了多少次、进行了多少次维护等，不仅无法留痕，而且难以预测，也无法通过上下游进出账进行核对。其次，海产品相当于农业当中最特殊的一个品类，受当期海情、全球的气候情况影响等也非常大。最后，海产品养殖领域高度垂直、高度专业化，如果不是水产养殖、海产品养殖或者是相关领域的专家、专业机构，一般的金融机构、监管机构或者股民、新闻媒体去讨论，难度非常高，也不好去进行审查审核。这不仅会带来审计的难度，同时也会带来监管的难度。

四、正义会迟到，但不会缺席

因扇贝跑路被遮掩的獐子岛公司财务数据多年造假案件被侦破后，2020 年 6 月证监会依靠科技之力最终还扇贝一个清白，而该案件调查结果距离下发《行政处罚及市场禁入事先告知书》已经一年，距离证监会对其信披违法违规立案调查也已经过去了两年半。如此漫长的调查并非没有缘由。证监会在公告中指出，獐子岛公司案的查证涉及对深海养殖水产品底播、捕捞、运输和销售记录的全过程追溯。非借由金融科技之力，无法还扇贝清白。

（一）区块链 + 审计

近年来，区块链技术对互联网、金融、公益、会计以及审计领域产生了巨大的影响。由于区块链技术具有去中心化、可追溯性、分布式账簿和防篡改等特性，使得"区块链 + 审计"的模式可以改善目前审计行业遇到的许多问题。

獐子岛公司作为一家海洋生物养殖公司，对其存货进行审计存在明显的难点，具体表现为以下两种。

1. 消耗性生物资产价值难计量。獐子岛公司的生物资产计价困难主要由以下四个方面引起的：首先，海产品的生长周期不一致，一般需要经过 3 ~ 5 年，企业资金投入后要经过很长时间才能回笼，在同一个生产周期内由于年份的变化价值也会发生变化；其次，这些消耗性生物资产对生长环境的要求比较高，自然环境的变化对生物资产价值的影响巨大，例如，在 2011 年，北海的"冷水团"极大地破坏了生长环境导致扇贝大量死亡；再其次，底播技术使现场计量很难进行，因而精确估产很难；最后，水产品市场价格波动较大，产量也会受到季节性影响，价值较难确定。

2. 生产过程难以有效监督。獐子岛公司生物资产生长区域的特殊性，采用底播技术且需要一定的生长阶段，生物资产生长受环境和气候等因素影响，这些都增加了监控和有效监管程序的难度。

针对上述情境，利用区块链进行审计，可达成以下目标。第一，可确保信息的公开和透明性。这有利于生产流程监督，并对各个环节进行逻辑分析，每个节点进行数据验证，审计人员可对整个生产环节进行监控。第二，数据的不可篡改性可以有效防止数据的修改，从而为监管留下原始的凭证和时间记忆。第三，去中心化助力监管的民主力量。第四，关键节点数据相互验证，以数值逻辑开展数据处理。

（二）卫星定位大数据分析

在无逐日采捕区域记录可以核验的情况下，证监会借助卫星定位数据，对獐子岛公司 27 条采捕船只、数百余万条海上航行定位数据进行分析，委托两家第三方专业机构运用计算机技术还原了采捕船只的真实航行轨迹、公司真实采捕海域，进而认定獐子岛公司成本、营业外支出、利润等存在虚假。以 2017 年度报告为例，存在虚假记载。

1. 虚增营业成本。经比对底播虾夷扇贝捕捞船只的北斗导航定位信息，獐子岛公司 2017 年度结转成本时所记载的捕捞区域与捕捞船只实际作业区域存在明显出入，经第三方专业机构测算，该公司 2017 年度账面结转捕捞面积较实际捕捞区域面积多 5.79 万亩，由此，獐子岛公司 2017 年度虚增营业成本为 6 159.03 万元。

2. 虚增营业外支出。经比对獐子岛公司 2016 年初底播虾夷扇贝库存图、2016 年及 2017 年虾夷扇贝底播图、捕捞船只导航定位信息发现，部分 2016 年初有记载的库存区域在 2016 年和 2017 年均没有显示捕捞轨迹，而该区域在 2017 年底重新进行了底播，根据会计核算一贯性原则，上述区域既往库存资产应作核销处理，由此，獐子岛公司 2017 年度虚减营业外支出为 4 187.27 万元。根据公司 2018 年 2 月 5 日发布的《关于底播虾夷扇贝 2017 年终盘点情况的公告》和 2018 年 4 月 28 日发布的《关于核销资产及计提存货跌价准备的公告》，核销区域与捕捞船只实际作业区域存在重合，经第三方专业机构测算，核销海域中 2014 年、2015 年和 2016 年底播的虾夷扇贝分别有 20.85 万亩、19.76 万亩和 3.61 万亩已在以往年度采捕，由此，公司虚增营业外支出为 24 782.81 万元。

综上所述，2017 年度獐子岛公司合计虚增营业外支出 20 595.54 万元。

（三）永续活动记录的交叉印证

关于对水产养殖公司存货的审计问题，要利用数据交叉分析，在建立相关计量模型的基础上进行印证。通过对基础数据的持续采集，对被审计单位存货账面永续记录的核实，以历史成本计量的投入是否真实存在，对产前、产中、产后所产生的时间点数据进行逻辑分析和相互印证，能够真实复原生产过程，能够利用全面的数据采用回归分析法找出与账面历史成本最为相关的要素，然后采用数理推理方法推导出本期末的理论账面成本，与实际账面成本进行对比分析，得出实际账面成本是否真实、完整反映库存存货的结论。以獐子岛公司披露的《关于2017年秋季底播虾夷扇贝抽测结果的公告》（以下简称《秋测结果公告》）为例，经交叉印证后的公告存在虚假记载：

第一，2017年10月25日，獐子岛公司披露的《秋测结果公告》称，獐子岛公司按原定方案完成了全部计划120个调查点位的抽测工作。经与抽测船只秋测期间的航行定位信息对比，獐子岛公司记录完成抽测计划的120个调查点位中，有60个点位抽测船只航行路线并未经过，即獐子岛公司并未在上述计划点位完成抽测工作，占披露完成抽测调查点位总数的50%，《秋测结果公告》相关内容存在虚假记载。

第二，2018年4月28日，獐子岛公司发布了《核销公告》称"对2014年、2015年及2016年投苗的107.16万亩虾夷扇贝库存进行了核销，对2015年、2016年投苗的24.30万亩虾夷扇贝库存进行了减值，金额分别为57 757.95万元和6 072.16万元"。

经与虾夷扇贝采捕船的航行轨迹进行比对发现，獐子岛公司盘点的2014年扇贝底播区域的70个点位已全部实际采捕，2015年扇贝底播区域的119个点位中有80个点位已实际采捕。公司核销海域中，2014年、2015年和2016年底播虾夷扇贝分别有20.85万亩、19.76万亩和3.61万亩已在以往年度采捕，致使虚增营业外支出24 782.81万元，占核销金额的42.91%；减值海域中，2015年、2016年底播虾夷扇贝分别有6.38万亩、0.13万亩已在以往年度采捕，致使虚增资产减值损失1 110.52万元，占减值金额的18.29%。

五、结束语——科技让资本市场更好

科技正在深刻改变人类的生活。从第一次工业革命起，人类借助于知识的积累和科技进步，迈出了从改造、利用自然力以弥补人体力不足，到利用蒸汽、电力、内燃机、核能等化学力的步伐，并由此带动人类社会文明从农耕文明进入工业文明。伴随着信息技术革命的快速发展，人工智能兴起，人类社会已进入利用算力弥补人脑不足的时代。

人工智能时代数据采集是基础，数据分析是核心，数据运用是目的。金融科技在"獐子岛扇贝跑路"事件中的运用充分展示了科技的力量，展示了数据的力量。相信金融科技与监管的深度融合，一定能让中国资本市场更好地服务经济发展，助力中国经济结构优化升级。

案例使用说明

一、教学目的与用途

1. 适用课程：证券投资学、金融风险管理、金融监管学。

2. 适用对象：金融专业本科生、金融专业硕士研究生。

3. 教学目的：本案例通过对"獐子岛扇贝劫"事件的剖析，聚焦资本市场中信息披露的规范化和有效监管手段的重要性，围绕獐子岛公司实施财务造假和信息披露违规事件的过程，从信息披露合规的重要性、金融科技在监管中的作用和如何完善监管制度三个切入点，加强学生对信息披露规范及其重要性的系统掌握；培养学生结合中国企业运营实践和资本市场环境，运用所学理论分析和解决实际问题的能力；引导学生深刻理解科技进步在金融监管、经济增长和民族复兴中的重要作用，并启发学生从现实案例中体悟到公司诚信经营的重要性，结合自身理解并践行诚实守信的职业品格、学思践悟习近平全面依法治国思想。

二、启发思考题

1. 獐子岛公司"扇贝跑路"案中证监会运用金融高科技手段查明其违规行为，彰显了注册制下信息披露合规性的重要性，请谈一谈信息披露合规性的内容及其实施路径。

2. 金融科技的应用在獐子岛公司信息披露监管中发挥了关键性作用，试分析说明科技发展在金融监管、经济增长和民族复兴中的重要作用。

3. 试从企业自身信息披露、合规运营和外部监管的角度谈谈如何加强中国资本市场信息披露合规性制度建设。

三、分析思路

1. 上市公司的信息披露合规性涉及四个方面的内容：第一，合规依据：上市公司信息披露法规体系；第二，信息披露基本原则；第三，信息披露基本类型；第四，信息披露事务管理（责任主体和披露要求）。

2. 结合本案例说明金融科技在金融监管中所发挥的作用；联系中国经济供给侧结

构性改革、经济结构优化和中美贸易战背景，说明科技进步尤其是自主核心技术在金融监管、经济增长和民族复兴中的重要作用。

3. 企业的信息披露、合规运营和外部监管三者之间存在动态三角关系。其中，合规运营是企业经营的前提；信息披露既是外部监管的强制性规定，也是企业内在要求；而外部监管是对公众类公司行为是否合规的外部介入。资本市场信息披露的合规性制度建设应该围绕这三个方面展开。

四、理论依据与具体分析

（一）理论依据

1. 金融科技对金融业的影响机制。金融科技（fintech）可理解为金融（finance）+科技（technology），主要指由大数据、区块链、云计算、人工智能等新兴前沿技术带动，对金融市场以及金融服务业务供给产生重大影响的新兴业务模式、新技术应用、新产品服务等，金融科技的发展导致金融行业的边界和范式不断被打破和被重构。

随着大数据、云计算等技术快速发展，金融科技深刻影响和重塑金融行业及其格局。表现在银行基本业务的模块化进一步加速，多样化和定制化能够使金融服务的互联网体验将更加人性化，综合类开放共享的金融服务平台将最终胜出；专业及分工的深化将使金融科技在金融业核心竞争力中表现更加突出，能够有效借助金融科技的投资银行将凸显其竞争优势；这种影响也体现在监管技术的变革和监管效率的提升。

2. 金融监管的四道防线。一国完整有效的金融监管体系需要充分发挥市场约束、机构自身、行业和监管主体的作用，做到各司其职，有序运行。相对于机构的强势，投资者在金融市场上处于弱势，需要有法律的特殊保护，对于违规的机构，投资者可以用脚投票，这对机构的合规审慎运行提供了市场约束；在市场主体内部治理结构上，董事会及其下属风险管控委员会对机构风险负有责任，需要建立严格的内控制度；行业的自律规范是对行业内机构行为的统一自律约束，是维护正常市场秩序所必需的；外部监管是强制性，要求行业内所有机构达到法律或政策所要求的最低标准，即俗称的合规。这四者之间分工合作，构筑一国金融风险管控安全网络。

3. 有效市场假说。有效市场假说（efficient markets hypothesis，EMH）是由尤金·法玛（Eugene Fama）于1970年提出，该理论认为，在法律健全、功能良好、透明度高、竞争充分的股票市场，一切有价值的信息已经及时、准确、充分地反映在股票价格中，其中包括企业当前和未来的价值，除非存在市场操纵，否则投资者不可能通过分析以往价格获得高于市场平均水平的超额利润。衡量证券市场是否有效率有两个标志：一是价格是否能自由地根据有关信息而变动；二是证券的有关信息能否充分地披露和均匀地分布，使每个投资者在同一时间内得到等量等质的信息。根据市场价格对信息的反映程度把有效市场划分为强式有效市场、弱式有效市场和半强式有效市场三类。

（二）具体分析

1. 獐子岛公司"扇贝跑路"案中证监会运用金融高科技手段查明其违规行为，彰显了注册制下信息披露合规性的重要性，试谈一谈信息披露合规性的内容及其实施路径。

信息披露是资本市场注册制的基石，其核心是透明度管理，由外部的监管或自律性组织设定最低信披要求，涵盖数量、质量和时间三个方面为全体投资者提供公平的投资决策依据。

（1）我国上市公司的信息披露行为监管规范体系主要包括三个层次：法律与行政法规、部委规章以及沪深证券交易所发布的自律规则。

法律主要包括《公司法》《证券法》《刑法》。《证券法》是规范上市公司信息披露行为的基本法律文件，《公司法》和《刑法》等有关法律规定是上市公司信息披露监管法律体系中不可缺少的一环。行政法规主要包括《股票发行与交易管理暂行条例》《国务院关于股份有限公司境内上市外资股的规定》《国务院关于股份有限公司境外募集股份及上市的特别规定》等。相关部门发文情况如图5所示。

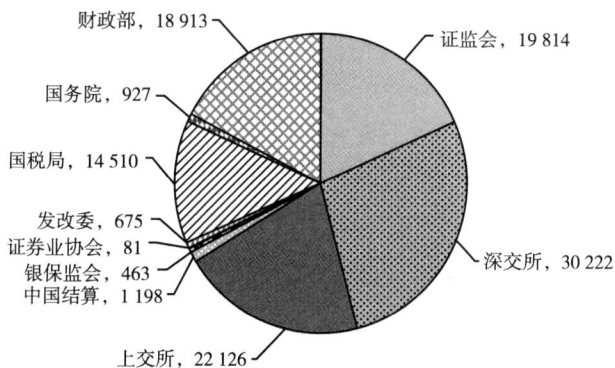

图5　2019年相关部门发文情况统计

资料来源：上海证券交易所网站。

部委规章主要指中国证监会发布的一系列监管规章，主要分为三类：规范上市公司信息披露行为的管理办法、暂行规定或实施细则；规范上市信息披露内容与格式准则；规范上市信息披露文件编报的规则。

而自律性规则主要来自沪深证券交易所制定的业务规则和上市公司信息披露内容与格式指引。

（2）信息披露的基本类型，包括自愿披露、强制披露、暂缓披露和豁免披露四种情形。按照深交所董秘信息披露实用手册要求，强制性信息披露事务涉及两个方面：发行信息披露和上市后的持续性信息披露，如图6所示。

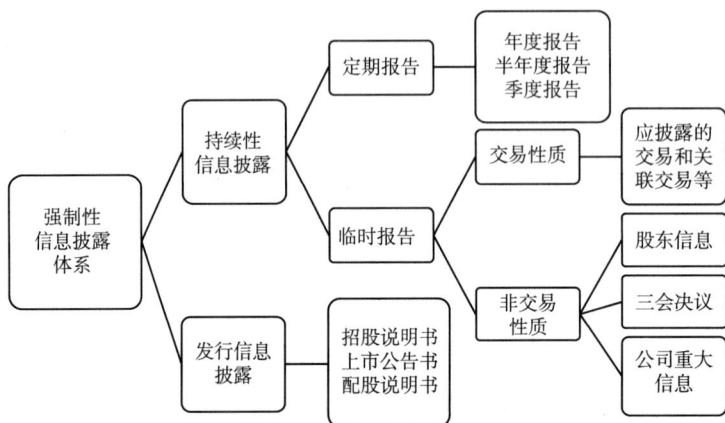

图6　强制性信息披露体系

资料来源：深交所《董秘信息披露实用手册》。

（3）信息披露的基本原则为真实、准确、完整、及时、公平。显然，獐子岛公司在信息的真实性和准确性方面出现了违规。

真实，是指上市公司及相关信息披露义务人披露的信息应当以客观事实或者具有事实基础的判断和意见为依据，如实反映客观情况，不得有虚假记载和不实陈述。

准确，是指上市公司及相关信息披露义务人披露的信息应当使用明确、贴切的语言和简明扼要、通俗易懂的文字，不得含有任何宣传、广告、恭维或者夸大等性质的词句，不得有误导性陈述。公司披露预测性信息及其他涉及公司未来经营和财务状况等信息时，应当合理、谨慎、客观。

完整，是指上市公司及相关信息披露义务人披露的信息应当内容完整、文件齐备，格式符合规定要求，不得有重大遗漏。

及时，是指上市公司及相关信息披露义务人应当在规定的期限内披露所有对公司股票及其衍生品种交易价格可能产生较大影响的信息。根据《上市公司信息披露管理办法》（以下简称《信息披露管理办法》）的规定，及时是指起算日或者触及披露时点的两个交易日内。

公平，是指上市公司及相关信息披露义务人应当同时向所有投资者公开披露重大信息，确保所有投资者可以平等地获取同一信息，不得私下提前向特定对象单独披露、透露或者泄露。

（4）信息披露事务管理，涉及责任主体界定和对具体事项的信息披露要求。上市公司作为公众公司，规范有效的内部治理至关重要，是抵抗内外部风险的屏障，也是防范道德风险的有力制衡。责任主体的具体情况如图7所示。

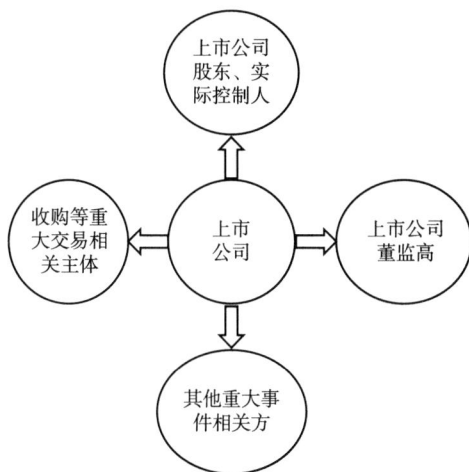

图7 信息披露的责任主体

资料来源：作者自行绘制。

　　从我国实际出发，推动形成有效制衡的公司治理，可在"三个突出"上下功夫。一是突出规则监管，做到有法可依。强化治理规则的确定性、可操作性，避免治理要求过于原则和抽象，通过清晰、明确并得到严格执行的规则，为上市公司完善治理提供引导和遵循。二是突出分类推动，做到有章可循。对于国有控股上市公司，重点是"转机制"，持续完善现代企业制度，健全激励约束相容机制，提升企业内在价值。对于民营上市公司，重点是"强内控"，针对部分公司股东行为不够规范、股权关系不够清晰等问题，强化公司治理底线要求。三是结合治理实践，精准施策。将监管要求与公司治理行为相结合，要求公司对照监管要求，全面自查、严格整改，实现治理水平整体提升。

　　2. 金融科技的应用在獐子岛公司信息披露监管中发挥了关键性作用，试分析说明科技发展在金融监管、经济增长和民族复兴中的重要作用。

　　科技的运用可以提升人类脑力和体力的边界，进而提高生产效率，生产更多性能更优的产品，既能通过提高信息透明度而提高微观企业内部治理的有效性，也能带来宏观整体经济的更高质量发展。

　　（1）金融科技对獐子岛公司信息披露违规一案的侦破起到了关键作用。主要表现为：第一，由于区块链技术具有去中心化、可追溯性、分布式账簿和防篡改等特性，得以使用"区块链＋审计"的模式改善审计效果；第二，利用卫星定位大数据分析技术，对披露信息数据的真实性进行甄别；第三，对永续活动记录进行交叉数据验证。

　　（2）金融科技的本质是提升金融数据的处理分析能力。场景金融增强了金融数据的获取能力；大数据技术核心是提升数据分析能力；云计算核心是提升数据存储和计算能力；人工智能核心是提升数据算法的有效性；而区块链技术的核心是提升数据共享的效率。

金融科技在金融数据链条中的定位如图8所示。

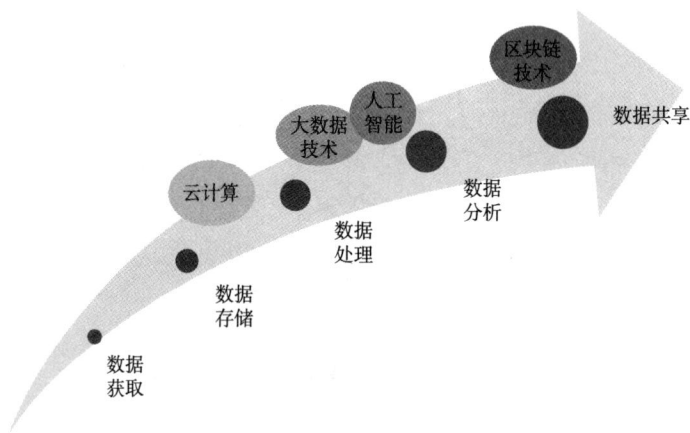

图8　金融科技在金融数据链条中的定位

资料来源：作者自行绘制。

（3）科学技术是先进生产力的代表，对推动社会发展具有重要的作用。其中，科学技术革命是推动经济与社会发展的强大杠杆，对人类的生产、生活和思维都产生巨大的影响，科技是第一生产力，科学技术水平的高低是一国综合国力强弱的重要标志。

（4）在当前中美贸易出现摩擦，美国为抑制中国崛起速度，严控对中国出口先进技术及其产品背景下，党和政府提出把创新放在首位，把科技进步放在第一位，以自主创新弥补中国高科技领域短板，发挥社会主义国家制度优势，集中人力物力，加快关键领域和关键技术自主创新步伐，实现自主可控，摆脱受制于人，这对于实现中华民族的伟大复兴具有重大的作用。

3. 试从企业自身信息披露、合规运营和外部监管的角度谈谈如何加强中国资本市场信息披露合规性制度建设。

信息披露的规范是由外部监管机构和行业自律性组织共同制定的，具有外部强制性，公众公司必须依据信息披露规范进行信息披露以实现合规运营，而外部监管是保证信息披露合规的有力保证。

（1）企业自身合规管理是以有效防范化解合规风险为目的，以企业和员工经营管理行为为对象，开展包括制度制定、风险识别、合规审查、风险应对、责任追究、考核评价和合规培训等有组织、有计划的管理活动。獐子岛公司的案例表明，企业的信息披露、合规运营和外部监管三者之间存在动态三角关系。其中，合规运营是目的，信息披露是内在要求，而外部监管是强制和补充。

（2）企业合规运营需要遵循三个原则。第一，坚持合规理念，是推进合规管理工作的基础和前提。成文法规与非正式规则是在长期的实践活动中，市场经济参与各方所形成的相对稳定的约束规范或者约定俗成的规则及话语体系，企业应当根据外部环境变化，结合自身发展实际，在全面推进合规管理的基础上，各层面、各环节、各领域必须牢固树立合规理念，从自身做起，从点滴做起，从细节做起，高度重视合规要求，自觉遵守规章制度，主动接受各方监督，真正把合规管理融入企业价值创造的过程中。第二，加强合规管理工作，需要把握两个基本角度：一是符合外部法律与管制；二是符合内部规则与约束；三是加强合规管理工作，需要树立三个思维，即契约思维、全球思维和问题思维（见图9）。

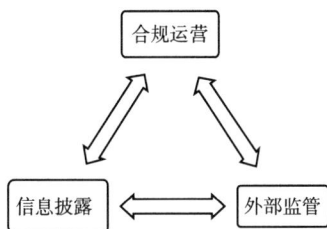

图9 合规运营制度金三角

资料来源：作者自行绘制。

（3）外部监管是信息披露合规的有力保障。公众企业的信息披露有最低的程度要求，由法律法规和自律性条款约束。信息披露规范是企业的合规运营的重要方面，也是企业风险管理的基础性工作。企业合规运营有三道防线，即内部控制、行业自律和外部监管，外部监管是最后一道防线，也是最后的保障。

参考资料：

［1］张继红，方建光，王诗欢．大连獐子岛海域虾夷扇贝养殖容量［J］．水产学报，2008（2）：236－241.

［2］张耀光，刘锴，刘桂春．海洋渔业产业发展模式研究——以大连獐子岛渔业集团为例［J］．经济地理，2009（2）：244－248.

［3］姜春．獐子岛公司存货存量审计案例分析［D］．沈阳：沈阳工业大学，2016.

［4］马元驹，臧文佼，韩岚岚．资产减值损失对营业利润的影响及改进——以獐子岛巨亏事件为例［J］．财会月刊：上·财富，2015（5）：66－69.

［5］曾薇．獐子岛"扇贝失踪事件"财务后果分析［J］．福建质量管理，2019（1）：81.

［6］章琳．水产养殖业消耗性生物资产内部控制研究——以"獐子岛"为例［J］．财会月刊（下），2015（3）：63－65.

［7］汪晓飞．基于公司治理视角的獐子岛谜团简析［J］．当代会计，2015（2）：8－9．

［8］梁珣，陈亚男，单怡宁．"獐子岛"内部控制失效的原因及改进建议［J］．经济师，2015（1）：116－118，119．

［9］张贵祥．獐子岛内部控制失效案例分析［J］．中国市场，2015（22）：43，47．

［10］李煜婷，张卫民．生物资产确认条件反思——基于獐子岛系列事件的案例分析［J］．财会月刊，2016（22）：74－76．

［11］章琳．水产养殖业消耗性生物资产存货内部控制研究——以"獐子岛"为例［J］．财会学习，2014（12）：70－72．

［12］一墨．生物性资产存货的审计难题——对獐子岛"扇贝门"的深思考［J］．财会学习，2014（12）：10－13．

［13］陈艳利，方鸿斌．关于"獐子岛"内部控制整改措施的剖析与完善［J］．财务与会计，2015（24）：30－31．

雅百特虚构经济业务型财务舞弊始末

王俊籽

摘 要： 上市公司财务舞弊问题已成为世界性的问题。我国上市公司在过去几十年里财务舞弊事件时有发生，对国内外资本市场产生了巨大危害。2017 年，上市公司雅百特利用虚构海外工程项目、虚构建材出口贸易和国内建材项目等手段进行财务造假，成为我国境内第一例跨国财务舞弊事件。本案例还原了雅百特在上市短短两年的时间里如何通过一系列虚构经济业务提升财务业绩，甚至是虚构境外工程建设合同虚增收入的事件过程，追溯了雅百特财务舞弊的本源。虽然雅百特因财务舞弊案件性质恶劣，被深交所强制退市，但对资本市场正常秩序造成的不良影响不容忽视。本案例期望通过真实再现雅百特虚构经济业务、进行财务舞弊的始末，为所有上市公司敲响警钟。

江苏雅百特科技股份有限公司（以下简称"雅百特"）始建于 2009 年，通过借壳江苏中联电气股份有限公司，于 2015 年 8 月在深圳证券交易所中小板成功上市（股票代码：002323）。公司是以金属屋（墙）面围护系统、智能金属屋（墙）面系统和分布式光伏发电系统为主营业务的综合性系统集成商，主营业务是为机场、铁路车站、大型会展综合体、大型商业设施、城市综合体等公共建筑提供金属屋（墙）面围护系统工程服务，承接从工程咨询、方案设计、产品制作到安装施工、后期维护全流程的工程系统服务。主要产品为大型公共建筑物的金属屋（墙）面围护系统，包括雅百特独有的可呼吸式移动金属节能屋面系统、自清洁屋面系统、直立锁边屋面系统、360度咬边屋面系统、太阳能分布式电站屋面系统等的相关服务，为建筑物起到增强视觉效果，提升建筑品质的功能。然而，在上市不到两年的时间内即 2017 年 4 月 6 日，证监会即对雅百特涉嫌信息披露违法违规等行为进行立案调查，从而使经营形势一度风生水起的雅百特遭受重创，其内部的财务造假问题也开始随着调查的深入浮出水面。

2017 年 5 月 12 日雅百特收到了证监会的《行政处罚及市场禁入事先告知书》，根据事先告知书，雅百特于 2015 年至 2016 年 9 月通过虚构海外工程项目、虚构国际贸易和国内贸易等手段，累计虚增营业收入约 6 亿元，虚增利润近 2.58 亿元，其中，

2015 年虚增利润占当期利润总额约 73%。这种占比十分恐怖，近 70% 的利润都是虚构出来的！证监会按照有关法律规定，拟对雅百特给予警告，并处以 60 万元罚款；对董事长陆永、财务总监顾彤莉等一众高管给予警告和罚款，并采取年限不等的证券市场禁入处罚措施。

2017 年 12 月 14 日，证监会做出行政处罚决定书。经查，雅百特于 2015 年至 2016 年 9 月通过虚构海外工程项目、虚构国际贸易和国内贸易等手段，累计虚增营业收入 58 312.41 万元，虚增利润 25 650.11 万元；对雅百特责令改正，给予警告，并处以 60 万元罚款；拟对相关自然人实施罚款及市场禁入等措施。

2018 年 7 月 3 日，因涉嫌构成违规披露、不披露重要信息罪，证监会将该案移送公安机关；独立财顾金元证券、审计众华会计师事务所涉嫌出具含有虚假内容的证明文件，证监会将依法严肃处理；2018 年 7 月 5 日晚，深交所发布公告，雅百特股票自 2018 年 7 月 6 日起实行"退市风险警示"特别处理。

根据证监会调查显示，雅百特为了使造假显得逼真，动用了 7 个国家和地区的 50 多个公司，超过了 100 多个银行账户进行资金总额达 10 亿元的划转和走账，而且经常通过银行票据和第三方支付划转，渠道复杂。而所有这一系列的划转与走账过程，就是在雅百特位于上海的一间 20 平方米店铺小屋内完成的——以 20 平方米的小屋里倒腾出 10 亿元账项，堪称上市公司财务造假的奇闻。雅百特财务造假案有两个显著特点：一是虚构跨境交易；二是造假系统性极强。

上篇：雅百特的崛起之谜

一、雅百特溯源——中联电气

雅百特的前身是中联电气（股票代码：002323）。雅百特事件的起源可以追溯至在 2002 年在盐城市盐都区潘黄宝才工业园区成立的盐城市中联电气制造有限公司（以下简称"中联电气"），经过多次股权变动，中联电气经商务部同意后于 2007 年 6 月变更为外商投资股份有限公司，并在江苏省盐城工商行政管理局办理了工商变更登记，取得企业法人营业执照，注册资本为 6 176 万元人民币。

2009 年 12 月，中联电气经证监会批准开始向社会公开发行普通股，数量为 2 100 万股，并于 2009 年 12 月 18 日在深交所挂牌交易，股票简称"中联电气"（股票代码：002323）。

继 2009 年创立之后，中联电气主要业务为矿用变压器、电线电缆的研发及销售，客户为国有大中型煤矿企业，例如中国神华。但是受宏观经济及下游行业需求放缓、市场竞争更加激烈等因素影响，2014 年公司经营业绩不甚理想，净利润较前期大幅下滑。如图 1 所示。

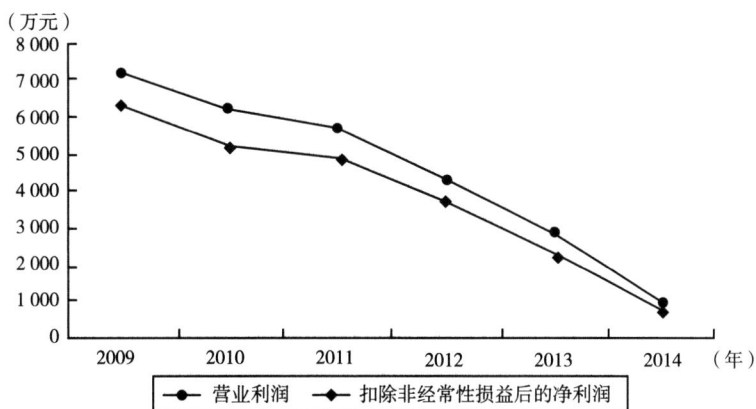

（万元）

图 1　2009～2014 年中联电气的利润情况

资料来源：根据凤凰网资料整理。

2015 年 2 月 13 日中联电气依据公司"2015 年度第一次临时股东大会决议"及证监会许可，向拉萨瑞鸿投资管理有限公司、拉萨纳贤投资合伙企业（有限合伙）、拉萨智度德诚创业投资合伙企业（有限合伙）等非公开发行普通股进行资产置换，从而取得了雅百特 100% 股权。

2015 年 8 月 25 日，雅百特完成了工商变更登记手续，并取得了盐城工商行政管理局换发的营业执照，成功通过资产置换及发行股份方式以 27 亿元估值借壳中联电气，公司名称经深交所核准后也由"中联电气股份有限公司"变更为"雅百特科技股份有限公司"。自此，公司证券简称由"中联电气"变更为"雅百特"，并顺利实现上市。

二、雅百特翻身——刹那辉煌

雅百特借壳成功上市后，陆永成为公司第一大股东，也是公司实际控制人。在雅百特上市后很短的时间内，迅速实现了盈利大翻身。上市之前，雅百特的收入规模小于 4 亿元，其营业利润呈现负增长趋势。而上市之后，雅百特凭借承接的海外项目——巴基斯坦国木尔坦城市快速公交专线项目（简称"木尔坦项目"），快速扭转了业绩下滑的颓势，实现了盈余增长。如表 1 所示，2015 年营业收入超过 9 亿元，同比增幅 136.57%，营业利润同比增长达到了 3 437.15%。虽然 2016 年增长速度有所放缓，但营业利润依然接近 3 亿元，2017 年又超过了 3 亿元的总值。规模如此巨大的盈利，增长速度如此之快的变化，难道是上天的眷顾？

表 1　　　　　　　　　　　　雅百特上市前后利润增幅情况

项目	2017 年（万元）	2016 年（万元）	2015 年（万元）	2014 年（万元）	2013 年（万元）	2014 增幅（%）	2015 增幅（%）	2016 增幅（%）	2017 增幅（%）
营业收入	137 726	128 528	92 564	39 127	31 339	24. 58	136. 57	38. 85	7. 16
营业成本	106 429	98 849	52 536	32 040	22 369	43. 23	63. 97	88. 15	7. 67
营业利润	31 294	29 679	30 561	864	2 851	−69. 69	3 437. 15	−2. 89	5. 44
利润总额	26 430	23 887	31 784	1 501	3 676	−59. 17	2 017. 52	−25. 13	10. 65

资料来源：根据万得数据库整理。

下篇：雅百特的庐山真面

三、雅百特的舞弊之路

没有上天的眷顾，也不存在幸运女神的降临，雅百特的盈利快速增长源于造假。继雅百特利润增长过高和工程项目存在着施工周期过短等不合理状况被同行业的业务人士实名举报之后，证监会相关人员开始介入调查，于 2017 年 4 月 7 日正式下达调查通知。最终调查结果显示：雅百特在 2015 年和 2016 年的财务报表中存在虚增收入和虚构利润的舞弊行为，具体如下。

（一）巨额白条——拆东墙补西墙

2014 年雅百特应收账款为 0.38 亿元；2015 年应收账款暴增 3.78 倍，达到了 1.82 亿元；2016 年更是达到了 7.04 亿元！同时，应收账款的资产占比更是从 2015 年的 19% 升至 2016 年的 33%。也就是说，雅百特公司每 100 元钱的资产里，就有 33 元钱是应收未收的"白条"。毫无疑问，营销方式的转变下应收账款帮助雅百特"顺利"创造了亮眼的"账面收入"。但是，高额的应收账款挂账是十分危险的行为，一旦回款不顺，极易产生坏账，给公司造成巨大损失。

从表 2 发现，7.46 亿元的应收账款总额中有 6.78 亿元是 2016 年产生的"白条"。公司按信用风险特征组合计提坏账准备，坏账计提被压低至 5.93%，只计提了 0.44 亿元作为坏账准备，资产的风险依然很大。

表2 雅百特应收账款的坏账准备

账龄	期末余额		
	应收账款（元）	坏账准备（元）	计提比例（%）
1 年以内分项			
1 年以内小计	678 406 986	33 920 349	5
1～2 年	51 161 030	5 006 103	10
2～3 年	11 884 703	2 376 941	20
3～4 年	4 683 297	1 404 989	30
4～5 年	1 878 774	939 387	50
5 年以上	686 752	656 762	100
合计	746 671 554	44 414 532	

资料来源：根据中证网数据整理。

（二）存货暴增——自相矛盾，瞒天过海

雅百特在公司业务摘要中介绍自己为轻资产运营公司：雅百特承担的工程主要体现为管理承包模式；根据各项目设计参数采取项目原材料定制化生产。然而，在雅百特的资产负债表中，2015 年的存货账目达到 5.6 亿元，同比增长 65.59%。2016 年存货更是升至 9.58 亿元，同比增长 74.93%！原材料存货储备本无可厚非，但雅百特作为一个项目外包、设计服务型公司，两年内通过采购行为大量储备存货，其合理性值得深究。

雅百特存货流程为：公司先以客户名义打进一笔资金，再通过应付款或购货款的名义从公司转出，从而变成账面上的预付款或存货。此后被披露出的数据显示，2015 年雅百特以虚假采购方式将资金转入其控制的上海远盼、上海煊益等关联公司，再通过上海桂良、上海久仁等客户将资金以销售款名义转回，从而构建起了资金循环，伪造了"真实"的资金流，从而虚增账面营业收入，进而达到美化利润的效果。

（三）利益共同体——铤而走险，保驾护航

雅百特聘请的众华会计师事务于 2015 年出具了标准无保留审计意见；2016 年出具了"带有强调事项段的无保留意见"的审计意见。所谓的"带有强调事项段的无保留意见"就是财报有需要特别说明的会计处理，而会计师事务所认可了这样的会计变更或处理方法。许多券商和投资机构也给予了雅百特"盈利能力环比改善，高增长有望持续"的评价，并判断雅百特的"买入"和"增持"评级。雅百特得到了会计师事务所和投资机构的双双认可！

上市公司出现财务舞弊时有发生，会计师事务所作为公正客观的第三方对上市公司的财务报告真实性负有不可推卸的责任。但是，众华会计师事务所为什么愿意铤而走险为雅百特这样的财报"保驾护航"？

会计师事务所是 IPO 项目利益共享链条中的一环。在我国，一个 IPO 项目，发行人高管、券商和审计机构是一个利益共同体，企业一旦成功上市都会给他们带来巨大的收益。

在该事件中，雅百特的肆意造假离不开会计师事务所的"技术"处理：首先，为了完成公司的业绩承诺，虚增收入。若雅百特达不到业绩要求，则要用股份赔偿，为此，众华事务所为了使其达到上市条件以及上市后发行人业绩实现预期增长，进行大量的业绩会计调整。其次，众华事务所对行业较为熟悉，包括"熟练掌握"会计处理的"惯用手法"，在会计处理上常常提前确认收入、或用合同条款等方式来调节利润，加大了造假被发现的难度。最后，怀有即使"东窗事发"，惩罚力度也较既得利益较轻的投机心理，令会计师事务所频频铤而走险。

四、雅百特的舞弊手段

雅百特成功后，为实现重组上市业绩承诺，通过虚构海外工程项目、虚构国际贸易、国内贸易等行为，逐步达成粉饰财务报表的目的，其财务舞弊手段有以下两种。

（一）虚构海外工程项目

2015 年雅百特在年报中称，报告期内全资子公司山东雅百特与巴基斯坦的首都工程建设有限公司签订了《木尔坦地铁公交工程建设工程施工合同》，合同总金额为 3 250 万美元，截至本报告期末，上述合同工程已全部建造完毕，2015 年，该项目实现收入超过 2 亿元，占年度销售总额的 21.8%。如此庞大的项目收入，引起了同行和监管部门的关注。

据查：雅百特为了让虚构的生意显得真实，首先，伪造了巴基斯坦旁遮普省省长致雅百特的信函，然后伪造了施工现场的照片和工程建设合同。其次，自导自演了一场将建筑材料出口到巴基斯坦的"好戏"。雅百特在建造这个工程的过程中，向海外报关出口了一批建筑材料。公司声称这批建筑材料就是用于木尔坦快速公交车站的建设。但这些建筑材料实际上没有运送到巴基斯坦，而是运到了中国香港地区。到香港地区后雅百特又通过第三方公司将这些材料进口回境内，从而以这种方式达到了虚构海外工程施工的假象。最后，虚构现金流。雅百特账面显示，从巴基斯坦收到了工程款，但这些工程款却来源于雅百特本身控制的关联公司，还有其他的一些中国境内的公司。

为了弄清事情的真相，证监会启动了海外协查机制，与国外相关政府部门合作调查雅百特事件。根据巴基斯坦政府监管部门传回的信息，巴基斯坦木尔坦项目业主方为木尔坦发展署，木尔坦发展署未与雅百特签订任何合同，且在建的木尔坦城市快速公交项目的 11 个承包商中，只有一家中资公司，即中铁一局集团公司，而非雅百特。此后在外交部举行的记者例会上，外交部发言人直接证实了雅百特通过伪造巴基斯坦工程项目虚增收入、虚构利润的恶行。

（二）虚构国内贸易项目

据证监会调查，雅百特虚构销售收入的流程是：先将自有资金转出，例如 2015年，雅百特以虚假采购方式将资金转入其控制的上海远盼商贸公司、上海煊益实业公司等关联企业；然后再以销售回款的名义转回，例如 2015 年雅百特将转出去的资金汇给上海桂良工贸公司、上海久仁贸易公司等客户，再承诺给这些客户一定的好处费，这些客户再将资金以销售款名义转回雅百特，构建了完整的贸易循环资金流。而这些公司大多是雅百特注册的空壳公司，专门用来走账和充当上下游企业。

五、雅百特事件的深层次原因：前车之鉴

雅百特事件绝非个案，但如雅百特这般肆无忌惮，各种瞒天过海的手段都使用的公司却很少，其严重影响了资本市场的运行规则，侵害了投资者的利益。究其原因如下。

（一）压力所致——急于融资和完成业绩承诺

1. 拟增发募集资金。雅百特 2015 年 8 月借壳上市后，立即利用在证券市场树立的良好形象，筹划再融资。2016 年 3 月，雅百特公布了非公开发行股票预案。根据该预案，公司拟向上海复星、中植金控、海尔创投等公司定向增发不超过 3 805 万股的普通股，发行价格为 26.28 元/股，筹集资金约 10 亿元。虽然股票定向增发对公司业绩没有太多的要求，但却必须满足市场再融资的基本条件，例如，雅百特的发行价格需按不低于定价基准日前 20 个交易日股票交易均价的 90% 确定。为了筹集更多的资金，雅百特需要以良好的业绩示人，才能以较高的股价满足需求，雅百特决定财务造假，

不惜铤而走险。

2. 业绩承诺的压力。2015 年 1 月，即雅百特借壳上市的筹备期，雅百特与瑞鸿投资、纳贤投资、智度德诚（均为雅百特的控股股东，实际控制人仍为公司董事长陆永）签署了《业绩补偿协议》；2015 年 5 月，雅百特又与这几家公司签署了《业绩补偿协议之补充协议》。协议约定：利润补偿期间为 2015～2017 年度；并承诺这三个年度的净利润要分别达到 2.55 亿元、3.61 亿元、4.76 亿元。若山东雅百特（雅百特借壳上市前的名称）在利润补偿期间内任一年度结束时当期累积净利润数未达到当期承诺净利润数，这三家公司将以股份及现金补偿的方式对公司进行补偿，协议还规定了具体的计算办法。根据雅百特当时的盈利情况，该承诺业绩标准过高而实际无法达成。为了实现山东雅百特的高估值，不仅大幅降低其借壳上市的成本，还可以保证其在借壳上市后仍具有控股地位，从而能顺利通过证监会的审批。为此，迫于该承诺的压力进行财务造假。

（二）机会——内部控制松弛，外部监管失效

财务造假需要有合适的"土壤"，例如松弛的内部控制、低廉的造假成本、失效的外部监督等。当企业股权结构高度集中、治理机构失衡时，大股东或实际控制人就容易操纵企业进行财务造假。雅百特上市前实为"夫妻店"，没有其他股东。雅百特上市后陆永和褚衍玲夫妻二人合计持有公司超过 50% 的股权，而其他股东持股比例比较分散，难以对其形成有效的制约。因而这是个典型的家族企业，陆永个人权利凌驾于整个公司内控制度上。公司外部，会计师事务所、券商、律师事务所均为了利益与雅百特沆瀣一气，放弃了自己的职责。加上《证券法》修订迟缓，无法对造假企业形成威慑，舞弊者进行财务造假似乎一路绿灯。

（三）借口——随意编造，言不由衷

企业舞弊者必须找到某个理由，使企业的造假行为与其本人的道德观念、行为准则相吻合。例如，东方电子的董事长隋元柏就认为公司财务造假不是为了自己，而是为集体谋福利；绿大地董事长何学葵认为造假是为了使公司实现弯道超车，促进云南园林绿化事业的更快发展；雅百特董事长陆永接受记者采访时说，雅百特本质上是个好公司，前途一片光明，现在造假只不过是应急的、暂时性的技术处理。可见，舞弊者总是能给自己确定一个冠冕堂皇的理由。但是，上市公司的财务造假不仅伤害了资本市场，而且损害了大多数利益相关者，特别是众多中小股东的利益，其危害之大不可想象！

六、雅百特事件的思考与启示：后事之师

（一）保持职业怀疑，注重风险评估程序

根据风险导向的审计理念，首先，审计师应保持高度的职业怀疑精神。雅百特案例中，众华会计师事务所（以下简称"众华"）连续多年为雅百特提供审计和评估服务，双方有很好的合作关系。当雅百特出示了巴基斯坦旁遮普省省长的亲笔信和施工合同，再加上报关出口的建筑材料，众华审计师基本没有怀疑。此外，雅百特还享有众多荣誉，例如上海市文明单位、最佳中小板上市公司、2015 年最受尊敬董事长、2015 年上市公司卓越董事会、2015 年度品牌创新奖等，更打消了审计师的疑虑，不少该执行的审计程序未执行到位。其次，审计师进行审计时要先执行风险评估程序。众华对雅百特审计时没有执行风险评估程序，审计人员一到公司就扎进凭证、账本中，耗费了团队大部分的时间和精力应付具体记录，却对舞弊行为没能及时发现，尽早遏制。

（二）对上下游企业进行实地察访

雅百特的跨境造假、财务舞弊手段并不高明，但为什么审计师没能尽早发现呢？一般，审计团队到被审计单位后，往往派不怎么熟悉业务的审计助理到银行拿对账单核对，其他成员都在项目经理的带领下埋头做底稿，很少取实地调研。这种"闭门造车"式的审计方法，促使拟财务舞弊公司为了更保险，干脆将假的客户放到了国外，审计师核实成本加大，为造假公司创造了机会。因此，审计师如果对被审计单位的上下游企业进行延伸调查，往往会收到事半功倍的效果。在实地察访中，很多被编造、注水、扭曲的东西立马就会现形。

（三）严格审查现金流量

雅百特事件中，利用现金流水造假是主要的舞弊手段，近几年爆发的一系列财务造假案，例如天丰节能、绿大地、万福生科等，都是现金流水造假。这种造假有以下三个特点：（1）伪造银行单据。由于造假成本大，上下游配合难度高，企业经常瞒着上下游进行造假，伪造各种原始单据。（2）交易对手一般都是关联方。财务造假离不开关联方的配合，而关联方又多是隐藏的，这就需要审计师去挖掘。（3）现金流水有规律。单笔核对往往发现不了问题，但把很多笔有共同特点的汇总在一起就会发现问题。这些共同特点包括金额规整、时间集中、经办人相同等。

（四）抓住"物流"的关键环节

公司财务造假的最高境界是信息流、现金流、实物流能够做到"三流合一"。信息流、现金流一致并不困难，但难的是与物流一致。原因在于：一是成本太高。例如虚增 5 000 万元的采购则需真实运送差不多 5 000 万元的货物，购进后又不需要，还需支付运输和仓储成本；二是大量的货物移动极不方便，也会留下很多痕迹，更经不起审计师的盘点。因此，"三流合一"很少有公司做到。雅百特也只是对虚构贸易里的很少一部分进行了物流的配合。基于此，审计师只要下功夫做好实地监盘和查看，舞弊部分很容易就会被查出来。当然，资产的盘点、核实非常麻烦，需要职业怀疑和职业判断。

案例正文附件

雅百特借壳上市后，在2015～2017年披露的财务报表中，已显示其存在财务数据异常，对此财务报表披露的背景信息，以下用三个附件进行介绍。

附件1 业务利润异常高于行业平均利润

一家企业的盈利能力强弱可以通过企业的利润率来体现，单位成本投入少、利润大，企业盈利能力就强。利润率是体现企业盈利能力的关键性指标。一个经营稳定、盈利健康发展的公司，经营主业、核心利润通常能保持稳定，毛利率也较为平稳。盈利能力的指标主要有：

（1）毛利率 =（销售收入 – 销售成本）/销售收入

（2）销售净利率 = 净利润/销售收入 ×100%

通常，同行业的毛利率具有可比性，可通过行业平均毛利率与该企业的毛利率比较，看出该企业在市场竞争中的盈利能力状况。

如图2所示，雅百特所在的钢结构工程行业在2014～2017年的毛利率中，2015年达到毛利率最高点；净利率的波动起伏较大，雅百特明显高于行业平均水平。查阅行业数据可知，雅百特并不属于钢结构工程行业中的优秀行业，在2015年尚未并购之前，企业毛利率和净利率最高也没有超过10%，处于行业的一般水平。但在2015年下半年，企业利润激增，在三季度报告中显示，雅百特毛利率竟高达35%，净利率更是

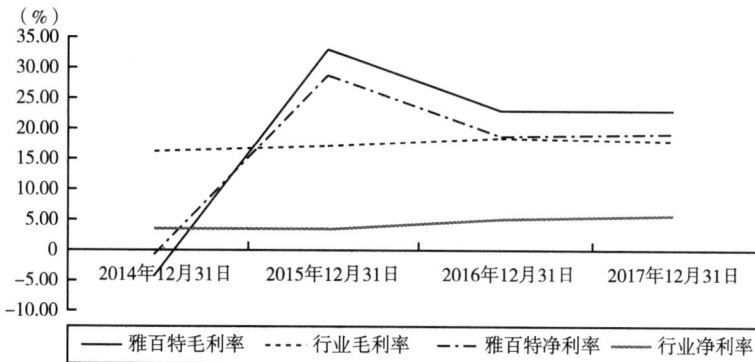

图2 雅百特利润率与行业利润率对比

资料来源：根据公开披露的财报信息自行绘制。

超过30%，远高于行业的毛利率和净利率。

如果在财务报告期内，一家企业的生产技术、经营模式并没有发生大的改变，毛利率就应该相对稳定。如果一家企业的毛利率提升较快，甚至超过行业平均毛利率，但自身并没有在生产技术上有重大提升或突破性的改进，这些变化则值得怀疑，通过在财务报表上虚增营业收入提升毛利率是企业利润表造假的重要手段。在雅百特财务报告中，并没有显示出企业出现技术提升或突破等原因，即使是行业的优秀企业当年的毛利率也仅为20%左右，所以雅百特的毛利率出现暴增现象，造假嫌疑极大。

附件2　存货变化异常

表3展示了雅百特2015～2017年存货的变动情况，以及存货对营业收入的占比的具体数据。图3是数据变化折线，更为直观。结合图表可以观察到，2015年，雅百特存货金额明显大于2014年，增长了近10倍，达到5亿元的数额；在2016年保持同样的增速；在2017年时存货金额超过10亿元。数据变化可谓巨大！另外，存货占营业收入的比值在2014～2017年也呈现明显的增长趋势。

表3　　　　　　　　　　　　雅百特存货、营业收入变化情况

项目	2014年12月31日	2015年12月31日	2016年12月31日	2017年12月31日
存货（万元）	4 847.93	56 314.29	98 508.72	107 182.87
营业收入（万元）	12 833.66	92 563.55	128 528.47	137 725.66
存货/营业收入（%）	37.78	60.84	76.64	77.82

资料来源：根据公开披露的财报信息自行绘制。

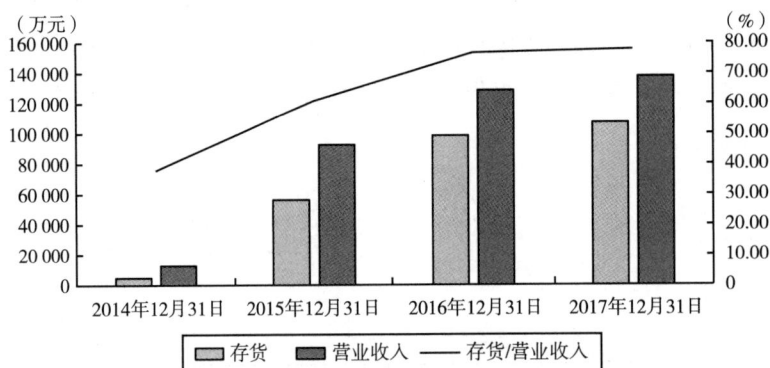

图3　存货和营业收入数据变化折线

资料来源：根据公开披露的财报信息自行绘制。

存货在财务报表中是一个非常复杂的项目，大体上由11个科目汇总而成。雅百特存货的变动如此巨大，需要进一步分析存货的构成。

表4 显示了雅百特 2015～2016 年存货详情。可以看出，存货几乎全是"建造合同形成的已完工未结算资产"，即指存货主要是工程的未交付资产。在产品、库存商品、周转材料完全为零；原材料均不足 200 万元，与存货总额差异极大。由此可以推测，虚增收入极有可能会放在存货的"建造合同形成的已完工未结算资产"科目中。

表4　　　　　　　　　　　　2015～2016 年雅百特存货明细　　　　　　　　　　单位：元

项目	2015 年					
	期末余额			期初余额		
	账面余额	跌价准备	账面价值	账面余额	跌价准备	账面价值
原材料	1 006 722	0	1 006 722	556 938	0	556 938
在产品	0	0	0	0	0	0
库存商品	0	0	0	0	0	0
周转材料	0	0	0	0	0	0
消耗性生物资产	0	0	0	0	0	0
建造合同形成的已完工未结算资产	562 136 152	0	562 136 152	339 949 632	0	339 949 632
合计	563 142 874	0	563 142 874	340 506 570		340 506 570
项目	2016 年					
	期末余额			期初余额		
	账面余额	跌价准备	账面价值	账面余额	跌价准备	账面价值
原材料	19 696 338	0	19 696 338	1 006 722	0	1 006 722
在产品	0	0	0	0	0	0
库存商品	0	0	0	0	0	0
周转材料	0	0	0	0	0	0
消耗性生物资产	0	0	0	0	0	0
建造合同形成的已完工未结算资产	965 390 911	0	965 390 911	562 136 151	0	562 136 151
合计	985 087 249		985 087 249	563 142 874	0	563 142 873

资料来源：根据雅百特公布的财务数据整理。

附件3　现金流量状况

企业当期实现了利润并不代表有可用现金流，评价净利润有多少现金流作为保证是判断盈利能力质量的主要依据。由于经营活动现金流量体现公司的主业经营所得，是企业最重要的现金流量。因此，盈利现金流量比率（经营现金流净额/净利润）、收入现金流量比率（经营现金流净额/营业收入）是重要的考察指标，持续大于 1 是高质量企业的重要特征。雅百特 2014～2017 年度情况如表5 所示。

表5 雅百特现金流量情况

	2014 年 12 月 31 日	2015 年 12 月 31 日	2016 年 12 月 31 日	2017 年 12 月 31 日
经营活动现金流量净额（万元）	−291.80	3 007.00	−15 816.07	−52 328.30
净利润（万元）	−97.72	26 619.05	24 103.80	26 429.89
盈利现金流量比率	2.9861	0.1130	−0.6562	−1.9799
营业收入（万元）	12 833.66	92 563.55	128 528.47	137 725.66
收入现金流量比率（%）	−0.0227	0.0325	−0.1231	−0.3799

资料来源：雅百特公开披露的财务数据。

通过表 5 的指标分析可以看出，雅百特在 2015 年之后，盈利现金流量比率 <0，该比值呈现为负数；同样收入现金流量比率维持在 0 左右，从 2016 年后连续为负值，表明雅百特的经营现金流量净额与净利润、营业收入极为不匹配，甚至严重背离。这意味着雅百特的经营状况已经出现问题，财务状况非常糟糕。

通过图 4 进一步可知，雅百特经营活动所产生的现金流量在净利润和营业收入占比中的变化，充分体现雅百特存在现金流明显不足的问题。

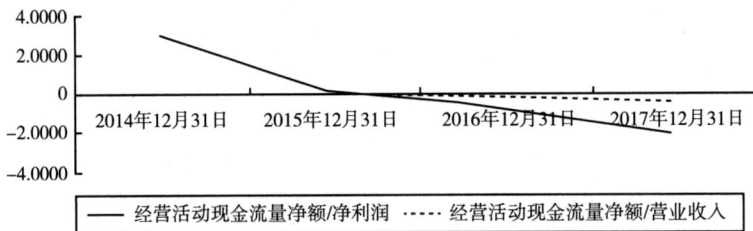

图 4 雅百特经营现金流量占比变化

资料来源：雅百特公开披露的财务数据。

案例使用说明

一、教学目的与用途

1. 适用课程：本案例适用于金融学科各专业必修课中的"公司金融"课程，选修课中的"财务报表分析"等课程，也可适用于选修课中"企业并购与重组实务"等课程。

2. 适用对象：本案例主要适用于金融学、金融工程、投资学等专业本科高年级学生，以及金融学研究生使用。

3. 教学目标：本案例通过描述雅百特事件的起因、过程和结果，旨在以此类事件为切入点，引导学生了解有关财务舞弊事件的完整过程和分析思路，达到以下教学目的。

（1）知识目标。通过解读本案例，引导学生加深对财务舞弊行为、审计风险、财务分析的理解，掌握财务风险的相关理论。

（2）能力目标。理解监管机构在上市公司信息披露中发现问题，避免问题深化所起到的监督作用，提高学生识别财务风险，解决实际问题的能力。

（3）思政目标。掌握识别上市公司存在舞弊行为的表现，并从诚信守约、遵纪守法等职业道德、财经法规等角度剖析根源，提高认识和素养。

二、启发思考题

本案例的启发思考题主要对应案例教学的知识传递目标，启发思考题与案例同时布置。要求学生尽量在课前阅读熟悉相关知识点，以熟悉案例和解析本案例中呈现的关键问题，这些问题将作为课堂讨论的基础。

1. 通过营业收入与营业成本的变化趋势，分析企业可能存在的财务异常。

2. 在财务异常情况下，通过财务报表如何发现雅百特虚增收益？

3. 如何通过现金流量的变化，推测雅百特可能存在的财务舞弊行为？

4. 在雅百特事件中，财务人员及众华会计师事务所联合进行财务舞弊，既突破了职业道德的底线，又触及了财经法规的红线。试问：如何才能在财务工作中守住底线、不越红线？

三、分析思路

本案例的整体分析思路分为上篇和下篇，上篇是：雅百特的崛起之谜，介绍雅百特如何发展，在上市初期埋下了哪些隐患？下篇是：雅百特的庐山真面，介绍了雅百特的舞弊和造假事件，以及这一系列事件的深层次原因。使用案例时，按照以下线索展开：首先，详细地分析了雅百特的前身"中联电气"，以及雅百特借壳中联电气上市的原因，在借壳上市的背景下，雅百特是如何做到在不足两年的时间里由盈利负增长迅速翻身？此部分给学生留下悬念与思考的时间，让学生对此事件进行深入的探讨分析。其次，案例分析了雅百特是如何做到由盈利负增长变为年盈利过亿元，并将其中财务舞弊的全部过程进行了详细的展示与分析，此部分便于学生进一步了解企业财务舞弊的方式和手段，以及如何对此类事件及早发现和进行分析。最后，案例阐述了雅百特事件的深层次原因，以及针对该案例，可以从中学习、借鉴的知识点。要求学生结合雅百特的舞弊现象，如何从专业和职业的角度发现与分析类似的财务舞弊行为，以从思想上和行动上养成良好职业道德，诚实守信，遵纪守法，全面提高学生的思想政治觉悟。

四、理论依据与具体分析

（一）理论依据

1. 关于财务舞弊动因的理论。

目前最具有代表性的财务舞弊动因理论有舞弊三角理论、GONE 理论和风险因子理论。这些理论相互借鉴，相互演变，共同成为现代财务舞弊理论的经典理论。为现代学者研究相关的案例提供了非常好的研究基础。

（1）舞弊三角理论。该理论是美国注册舞弊审核师协会创始人史蒂夫·艾伯伦奇特（W. Steve Albrecht）于 1995 年提出的。他将会计舞弊行为的产生归纳为压力、机会和借口这三个要素的共同驱动，三者缺一不可。这三个因素只要其中一种足够强烈，即使其他两个较弱也会引发舞弊。压力要素即分析舞弊者所承受的经济压力和工作压力的程度，这是财务人员实施舞弊的直接动因。机会因素是分析基于舞弊行为产生环境的诱因而使舞弊者可以逃脱惩罚的条件，例如内部控制不健全、惩罚措施不严、信息不对称、评价机制无效等。借口因素是分析舞弊者对舞弊行为给予的合理化解释，与舞弊者的道德、行为准则相符合，而不论其借口是否真正合理。舞弊三角理论比较全面地权衡了企业管理人员的感官阈值，并且为企业完善内部控制提出了明确的方向，即从缓解相关人员的压力和消除借口来规范行为，保障不出现类似的财务舞弊事件。

（2）GONE 理论（也称"四因素论"）。"GONE"理论是 1993 年由博洛亚（Bo-logua）等提出的，该理论是在舞弊三角理论的基础上发展而成的，它延续了舞弊三角理论的特点，并将其解构为标准化的四因子矩阵。该理论认为，财务舞弊者包含：G（greed，贪婪）、O（opportunity，机会）、N（need，需要）、E（exposure，暴露）四个因子，这四个因子相互作用，联系紧密，共同决定了财务舞弊的风险水平。其中，贪婪和需要与个体在很大程度上有关，而机会和暴露则更多与个体所处的组织环境有关。它们实质上反映了会计舞弊行为产生的四个主要条件，当舞弊者满足上述四个条件时，说明该主体首先对于财富有贪婪的动机，且其充分拥有实施舞弊的条件，同时其经济或财务水平导致了对财富的迫切需求，并认为自身采取的财务舞弊行为不会暴露。当一个人同时具备上述四个因素时，其一定具备动机实施财务舞弊。GONE 理论还可以被划分为"GN"和"OE"两个方向，"GN"是隶属于个人特质角度的贪婪和财富需求特质，"OE"则是组织环境缺陷暴露出的舞弊机会和风险暴露特质。相比于舞弊三角理论，GONE 理论直接将道德趋向归纳成"贪婪"，并首次考虑"暴露"这一环境中的风险特点，GONE 理论也逐渐成为企业内部控制中对于财务舞弊的重要识别工具。

（3）会计舞弊风险因子理论（也称"特定因素论"）。会计舞弊风险因子理论将舞弊因子分成个别风险因子和一般风险因子，个别风险因子衡量了舞弊者的个体特征，一般风险因子则衡量了舞弊机会、舞弊环境、相关规则、惩罚水平等诸多因素。该理论在总体范式上简化了因子种类，但在具体归纳上可以纳入众多的元素作为影响元素。该理论认为，当企业满足两个风险因子时，就具备实施财务舞弊的动机，放松了四因素分析中舞弊动机成立的条件，使之更加符合实际的财务舞弊事件的情况。

2. 关于财务舞弊现象分析的理论。

本案例在介绍雅百特事件中涉及多个专业术语和理论基础，请查阅资料，归纳总结相关理论基础。其中，需要重点掌握并熟练运用企业财务报表分析的基本指标与分析方法。例如对企业利润表的分析指标与方法。利润表通常情况下可以反映一家企业的生产经营活动状况和成果，通过解读利润表可以了解一定时期内企业收入的真实情况、支出和利润的真实情况。但由于权责发生制的关系，利润表最容易操控，它代表的是一家企业的门面，也通常是企业财务造假的主战场。结合现金流量表和资产负债表，可以发现其中的异常变化。根据财务报表内在钩稽关系，可以发现，凡是虚增收入的造假必涉及高毛利率和虚增资产。

3. 财务舞弊的分析要点。

在对相关财务舞弊进行分析的时候，既要分析动因，也要分析现象。上述的三种会计舞弊理论可以指导我们分析财务舞弊产生的动因，例如选用舞弊三角理论分析其存在的压力、机会和借口三个要素的具体表现。这些分析已在上文的雅百特事件的深层次原因中运用并体现出来。也可选用"GONE"理论分析其 G（贪婪）、O（机会）、N（需要）、E（暴露）四个因素的具体表现。而财务舞弊现象的分析主要借助企业财务报表中的利润表和现金流量表。

（二）具体分析

1. 通过雅百特营业收入与营业成本的变化趋势，如何分析企业是否存在财务异常？

营业利润＝营业收入－营业成本。如表 6 所示，在雅百特 2015 ～ 2017 年的报表中，营业收入逐年增加；但营业成本也在逐年增加。如果从增长的角度来看，收支不能相抵，企业将发生亏损。

表 6   雅百特营业收入与营业成本情况   单位：万元

项目	2014 年 12 月 31 日	2015 年 12 月 31 日	2016 年 12 月 31 日	2017 年 12 月 31 日
营业总收入	12 833.66	92 563.55	128 528.47	137 725.66
营业总成本	13 386.24	62 002.62	99 003.64	106 429.44
利润总额	－ 127.86	31 783.59	29 421.94	32 322.57
净利润	－ 97.72	26 619.05	24 103.80	26 429.89
营业利润	－ 432.22	3 056.09	29 524.82	31 293.90

资料来源：雅百特公开披露的财务数据。

图 5 反映营业收入和营业成本折线变化，雅百特在 2015 年营业收入突然发生快速增长，但营业成本增长速度却无明显变化，2015 年之后，在营业收入和营业成本保持增长趋势时，利润还是保持稳定水平，几乎未发生多大增长变化。这也从侧面反映出雅百特可能存在财务舞弊行为。

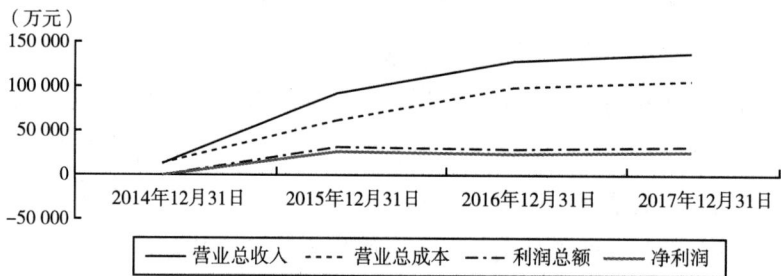

图 5   雅百特营业收入与营业成本变化

资料来源：根据公开披露的财报信息自行绘制。

2. 在财务异常情况下，如何通过财务报表发现雅百特虚增收益？

（1）在营业成本中，最为异常的一项是"资产减值损失"科目，如表 7 所示，在 2015 年时，资产减值损失为 799 万元，但在 2016 年时激增至 2 977 万元，翻了 3.7 倍。在图 6 中，充分反映出资产减值损失的突然增长。

对"资产减值损失"进一步分析发现，所有的损失均来自坏账损失。坏账损失是企业无法收回或收回的可能性极小的应收款项，会对企业造成财务损失。

表7	雅百特资产减值损失			单位：万元
项目	2014 年 12 月 31 日	2015 年 12 月 31 日	2016 年 12 月 31 日	2017 年 12 月 31 日
资产减值损失	469.44	799.23	2 977.11	4 181.24

资料来源：雅百特公开披露的财务数据。

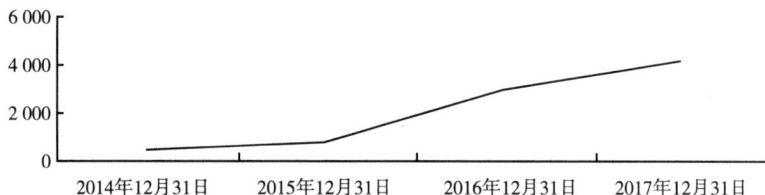

图6　雅百特资产减值损失变化

资料来源：根据公开披露的财报信息自行绘制。

（2）既然坏账损失来自应收账款，继续观察"应收账款"科目，如表8所示，在2015 年时，雅百特的应收账款为 1 822 万元，到了 2016 年激增至 7 042 万元，一年的时间翻了 3.8 倍；2017 年较 2015 年翻了 4.37 倍！

表8	雅百特应收与应付项目情况			单位：万元
项目	2014 年 12 月 31 日	2015 年 12 月 31 日	2016 年 12 月 31 日	2017 年 12 月 31 日
应收账款	39 115.02	18 220.12	70 415.70	97 762.91
预付款项	1 110.44	1 455.96	1 273.67	14 503.53
其他应收款（合计）	1 348.97	1 655.67	5 428.16	1 4869.47
应付账款	4 782.32	19 244.37	69 560.59	53 808.94
预收款项	589.01	444.41	641.72	393.03
其他应付款（合计）	521.53	3 577.25	30 766.62	43 921.94

资料来源：雅百特公开披露的财务数据。

（3）图7展示了雅百特应收、应付账款数据的折线变化。从以上分析可知，2016年雅百特当年的应收账款雅百特，从而增加营业收入；又通过计提资产减值损失，增加营业成本，获得的利润虽然比 2015 年略低，但整体利润会保持平稳的趋势；除此以外，通过大金额的数据，也会使利润表更加"好看"。

（4）通过三项费用，观察利润有无存在虚增？销售费用、管理费用和财务费用统称三项期间费用，这三项费用随着企业的正常运转而产生，一般比较均衡。其中销售费用与销售收入之间，存在着非常明显的逻辑对应关系：即如果一家公司销售收入非常高，就会相应产生某种比例的销售费用。没有任何公司不需要销售费用投入就可以

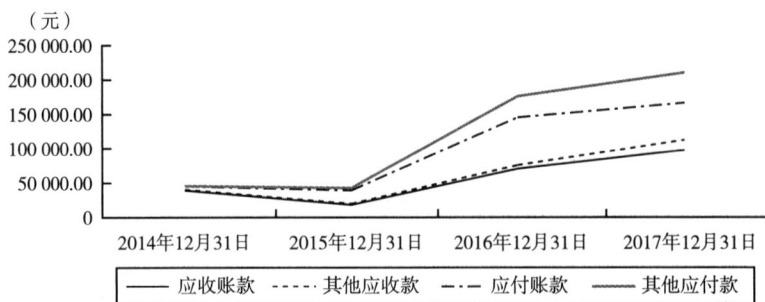

图7 雅百特应收和应付项目变化

资料来源：根据公开披露的财报信息自行绘制。

获得巨大的销售收入。若某公司有较高的销售收入，但没有与之匹配的销售费用，这样是不合逻辑的，那么销售收入就有某种舞弊的可能。

结合表9和图8可知，雅百特2015年开始营业收入起伏波动极大，而三项费用却一直处于较为平稳的状态，即费用与营业收入之间未保持同向的变化关系，从这种异常可以推测出雅百特存在财务舞弊行为。

表9　　　　　　　　　　　　雅百特营业收入与三项费用数据　　　　　　　　　单位：万元

项目	2014 年 12 月 31 日	2015 年 12 月 31 日	2016 年 12 月 31 日	2017 年 12 月 31 日
营业总收入	12 833.66	92 563.55	128 528.47	137 725.66
管理费用	976.15	6 609.57	9 055.44	10 109.64
财务费用	− 66.33	93.56	571.15	3 883.93
销售费用	941.75	1 520.02	2 889.87	2 692.52

资料来源：雅百特公开披露的财务数据。

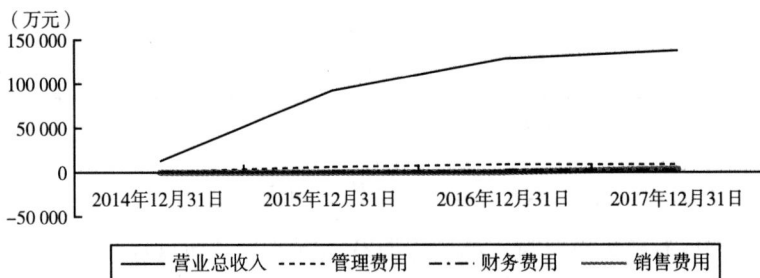

图8 雅百特营业收入与三项费用对比

资料来源：根据公开披露的财报信息自行绘制。

3. 如何通过现金流量的变化，推测雅百特可能存在的财务舞弊行为？

以上通过经营活动现金流量与净利润的变化，发现两者变化趋势并不同步，提出对雅百特利润质量的质疑。进一步使用筹资现金流和投资现金流的变化趋势分析如下。

（1）筹资现金流分析。表 10 显示，雅百特于 2015 年获得 2.06 亿元的银行借款，实现账面现金平衡。具体分析时发现，借款大部分属于"短期借款"，且主要用于偿还之前的债务。2017 年又有 8.05 亿元借款，庞大的借款数额及由此产生的利息支出将是一笔极大的开支。表明雅百特现金流确实存在困难，甚至需要借款维持公司运营。

表 10	雅百特筹资活动现金流情况			单位：万元
	2014 年 12 月 31 日	2015 年 12 月 31 日	2016 年 12 月 31 日	2017 年 12 月 31 日
筹资活动产生的现金流量：				
吸收投资收到的现金		5 000	752.4	
其中：子公司吸收少数股东投资收到的现金			0	
取得借款收到的现金	3 500		20 560	80 499.8
收到其他与筹资活动有关的现金		2 522.03	0	37 768.18
发行债券收到的现金			0	
筹资活动现金流入小计	3 500	5 000	21 312.4	118 267.98
偿还债务支付的现金	3 500		550.2	270 600
分配股利、利润或偿付利息支付的现金	1 705.05		3 360.27	5 637.53
其中：子公司支付给少数股东的股利、利润			0	
支付其他与筹资活动有关的现金		2 522.03	50	40 500.42
筹资活动现金流出小计	5 205.05	2 522.03	3 960.47	73 197.94
筹资活动产生的现金流量净额	− 1 705.05	2 477.97	17 351.93	45 070.04

资料来源：雅百特公开披露的财务数据。

（2）投资现金流分析。雅百特在可能无法正常运转的情况下，竟然还扩大了对外超额收购。如表 11 所示，2016 年比 2015 年增加了 1.42 亿元；无形资产也增加了大约 6 022 万元。对外投资后，雅百特的现金流并没有发生很大改善。

表 11	雅百特 2014～2017 年投资活动数据			单位：万元
项目	2014 年 12 月 31 日	2015 年 12 月 31 日	2016 年 12 月 31 日	2017 年 12 月 31 日
投资活动产生的现金流量：				
收回投资收到的现金	6 384		0	
取得投资收益收到的现金	29.09		0	
处置固定资产、无形资产和其他长期资产收回的现金净额			0	

续表

项目	2014 年 12 月 31 日	2015 年 12 月 31 日	2016 年 12 月 31 日	2017 年 12 月 31 日
处置子公司及其他营业单位收到的现金净额			0	
收到其他与投资活动有关的现金			0	
投资活动现金流入小计	6 413.09		0	
购建固定资产、无形资产和其他长期资产支付的现金	409.9	688.84	864.16	365.96
投资支付的现金	10 384		2 994.67	
取得子公司及其他营业单位支付的现金净额			0	
支付其他与投资活动有关的现金			0	
投资活动现金流出小计	10 793.9	688.84	-3 858.84	365.96
投资活动产生的现金流量净额	-4 380.81	-688.84	-3 858.84	-365.96

资料来源：雅百特公开披露的财务信息。

通过上述分析可知，雅百特财务造假的逻辑链是：虚构海外和国内工程合同，通过采购原材料的名义预付账款给自己控制或安排的企业，再通过关联交易做现金流水账流入上市公司，虚增营业收入和利润。

4. 在雅百特事件中，财务人员及众华会计师事务所联合进行财务舞弊，既突破了职业道德的底线，又触及了财经法规的红线。试问：如何才能在财务工作中守住底线、不越红线？

在雅百特舞弊事件中，可以观察到几个特征：虚构跨境交易，海外审计业务难度增大，促使企业链而走险进行财务造假；财务造假具有一定的系统性，但财务数据中关键项目波动异常无法避免。揭示财务舞弊的关键在于如何通过审计报告评价企业利润质量，进而发现可能存在的财务舞弊问题。因此，审计师的执业能力和职业道德至关重要。

雅百特事件中，各种舞弊手段频繁出现，性质极为恶劣，大股东陆永固然负有不可推卸的责任，而该公司的公司治理环境、法制意识、经营管理等是否也存在极大的问题呢？该公司上市时的"借壳上市"行为、证券市场监管、独立审计机构、跨境贸易中各关联机构等该承担什么责任呢？

"诚信者，天下之结也"。诚信是维护市场经济秩序的重要原则，对企业来说，要将诚信经营作为安身立命之本，它不仅是一项道德规范，也被普遍确立为一项重要的法律规范。同时，发挥社会监督的作用也是促进企业诚信经营的重要途径。

参考资料：

[1] 李克亮. 从审计角度看"雅百特"财务造假案 [J]. 财会通讯（综合版），2018（16）：92 - 94.

[2] 王克. 雅百特造假被查 [J]. 中国经济周刊，2017（37）：64 - 65.

[3] 尹芳. 上市公司会计信息失真问题探究 [J]. 湖南科技学院学报，2016（2）：116 - 118.

[4] 王燕妮. 监管趋严背景下上市公司会计信息披露失真研究 [J]. 西部财会，2018（7）：47 - 49.

[5] 谷枫. 雅百特财务造假案落槌 证监会处以顶格罚款 [J]. 21世纪经济报道，2017（12）.

[6] 张静. 上市公司财务报告舞弊识别研究 [J]. 经贸实践，2018（21）：109 - 111.

[7] 路漫漫. 那些像雾像雨又像风的海外暴利 [J]. 证券市场周刊，2017（19）.

[8] 艾永芳，伶孟华，孙光林. 公司战略、大股东持股与财务舞弊 [J]. 财经理论与实践，2017（4）：70 - 76.

[9] 康勤. 基于舞弊三角理论的上市公司财务报表舞弊问题研究——以雅百特为例 [D]. 成都：西南财经大学，2018.

W 银行 Y 分行空壳授信掩盖不良贷款案

吴 琼

摘 要： 金融业是现代经济的核心，其中占据绝对份额的银行业更是对我国经济的健康稳定发展起着至关重要的作用。目前我国商业银行的经营利润主要来自贷款业务，信贷业务的安全性和盈利性是决定一家银行经营发展的关键，而其也是商业银行经营风险的主要来源。商业银行只有不断加强自身风险管理体系及内控机制建设，才能更好地抵御各类风险，实现长远稳健发展。本案例中的 W 银行空壳授信掩盖不良案件是近年来商业银行内部风控失效的典型，其涉及人数之多，资金规模之大，性质之恶劣，对我国金融行业合规经营产生了极其不好的影响。本案例详尽分析该案例的来龙去脉、处理后果及造成的社会影响，提示 W 银行 Y 分行在风险管理及内控机制方面的问题与不足，为 W 银行的后续发展提出具有针对性的建议，同时也为其他银行带来警示和借鉴，深刻反思银行业应如何正确处理好金融发展、金融稳定和金融安全的关系。

一、引言

2017 年 4 月，某不知名媒体发表文章《W 银行 Y 分行成"壳"公司温床，违规资金超 1 000 亿元》，直指 W 银行 Y 分行的违法行为。对此，Y 分行立即发表声明称该事件相关信息与事实不符。然而恰好在此文章发表后的第三天，原分行行长王××到龄退休。随后，该报导引起××省银监局的高度重视，派出专项调查小组对此案进行调查，发现 Y 分行确实存在重大违规行为，并立即要求 W 银行总行对其进行全面检查。

在案件被曝光后，银监会正式对外公布了 W 银行 Y 分行违规发放贷款案的查处情况。案件被曝光后，引起了银监会的高度重视，多次召开专题会议并采取有力措施推进问责整改工作。同时××银监局派出专项小组进行实地调查，实行"派驻式监管"，积极推动合规整改工作。案件最终的处罚结果是：W 银行 Y 分行被罚款 4.62 亿元，这个数额创造了当初银行违规贷款被罚款的新纪录；Y分行原行长王××被禁止终身从事银行业工作及罚款50万元；两名副行长许××，赵××被取消高级管理人员任职资格；一名部门负责人和一名支行行长分别被给予警告处分。同时，对其他参与案件的195名Y分行员工予以内部问责。

不同于以往商业银行风险案件处罚结果的是，不仅W银行Y分行受到了重大行政处罚，××银监局的相关负责人员也同样受到了处罚。银监会称，鉴于××银监局对W银行Y分行的经营活动监管不力，对相关风险问题并未及时发现、预防，责成××银监局党委对此案做出深刻反省，并对××银监局原主要负责人进行了相关问责，并给予党纪政纪处分。

案件到此还未结束。2020年11月2日，上海市纪委监委网站发布消息，W银行原副行长穆××涉嫌严重违纪违法，目前正接受上海市纪委监委纪律审查和监察调查。而在穆××被宣布涉嫌严重违纪违法前，在2020年10月16日，银保监会更是在官网通报了此前在W银行Y分行违规发放贷款案件处理结果。

中国银保监会表示，已公开已依法对W银行总行时任董事长、时任行长、1名原副行长等总行责任人员，对W银行Y分行原行长、2名副行长、1名部门负责人和1名支行行长等分行责任人员给予行政处罚，并责成W银行对相关责任人员严肃处理。目前，已有311名责任人员受到W银行内部问责，多名中高层管理人员受到党纪处分，地方人民法院已对W银行Y分行原行长等21名刑事被告人作出判决。银保监会依法处理的W银行总行1名原副行长就是穆××。2019年10月，银保监会曾依法对穆××作为W银行分管相关业务的副行长被处以警告并处罚款30万元。

回溯2018年，W银行Y分行当初这起震惊金融市场违规贷款案，不仅将W银行Y分行原行长等21名涉案人员作为刑事被告人，现在连辞职3年多的W银行原副行长穆××再被处理过一次后，仍未逃脱被纪律审查和监察调查的命运，这深刻印证了党纪国法不容越雷池一步！

二、案例背景

（一）W银行Y分行概况

W银行作为一家上市股份制商业银行，其近年来的发展势头正猛。1992年8月28日，"W银行"经中国人民银行批准正式成立，经过将近30年的发展，今天W银行已经成为一家综合实力强大的金融集团，不断为我国的经济发展做出重要贡献。2019年7月，英国《银行家》杂志发布"全球银行家1 000强"排名，根据核心资本，W银行位列全球第 24 位，排名比 2018 年上升了一位，居上榜中资银行第 9 位。截至 2019 年 9 月末，公司总资产规模达 6.79 万亿元，较年初增加 5010.64 亿元，同比增长近 8%。贷款总额 38 379.72 亿元，营业收入 1 463.86 亿元，归属于母公司股东的净利润 483.50 亿元。

从表 1 中可以看出，2014～2018 年连续 5 年 W 银行的营业收入和归属母公司股东的净利润一直呈上升趋势。而受违规放贷案的影响，2017 年 W 银行不良贷款率显著上升，年末达到 2.14070。2018 年情况有所缓和，且根据 W 银行 2019 年第三季度财务报告显示，其不良贷款率已降至 1.76%。

表 1　　　　　　　　　　　W 银行近 5 年经营状况

项目	2014 年	2015 年	2016 年	2017 年	2018 年
营业收入（亿元）	1 231.81	1 465.50	1 607.92	1 686.19	1 715.42
归属于母公司股东的净利润（亿元）	470.26	506.04	530.99	542.40	559.14
不良贷款率（%）	1.06	1.56	1.89	2.14	1.92

资料来源：W 银行年报。

按照中国人民银行和银保监会的要求，W 银行创设了"三会一层"的治理结构。从图 1 中可以看出，股东大会拥有最高的决策权，其主要职责是制定经营战略，对投融资及利润分配等重大事项进行决议，同时股东大会拥有对董事会和监事会的任免权；董事会的主要职责是落实股东大会的决策，行使经营决策权；监事会的主要职责是对各级员工（包括董事会）进行监督，确保其依法合规地履行职责；管理层的主要职责是管理银行的日常经营活动，董事会有权对管理层进行任免。W 银行具体的治理结构如图 1 所示。

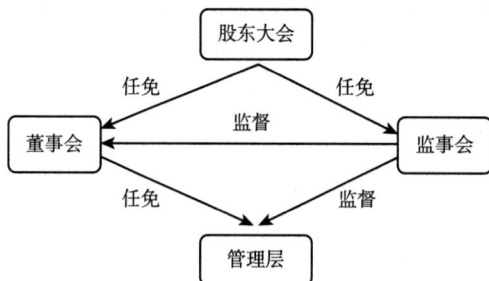

图 1　W 银行治理结构

W 银行 Y 分行成立于 2002 年 3 月，截至 2019 年 12 月该分行已下设有 16 家二级支行，在职职工近千人，资金规模达 1 267 亿元，在四川省内同类型股份制商业银行中排在前列。自 W 银行在成都成立分行以来，其经营业绩突出，不良资产长期为零，是西部地区银行业内的模范分行。目前 W 银行 Y 分行的经营业务主要包括存贷款业务、外汇业务等表内业务以及代理发行、基金托管等表外业务，如表 2 所示。

表 2　　　　　　　　　　　W 银行 Y 分行主营业务

业务类型	具体内容
资产负债类业务	（1）吸收公众存款、发放贷款、发行金融债券、买卖政府债券、同业拆借； （2）外汇存款、外汇贷款、同业外汇拆借、外汇借款、售汇、买卖股票以外的外币有价证券、自营外汇买卖、离岸银行业务
表外业务	（1）办理结算、办理票据贴现、代理发行、代理兑付、承销政府债券、提供信用证服务及担保； （2）代理收付款项及代理保险业务、提供保管箱服务； （3）外汇汇款、外汇兑换、国际结算、外汇票据的承兑和贴现、外汇担保、结汇、代理外汇买卖； （4）资信调查、咨询、见证业务； （6）证券投资基金托管业务、全国社会保障基金托管业务
其他业务	经中国人民银行批准的其他业务

资料来源：W 银行 2019 年年报。

（二）社会背景

　　W 银行 Y 分行成立之初仅有 75 名员工，而当时成都地区的银行业发展已经相对完善，相比已经在成都站稳脚跟的其他银行来说，W 银行的实力相对薄弱。而且当时人们对股份制商业银行的认知度和信任度还不高，一般都会选择去国有银行办理业务，这给 W 银行开发当地市场带来了一定难度。面对这一局面，Y 分行另辟蹊径，利用地理位置的优势面向其他银行不曾关注的钢铁、煤炭等重工业企业开展放贷业务。当时恰逢煤炭的"黄金十年"，钢铁、煤炭等重工业企业高速发展，Y 分行因大量向其提供贷款，而获得了丰厚的利润回报，经营业绩一时间超过了当地的其他多家银行。

　　然而好景不长，没有哪一个行业可以永远兴盛。2012 年后，煤炭的"黄金十年"结束，原 Y 分行行长王×× 看好的煤炭价格一路走低。同时，重工业企业高速发展带来的后果是产能的相对过剩，2015 年起国家实行供给侧结构性改革，逐步淘汰高污染、高能耗、高排放的产业，钢铁、煤炭等重工业企业成为国家重点改革对象，企业经营利润严重下滑，其偿还贷款的能力也相对减弱，与之休戚相关的 W 银行 Y 分行也受到严重影响，其经营利润的主要来源严重缩水。

　　在案件暴露前，W 银行 Y 分行长期"零不良"的记录创造了当时的业内神话，成为圈内的明星分行。W 银行 Y 分行在业务高速发展的同时，员工无不良记录，无违规案件发生。或许也正是为了维护自身的良好形象，在煤炭、钢铁等行业不再景气后，Y 分行管理人员不但没有对之前放贷的重工业企业加强贷后跟踪调查，谨慎放贷，而是选择通过编造虚假用途、分拆授信、越权审批等非法手法违规放贷。

（三）人物背景

在整个案件中，原 Y 分行行长王××，原副行长许××、赵××，原授信审查部总经理章××等负有直接责任，其中作为 Y 分行一把手的王××是整个案件的关键人物。在 2002 年 W 银行刚刚在成都地区成立分行之时，王××就从工商银行四川分行跳槽来到 W 银行，W 银行总行也是看中了其在成都当地丰富的客户资源和优秀的管理业绩，给予了他在分行管理上充分的自由和权利。王××借此机会便搭建起了一个管理层全部由本地人员担任的团队，当然王兵对这支团队也拥有了绝对的控制权。

在银行业从业多年的王××，有一套自己的经营理念，他认为抓住形态不变的增值资本和稳定的现金流量才是银行实现长久盈利的关键。正是基于这样的经营理念，王××一直倾向于投资钢铁、煤炭等资源型企业。适逢煤炭的"黄金十年"，重工业企业都收获了丰厚的利润，Y 分行也因而得以迅速发展。在王××到任的第二年，Y 分行的存款余额就达到了 90 亿元，煤炭行业高速发展的 10 年间，Y 分行在王××的带领下更是积累了大量财富，截至 2012 年，W 银行 Y 分行的资产总额达到了 1 072.49 亿元，其中，存款余额为 959.51 亿元，比 2002 年成立之初增长了近十倍，存贷规模、利润、不良等指标均在同区域股份制银行之首。然而王××个人的经营理念却存在不小的问题，在钢铁、煤炭等重工业企业面临生存危机，价格一路走低之时，王××却仍然坚持对其进行长线投资，导致 Y 分行对这些企业的贷款坏账不断积累，在不良贷款越来越多的压力下，Y 分行选择了采用非法手段进行掩饰，导致了整个案件的爆发。

从上述事实中不难判断，王××对整个案件的发生负有重大责任。他对 Y 分行经营管理拥有绝对的控制权和话语权，加上个人强硬的管理风格，使其在对经济形势的错误判断后，整个分行的管理团队却无人提出异议，整个分行的发展命脉基本上完全是由他个人的投资理念决定的，这无疑为后来整个事件的发生埋下了巨大的隐患。

三、案件发展过程

自 2015 年重工业企业面临生存困境后，W 银行 Y 分行的不良贷款越来越多，其开始利用空壳公司并采用承债式收购手法掩盖不良贷款。本案中，Y 分行向钢铁煤炭等重工业企业投放的贷款中存在很大一部分的委托贷款。这是一类收益高、风险大的贷款，同时这类贷款没有担保、抵押等，安全性较差，极易形成坏账。再加上 2015 年以后国家实行供给侧改革，重工业产业不景气，W 银行 Y 分行的不良贷款开始增多。一般企业贷款到期后都会选择续贷，以确保现金流的正常运转。出于对经营利润的追求和希望重工业市场情况转好的侥幸心理，Y 分行并没有停止对该类企业的贷款，也没有选择使用核销或打包出售等正常渠道冲销不良资产，而是对不良资产进行腾挪来逃避监管。

本案例中 Y 分行利用空壳公司掩盖不良贷款所使用的手段，实际上是一种承债式收购的方法。简单来说，例如甲企业由于经营不善无法偿还贷款，银行为了掩盖不良率找来乙企业（一个空壳公司）以一笔资金收购甲企业的这部分债务。与此同时，银行再给乙企业新发放一笔贷款，乙企业用这笔贷款偿还此前甲企业拖欠银行的欠款。如此左手倒右手，原本甲企业即将逾期的不良贷款就变成了乙企业的正常贷款。由于《银行贷款合同管理制度》中规定，"贷款金额在 1 亿元以下（含 1 亿元）的信贷合同，由分行自行审批，超过 1 亿元的信贷合同需报总行信贷管理部门审核"，W 银行 Y 分行为了逃过总行信贷管理部门的审核，前前后后竟伪造出了 1 000 多家空壳企业进行违规放贷，以掩盖之前的不良贷款。但由于乙企业是空壳公司，根本没有经营业务，自然也无偿还贷款的能力。Y 分行的巨额不良贷款就这样被隐藏在了空壳公司的背后。利用这种承债式收购的手法，Y 分行成功营造出了长期"零不良"的繁荣假象，创造了多年无欠息、无逾期、无不良的虚假业绩，如图 2 所示。

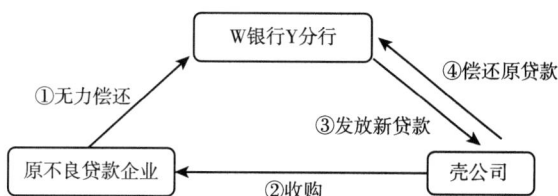

图 2　承债式收购操作流程

四、案件的社会影响

（一）对投资者的影响

W 银行 Y 分行违规放贷案在 2017 年 4 月第一次被媒体曝光，但当时 W 银行总行称报道与事实不符，所以暂时对股价及股票交易量并没有太大影响。但从表 3 可以看出，2017 年 4 月起直到 2018 年第一季度，W 银行的股价波动幅度较大，在 2018 年 1 月银监会正式公布对 Y 分行违规行为的处罚决定后，其股票价格和成交量一路走低。2018 年 4 月 W 银行的股票成交量仅 38 472 万股，较成交量最高的月份缩减了近六成。可见 Y 分行的违法操作案件还是对投资者的行为产生了一定影响，人们对其的信任度有所降低。

表3　　　　　　　　　　　**W 银行 2017～2018 年股票交易状况**

时间	收盘价	开盘价	最高价	最低价	交易量	涨跌幅（%）
2017 年 4 月	11.70	12.35	12.45	11.42	553.85M	-4.99
2017 年 5 月	12.84	11.70	13.05	11.16	1.26B	9.74
2017 年 6 月	12.65	12.78	13.20	12.22	1.33B	-1.48
2017 年 7 月	13.36	12.64	14.02	12.41	1.32B	5.61
2017 年 8 月	12.71	13.42	13.60	12.41	1.37B	-4.87
2017 年 9 月	12.87	12.68	13.15	12.65	742.80M	1.26
2017 年 10 月	12.61	13.27	13.29	12.58	522.53M	-2.02
2017 年 11 月	12.91	12.63	13.44	12.38	1.19B	2.38
2017 年 12 月	12.59	12.93	13.27	12.51	630.34M	-2.48
2018 年 1 月	13.17	12.61	14.00	12.60	2.53B	4.61
2018 年 2 月	12.46	13.14	13.90	12.24	1.47B	-5.39
2018 年 3 月	11.65	12.40	12.60	11.45	600.35M	-6.50
2018 年 4 月	11.61	11.68	12.02	11.49	384.72M	-0.34

最高：14.02；最低：11.16；差价：2.86；平均：12.55；涨跌幅：-5.72

资料来源：国泰安数据库。

（二）对 W 银行的影响

1. 营业利润下滑。Y 分行是 W 银行在西部地区内最大的分行，其违规放贷案的发生严重损害了西部地区的营业利润。从表 4 中可以看出，2017 年 W 银行西部地区的营业利润为负增长，-117.49 亿元的营业利润给 W 银行西部地区带来重创。一直到2018 年年报公示，这种营业利润的负增长仍在继续，但相比于 2017 年 -385.59% 的增长率，2018 年的情况稍有好转。足见此次 Y 分行空壳授信掩盖不良的违规行为带来了多么严重的后果。

表4　　　　　　　　　　　**W 银行西部地区 2016～2018 年经营状况**

年份	营业收入（万元）	比上年同期增减（%）	营业利润（万元）	比上年同期增减（%）
2016	1 752 400	-9.77	411 700	-58.63
2017	1 442 400	-17.68	-1 174 900	-385.59
2018	1 045 100	-27.54	-573 100	上年同期为负

资料来源：W 银行年报。

虽然只是一个分行的违规案件，但由于其涉案金额之大，仍旧对总行的资产状况产生了一定影响。根据 2017 年 W 银行的年报显示，W 银行 Y 分行被处的 4.62 亿元占其2017 年净利润 542.58 亿元的 1% 不到，与此同时，因其他违规行为还接到了银监会的另外两例罚单共计 5.2 亿元，占其一季度净利润的 3.6%，因此，W 银行第一季度营业收入和净利润出现了同时负增长的现象，同比增长率分别为 -7.72%，-1.28%，第二季度营业收入依旧为负增长，同比增长率为 -7.05%，这一趋势可以从图 3 的对比中看出。

图 3　W 银行 2017 ~ 2018 年经营对比

资料来源：W 银行年报。

2. 不良贷款率上升。该案件的发生对 W 银行总行财务指标产生了一定的负面作用，具体表现在不良贷款率的升高。从 W 银行官网发布的季度财务报表中可以看出，2017 年第一季度开始，W 银行的不良贷款率就开始逐步攀升，在第三季度末，其不良贷款率达到峰值，为 2.35%。年末其不良贷款率稍有下降，达到 2.14%。截至 2018 年 6 月底，W 银行不良贷款余额较 2017 年末增加近 7 亿元，其不良贷款率开始走低，情况有所缓和，但其不良贷款率在同类银行中仍是较高的。

W 银行 2017 ~ 2018 年五级贷款分类情况如图 4 所示。

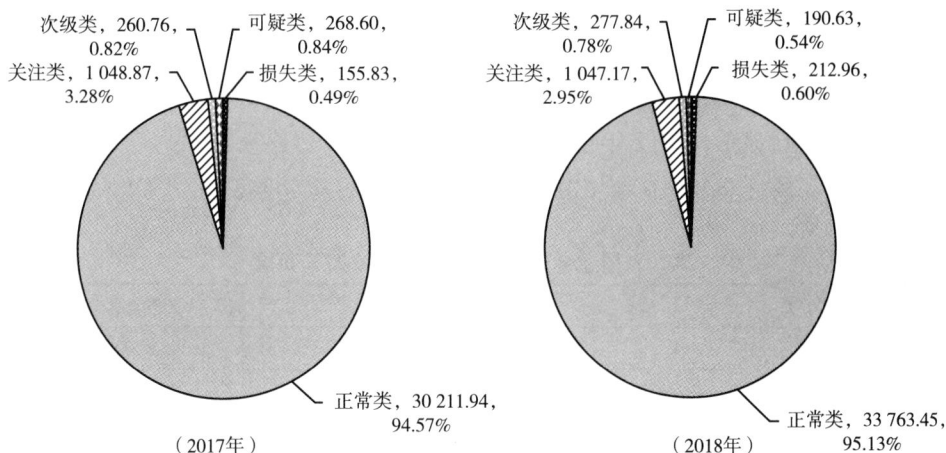

图 4　W 银行 2017 ~ 2018 年五级贷款分类情况（单位：亿元）

资料来源：W 银行年报。

从表 5 中数据可以看出，与同时期部分发展较好的商业银行（如招商、中信、光大、民生及平安银行）相比，在案件曝光前，W 银行的不良贷款率在同业中是相对较低的。受 Y 分行违规放贷案的影响，W 银行在 2017 年和 2018 年的不良贷款率分别增长至 2.14%、1.92%，明显高于同行业的平均水平，此次案件对 W 银行多年来在业内的良好口碑造成了一定影响。

表 5   2014～2018 年部分商业银行不良贷款率   单位:%

年份	W 银行	招商银行	中信银行	光大银行	民生银行	平安银行	商业银行平均水平
2014	1.06	1.11	1.3	1.19	1.17	1.02	1.20
2015	1.56	1.68	1.43	1.61	1.60	1.45	1.67
2016	1.89	1.87	1.69	1.60	1.68	1.74	1.70
2017	2.14	1.61	1.68	1.59	1.71	1.70	1.70
2018	1.92	1.36	1.77	1.59	1.76	1.75	1.73

资料来源：国泰安数据库。

3. 员工薪资水平降低，离职率上升。Y 分行违规放贷案的发生，使 2017 年 W 银行的营业利润严重下滑，相应地，W 银行各地各层级员工薪资普遍下调 10% 左右，年终奖也遭遇了不同程度的缩水。并且在案件曝光前，W 银行一直存在追求过高经营业绩而忽略合规操作的现象，内部员工的工作压力很大，幸福感较低。此次薪资的下调直接导致 W 银行大量员工纷纷辞职，其中对上海分行的影响最为严重，2017 年下半年辞职的员工人数是上半年的两倍。基层员工占辞职人数的 75%，是人员流失最多的层级。

（三）对银行业的影响

自 2017 年我国加强金融监管以来，以银行业为主的众多金融机构纷纷暴露出各种经营问题。据资料显示，2017 年银监会系统处理各类银行违规案件共计 3 452 件，罚没 29.32 亿元，向社会各界证明了其监管的力度与决心（见表 6）。

表 6   2017 年银监会开出的金额超 1 000 万元罚单

行政机关	处罚单位	罚没金额（万元）
中国银监会	广发银行	72 215
北京银监局	中国邮政储蓄银行	52 064
青岛银监局	兴业银行青岛分行	23 218
中国银监会	恒丰银行	16 692
天津银监局	天津滨海农商银行	16 085

续表

行政机关	处罚单位	罚没金额（万元）
河南银监局	兴业银行郑州分行	13 176
吉林银监分局	吉林环城农村商业银行	5 352
四平银监分局	吉林公主岭农村商业银行	3 520
北京银监局	中国民生银行北京分行	2 750
吉林银监分局	吉林舒兰农村商业银行	2 252
北京银监局	中国农业银行北京分行	1 950
中国银监会	平安银行	1 670
吉林银监分局	吉林永吉农村商业银行	1 338
中国银监会	华夏银行	1 190
上海银监局	花旗银行	1 064

资料来源：中国银保监会。

2018年1月19日，银监会对W银行Y分行违规放贷案开出了该年度第一张罚单。其涉案金额巨大，手段隐蔽，教训深刻，再一次给银行业敲响警钟。虽然这是一起性质恶劣的违规事件，但银监会对外公示其处罚结果对其他银行来说也起到一定的约束作用，让其他众多商业银行以此为戒，反省自身在经营管理方面的不足。

案例使用说明

一、教学目的与用途

1. 适用课程：商业银行经营学，商业银行管理。

2. 适用对象：本科、研究生、MBA 和 EMBA。

3. 教学目的。

（1）知识能力目标。商业银行是一国金融体系的主体，在国民经济中处于中枢地位。商业银行雄厚的资金实力、广泛的服务范围与服务内容、严密完备的管理体系是其他类型的金融机构难以比拟的。W 银行 Y 分行空壳授信掩盖不良贷款案例是银行业资产业务中贷款业务的一个典型案例，在贷款业务向学生讲授完毕后，引入本案例的介绍与分析，可以使学生对比合规的贷款流程、步骤操作及风险控制方法的基础上，发掘本案例中当事人在信贷业务中违规操作的具体表现，体会银行业在风控管理失职甚至缺位状态下的风险巨大暴露带来的恶劣社会影响。关键之一要建立银行业的风险管理、内部控制与合规经营之间的双向联系，银行自身的良好风控必然要求在操作实践中严格执行合规操作，而合规操作会进一步促进风控工作的效率和水平提升。两者之间的马太效应应注意分析透彻。

（2）思政目标。任课教师可以引导学生思考银行业合规经营的重大意义，理解牢牢守住不发生系统性风险底线的政策决心，培育学生在今后走上金融行业工作岗位后，形成良好的职业操守和职业道德，树立正确而坚定的职业行为规范。本案例中的监管部门对违规银行开出了天价罚单，体现了监管当局依法将金融活动全面纳入监管，对同类业务、同类主体一视同仁，对各类违法违规行为"零容忍"，切实保护金融消费者合法权益的行为准则，打造了忠诚干净担当的监管干部队伍，建设了让党中央放心、让人民群众满意的模范政治机关。

更具体地，要让学生明晰，微观单个银行的合规经营，积累起来就是整个银行业及金融业的稳健运行，才能从宏观上牢牢守住不发生系统性风险的底线。尤其是 2019 年以来，全球政治经济局势更加复杂严峻，中国经济金融体系面临的外部不确定性有所加大。面对复杂的局面，金融系统应坚决贯彻落实党中央、国务院决策部署，坚持稳中求进的工作总基调，坚持新发展理念，紧紧围绕服务实体经济、防控金融风险、深化金融改革三项任务，坚决打好防范化解重大金融风险攻坚战，不断改善金融管理和服务，为促进经济高质量发展创造良好的货币金融环境。

二、启发思考题

本案例中银行负责人主要有哪些违规操作？

在安全性和盈利性之间，商业银行应如何把握与权衡？

你认为金融业的职业操守和职业道德包含哪些具体内容？

三、分析思路

本案例着重体现的一个重要核心理念和分析思路重点均在于：合规经营是银行的立行之本和核心竞争力。金融业从业人员要以案为戒，深刻警示，牢固树立"合规经营就是核心竞争力"的理念，坚持依法依规展业、强化行为约束，健全风控体系、夯实内控基础，敬畏风险、敬畏规则，坚定走好稳健可持续的发展道路。为此，要强化从业人员操守和准则教育，全面重塑风险合规文化，切实将合规经营理念贯穿于全行经营发展各环节、全过程；要全面提升合规对全行经营管理的硬约束，加大风险合规考核比重，真正实现经营管理与合规管理融为一体。同时，还要压实三道防线的合规责任，强化风险管理体系性建设。业务部门作为第一道防线，承担风险防控的第一责任，主动开展合规风险的识别、防范和控制；风险合规部门作为第二道防线，切实履行尽职审查的职能；审计部门作为第三道防线，要更加独立地发挥其监督作用，形成分工明确、相互监督、相互制约、相互衔接的三道防线工作机制，构筑起风险防范的层层关口。具体思路如图 5 所示。

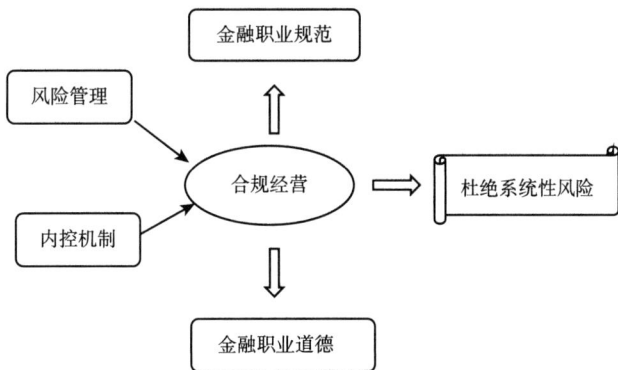

图 5　案例分析思路

四、理论依据与具体分析

（一）理论依据

商业银行资产负债的高杠杆状态决定了商业银行是一种不同于工商企业的特殊企

业，其显著特点是高风险性与脆弱性。近年来，伴随着经济全球化和金融自由化的浪潮，一些银行业的重大风险事件时有发生，这使银行的风险管理成为备受银行经营者、经济主体及监管当局关注的问题。风险的存在是商业银行发展过程中无法回避的客观事实，商业银行若想健康稳定地发展下去，就必须能够很好地应对其所面临的各种风险。因此，对风险的管理控制对于商业银行来说具有重大的意义，它直接关系着商业银行的生存和发展。风险管理并不只是商业银行纯粹的经营管理行为，也不是人们所认为的增加银行成本的无谓之举，有效的风险管理，能够为商业银行节约成本、带来收益、创造价值，它也是使银行更新管理理念、提高经营效益的有效手段。

作为商业银行安全稳健发展的重要保障，风险管理与内部控制的开展不是分割开的，而是相互融合有机发展的一个整体。基于风险管理，构建商业银行的内部控制，有助于在商业银行的日常经营管理过程中时时处处体现风险管理的理念和内容，能够有效地提高商业银行管理风险、控制风险的能力；同时，以风险管理为导向构建商业银行的内部控制，有助于商业银行在实际工作中以企业长期发展的战略目标和风险管理目标为导向，确保内部控制的构建更加具有目的性和战略性。通过对风险管理和内部控制的有机融合，能够有效提高商业银行的整体管理水平，使银行在激烈的市场竞争中保持有利地位。

（二）具体分析

1. 从本案例的发展过程中清晰可见，W 银行合规经营意识薄弱，主要表现在以下五个方面。

（1）风险意识缺失。在商业银行的风险管理体系建设中，风险意识的建立是首要的，也是最重要的，它是银行进行风险管理的基础。这种风险意识是一个银行各层级员工，在进行任何一项业务操作中都应该秉持的基本信念，是基于银行内部培训和对相关法律法规的认识后形成的一种自觉意识。银行应该认识到加强风险意识的重要性，在全行上下形成良好的风险意识氛围，积极培养员工的风险意识，减少风险事件的发生。只有风险意识深入人心，风险管理才能充分发挥作用，银行才能管理好。

在此次案件曝光前，W 银行 Y 分行以连续多年无欠息，无逾期，无不良贷款的经营佳绩，成为业内的"明星银行"。但贷款项目作为银行的主要盈利来源，必然面临一定的信用风险，即使盈利能力再好的银行也不可避免，不良率为零显然不符合常理。Y 分行对外公布的财务数据显然是虚假的，然而要在财报上篡改数据并不容易，需要财务部门甚至银行全体员工的配合。本案最后除银行高管外，另有 195 名涉案员工被问责，可以看出，此案是 Y 分行各个层级的工作人员共同参与的，从高层管理人员到基层员工通力配合，掩盖了巨额不良贷款。高管带头，底下的员工也缺乏自律及道德意识，不能明辨是非，对于管理人员的违规行为不仅不举报，反而积极参与其中，足见 Y 分行内部全体员工的风险意识淡薄，银行内控文化建设缺失，员工无法深刻意识到违规操作背后的风险。众多员工相互包庇，最终导致不良贷款的窟窿越来越大。从图 6 中可以看出，Y 分行员工学历构成涉及各个专业，但是却缺乏专业的风险管理人才，管理学及法学等相关专业员工所占比例并不高，W 银行 Y 分行并没有形成优良的内控文化体系和风险意识体系。

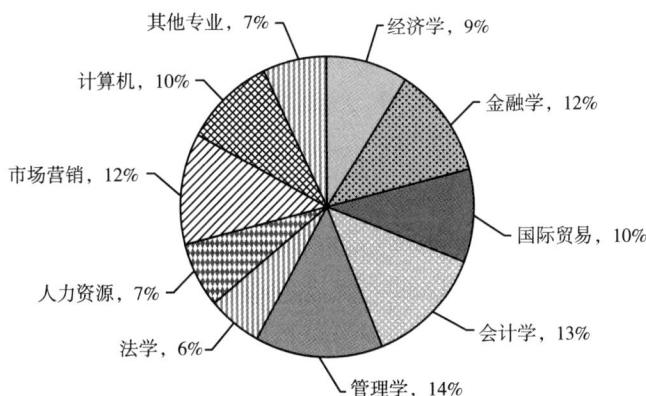

图 6　2016 年 W 银行 Y 分行员工专业素质结构

要想在银行经营管理中形成良好的风险意识，需要银行全体员工都参与其中共同营造，尤其是各分支行基层从业人员，更应该将风险意识时刻放在心上，严格按照相关规定进行业务操作。但是 W 银行 Y 分行的部分管理者却完全忽略了风险意识的建设，只是将内控机制停留在理论层面，并没有在实际操作中贯彻执行。Y 分行内部全体员工风险意识的缺失是导致此次违规案件的重要因素，总行必须对此加以重视，着力提升风险意识建设。

（2）内控制度流于形式。根据资料显示，2010 年 W 银行根据《企业内部控制基本规范》及其他相关法律法规的要求制定了符合自身发展的内控制度。但其中大多是对总行的经营行为进行约束，很少涉及各家分行，对于此次涉案的 Y 分行基本没有任何约束力。再加上由于地理位置的原因，Y 分行距离上海总行较远，对于总行下达的通知及管理规定不能够及时、有效地传达并执行，而且总行对 Y 分行的实地监督和考核频率较低，总行的内控管理无法触及 Y 分行，对其实际经营中的业务操作指导较少，导致内控制度形同虚设。

近年来，商业银行违规操作案层出不穷，银行为了追求更高的经济效益，往往会打法律的"擦边球"，但并不是所有银行都能像 Y 分行这样敢冒如此大的风险，用空壳公司堵几百亿元级别的不良窟窿。Y 分行的管理层完全忽视了总行内控机制防范风险的作用，没有认真贯彻落实 W 银行的内控制度。分行管理层对于风险管理的漠视态度给基层业务人员造成了非常不好的影响，导致基层业务人员在进行实际业务操作中对内控机制执行不到位，只是将内控机制停留在表面上，没有落到实处。由于缺乏内控机制的约束，Y分行才会使用违规手段掩盖巨额不良贷款，最终酿成大祸。

（3）绩效考核机制不健全。绩效考核是商业银行经营管理中一个十分重要的环节，它能直接影响员工的切身利益，对员工的日常工作行为产生重大影响。进而在商业银行发展理念和经营思路的形成及创造核心竞争力方面发挥重要作用。银行绩效考评的最终目的是改善员工的工作表现，并提高员工的满意度和成就感，以达到银行的经营目标。但如果绩效考核目标过高时，就会出现像W银行Y分行违规案一样因追求过高经营业绩而违规的情况。

目前我国商业银行的利润来源以信贷业务为主，放贷数额的大小直接影响着银行的收益。所以大部分银行为了自身的发展，总行会通过制定相应的绩效考核目标给各分行施压。Y分行正是在此经营模式下，过于追求较高的经营业绩和行内排名，轻视产品本身和服务，最终酿成大祸。Y分行自2002年成立以来，在行长王兵的带领下确实取得了不错的经营业绩，在同类商业银行中排名前列。但因对经济形势判断失误导致投资决策失败后，Y分行管理层为了完成总行的业绩考核指标，为了维持在同业中的排名，不惜使用违法手段粉饰报表。在外界看来，其业绩仍一路向好，但虚假繁荣势必不能持久。Y分行不停地用一个谎言去掩盖另一个谎言，使不良贷款的窟窿越来越大。

银行经营的商品是货币，相对于普通企业来说，商业银行对员工的绩效考核更为严苛，其绩效考核指标往往直接与薪酬挂钩，这也就解释了为何同一家营业网点的同级员工，他们的薪资收入会出现参差不齐的现象。员工为了完成业绩考核指标，为了拿到高薪酬，不惜铤而走险，无视职业道德，进行违规操作。

银行会根据自身的经营管理模式制定相应的绩效考核办法，也会适时的根据经营目标进行调整。但几乎所有的商业银行都没有把职业道德、风险管理意识等模块纳入绩效考核的范围，忽视职业道德并不会给员工造成直接的利益损失，同样，严格遵守职业道德规范的行为也不会受到任何嘉奖。导致员工职业道德意识不强，片面追求个人业绩，而将合规操作置于脑后。

（4）授信审批制度存在漏洞。一般来说，商业银行的整个垂直体系分为总行、一级分行（省行）、二级分行（市行）及基层支行。若信贷审批权限完全集中在总行（即所有贷款均需总行批准）会造成信息传递链条过长和贷款审批缓慢。若将审批权限完全下放到分支行，总行只负责信贷政策的制定，又会面临严重的委托代理风险。为强化授信审批风险防控的独立性和专业性，W银行组建了分行集中审批中心，专门负责各级分行的贷款审批。

根据《银行贷款合同管理制度》中的相关规定："贷款金额在 1 亿元以下（含 1 亿元）的信贷合同，由分行自行审批，超过 1 亿元的信贷合同需报总行信贷管理部门审核。"可以说，这种垂直式的管理给了各级分行充分的相对独立性。但这在加强银行贷款审批效率的同时也带来了很大的操作风险。分行领导在审批环节中具有一定的话语权，往往会利用职务之便进行违规操作。

在本案件中，Y 分行信贷审批中心未能发挥其作用。为了逃过总行的审批，Y 分行伪造出上千家空壳公司，让每家企业的贷款指标均低于 1 亿元。分行审批中心又是形同虚设，根本不会对贷款企业进行详细核实，又或者是睁一只眼闭一只眼，与管理层人员相互包庇。当贷款审批权部分下放到分行后，分行审批中心又不能严格按照规章制度操作，加上分行领导的过多参与，审批程序流于形式，为此次案件的发生埋下了风险隐患。

（5）贷后管理缺失。注册一个空壳公司同样需要完善的手续并经过正规的流程，注册地址、营业执照等基本信息缺一不可，后期的银行账户开户及税务记账等也需要一定的费用。Y 分行为掩盖巨额不良贷款，前前后后共伪造了 1 493 个空壳公司，这些空壳公司每年的维护费将近 1 500 万元，如此大额的一笔资金使用，经过财务人员的一番粉饰就被隐藏了，而 W 银行总行的内部审计人员在每年该有的例行审计中却没有及时发现。Y 分行多年来采用违规手段发放贷款，而 W 银行风控管理部门及监事会却未能及时发现并纠正。案例中近 1 500 笔贷款业务都是通过不正规的手段发放的，W 银行的贷后监督部门竟没有发现，足见其贷后管理的严重缺失。

贷后管理是信贷风险管理中的重要环节，科学完善的贷后管理可以有效保障信贷资金的安全。而 W 银行目前的信贷管理机制，比较注重贷前和贷中，对于贷款后期的监督管理并没有形成一套完整的体系，只是由分行信贷经理简单地进行数据汇总，完成一份调查报告，并不会按照风险大小对贷款进行分类汇总，逐一进行细致调查。总行对各分行借款人的贷后追踪不到位，导致贷后管理工作不到位，贷后管理的严重缺失导致 W 银行产生大额不良贷款。

2. 商业银行经营管理遵循的基本原则。

商业银行经营管理遵循的基本原则为盈利性、流动性和安全性，简称"三性"原则。安全性是指商业银行在经营中要避免经营风险，保证资金的安全。安全性是银行资产正常运营的必要保障。而追求盈利最大化是商业银行的经营目的，银行开办哪些业务项目，先要看这些项目能否为银行创造盈利。

商业银行经营的三个原则既相互统一，又有一定的矛盾。如果没有安全性，流动性和盈利性也就不能最后实现；流动性越强，风险越小，安全性也越高。但流动性、安全性与盈利性存在一定的矛盾。一般而言，流动性强、安全性高的资产其盈利性较低，而盈利性较强的资产则流动性较弱、风险较大，其安全性较差。由于三个原则之间的矛盾，使商业银行在经营中必须统筹考虑三者关系，综合权衡利弊，不能偏废其一。一般应在保持安全性、流动性的前提下，实现盈利的最大化。

3. 金融行业的特殊性，要求从业人员应具有较高的职业道德修养。金融行业的职业道德是指金融、会计、投资、商业营销等财经行业从业人员在职业活动中应遵守的道德准则和行为规范。金融道德修养的内涵主要包括以下四点。

（1）人性及品格素养。金融从业人员应树立理想、建立人生长短期目标、树立开拓创新意识、开阔视野和胸怀，在现实生活中做到知行统一、踏实认真、举止文明、注重礼仪。这些必需的人性及品格素养，有助于金融从业人员认识立志、树德和做人的道理，选择正确的职业道路，良好的道德品格修养也有助于金融从业人员实守信、遵纪守法，理性对待人生挫折和境遇变化，促进自我身心和谐，促进个人和社会的和谐。

（2）职业操守。金融人才应是品德高尚、人格完善的人，工作中自信敬业、严于律己，具备良好的行业操守，能够承担起职业所赋予的社会责任。如果人们在金融活动中都自觉以职业道德为准则，金融市场上的信息就是真实可信的，运行的成本也会降低，金融交易得以有序进行，金融市场的稳定发展才可以实现。

（3）诚实守信素养。诚信建设是金融业健康发展的必然要求，是金融创新的客观体现。国际金融危机的发生，其中一个重要的起因就是金融机构诚信缺失、投资者缺乏必要的风险防范意识而盲目投资所导致的。以利相交，利尽则散；以心相交，成其久远。健康的市场经济应是信用经济，良好的信用体系是维系金融市场稳定运行的内在基础。金融业从业人员的诚信更是优化金融机构、金融环境的重要影响因素。

（4）法律法规素养。金融从业人员应认识触犯法律的危害，减少或避免将来可能发生的相应的职业犯罪。金融机构在招聘选人时的重才轻德、重业务轻思想政治品德的现象，也为日后埋下道德缺失和犯罪的隐患。没有经过职业道德教育和培训的从业人员，在金钱和利益的诱惑下很容易实施犯罪，金融职业道德素养可以为遏制和防范金融犯罪筑起思想上的防火墙。

金融从业人员健全的人格、高尚的情操、良好的修养是金融职业道德的重要组成基石。金融稳定既关系到整个经济发展，也是整个社会的稳定的基础，有助于促进整个金融业的健康和谐发展。

参考资料：

[1] 丁德臣. 经济新常态下商业银行风险预警系统研究 [J]. 宏观经济研究，2016 (4)：124 – 134.

[2] 钟向东. 我国商业银行信贷风险管理研究 [J]. 经济师，2018 (12)：142 – 143.

［3］李世凯．中国农业银行 39 亿元票据案操作风险内部控制研究［D］．泰安：山东农业大学，2017．

［4］刘爱兰，王智烜，汤惠辉．货币政策视角下银行治理对银行风险承担的影响研究［J］．经济与管理评论，2017，33（1）：104－111．

［5］欧春雷．中国工商银行不良贷款影响因素研究——基于因子分析法［D］．济南：山东大学，2019．

诚信建设与职业道德——树立诚信意识，恪守职业道德

专业与道德的统一：金融从业人员
在利益冲突下的伦理思考与抉择

张　晶　邵新昌

摘　要：2001 年，以科技股为支撑的互联网泡沫的崩盘终结了美国新经济的神话，随之而来的除了经济的下滑，更多的是人们开始质疑华尔街金融从业人员的职业道德，并因为一封被丢弃在邮箱垃圾文件夹中的邮件揭开了证券分析师这个光鲜职业背后的利益冲突。本案例以此为背景，介绍了美林证券分析师当时是如何做出评级与提供咨询报告的，并通过对案例来龙去脉的分析，引发对金融从业人员在利益冲突下应该如何做出正确行为决策的思考，并进一步延伸至对金融伦理与职业准则的探究，从而凸显出金融从业人员专业与道德有效统一的重要性。

一、引言

1989 年毕业于耶鲁大学的"网络先生"亨利·布洛杰特（Henry Blodget），因为1998 年底对亚马逊网络公司股票价格所作的大胆预测，在华尔街声名鹊起，与当时被誉为"网络皇后"的玛丽·米克齐名，被认为是全球因特网股票市场上最有影响力的明星分析师。

布洛杰特的成名得益于网上书店——亚马逊公司。1998 年 12 月，当亚马逊股价在每股 240 美元上下徘徊时，多数分析师认为亚马逊股价已经见顶，然而那时还在三流券商奥本海默证券当分析师的布洛杰特，却对亚马逊网络公司的股价做了最大胆的预测，声称亚马逊股票会涨到每股 400 美元。他的狂言在华尔街引起轩然大波，许多分析师对这种预测冷嘲热讽。然而，第二天，亚马逊股价上涨 19%，不到一个月，涨幅达 128%，远远超过了 400 美元的目标。于是，布洛杰特因为这个豪言壮语而一举成名。1999 年初的时候，这位 33 岁的股票分析师被美国著名投资银行美林集团相中，挖到了自己的旗下，任因特网及电子商务部高级分析师兼第一副总裁，因为美林当时也想在互联网投资银行业务中分上一勺羹，而之后美林的确因为布洛杰特的加入以及借着互联网的狂飙一路呼风唤雨。

然而好景不长，伴随着 2000 年美国股市 IT 泡沫的崩溃，布洛杰特梦幻般的职业生涯开始走下坡路，他对网络股持有的积极评价受到了越来越多投资者的批判，不过让他彻底离开华尔街的却是纽约州的总检察长艾略特·斯皮策。斯皮策以整顿金融秩序、打击商界巨头的不法行为而闻名，他被认为是最令纽约商界畏惧的人物之一的同时还有着华尔街州长的称号，那是因为他对华尔街无与伦比的影响力。事实上，只要华尔街的大公司和美国共同基金业的利益发生冲突，无论它是保险、制药，还是发电、甚至音乐国际巨头，都无法保证自身安然无恙，一般情况下，这些公司的股票价格都会大跌，为此首席执行官们不寒而栗，危机管理咨询师取消休假更是常事。而斯皮策正是因为其下属在一封电子邮件中发现，美林银行的分析师布洛杰特称 InfoSpace 网站的股票为"一堆垃圾"，而美林当时正在公开场合积极推荐投资者买入该股票，于是掀开了投行分析师这一职业中专业与道德利益冲突的面纱。下面让我们就从这一事件的大背景开始，逐步了解一下其中的全过程。

二、事件背景：美国新经济神话的破灭

20 世纪 90 年代，美国经济的持续增长成为世界经济发展中的一个奇特现象，但"新经济"一词却是因 1996 年美国著名刊物《商业周刊》发表的一篇文章而开始出现的。该文分析了 90 年代以来美国经济发展的轨迹，发现了与七八十年代经济不同的特点，从而提出美国出现了新经济的观点。这些特点主要集中在经济结构的升级调整、政府调控机制有效性的提高和经济全球化浪潮的掀起三个方面。[①]

一是美国从 80 年代开始，经历了战后以来最深刻的结构性调整，以信息业为核心的高科技产业得到了长足发展，使劳动生产率大幅度提高并成为推动美国经济增长的一个重要因素。

二是克林顿政府通过减税以刺激供给和通过节支以控制需求的双管齐下的政策，有力地扼制了长期以来一直困扰美国经济发展的顽症——财政赤字，突出表现在 1998 年美国实现了 30 年以来联邦财政的首次平衡。与此同时，美国联邦储备委员会当时的主席格林斯潘坚决摒弃相机抉择的传统做法，谨慎地推行以控制通货膨胀为首要任务的稳定货币政策，使利率保持中性，从而使经济能以其自身的潜在增长率，在低通胀率和低失业率并存的情况下保持稳定增长。

三是经济全球化趋势为美国产业结构的调整升级与高科技的发展创造了条件。世

---

① 下面的内容来源于美国《商业周刊》1996 年 12 月 30 日发表的一组文章。

界各国在全球化中加快了市场化的步伐，有助于美国向不发达国家转移相对劳动密集型产业、环境污染严重的产业或其他成熟技术和产品生产线，从而使美国可以集中力量发展高技术产业，而且随着各国市场的更加开放，美国的世界市场份额及其贸易利益不断扩大，再加之全球性的国际资本流动和各国金融市场的逐步开放，更为美国资本谋求巨额利润创造了条件。

毫无疑问，在美国这次史无前例的长达 10 年的、被认为是新经济表现的经济扩张中，技术进步和应用被看成是关键的催化剂，而对美国的技术进步尤为重要的自然是以纳斯达克股市为核心的金融创新的推动力。纳斯达克指数也的确不负众望，在美国新经济表现的 10 年中增长了 10 倍。然而，当纳斯达克指数的最低点跨越 3 000 点——这条关键的股市心理支撑线，人们的心弦已被震颤了。在股市下跌带来的财富失落感的同时，人们也感到新经济的本体失落，因为股票下降背后的理性是，互联网公司增长速度明显减缓，尤其是经营状况比以前要恶化。于是，人们开始对新经济进行本体追问。例如，美国《商业周刊》2000 年 10 月 8 日刊出以《互联网大萧条》为主题的文章，《时代周刊》于 2000 年 10 月 23 日也刊出以《新经济死亡了吗》为题的文章。诺贝尔经济学奖获奖者、麻省理工学院的经济学教授罗伯特·索罗说："说得不好听点，新经济是一种鼓噪。说得好听点，人们混淆了一个事件对生活方式的影响力和这个事件具有的实际经济意义。彩色电视改变了日常生活，但并不是彩电推动了六七十年代美国经济的发展。80% 的 IT 投资花在服务领域，但这个领域并没有显示生产率的增长。"不过，世界银行前首席经济学家、斯坦福大学经济学教授约瑟夫·斯蒂格利茨却针锋相对地指出："过去几年美国劳动生产率的增长是真实的。我们有充分理由相信互联网和计算机起了重要作用，有些人认为这只不过是平常的投资而已，但是从投资设备转向投资创意，两种投资是大不相同的。"

对新经济价值的争论和质疑，必然会引起金融和资本市场对科技潜力的反思，影响对新经济效益的预期。过去几年纳斯达克的大幅上涨，正是当时人们对技术进步高预期的结果。从 2000 年 4 月以来的股市大调整，则是对从前的一种反思的反应。正如耶鲁大学经济学教授罗伯特·希勒所言："19 世纪人们对铁路的高预期曾带来过铁路股票的高涨，广播、电话和汽车制造技术则掀起了 20 年代的股票大潮，90 年代的互联网技术又让人们过于激动。"[①]

美国规模庞大且生机无限的新经济，正是在经历了纳斯达克的两次惨重调整之后，逐步走向没落，那些构成新经济的精锐企业的股票大幅下降，许多网络公司也由于得不到股市的资金支持而纷纷倒闭，这些都造成了投资者们的巨大损失，而与投资者关

---

① 资料来源：美国新经济：一个破灭的神话？[EB/OL].[2000 - 12 - 06]，http：//finance. sina. com. cn.

系极为密切的证券分析师在其中又扮演了怎样的角色呢？

三、事件主体：证券分析师

根据百度百科的定义，证券分析师主要就是研究和分析与证券市场相关的各种因素，包括证券市场、证券品种的价值及变动趋势进行研究及预测，并向投资者发布证券研究报告、投资价值报告等，以书面或者口头的方式向投资者提供上述报告及分析、预测或建议等服务的专业人员。这是一个高智慧、高挑战的职业，具有两个基本职能：一是从发行人以外的渠道收集有关公司证券价值的重要信息；二是证实、比较发行人披露的信息，以防止恶意欺诈并消除偏见。

证券分析师的专业素质要求非常高。在所有金融证券从业人员的有关考试中，证券分析师资格的考试是最难的。例如，在美国，金融证券从业人员大致有四种级别的考试，从易到难依次是普通经纪人考试、证券从业人员资格考试、证券咨询资格考试到证券分析师资格考试。同时，对证券分析师的职业道德要求也非常高。遵纪守法是最起码的要求，且必须遵守证券市场监管机构制定的各种法规，必须公平地将研究成果提供给自己的客户，不能由于公司或者个人的原因有意误导或是不引导投资者。此外，还必须遵守公司内部的有关规定，保守客户秘密、不做损害公司利益的事。

尽管各个国家证券市场不同、金融制度有别，证券分析师的任务不可能完全一致，但是他们一般都会从事两方面的工作：一是信息收集；二是与自己研究的上市公司保持沟通，建立稳定而长久的联系。同时，这些工作最终会形成报告，成为投资建议的依据。根据服务群体的不同，证券分析师群体可以分为"买方"分析师（buy-side analyst）与"卖方"分析师（sell-side analyst）两类，前者主要是服务共同基金、养老基金及保险公司等投资机构，为其内部决策提供建议；后者则是受聘于投资银行（经纪公司），一般向投资者免费提供分析报告，通过吸引投资者购买其承销的股票或通过其所属的公司进行证券交易来获取收入。所以本案例关注的是卖方分析师，因为买方分析师的建议是不公开的。

显然，证券分析师对于投资银行等金融机构、各种投资者以及整个证券市场而言，都具有十分很重要的作用，不仅要时刻面对市场上纵横交错的大量信息，还要面对证券市场不同层次的投资群体，职责重大。然而，每一位证券分析师都会面临利益冲突：在职业道德和规范上，要求他们独立、客观、公正且诚实地提供研究报告，而在实际业务运作中，证券分析师利用证券市场存在的信息不对称现象，通过自身具有的信息优势发布有偏颇、不够客观的研究报告却也是十分常见的现象。以下我们结合前一部分美国新经济神话破灭的背景，走进下面这个反映证券分析师利益冲突的真实案例。

四、事件起因：一封电子邮件

2001 年夏天，纽约州首席检察官斯皮策办公室，一位名为埃里克·迪纳罗（Eric Dinallo）的调查员读到一份报道，称美林的一位高级互联网分析员在美林和一家公司的金融交易失败后降低了该公司的股票评级。这引起了号称华尔街州长的斯皮策的注意，于是展开了调查。很快，斯皮策办公室就堆满了大约 100 000 页的文档，还有数以千计的相关电子邮件被查阅，其中一封日期为 2000 年 10 月 20 日的内部电子邮件，正是由美林证券前首席网络投资分析师布洛杰特发出的（见表 1），尽管邮件已经被放入垃圾文件中，但是仍然被发现了，布洛杰特在信中称 InfoSpace 网站的股票为"一堆垃圾"，然而美林证券却没有向投资者发出警告，反而积极地推荐这只股票，这直接掀起了证券分析师行业存在利益冲突问题的面纱。

表 1   斯皮策关注到布洛杰特的一封垃圾邮件

公司	日期	分析师内部意见	公布评级
Aether System	2021 – 03 – 15	Which could pop stock…but fundamentals horrible	3 – 1
Excite@ home	2000 – 06 – 03	Such a piece of crap	2 – 1
CoTo. com	2001 – 01 – 11	Nothing interesting…except banking fee	3 – 1
InfoSpace	2000 – 10 – 20	Piece of junk	1 – 1
Lifeminders	2000 – 04 – 12	Piece of shit	2 – 1

五、事件过程：揭开投资分析与评级的面纱

（一）网络泡沫的崩溃

如前所述，美国新经济的出现离不开强大的技术进步的支撑，而以互联网信息技术为核心的高科技产业的突飞猛进更是其中耀眼的一颗星。1994 年，Mosaic 浏览器及 World Wide Web 的出现，令互联网开始引起公众注意。1996 年，对大部分美国的上市公司而言，一个公开的网站已成为必需品。初期人们只看见互联网具有免费出版及即时世界性资讯等特性，但人们逐渐开始适应了网上的双向通信，并开启了以互联网为媒介的直接商务（电子商务）及全球性的即时群组通信。由此，互联网逐渐成为一种新的最佳媒介，它可以即时把买家与卖家、宣传商与顾客以低成本联系起来，带来了

超越传统的新商业模式，但也引来风险基金的关注，越来越多的风投家目睹了互联网公司股价的创纪录上涨，故而出手更快，不断吸引更多的竞争者进入，再由市场决定胜出者来降低风险投资。

然而，金融市场上的非理性行为从来不会缺席任何一个泡沫形成的过程。在市场高度繁荣、羊群效应凸显的情况下，很可能让有前途的网络公司进行股票 IPO（首次公开发行股票）来大幅圈钱的，甚至即使它从未盈利过，或者在某些情况下，甚至还没有任何收入。与此同时，在"利润增长"的心态以及"新经济"西方不败的氛围中，部分圈钱公司的内部开销大手大脚也就毫不奇怪了。再加之支付给高管和员工的往往是股票期权而非现金，于是这些人在公司 IPO 的时候马上就变成了百万富翁；而许多人又把他们的新财富投资到更多的网络公司上面。

2000 年 3 月，以技术股为主的纳斯达克综合指数（NASDAQ）攀升到 5 048，此时网络经济泡沫达到最高点。反观美联储的利率政策，却发现从 1999～2000 早期，利率已被提高了 6 倍，显然宏观调控已经开始明显紧缩。然而，当 NASDAQ 开始小幅下跌时，市场总体的情绪并没有意识到这大周期的逆转点，抄底仍然是当时的主旋律。特别是在科技股泡沫中后期，资金抱团明显，投资者疯狂追捧科技股。买了就赚，赚了继续投科技股。慢慢地，唱反调的人没了，投资人只关心怎么致富，满脸的疯狂。不过皇帝的新衣还是最终被剥掉了，《巴伦周刊》上的一篇报道 Burning Up，基于 207 家互联网公司的研究报告指出，将会有 51 家网络公司，现金流面临枯竭，而且会受到"股价下行+高管套现+投资风险厌恶上升+市场资金缩减+再融资市场的冷却"等多重效应的叠加影响，结果是这些公司的再融资问题无法得到解决，最终将会面临行业的大洗牌，破产加重组。这篇报道引发了市场的恐慌，所有人才从如梦如幻的错觉中清醒过来，疯狂抛售自己手中的网络股票，市场在挤兑的浪潮下，纳斯达克指数在此后一年多的时间，跌到了最低点 1 114.11。

（二）分析师们的角色

互联网泡沫从形成到破灭的过程，突出表现为股价飙升和买家炒作的结合以及风险投资的广泛利用，而既懂专业又在市场上拥有信息优势的证券分析师们难道一点都没有发觉吗？为什么没有向投资者提前预警呢？

当纳斯达克指数进入 2000 年初开始出现小幅下挫的时候，分析师们的确没有意识到网络泡沫已经在加速走向崩溃，所以做出的判断仅是股市做一下修正而已。但是，根据新浪财经 2000 年 8 月 9 日的一则新闻可以发现在 2000 年中的时候，分析师们就已经觉察到了一丝端倪。报道中说，美林公司分析师亨利·布洛杰特，华尔街紧密追随网络股权威分析师之一，昨天下调了他所跟踪的 29 只网络股中 11 只股票的评级。此次评级下调之前，这些股票一直从其 52 周高点大幅下挫。鉴于这些股票价格已大幅下跌，此次下调评级对投资者来说是否已为时已晚？布洛杰特称，纯粹从股票表现的角度来讲，确实是有些晚。他们本应在今年年初就下调评级。不过，布洛杰特又称，他正在重新制定其投资评级，但并不是重新制定网络股的价格。他坚持表示，评级并不是对股市短期走向的预计。在一次采访中，他说，他认为许多网络公司第四财政季度收益强劲，人们不应当将此看作是对股价将进一步下挫的预测。不仅如此，从技术面来看，布洛杰特也并没有建议抛出这些股票中的任何一只，甚至对一些网络股票的评级为强烈建议买进。

然而，在包括布洛杰特在内的各类分析师都倾向于推迟下调评级的情况下，美国的科技股泡沫却开始发生破裂。在接下来的一年中，纳斯达克指数狂泻 66%，下跌到 2 000 点以下。有不少名头很大的科技企业，其公司股票几乎在一夜之间变成废纸。这提醒投资者，华尔街评级被夸大的问题比学术界在研究中指出的更为严重。

于是，斯皮策开始着手调查，被调查方包括美林公司布洛杰特等 8 位相关分析师以及管理人员，调查显示 1999 年以来美林公司的因特网分析师在对因特网股票公布常规的分析评级中有误导投资者的行为。一方面，有证据显示美林公司内部投行与研究部门并不具有其声称的独立性。例如，布洛杰特在自己的备忘录中写道，"希望自己和领导的团队将至少 50% 的时间放到与投行业务相关的事物中"，而他具体的时间安排则是 85% 都用于投行方面的事宜中，只有剩下的很少一部分时间放在研究上；又如在全球股票研究部主管（Deepak Raj）对所有股票分析师的讲话中，明确提到对股票分析师的考核会关注他们在过去一年中对投资银行业务的贡献，这也是证实分析师的薪酬和与投行业务紧密相关的一个有力证据。并且，美林公司也从未向公众揭示其分析师的分析评级会受到未披露的利益冲突的影响。因为鉴于上面的论证，可以发现证券分析师事实上已经成为一个准投资银行业务人员，其行为目的变成了为投行吸引和保持客户。另一方面，斯皮策等人的调查结果显示，美林公司证券的大量分析评级并没有反应分析师的真实意见，而且作为内部的惯例，分析师们也往往不会公布"卖出"建议，结果导致原本应该公开的 5 级评级变为实际上的 3 级评级[①]。例如，1999 年春至 2001 年秋，美林公司未发布一项针对因特网公司股票的卖出建议。与此同时，证券分析师们的评级也需要投资者仔细研究，因为即便是不包含专业术语的评级也可能令人迷惑。以美林公司的评级为例，最高评级为买进/买进（buy/buy，1－1），即强烈建

---

① 5 级评级包括 Buy 1、Accumulate 2、Neutral 3、Reduce 4、Sell 5；但 3 级评级就只有 Buy、Accumulate、Neutral 前三个级别。

议买入；中性/买进（neutral/buy, 3 − 1）则大致相当于持有的意思；而一旦分析师对股票评级进行下调，则表示对该股做出了消极的评价，即使评级下调至持有，也会让多数投资者认为，这时的持有实际是表示"默许"卖出。

（三）处理结果

在通过调查确认了美林公司分析师对投资者的误导行为后，斯皮策要求美林建立一个独立的研究部门，并支付 2.5 亿美元的罚款。之后，在美国证券交易委员会（SEC）和纽约股票交易所（NYSE）的协调下，双方于 2002 年 5 月达成和解协议，美林支付 1 亿美元的罚款，并对其研究业务做相应调整。当美林证券的分析师一边私下嘲讽那些"垃圾股"，一边却为它们颁发良好评级时，他们似乎并没有觉得自己在做一件既背离职业道德又违法犯罪的勾当，然而罪恶总会暴露在阳光下，惩罚可能会迟到但绝不会缺席，最后的结果就是那些违规的证券分析师们从金融界金字塔尖上坠落尘埃，彻底葬送了自己的职业生涯。

事实上，在美国新经济神话破灭背景下发生的美林公司证券分析师利益冲突的案例，绝不是金融领域内的个案，所罗门美邦、安然事件等案例也同样暴露出金融从业人员受利益冲突影响而产生的问题。美国监管部门从 2001 年夏天开始，对华尔街展开了关于投资银行是否在 20 世纪 90 年代的股票市场繁荣时期误导了投资者的大规模调查，历时 18 个月，花旗、高盛、美林、摩根士丹利、摩根大通、雷曼兄弟等国际知名的金融机构都被卷入其中。2002 年 12 月 20 日，SEC、斯皮策、美国券商协会、纽约证交所和十家证券公司达成原则性协议，除了累计 14 亿美元的罚款外，还提出了排除投行业务对分析业务的影响、资助独立研究分析、完全禁止钓鱼行为以及规范分析师的评级报告和股价预测行为等结构性改革条款。

六、事件背后：利益冲突下的伦理抉择

随着国民收入的不断提高和金融市场的迅速发展，越来越多的民众开始关注金融产品、成为金融市场的投资者，而证券分析师作为掌握高度的专业知识和分析技术的从业人员，影响力越来越大，但是分析师们在发挥着促进信息快速传导、提升市场定价效率以及为投资者带来更多盈利等正面影响的同时，证券公司多元化业务所带来的利益冲突问题也日益突出。利益冲突（conflicts of interest）是金融领域常见的一种现象，滥用信息优势、为谋求自身或第三方利益而损害客户利益是金融领域产生利益冲突的根源所在，当金融机构被允许从事多元化金融业务时，利益主体也随之多元化，

利益冲突就更加激烈。如何在这种利益冲突下推动证券分析师做出符合职业伦理道德的正确抉择、保证其出具的建议具有客观性和独立性是一个非常值得思考且影响重大的问题。而作为向社会输送高质量金融专业从业人员的高校，在培养人才的过程中，必须加强职业理想与道德规范的教育，不断增强职业责任感，这也是高校专业思政教育的一个重要组成部分。

案例使用说明

一、教学目的

1. 适用课程：金融伦理与职业道德、金融学、证券投资学、投资银行学等专业课程。

2. 适用对象：本案例主要为金融专硕开发，也适用于金融各专业的本科生学习。

3. 教学目的：自 20 世纪 80 年代以来金融全球化、自由化就愈演愈烈，再加之互联网技术在金融业日益广泛地运用，金融从业人员面临的利益冲突逐渐增多，21 世纪初期发生在美林公司的证券分析师误导投资者这一案例并不是偶然事件。我国《新财富》杂志曾于 2003 年第六期对中国分析师的独立性展开过调查，结果显示，在遇到研究报告与其所在的公司利益发生冲突时，只有 30% 接受调查的分析师表示会"坚持向客户提供原有结论"，70% 的分析师则选择"不把研究报告提供给客户"或"与有关各方进一步协商"等方式。可见，伴随着金融市场的发展，我国的证券分析师也不可避免地要面临利益冲突下的抉择问题，更何况各国金融领域内的利益冲突问题也不仅仅存在于投资银行，很多金融机构或相关部门也都会出现这个问题，所以理顺专业与道德的统一关系、加强对金融从业人员的伦理教育、提升他们的职业精神刻不容缓。为此，通过本案例的教学，希望学生实现以下三个方面的目标。

（1）知识目标。通过学习，既要掌握金融体系运行中之所以会产生利益冲突的根本原因以及处理途径，又要关注哪些具体的业务领域会出现利益冲突，更要探究如何在降低利益冲突的负面影响与发挥出金融业之范围经济的优势之间进行合理的权衡。

（2）能力目标。通过学习，学生应该能够针对具体的金融业务操作判断出是否存在利益冲突以及其所在的节点，并进而能够依据金融伦理决策行为框架做出相应的分析。

（3）思政目标。通过学习，要求学生能从金融伦理和职业道德层面探究在金融领域内的从业人员应该做出怎样的决策行为才是正确的，为将来从事具体金融业务树立正确的职业道德准则奠定基础。

二、启发思考题

1. 从美林公司的案例来看，证券分析师为什么会对投资者做出误导性的研判？如果不对这种行为进行惩罚，会产生怎样的后果？

2. 除了证券分析师，你还发现金融领域中哪些部门存在利益冲突表现？具体表现在哪些方面？

3. 以本案例为基础，你认为金融业务活动中需要注重和加强伦理与职业道德准则的规范约束吗？为什么？

4. 以证券分析师为例，说说金融从业人员应该如何做到专业性和职业道德的有机结合。

三、分析思路

1. 结合本案例的背景和来龙去脉，具体分析证券分析师为什么会面临利益的冲突，他们的压力到底来自何处呢？由此可以寻找到第一个思考题的答案，并可以进一步去思考在制度设计上如何减轻证券分析师的压力以及证券分析师自身应该如何处理这些利益冲突。

2. 将证券分析师的个案延展到整个金融业，看看除了投资银行，还有哪些部门的业务会存在利益冲突问题以及其中的具体表现非常重要，因为金融作为掌管经济运行血液——货币资金的核心部门，存在的各种利益冲突会通过对信息传递效率造成的负面影响，给经济发展带来巨大的潜在风险，同时这些利益冲突所表现出来的异同还可能放大风险程度。这也是基于本案例提出的第二个思考题的具体意义所在。此外，还需要进一步从政府、市场、金融部门以及从业人员自身等诸多方面去寻找补救或解决这些利益冲突问题造成的负面影响的有效途径。

3. 相对经济而言，金融是第二性的。所以第三个思考题需要从经济与伦理之间的关系着手才能够找到准确的答案，通过追溯经济的发展历史、思索现代经济理论的纾困和展望经济学研究的未来趋势，发现伦理价值观的存在必要性和重要影响，进而结合现代金融业发展的特点，进一步聚焦于伦理在金融领域中的作用分析，由此提供第三个思考题的回答思路，并需要结合前一个分析思路中提到的金融领域不同方面的利益冲突差异展开更为深入的探究。

4. 作为现代经济发展核心的金融部门，其专业性毋庸置疑，特别是伴随着科技的飞速进步，金融活动的技术含量日益增高，这一方面对金融从业人员的专业素质提出了更高的要求；另一方面社会公众对其职业道德规范的诉求也在持续提升，再加上法律约束并不能涵盖所有行为以及法律条款存在一定的滞后性等问题，促使专业性与道德约束相统一的重要性和迫切性引起人们的关注，如何实现两者的有机结合成为一个亟待解决的关键问题。基于这样的背景，通过大量的实际调研和查阅相关的研究报告，结合现实中国内外已有的金融从业人员的职业准则或行为条例，去剖析第四个思考题，找到相应的答案。

四、理论依据与具体分析

（一）理论依据

本案例的分析既需要用到跨学科的理论知识，又要紧密联系实际操作的情况，主要涉及经济与金融伦理学的相关研究和特许金融分析师（CFA）考核中的伦理与职业道德准则。为了更好地展开分析，以下结合前面启发思考题和分析思路中的关键点，进行了较为详细的说明，并清楚地分别标示出了思政要点和学科要点。

（二）具体分析

1. 证券分析师会面临怎样的压力和利益冲突？如何解决？

随着国民收入的不断提高和金融市场的迅速发展，越来越多的民众成为投资者，而作为金融市场上掌握高度的专业知识和分析技术的从业人员——证券分析师，在金融市场上发挥着越发重要的枢纽作用。然而，证券分析师利用自身的信息优势，出现违规炒股或进行内幕交易等行为频繁出现，再加之监管制度的不完善使其利益冲突问题日趋严重；与此同时，证券分析师倾向于发布乐观的盈余预测和股票评级的研究报告（见表2），诱导信息匮乏的中小投资者购入相关证券，造成了不良后果，也阻碍了市场健康有序发展。于是，越来越多的人意识到证券分析师所出具的报告和建议是否客观和独立是一个十分重要的问题。

表2   **我国十大最佳券商对主要行业的评级一览**

项目		房地产业	工业	公用事业	金融业	商业	综合类
增持	次数	271	3 011	812	338	426	90
	本行业占比（%）	34	41	38	51	54	35
买入	次数	507	4 057	1 214	295	150	6 552
	本行业占比（%）	64	56	57	44	42	58
中性	次数	9	214	92	31	33	17
	本行业占比（%）	1	3	4	5	4	7
减持	次数	0	0	1	0	0	1
	本行业占比（%）	0	0	0	0	0	0
卖出	次数	0	1	0	0	1	0
	本行业占比（%）	0	0	0	0	0	0

注：基于十大最佳券商对于各行业所发布的研究报告中所持股票的评级分为买入、增持、中性、减持、卖出五种。从表中可以看出这十家证券公司对上市公司的股票发布的投资评级中"增持"和"买入"评级占比分别为42%和55%，而中性的投资评级占比仅为3%，"减持"和"卖出"占比均为0，其出现的股票评级次数在各个行业仅为1次甚至没有。

资料来源：刘昱彤（2019）通过汇博资讯网的数据信息总结而得。

图1显示了证券分析师的基本工作关系状况，从中可以明显看出，证券分析师面

临着来自受雇机构（以投资银行为例）的巨大压力。众所周知，在一级市场为上市公司的承销与并购业务是投资银行获取高额利润的主要来源，而发行公司的管理层都希望将承销业务交予能够给他们股票以高评级的投资银行，于是投资银行自然要求其雇用的证券分析师发布关于目标公司最好的股票评级以取悦目标客户，进而拉高股价，从中获利，并以此还可以吸引更多的承销业务，增加交易量，最终获得更多的佣金。此外，从服务的客户层面来看，证券分析师所要分析公司的管理层也可能会对分析师施加压力，要求分析师发布有利该公司的研究报告，否则分析师的个人投资利益就会受到影响。

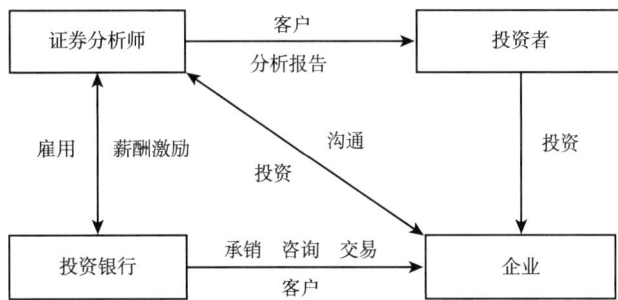

图1　证券分析师的工作关系

由此可见，虽然证券分析师的职业道德与规范要求他们必须独立、客观、公正和诚实地提供研究报告，但是其薪酬和职业发展又受制于所服务的机构、提供薪酬的客户和个人利益诱惑，当利益冲突产生足够大的影响时，就会导致他们提供的研究报告丧失应具有的独立性与客观性，由投资者的投资顾问变成诱导投资者进行金融市场消费的营销团队。所以需要有效的制度安排降低利益冲突对证券分析师的负面影响。

通常，对证券分析师行为的监管主要来自证券公司、自律组织和证券监管机构。例如，在美国，纽约证券交易所规则472条和纳斯达克规则2 210条都要求证券分析师披露相关利益冲突情况。因此，通过建立有效的声誉机制和完善信息披露制度，可以在一定程度上督促证券分析师提供客观公正的研究报告，这其中就需要引入证券分析师的长期有效跟踪机制和长期责任承担制度以及细化信息披露事项、增强信息透明度的有关规定。此外，完善"Chinese Wall"制度也很有必要。该制度起源于美国，即投资银行在法律要求和行业自约束下会将其金融分析部门和投资银行部门隔离开来，俗称"Chinese Wall"，属于投行的内控管理。不过，需要注意的是，这不仅仅是物理上的隔离，更是要求隶属于咨询部的证券分析师对客户的研究分析不能与投行部的业务有任何牵连，分析师应该根据他们所研究的上市公司的最新财务状况结合宏观经济和行业分析给出对该公司资产最合理的估值，确保分析报告的客观性与独立性。

2. 金融业的利益冲突问题及其具体表现以及对解决方法的思考。

（1）金融领域的利益冲突问题。金融领域是人类经济生活中最为复杂的领域，不仅涉及各种经济主体，并且出于逐利和避险的动机，创造了形形色色、名目繁多的金融机构与产品，而在涉及的所有金融交易中，都会有大量的成文或不成文的交易规则或行为规范指导或约束着参与交易的各种主体的行为。

金融机构在金融领域中扮演着十分重要的角色，特别是它们在获取信息以及对这些信息的解读方面具有十分明显的优势，而且金融机构还可以利用自身收集、产生和发布的信息反复提供各种金融服务，实现范围经济①效应。然而，范围经济虽然能使金融机构大大受益，但它们也会带来利益冲突问题。利益冲突是一种道德风险，是在个人或机构出现多个目标（利益）并且由此在这些目标之间产生冲突时所表现出来的情况，金融行业中常常出现利益冲突，突出表现为提供金融服务的公司或其雇员以牺牲一方利益为代价来实现另一方的利益。

利益冲突对于金融的运行重要吗？已有的研究表明，利益冲突会显著地降低金融市场中的信息质量、增加信息不对称问题、阻碍金融市场将资金向那些最富有生产性的投资机会进行转移，最终造成金融市场和经济运行的效率变得更为低下②。显然，利益冲突问题不可小觑。与此同时，在现实中，通过激励金融服务公司或者其雇员去隐藏信息或者提供虚假信息，从而损害其客户利益的情况也是越来越多，利益冲突已上升为金融从业人员的一个重要的道德问题。而限制这种不道德行为的一个有效方法就是，使金融从业人员清楚哪些领域更容易出现利益冲突的情况。

（2）金融业利益冲突的具体表现。金融业的利益冲突主要体现在以下四个方面。

一是投资银行。一般来说，投资银行承担两项任务，即研究发行证券的公司和代表发行公司向公众销售这些证券，并且投资银行经常会把研究和承销业务结合起来，因为两种业务的结合能够产生信息协同效应，从而带来范围经济。然而，这两种业务面对的客户群体却有着不同的信息需求：证券发行公司希望投资银行提供乐观的研究评价，进而从中获益，但投资者希望投行能够提供无偏的、公正的研究结论。于是，当承销的潜在收入远超过经纪佣金时，投资银行就有强烈的动机去迎合发行公司的信息需求，因为如果提供的信息对发行公司不利，它可能会将业务转移到愿意发布更多正面信息的竞争对手那里，从而吸引更多的人购买新发行的股票，造成自身市场竞争力的下降。

---

① 范围经济，在经济学上一般是指由厂商同时生产两种产品的费用低于分别生产每种产品所需成本的总和时的状况，而在金融领域具体则是指金融机构可以通过将一种信息资源应用于许多不同的服务来降低每项服务的信息生产成本的情况。

② 主要来自米什金的《货币金融学》网页版第五章"Conflicts of Interest in the Financial Industry"。

二是会计和审计部门。一般而言，审计师通过检查公司的账簿和监控公司信息的质量能够发挥降低公司经理层和股东之间的信息不对称的重要作用。但是，当会计师事务所或审计事务所同时为客户提供审计服务和非审计咨询服务时，利益冲突问题就出现了：①客户可能会通过威胁将其会计和管理业务交给其他公司而向审计师施加压力，要求更改评价以有利于客户的利益或发展；②如果审计人员正在分析的信息系统或审查的税务和财务建议，恰好是由会计师事务所内的非审计同行提出的，他们很可能不愿意提出批评或指责；③在审计师为了保持或者扩展审计业务而提供过于偏向客户利益的审计报告时，还会形成第三种利益冲突，安达信的倒闭就是一个典型案例。

三是信用评级机构。信用评级的高低可以反映违约的发生概率，市场上的投资者几乎都利用该信息来判断债务证券的信用状况。由此可见，信用评级机构能够为借贷市场的有效运作提供所需的关键信息。然而，当多个利益不同的用户同时要依赖这些信用评级做出决策时，利益冲突问题就可能出现了。一方面，投资者和监管部门期望评级机构做出科学公正的信用评价；另一方面，证券发行者却在寻找对其自身更有利的评价，而证券发行者又正好是信用评级机构的费用支付方，这难免让投资者和监管者担心，评级机构为了保住客户或进一步拓展业务而对发行者做出过高的信用等级评价。此外，信用评级机构提供咨询服务时也会发生利益冲突。

四是全能银行。又被称为综合银行，是一种不仅经营银行业务，而且还经营证券、保险、金融衍生业务以及其他新兴金融业务的银行类型。显然，全能银行由于经营范围广泛、业务部门众多，会存在许多潜在的利益冲突。主要表现在以下五个方面：①承销部门可能会积极地推销要发行的有价证券而罔顾客户需要的公正的投资建议；②银行经理会将其所发行的公司证券推给处于弱势地位的客户；③鼓励承销部门向不知情的公众出售风险过高公司的债券；④以过于优惠的条件向某家公司提供贷款以换取为这家公司服务的机会；⑤试图对那些向其借款的客户或者其投资的客户施加影响甚至强制性行为。所有这些利益冲突都会减少全能银行提供的准确信息的数量，从而阻碍其促进有效信贷配置的能力。

（3）可能的解决方法。在考虑减少利益冲突的补救措施时，目前有五种方法是值得关注的。一是直接交给市场来处理。具体而言就是市场可以施加惩罚手段或是促进新的制度手段去遏制利益冲突问题的出现或是加剧。不过需要注意的是，如果市场不能获得足够的信息来适当惩罚那些利用利益冲突的金融部门，那么这种解决方案将不起作用，并且由于信息具有公共品性质，通过私人资源收集和处理信息的成本和市场上的"搭便车"行为也会造成市场主导方法的效应减弱。二是强制信息披露。在市场解决利益冲突出现失灵或效果不佳时，这是一种可以有效缓解信息不对称问题的可行手段，但是当信息涉及过多的金融机构产权信息时，即使是政府强制，金融机构也可能会放弃很多有效信息的披露。三是监督管理。如果强制信息披露难以发挥效用，那么事后监督管理可以有助于缓解和补救利益冲突问题，特别是通过监督可以不用公开披露就能获得金融机构的产权信息，从而弱化利益冲突造成的负面影响。然而，如果金融机构能够从利益冲突中获得特别大的收益，它们依然会隐藏相关信息，再加之政府监督也并不总是能够顺利进行，结果仍然不能解决利益冲突问题。四是功能分离。例如在金融机构内部各部门之间建立防火墙，或是将不同的金融业务安排给独立资本核算的附属机构，或是颁布条例禁止金融机构内部特定业务活动的合并等。但是，过于苛刻的功能分离很容易造成信息集聚所能够带来的协同效应的下降，从而限制金融机构从范围经济效应中获利，最终会造成因信息成本提高而引发可靠信息的传播流动下降。显然，功能分离的做法需要在解决利益冲突所带来的好处与降低范围经济效应引发的成本之间进行权衡。五是信息产品社会化。事实上，利益冲突问题最根本的解决办法就是通过政府直接提供信息或是资助信息生产，例如，宏观经济信息基本都要由政府部门提供，其他信息提供部门诸如信用评级机构和审计事务所也应该是公立支持。存在的问题是政府机构或是公立资助的主体往往没有与私人金融机构同样的、提供高质量信息的动机。

3. 金融的发展中需要伦理吗？

回答这个问题需要追溯经济学的发展历史。经济学的兴起源于欧洲文艺复兴时期西方掀起的理性主义思潮，正是在 16～18 世纪欧洲理性精神最为洋溢和茂盛的时刻，各种社会和人文学科与自然科学一道取得了迅猛的进展，经济学就是在这样的历史情境中开始了它最初的萌芽和孕育（王曙光等，2011）。可见，经济学从本质上讲是西方理性精神和科学叙事的有机结合，其背后的伦理学渊源早已是大家熟悉的事实。尽管在经济学后来的发展进程中，对工具理性的过分夸大致使经济学日益走向"数学逻辑形式主义"，但是越来越多的经济学者开始在经济学的研究中重新引入价值判断和道德哲学的智慧，突出表现在他们对经济学基本假设和论证范式的反思和重新表述上。例如，阿玛蒂亚·森对于主流经济学把理性的人类行为等同于选择的内部一致性，并进而视为自利最大化的人性假设，基于伦理考虑进行了补充，分别提出了"伦理相关的动机观"和"伦理相关的社会成就观"，就是对现代经济学中基本人性假设的一个重大修正。

金融是经济的核心，反省其存在和发展的根本，任何金融活动都不可能脱离伦理原则。简单地说，金融是建立在信任基础上的，通过一系列金融资产——通常都是他人的资金处理来实现资本的有效配置，而信任就是伦理的一个重要表现。在金融活动的过程中，人性的贪婪是极容易被激发出来的，于是自 20 世纪 80 年代金融丑闻接连被曝光到 2007 年美国次贷危机爆发，对金融从业人员加强伦理道德准则约束的呼声日益提高。正如有人在美国金融危机爆发后，指出贝尔斯登被并购，人们只是对一家公司丧失了信心，而在两房危机、雷曼危机、美林危机以及 AIG 危机持续出现之后，人们对整个市场都丧失了信心，这种信心的崩塌直接给金融业乃至整个国民经济造成了巨大的负面冲击。

因此，请记住：仅仅用实证主义的金融理论对金融业务活动进行阐释是远远不够的，因为很快就会发现纯粹技术主义的金融学其实是苍白无力的，而实践者的困惑仍然存在。如果在金融学中不引入价值判断、不做规范性的描述，那么这些困惑将永远得不到清除。

当然，伦理并不仅仅表现在信任上。伦理学大致会包含福利、职责、权利、公正、诚信和尊严六个基本要素，而这些要素都是金融伦理学需要解决的问题。具体而言，就是在办理业务时需要回答以下六个问题。

福利：如果有人受到了伤害，这种伤害能够得到合理解释吗？

职责：在业务活动中，我的职责（责任）是什么？

权利：如果有人的权利受到了侵犯，这种侵犯能够得到合理解释吗？

公正：每个人都受到了公平（公正）对待吗？

诚信：在行动中我做到完全诚实了吗？

尊严：我对所有当事人都给予尊重了吗？

4. 金融从业人员为什么要实现专业与道德的统一要求以及如何实现？

特许金融分析师（CFA）的职业资格考核要求中指出，专业是一个拥有特定教育背景和专业知识以及具有得到社区信任、尊重和认可的实践行为框架的职业群体。所以专业要由拥有相应的知识与技能的，以为他人服务为宗旨的，且共享并愿意遵守共同道德守则的从业者们来实行，是更高层次的职业，这要求从业人员要有相对专业的知识储备，在特定的领域比较擅长，并能创造一套道德和行为标准来约束专业行动。大多数国家，那些在专业领域工作的人，例如医生、律师、精算师、会计师、建筑师和工程师，都要服从某种执照定位和技术标准的结合。

显然，专业的持续发展离不开道德的约束。简单来说，道德准则就是社区成员如何行动的一般指南，例如，我们生活和工作的特定社区或社会群体会形成一系列的关于强制性和禁止性行为的信念准则；又如大学、雇主和专业协会经常采用道德守则来传达组织对成员行为的价值观和总体期望。从专业的定义要素中我们可以发现专业与道德的统一性的体现。

首先，从专业定义中涉及的前两个要素——拥有相应的知识与技能和为他人服务可以明显看出，专业人员在服务客户①时，两者之间的关系是建立在信任而不是交易的基础上的。专业人士之所以能与客户建立这种特殊的联系，是因为专业人士与客户之间有信任。所以道德守则告知公众并向公众保证，该行业的成员将使用其专业技能和知识来为他人服务。以 CFA 道德守则为例：金融从业人员进行投资分析、提供投资建议、进行投资活动和其他专业活动时，应保持合理的谨慎，做出独立的职业判断，并需要努力保持和提高自身的专业胜任能力。其次，从专业定义中涉及的第三个要素——专业从业人员需要共享并愿意遵守共同道德守则来看，同样体现出专业与道德的统一。经济主体的行为正义与经济主体的品质正义密不可分。正是因为经济主体具有稳定持续的正义品质，才能做出正义判断和选择，并凭借意志的控制坚持正义的行为。但正义品质不是先天的禀赋，而是后天的习得。在正义品质的形成和发展机制中，道德规范体系起着指导和制约作用。道德守则是建立信任的基础，从而为"专业人员运用专业知识和技能服务客户"打下基础，也是专业发展能够持续下去的基石。

金融领域作为一个专业性很强的社会经济发展部门，其首要目标就是在客户和社会之间建立信任。现代经济运行中，金融活动影响着经济的许多关键方面，包括储蓄、退休计划以及资本的定价和配置。当更高的信任水平和更好的资本配置降低交易成本并帮助实现客户目标时，金融投资专业才可以为社会带来更多价值。根据 CFA 的金融从业人员（主要是投资管理专业人员）的道德准则要求，列出表 3 的六条具体规定。

表3　金融从业人员的专业道德准则

序号	准　则
1	以诚实、能干、勤勉、尊重和道德的态度对待公众、客户、潜在客户、雇主、雇员、投资专业的同事和全球资本市场的其他参与者
2	将投资专业的诚信和客户的利益置于个人利益之上
3	在进行投资分析、提出投资建议、采取投资行动和从事其他专业活动时，要保持合理的谨慎和独立的专业判断
4	以专业和道德的方式实践并鼓励他人也这样做，这将为他们自己和这个行业专业带来信任和荣誉
5	促进全球资本市场的完整性和可行性，以最终造福全社会
6	保持和提高自己的专业能力，并同时努力保持和提高其他投资专业人士的能力

① 客户不同于顾客：顾客的特点是通过单笔交易或一系列交易购买商品或服务，并为每笔交易或一系列交易付款，而客户是与专业人士建立持续的关系、雇用专业人士利用其专业知识为自己服务，并向专业人士支付一定的费用。

参考资料：

［1］王曙光等．金融伦理学［M］．北京：北京大学出版社，2011：3 – 12.

［2］刘昱彤．证券分析师利益冲突问题研究［J］．产业与科技论坛，2019，18（4）：93 – 94.

［3］［美］约翰·R. 博特赖特．金融伦理学（第3版）［M］．王国林，译．北京：北京大学出版社，2018：30 – 45.

［4］Frederic S. Mishkin. The Economics of Money, Banking, and Financial Markets（11th Edition）［M］. Pearson, 2014.

［5］CFA Program Curriculum, Level 1·Volume 1, 2020.

标准普尔入局如何影响中国信用评级市场

李明明

摘　要： 近年来，随着政府出台相关文件和政策，我国诚信社会建设迅速推进，社会信用体系不断完善。信用评级机构在社会信用体系建设中发挥着重要作用，是金融市场中发行人和投资者间的中介机构，有利于降低金融市场信息不对称，帮助投资者做出正确的投资决策。2019 年，标准普尔获得银行间交易商协会的备案，意味着其全资子公司标普信评具有在中国银行间债券市场评级的资格，这标志着外资评级机构开始参与中国信用评级市场。本案例探讨了标普信评获得备案的背景和过程，从其业务发展情况、与国际评级体系接轨、民营企业欢迎程度、评级方法本土化争议及其解决四个方面探讨了标普信评的发展现状，重点分析了标普信评的入驻如何促使本土评级机构提高信用评级质量和提升评级准确性。本案例对中国信用评级机构进一步完善信用评级质量、提高评级准确性提供借鉴，对于我国社会信用体系建设具有重要启发。

一、引言

信用评级机构是金融市场中发行人和投资者间的中介机构，能够对国家、企业以及企业债券的信用风险进行评价，有助于投资者做出正确的投资决策，对于降低金融市场信息不对称具有重要作用。目前，全球有三家主流评级公司，分别为标准普尔、穆迪和惠誉。三家公司垄断了评级市场 90% 的业务。此前，国际评级机构只能以合资或合作的形式参与中国市场评级业务。惠誉在中国的合作方是联合资信；穆迪持有中诚信国际的部分股权；标准普尔未持有我国本土评级公司股权，与上海新世纪资信建立了合作关系。

实际上，标普、穆迪、惠誉三大国际评级机构此前已分别在国内注册成立了独资公司。从工商资料来看，标普中国于 2018 年 6 月在北京成立，注册资本 1 800 万美元，由标普全球亚洲控股私人有限公司独资持有。穆迪中国于 2018 年 6 月在北京成立，由穆迪亚太有限公司出资 5 000 万元全资持有。惠誉博华 2018 年 7 月成立于北京，由惠誉评级有限公司出资 5 000 万元成立。

在中国实行信用评级市场开放政策的背景下，2019 年 1 月 28 日，中国人民银行营业管理部对美国标普全球公司在北京设立的全资子公司——标普信用评级（中国）有限公司（以下简称"标普信评"）予以备案，这被视为中国债券市场对外开放的重要标志性事件。随着中国债券市场对外开放，国际评级机构在中国市场独立开展评级业务是未来的大趋势。

二、标准普尔入驻中国的过程

标准普尔创立于 1860 年，是普尔出版公司和标准统计公司 1941 年合并而成的世界权威金融分析机构，总部位于美国。其子公司专为全球资本市场提供独立信用评级、指数服务、风险评估、投资研究和数据服务。1975 年，美国证券交易委员会（SEC）认可标准普尔为"全国认定的评级组织"。标准普尔是全球金融基础建构的重要一员，150 年来一直发挥着领导者的角色，为投资者提供独立的参考指针，作为投资和财务决策的信心保证。

鉴于中国债券市场已成为全球第二大市场，标准普尔致力于将信用评级业务扩展到中国。2017 年起，中国开始出台信用评级市场开放的相关政策，标准普尔开始筹划在华独资经营事宜。2017 年 7 月，中国人民银行发布了 2017 年第 7 号公告，明确了境内外评级机构进入银行间债券市场开展业务的要求，意味着包括标准普尔、惠誉国际、穆迪三大国际评级机构在内的境外评级机构也能以独资形式进入中国市场。

2018 年 3 月末，中国人民银行主管的行业组织银行间市场交易商协会发布了《银行间债券市场信用评级机构注册评价规则》，对于国际信用评级机构，可以境外法人主体或境内法人主体方式申请注册。按照平等对待原则，境外与境内信用评级机构遵循相同的注册要求和注册流程，实现"一视同仁"。标准普尔的在华独资企业向交易商协会递交了注册申请。

2019 年 1 月 28 日，中国人民银行营业管理部发布公告称，对美国标普全球公司在北京设立的全资子公司予以备案。同日，中国银行间市场交易商协会也正式接受其开展银行间债券市场信用评级业务的注册申请。这标志着首家国际评级机构全资子公司获准在国内债券市场开展评级业务，标准普尔成为首家获得信用评级牌照的纯外资机构。

标普全球评级在中国境内的实体——标普信用评级（中国）有限公司以"标普信评"这一品牌在中国运营。中国银行间市场交易商协会注册通知书显示，标普信评将获准对金融机构、企业发债人和债项、结构融资债券、境外发行人发行的人民币计价债券进行评级。根据 2018 年 3 月银行间交易商协会发布的《银行间债券市场信用评级机构注册评价规则》，银行间市场的评级牌照分为 A、B 两类。其中，A 类信用评级机构可在银行间债券市场开展全部类别的信用评级业务，B 类信用评级机构则在银行间债券市场开展部分类别的信用评级业务。标准普尔获得的是 A 类信用评级牌照，可以在银行间市场开展全部类别的信用评级业务。

在获准进入中国银行间债券市场后，标普信评又获得为交易所债券市场评级的资格。2020 年 10 月 22 日，标普信评宣布已在中国证监会完成从事证券评级业务的备案，成为首家完成此备案登记的外商独资评级机构。标普信评的备案登记，意味着标普信评将可以对经中国证监会依法注册发行、在交易所债券市场上市交易或挂牌转让的债券及资产支持证券（国债除外）以及相关证券的发行人、发起机构、公司和其他经证监会规定的对象开展评级。这是标准普尔长期致力于发展中国信用市场所取得的又一里程碑。

至此，标普信评具有为交易所债券市场和银行间债券市场评级的双重资格。标普信评将更好地服务于全球第二大债券市场，为市场参与者提供透明、全球可理解的信用评级和研究观点。

三、标普信评的发展现状

2019 年 7 月 11 日，标普的中国子公司标普信评发布了获得牌照后的首个本土评级结果：工银金融租赁有限公司（工银租赁）主体信用等级为"AAA"，展望稳定。标普信评称，其为银保监会批准设立的金融租赁公司评定主体信用等级采用的基准为"BBB－"，工银租赁个体信用状况较这一基准高出 5 个子级。标普信评在获得中国债券市场的评级资格后，在中国的业务发展既有与国际评级体系接轨、民营企业欢迎的优势，同时面临评级方法本土化的争议。

（一）业务情况

根据标普信评的官方网站，截至 2020 年 11 月 5 日，标普信评已经发布了 16 个评级，包括主体评级、结构融资评级。标普信评针对结构融资产品的评级情况如表 1 所示。从表 1 中可以看出，结构融资评级全部为 AAA 级。

表 1　　　　　　　　　　　　结构融资产品的评级

结构性融资产品名称	评级日期	评级级别
"睿程 2020 年第二期个人汽车抵押贷款资产支持证券"优先级证券	2020 年 11 月 5 日	AAA
"建元 2020 年第十期"RMBS 优先档证券	2020 年 11 月 2 日	AAA

续表

结构性融资产品名称	评级日期	评级级别
"建鑫 2020 年第四期不良资产支持证券"优先档证券	2020 年 9 月 21 日	AAA
"速利银丰 2020－2"车贷 ABS 优先级证券的	2020 年 9 月 14 日	AAA
"建元 2020－4"RMBS 优先档证券	2020 年 8 月 6 日	AAA
"建元 2020－2"RMBS 优先档证券	2020 年 6 月 24 日	AAA
"华驭第十期汽车抵押贷款支持证券"优先级证券	2020 年 3 月 27 日	AAA
"建元 2019－12"RMBS 优先档证券	2020 年 1 月 3 日	AAA
"建元 2019－10"RMBS 优先档证券	2019 年 11 月 29 日	AAA

资料来源：作者自行绘制。

表 2 给出了标普信评针对金融机构的主体评级情况，从表 2 中可以看出，金融机构的主体评级大多数为 AAA 级，说明目前标普信评的主体评级多为资质较好的金融机构。但是上海农村商业银行股份有限公司的主体评级级别为 AA－级，泸州银行股份有限公司的主体评级级别为 BBB 级。

表 2   **金融机构的评级**

金融机构名称	评级日期	评级级别	展望
花旗银行（中国）	2020 年 10 月 20 日	AAA	稳定
三井住友银行	2020 年 6 月 9 日	AAA	稳定
摩根大通银行（中国）有限公司	2020 年 2 月 24 日	AAA	稳定
上海农村商业银行股份有限公司	2020 年 1 月 14 日	AA－	稳定
中国邮政储蓄银行股份有限公司	2020 年 1 月 3 日	AAA	稳定
泸州银行股份有限公司	2019 年 7 月 30 日	BBB	稳定
工银金融租赁有限公司	2019 年 7 月 11 日	AAA	稳定

资料来源：作者自行绘制。

（二）构建与国际接轨的评级体系

央行数据显示，截至 2020 年 8 月底，中国债券市场托管余额为 111.9 万亿元，在全球位列第二，但是属于外资参与度低的债券市场。国内金融开放力度不断加大，投资人对外资评级机构寄予厚望。

中国债券市场发展成为全球第二大规模的市场，正在迫切需要改善其评级体系。这种需要不仅来自自身发展，也来自大量的境外投资者。但是，境外机构青睐的品种主要是国债、政策性金融债等高评级债券，对中国信用债持仓较少。境外投资者较少配置信用债的原因在于其透明度与流动性不够强，评级体系不够完善。

因此，可信赖的评级是资本市场的基础设施，应该发挥风险定价、揭示信用风险、提高市场效率等重要作用。国际投资者熟悉标普的评级符号，因此，标准普尔的评级能够帮助外资更好地理解中国信用债市场。

从投资人的角度来看，标普信评的优势在于其是国际资深评级机构标准普尔的全资子公司，有深厚的国际投资人客户群体。标普信评跟 4 000 多家全球机构投资者保持着密切交流，他们熟悉并且认可标普的评级方法论。标普信评可以帮助境外投资者更快地熟悉境内市场，从而吸引更多境外投资机构投资中国债市。

作为首家获准开展境内债券评级业务的外商独资信用评级机构，标普信评致力于构建国际接轨评级体系，助力境外投资者投资中国债市。标普信评秉承着标普"独立、透明、客观"的全球评级理念。

（三）民企很欢迎标普信评

中国国内的民营企业对于标普信评在中国债券市场的发展表示很欢迎的态度。中国过于集中的高评级无法准确展示优质企业之间的信用差异。民企期待高收益债市场的形成。标普信评的评级是透明的，评级上调或降级的原因都会明确写进评级报告。如果某家民企的公司治理足够好，业务发展前景不错，也有可能被投资人青睐。虽然评级较低，但相应收益率也比较高，会赢得想要博取较高收益率投资人的青睐。

标普全球展业历史长，积累了充足的数据来验证评级的稳定性和前瞻性。企业在违约前的评级是如何迁移变化的，标普全球会有相应的数据来佐证。由于标普信评进入中国时间较短，数据积累较少。标普信评应用自己的评级方法论对典型公司进行了案头分析，分析的时间起点为违约或发生其他重大风险事件之前 2～3 年左右，以展示违约前公司业务、财务风险的变化和各项事件对其潜在主体信用质量的影响。

（四）本土化评级的争议以及解决

标普信评要在国内信用分析的核心领域发挥作用，存在很大的挑战，能否能够迅速抢占市场依然存在不确定因素。

一方面，由于国际"三大评级公司"在境外对于中国国家主权的评级并不是最高等级，仅是中高等级，因而中国公司境外主体评级明显低于境内。因此，国际评级机构境内子公司独立在中国市场全面开展业务后，将如何协调境内外评级差别，值得进一步关注。

标普信评以在全球推行的信用评级方法和标准为基础，制定了针对中国市场的评级方法和标准，但与其国际评级方法和标准存在一定的差异。标普信评对中国境内市场采用单独的信用评级方法和标准。这引起了市场的争议。以标普信评入华后首个境内评级工银金融租赁有限公司为例，工银租赁获主体信用评级 AAA，展望稳定。标普全球曾在境外市场给予工银租赁主体信用评级"A/A－1"，与标普信评在中国境内的 AAA 级评级有较大差异。

为何同一个主体的境内境外信用等级截然不同？标普境内境外的信用原则在本质上一样，只不过一个是"本土评级体系"；另一个是"全球评级体系"。全球评级是基于全球比较，需要包括国别风险、制度框架等与不同国别司法管辖相关的因素，对于具体企业的评级，通常不会高于其所在国主权信用评级这一"天花板"。但是本土评级是针对中国境内市场，因而拿掉了国别风险等因素。两者涵盖范围不同，不能直接类比。

另一方面，国际评级公司主要采用量化计量的方式进行评级，但是国内企业存在财务数据可靠性局限、数据积累量不足、数据周期较短等问题。核心信用评估量化模型对于判断信用风险极低和违约概率极高的评级对象具有一定有效性。对于信用资质介于两者之间的评级对象，存在一定的局限性。但是，中国债券市场的评级级别高度集中。从评级结果来看，截至 2019 年底，交易所公募信用债存量债券中 93% 主体评级在 AA 以上。因此，高度集中的评级对于个体信用分析的参考性价值较为有限。

标普信评引进中国以后，先做的是制定标普信评本土化的评级方法论。标普信评首席执行官兼总裁陈红珊指出，根据 3 000 多家已在境内发行过债券的企业的公开资料，标普信评发现这些企业的潜在主体信用质量中位数位于 BBB。

为了使市场接受标普信评的评级方法与理念，标普信评做了大量市场交流工作。不仅和国际投资者保持密切联系，解答他们的疑问，也组织各种研讨会和国内的各类发行人、投资人、承销机构交流评级观点。标普信评首席执行官兼总裁陈红珊表示，标普信评的使命是打造中国的信用基准，如果市场各方慢慢接纳了这个基准，相信有助于促进二级市场的流动性实现良性循环。

四、标普信评促使国内评级机构提高评级质量

近年来，中国本土评级机构暴露出评级高估、利益冲突等内生缺陷。因此，如何增强评级准确性、建立高质量的信用评级机构成为资本市场健康运行的重要问题。

标普信评的进入，被市场各方寄予了改变债券市场评级沉疴的期待。目前，国内现有的评级机构包括大公国际、上海新世纪、中诚信、联合资信、东方金诚等。中国证监会网站信息显示，依据 2020 年 3 月 1 日实施的"新证券法"，中国证监会对东方金诚、浙江大普、上海新世纪、标普信用评级（中国）、联合资信、中证鹏元、大公国际、安融信用评级、中诚信国际这九家机构完成从事证券市场资信评级业务备案。

各大信用评级机构的市场份额占比如表3所示，债券包括交易所债券市场中的公司债和企业债。从债券只数来看，在7 587只具有债券评级的公司债和企业债中，信用评级业务集中在中诚信国际、中证鹏元和联合信用评级三大机构中。从债券规模来看，交易所中具有信用评级的公司债和企业债总规模达到89 486.61亿元，债券评级业务集中在中诚信国际、联合信用评级和上海新世纪三大机构中。

表3 信用评级机构在交易所债券市场中的份额

信用评级机构	债券只数	只数比重（%）	债券规模（亿元）	规模比重（%）
大公国际资信评估有限公司	599	7.90	8 781.56	9.81
东方金诚国际信用评估有限公司	743	9.79	7 330.55	8.19
联合信用评级有限公司	1 493	19.68	19 027.28	21.26
联合资信评估股份有限公司	327	4.31	3 889.50	4.35
上海新世纪资信评估投资服务有限公司	901	11.88	9 855.96	11.01
远东资信评估有限公司	18	0.24	187.50	0.21
中诚信国际信用评级有限责任公司	2 483	32.73	32 175.12	35.96
中诚信证评数据科技有限公司	39	0.51	370.40	0.41
中证鹏元资信评估股份有限公司	984	12.97	7 868.74	8.79
总计	7 587	100	89 486.61	100

资料来源：作者自行绘制。

各大信用评级机构的市场份额占比如表4所示，债券包括银行间债券市场中的公司债和企业债。从债券只数来看，在2 503只具有债券评级的公司债和企业债中，信用评级业务集中在中证鹏元、中诚信国际和联合资信三大机构中。从债券规模来看，交易所中具有信用评级的公司债和企业债总规模达到28 812.02亿元，债券评级业务也是集中在中证鹏元、中诚信国际和联合资信三大机构中。

表4 信用评级机构在银行间债券市场中的份额

信用评级机构	债券只数	只数比重（%）	债券规模（亿元）	规模比重（%）
大公国际资信评估有限公司	237	9.47	4 248.20	14.74
东方金诚国际信用评估有限公司	312	12.47	2 918.60	10.13
联合资信评估股份有限公司	397	15.86	4 646.40	16.13
上海新世纪资信评估投资服务有限公司	298	11.91	3 395.79	11.79
远东资信评估有限公司	2	0.08	25.00	0.09
中诚信国际信用评级有限责任公司	540	21.57	7 234.78	25.11
中证鹏元资信评估股份有限公司	717	28.65	6 343.25	22.02
总计	2 503	100	28 812.02	100

资料来源：作者自行绘制。

通过借鉴国外信用评级机构的经验方法，国内信用评级机构发展速度较快，但是在发展过程中存在一定的缺陷。最大的问题就是存在严重的评级高估。国内信用评级机构实行的是发行人付费模式，即需要评级的债券发行人向评级机构支付评级费用。这种付费模式容易引发利益冲突。发行人可以在多个评级机构间进行评级购买，选择给自身更高级别的评级机构。为了吸引更多的发行人，占领更大的市场份额，获得更高的评级费用，评级机构往往选择给予发行人更高的评级级别，即评级机构给出的评级级别超过企业实际应该获得的评级级别。交易所债券和银行间债券市场拥有评级的公司债和企业债的信用评级分布情况如表5所示。AA－级及以下的债券金额仅占总金额的1.48%，AA级及以上的债券金额占总金额的98.52%。

表5 债券市场的信用评级分布情况

评级级别	债券余额（亿元）	金额比重（%）
AA－以下	2 909.290168	1.01
AA－	1 345.124517	0.47
AA	18 263.32326	6.37
AA＋	37 393.15945	13.04
AAA 附近	226 892.617	79.11
合计	286 803.5144	100

资料来源：作者自行绘制。

信用评级中的评级高估以及评级的不准确性使债券市场的评级"峭壁效应"凸显。自从2014年超日债违约打破刚性兑付局面后，不断增加的债券爆雷事件令给出债券评级的信用评级机构公信力再添阴影。本应提早做出风险提示，却往往只能在公司构成违约之后再下调评级，让债券投资人倍感失望。某只债券有风吹草动，评级很可能会断崖式下跌，这种现象在中国债券市场已是屡见不鲜，这说明评级没有发挥及时向投资者揭示风险的作用。

如图1所示，债券违约规模从2014年的13.40亿元提高到2019年的1 494.04亿元，债券违约只数从2014年的6只急剧提高到2019年的184只。由此可看，2014～2019年，无论是债券违约规模还是债券违约只数都呈现逐年增加的趋势。

在中国债券市场风险不断暴露的背景下，标普信评的引进将为本土信用评级机构充分揭示发行人的信用风险状况、丰富信用等级分布结构、改变"峭壁效应"提供空间。外资信用评级机构和国内信用评级机构的同台竞技，为国内信用评级持续提升评级技术水平和服务能力带来了新的压力和动力，国内信用评级机构将致力于评级技术进步和评级服务质量提高，将发挥国内信用评级机构的本土化优势，建立面向境外投资者的评级服务体系，提高本土信用评级机构的国际化水平。

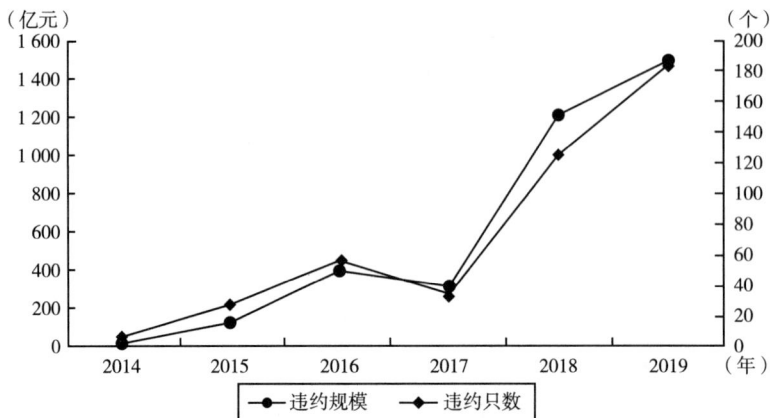

图1　债券违约情况

资料来源：作者自行绘制。

机构间的公平竞争、优胜劣汰，将使国内信用评级机构在良性竞争中成长起来，增强本土评级机构的市场公信力，形成良好的信用评级环境，使债券市场更好地服务实体经济，促进我国信用评级行业质量的不断改善。

五、结论

本案例探讨了标准普尔全资子公司标普信评引进中国的背景和过程，同时分析了标普信评业务发展现状、与国际评级体系接轨情况、受到市场的欢迎状况以及评级方法本土化争议的解决，最终指出外资评级机构的引进会带来竞争压力，有利于促进本土评级机构提高评级质量。

信用评级业对外开放是我国金融业开放的重要组成部分。标准普尔进入中国信用评级市场，是我国主动扩大金融业对外开放的举措，有利于促进我国信用评级业和金融市场高水平、国际化发展。

标普入场中国是资本市场信用建设的一个大事件。自古以来，中国就极为重视诚信建设，诚信不仅是个人安身立命的根本，也是社会良序发展的基石。当前，诚信问题已成为我国社会治理中的关键问题之一。习近平总书记在党的十九大报告中指出，"推进诚信建设，要不断采取各类措施推进社会信用体系建设。而加快推进信用立法、完善信用法律法规体系作为社会信用体系建设的基础工程，具有重大而深远的意义"。①

---

① 廖永安，谭曼．以信用立法推进社会信用体系建设［EB/OL］．http：//theory.people.com.cn/n1/2018/0219/c40531-29826153.html.

完善的金融信用体系是推动金融业健康稳步发展的源动力，信用缺失的金融市场秩序必然一片混乱，因此，规范金融市场信用秩序势在必行，信用体系的建设不仅能够促进金融市场的发展，而且可以提高大众信用意识，降低金融市场风险。在金融信用体系建设中，需要大力发展信用评级机构。但是，中国本土信用评级存在评级高估、利益冲突等缺陷，无法及时给予投资者准确的评级，这会造成金融市场效率配置的降低。除了引进国外评级机构之外，政策层面在未来也需要重视本土信用评级机构的相关问题，以进一步完善中国资本市场的诚信制度建设。

对于中国本土信用评级机构而言，在外资评级机构引进的背景下，应该致力于学习国际评级机构先进的评级经验，提高自身的评级方法和评级技术，为资本市场提供更加准确的评级。信用评级业不断开放，外资评级机构陆续到来，只有提高评级质量，本土评级机构才能够在竞争更加激烈的评级市场上站稳脚跟，建立中国自身的评级话语权，防止被外资评级机构所替代。

案例使用说明

一、教学目的与用途

1. 适用课程：信用评级、信用风险管理、金融学、金融市场学。

2. 适用对象：金融学相关专业本科生、金融学硕士。

3. 教学目的。

（1）知识目标。基于信用评级理论和信用风险管理理论，探讨标普信评如何获得中国银行间和交易所债券市场的评级资格备案，从业务发展情况、与国际评级体系接轨、受民营企业欢迎和评级方法本土化争议四个方面分析标普信评的发展现状，识别标普信评引进对中国本土信用评级机构产生的影响，反思和总结中国本土信用评级机构如何应对来自外资评级机构的竞争压力。

（2）能力目标。提高学生利用金融知识分析现实经济问题的能力，锻炼学生的批判性思维能力，同时增强学生利用金融理论来解决金融市场问题的实际能力。

（3）思政目标。通过探讨国际资深信用评级机构标准普尔入驻中国的过程、现状和影响，促使学生理解信用在金融领域中的基础性作用和信用体系建设的重要性，建立诚实守信的良好职业素养是对金融从业者的基本要求；同时增强学生基于国际视野、创新性解决中国问题、服务经济高质量发展战略的历史使命感。

二、启发思考题

1. 社会信用体系建设的含义是什么？信用评级机构在信用体系建设中的重要性是什么？

2. 标普信评如何获得银行间债券市场和交易所债券市场的评级资格？其背后的原因是什么？

3. 标普信评在中国评级市场上所具有的优势是什么？在中国债券市场评级中会遭遇哪些水土不服？遇到哪些挑战？

4. 标普信评加入中国评级市场会导致中国信用评级业市场结构发生怎样的改变？

5. 作为当代学习金融专业的大学生，在中国的信用体系建设中你应该如何贡献自己的力量？

三、分析思路

1. 从伦理角度来理解"信用"。

从伦理角度理解"信用"，它实际上是指"信守诺言"的一种道德品质。从这个层面来看信用，它对一个国家、一个民族都是至关重要的。良好的信用体系建设和相应的信息披露会促使人们更好地"信守诺言"。

2. 分析我国金融体系建设中信用评级机构发挥的作用。

信用评级机构是金融市场中发行人和投资者间的中介机构，能够对国家、企业以及债券的信用风险进行评价，对于降低金融市场信息不对称具有重要作用，有助于投资者做出正确的投资决策。

3. 结合信用评级理论，理解信用评级机构如何解决金融市场的信息不对称。

金融市场上的投资者要根据市场上披露的信息分析投资面临的信用风险及其他风险。但在金融市场上存在诸多的不对称信息。投资者有时根本无法判断所看到的信息是否属实。信用评级机构在信息收集方面具有较强的优势。评级机构为客户提供评级结果，可以省去投资者自己收集信息的麻烦，节省投资者的信息成本，保护投资者免遭由于信息不足而蒙受的损失。

4. 分析标普信评进入中国后，中国信用评级业的市场结构会发生的变化。

标普信评引进中国后，将会使中国信用评级业竞争程度加剧，本土信用评级机构将面临更大的竞争压力。

5. 讨论标普信评的引入是否会促使中国本土信用评级提高评级质量。

外资信用评级机构和国内信用评级机构同台竞技，机构间的公平竞争、优胜劣汰，将使国内信用评级机构在良性竞争中成长起来，增强本土评级机构的市场公信力，形成良好的信用评级环境。

四、理论依据与具体分析

（一）理论依据

1. 信用理论。

"信用"是对约定规则的遵守，即"一诺千金""有约必践"。对"信用"的真正内涵的认识，仁者见仁，智者见智，可以从不同的角度进行探究，通常意义可以从四个角度来理解。

从伦理角度理解"信用"，它实际上是指"信守诺言"的一种道德品质。人们在日常生活中讲的"诚信""可信""讲信用""一诺千金""答应的事一定办到""君子一言，驷马难追"实际上反映的就是这个层面的意思。从这个层面来看信用，它对一个国家、一个民族都是至关重要的，因为一个社会只有讲信用，才能够形成一个良好的社会"信任结构"，而这个信任结构是一个社会正常运转的重要基础。从企业的商业伦理角度来看信用的含义，诚信行为既指与自身所接受的最高行为规范相一致的行为，也是指将伦理道德要求的规范加于自身的行为。

从经济的角度理解"信用"，它实际上是指"借"和"贷"的关系。信用实际上是指"在一段限定的时间内获得一笔钱的预期"。你借得一笔钱、一批货物，实际上就相当于你得到了对方的一个"有期限的信用额度"，你之所以能够得到对方的这个"有期限的信用额度"，大部分是因为对方对你的信任。经济学意义上的信用是以伦理角度的信用为基础的，即信用（借贷关系）的发生要以授信人对受信人的偿还承诺的信任为前提，有时也可能因为战略考虑和其他因素不得已而为之。从经济的角度理解信用有着丰富的层次，至少可以从国家、银行、企业、个人层次来理解。

从法律的角度理解"信用"，它实际上有两层含义：一是指当事人之间的一种关系，只要"契约"规定的双方的权利和义务不是当时交割的、存在时滞，就存在信用；二是指双方当事人按照"契约"规定享有的权利和肩负的义务。

从货币的角度理解"信用"，在信用创造学派的眼中，信用就是货币，货币作为普遍被接受的交易媒介，其本质是信用。银行的放贷行为创造了货币，信用货币的普遍使用更使信用与货币融为一体。

从经济的角度来看，最早出现的信用形式是高利贷，目前已不占主导地位。资本主义生产关系的建立促进了现代信用的形成，现代信用形式日益多样化，主要有商业信用、银行信用、国家信用、消费信用、国际信用等。正是借助于各种各样的信用形式实现货币和资本的跨时间、跨空间的配置。我们说现代经济是信用经济，强调是一种债权债务关系普遍存在的经济，同时现代经济社会中存在的众多失信的现象（学者称之为"信用悲剧"），凸显信用建设的重要性。

2. 信用评级理论。

信用评级是由独立的评级机构或部门，根据"公正、客观、科学"的原则以及相关的法律、法规、制度与有关标准，运用科学的指标体系与评级方法，按照规范化的程序，对评级对象在特定期间或特定条件下履行相应经济责任的能力与意愿进行调查与综合评价，并用特定的简单、直观的等级符号来表示其信用等级。

评级活动的对象可以是国家、金融机构、企业、个人等市场参与主体，也可以是债券、票据等有价证券。信用评级按照评级对象可以分为主权信用评级、经济组织评级和金融工具评级。

信用评级是解决金融市场信息不对称的重要工具。在市场经济中存在着大量的信息不对称现象，信用风险与信息不对称又成为信用社会的主要矛盾，要缓解这种矛盾就需要对市场进行监督。一般来说，有三股力量可以发挥这一作用，包括政府、行业与社会，而信用评级便是市场监督的一个重要内容。信用评级是市场监督的一种重要手段，其主要功能是通过对信息的收集、整合来度量风险，从而减轻市场中的信息不对称问题，引导资金的流向。

信用评级可以给投资者提示风险，信用评级机构利用简洁的符号反映被评企业或其发行的证券的信用状况，而投资者通过对评级对象信用级别的考察，了解其风险大小。信用评级的结果可以在一定程度上反映风险大小。不管期限如何，在相同的年限下，信用等级越高的债券违约率就越低。因此，投资者参考资信等级，就可以估算出违约概率和风险大小，再结合市场其他因素，就可以对债券等债务工具的价格进行合理的定价，做出投资与否的决定。

信用评级可以降低投资者的信息成本。金融市场上的投资者要根据市场上披露的信息做出投资面临的信用风险及其他风险的判断。但在金融市场上存在诸多的不对称信息、借款方对于其自身价值的了解要比那些潜在的投资者多得多，因而借款方往往会选择一种有利于自己的信息披露方式来达到筹资的目的。而贷款方或投资者也意识到借款方具有只提供有利信息的动机，但要识别这些信息是需要花费代价的，我们称之为信息成本。事实上，投资者并不都是专家，有时他们根本无法判断所看到的信息是否属实、能否按照信息进行决策。而专业的信用服务机构利用其在各领域的技术和人才优势，通过收集相关信息进行分析，提供专业的评级服务。此外，评级机构在进行评级业务过程中，建立了企业信用信息系统和企业数据库，对充分揭示信用风险提供了强大数据和信息支持。信用评级机构的这些特点决定了其在信息收集方面具有较强的优势。评级机构为客户提供评级结果，可以省去投资者自己收集信息的麻烦，节省投资者的信息成本，有助于提高经济活动主体信用风险防范和控制能力，保护投资者免遭由于情报不足而蒙受的损失。

信用评级可以降低筹资企业的成本。债券发行者或借款人使用信用评级的一个好处是通过获得独立评级机构的评估结果可以降低筹资成本。通常情况下，债券的利率一般是在无风险利率之上加一个投资者认可的违约风险利率，而违约风险利率的大小通常会与评级机构的评级结果相挂钩。随着债券等级的下降，违约风险溢价迅速上升。正是由于债券的利率在很大程度上与资信级别挂钩，所以从发行方来看，如果从评级机构得到的信用级别越高，则发行的利率就越低，即资金成本就越低。信用评级可以减少企业的融资制约。信用评级可以提升被评企业的信用地位，从而拓展融资渠道，稳定融资来源。一般来说，有较好信用等级的企业较少受到信用约束，对内部资金的依赖也可大大减少。

3. 信用风险度量理论。

信用风险度量的方法包括判别分析模型、线性概率模型、非线性概率模型、CreditRisk + 模型、KMV 模型、CreditMetrics 模型和宏观模拟模型。接下来介绍各个模型的基本思想。

判别分析模型包括判别分析方法、Z 评分模型和 Zeta 模型。第一，判别分析方法的基本思想是确定一个判别函数，根据已有的判别准则，对新的样本进行比较归类，包括距离判别分析方法、贝叶斯判别分析方法、费希尔判别分析方法。第二，Z 评分模型的表达式为：$Z = 1.2X_1 + 1.4X_2 + 3.3X_3 + 0.6X_4 + 0.999X_5$。Z 为判别函数值，$X_1 =$ 营运资金/总资产，该指标反映企业的流动性，$X_2 =$ 留存收益/总资产，该指标反映企业的利润积累水平，$X_3 =$ 息税前利润/总资产，该指标反映企业的获利能力，$X_4 =$ 股东权益的市场价值/总负债，该指标反映企业的偿债能力，$X_5 =$ 销售收入/总负债，即企业的总资产周转率，该指标反映企业管理层的营运能力。第三，Zeta 模型是在 Z 评分模型的基础上进行的修正，ZETA 模型的变量由原来的 5 个拓展至 7 个，包括资产回报率（ROA）、收益的稳定性、债务偿还、累计盈利、流动比率、资本化比率和资产规模。研究表明，ZETA 模型对破产前 5 年的企业分类十分精准，破产前 1 年的分类准确率超过 90%，破产前 5 年的准确率也有 70%。

线性概率模型将公司的多个财务指标作为违约预测的解释变量。按照公司的历史数据和违约情况，运用最小二乘法回归估计模型中的未知参数。估计得到的模型反映公司的财务指标和信用状况之间的相关性，并且可以预测公司未来违约或者破产的概率，进而判断其风险级别。线性概率模型中被解释变量表示待判公司的信用状况，且设定其信用状况为违约或者不违约两种状态，因而被解释变量属于二分类变量。

非线性概率模型包括 Logit 模型和 Probit 模型。这两个模型采用曲线形式预测违约概率，并保证概率落在 [0, 1]。Logit 模型假设事件发生的概率服从 Logitstic 分布，而 Probit 模型则假设事件发生的概率服从累计标准正态分布。两个模型都是根据待判 0 公司的一系列财务指标来预测其违约的概率。

CreditRisk + 模型是 1993 年瑞士信贷金融产品公司开发的信用风险度量模型。简单来说，它采用保险精算方法推导债券、贷款组合的损失分布，建立了仅考虑违约风险的模型。该模型属于信用违约风险度量模型，它在对违约风险进行分析时使用了风险暴露的规模、期限以及债务人信用质量等信息，是一个违约风险的统计模型。

KMV 公司所发展的违约风险衡量模型，主要是基于期权定价理论基础上建立起来的。该模型利用财务报表及资本市场相关资料，最终得出预期违约概率（EDF）来度量信用风险。KMV 模型根植于期权理论，其基本思想是将公司的股东权益看作是对公司资产的看涨期权，该公司的股价为期权价格，公司资产为标的资产，将公司的举债视为股东向债权人买入期权，期权的到期执行价格是公司负债的账面价值。到期时，若公司资产的市场价值低于负债价值，即标的资产价值低于执行价格，股东将不会从债权人手中买回公司资产，也就是说公司将发生违约的风险。

CreditMetrics 模型度量公司资产面临的风险的步骤为：首先，估计该公司信用资产的风险暴露，建立相应的信用等级转移概率矩阵，分析资产组合的风险暴露需计算各个资产之间的相关性，从而计算各资产的联合等级转移概率。其次，根据单个资产的未来等级转移概率计算其可能的价值，并计算全部资产的现值分配，估计信用等级变化后资产的价值波动程度。最后，选取适当的显著性水平，将单个资产或资产组合的标准差等信息代入 VaR 公式，从而得到单一资产或资产组合的信用风险度量值。

宏观模拟模型引入宏观经济因素对转移概率的影响。1998 年，麦肯锡公司利用计量经济学理论和蒙特卡洛模拟法开发出用于分析信贷组合风险的多因素信用风险量化模型——宏观模拟模型。宏观模拟模型将违约和信用等级转移概率与经济增长率、利率等宏观经济指标联系起来，模拟每个国家不同产业、不同信用等级的违约和转移概率的联合条件分布。

（二）具体分析

1. 社会信用体系建设的含义是什么？信用评级机构在金融信用体系建设中的重要性是什么？

社会信用体系也称国家信用管理体系或国家信用体系，是以相对完善的法律、法规体系为基础，以建立和完善信用信息共享机制为核心，以信用服务市场的培育和形成为动力，以信用服务行业主体竞争力的不断提高为支撑，以政府强有力的监管体系作保障的国家社会治理机制。

它的核心作用在于，记录社会主体信用状况，揭示社会主体信用优劣，警示社会主体信用风险，并整合全社会力量褒扬诚信，惩戒失信。可以充分调动市场自身的力量净化环境，降低发展成本，降低发展风险，弘扬诚信文化。

它是一种社会机制，规范我国的市场，建立一个适合信用交易发展的市场环境，保证市场经济向信用经济方向转变，从原始支付手段为主流的市场交易方式向以信用交易为主流的市场交易方式的健康转变。使社会资本得以形成，直接地促成市场经济走向成熟，扩大市场规模。

在资本市场的运行中，信用评级机构是发行人和投资者间重要的中介机构。信用评级机构能够对企业债券进行信用风险分析，给出信用评级级别，从而有利于投资者识别风险，做出更好的投资决策。信用评级机构的存在使金融市场效率提高，降低投资者的损失，提高发行人的债券融资。

2. 标普信评如何获得银行间债券市场和交易所债券市场的评级资格？其背后的原因是什么？

中国债券市场现已成为全球第二大债券市场，国际评级机构之一的标准普尔致力于开拓中国市场，于2018年6月在北京成立了标普信用评级（中国）有限公司，注册资本1 800万美元。同时，中国信用评级业不断开放，政府出台了多项开放政策，为标普信评获得银行间和交易所债券市场评级资格提供了有利的条件。

3. 标普信评在中国评级市场上所具有的优势是什么？标普信评在中国债券市场评级中会遭遇哪些水土不服？遇到哪些挑战？

标普信评相比于中国本土评级机构而言，具有两个方面的优势：第一，评级体系与国际评级体系接轨。标普信评是由国际评级机构标准普尔成立，评级方法和技术都是来自国际评级机构。由于标准普尔所积累起来的声誉，标普信评能够得到大量外国投资者的信赖。一旦获得标普信评的评级，能够吸引更多外国投资者在中国债券市场上进行投资。第二，获得民营企业的青睐。在中国现有的融资体系中，民营企业相比于国有企业更不容易获得银行贷款和债券融资。但是如果资质好的民营企业能够获得标普信评准确的高评级，得到投资者的认可，就能够降低融资成本和提高融资额度。

标普信评在中国市场上面临的最大挑战就是评级方法本土化存在争议。中国的资本市场和国外资本市场存在很大不同，在中国特殊的制度环境下，依旧采用相同的评级方法必然存在水土不服的问题。但是，标普信评经由大量的调查和研讨会致力于寻找中国评级体系的特殊之处，从而找出更适合中国市场的评级方法。

4. 标普信评加入中国评级市场会导致中国信用评级业市场结构发生怎样的改变？

标普信评引进中国债券市场后，中国本土信用评级业的竞争程度会加大。起初，由于标普新评处在客户积累和声誉积累的阶段，对评级业市场结构的影响力小。但是随着标普信评依靠国际评级机构的背景获得更多投资者的认可，获得更多的声誉资本，那么很有可能会对中国本土评级机构的地位产生挑战，甚至成为评级市场的垄断者。

5. 作为当代学习金融专业的大学生，在中国的信用体系建设中你应该如何贡献自己的力量？

第一，在日常学习和生活中践行诚实守信、履行契约的行为习惯和品格。包括在考试期间遵守考场纪律，避免作弊行为；在写作学年论文和毕业论文中，禁止学术抄袭行为，避免论文移花接木、篡改数据；在评奖评优中，实事求是，避免投机取巧；对于已签好的就业合约，按时履行，避免任意变更、撕毁就业合同的行为；在与亲人、朋友、恋人、老师的交往中，诚实守信，信守承诺等。第二，个人在经济信用活动中增强信用意识和风险思维。对于国家申请的助学贷款，按时还清；对于日常消费中的借助各种平台申请的信用贷款，例如信用卡贷款、京东白条等，按时足额还款，减少信用违约给自己带来的经济和信誉损失。第三，基于国际视野提升自己的专业素养。作为学习金融专业的大学生，不管未来的工作单位是金融机构、非金融企业部门还是政策监管部门，都需要对信用活动、信用评估以及信用风险等有敏锐的观察和专业的评估，在完善信用体系建设中贡献自己的力量。

参考资料：

［1］魏丽，满博宁．信用风险度量［M］．北京：高等教育出版社，2015.

［2］叶伟春．信用评级理论与实务（第2版）［M］．上海：格致出版社，2015.

［3］孟靓．央行大消息！国际评级巨头标普来中国了［EB/OL］．［2019 - 01 - 28］．https：//www. sohu. com/a/292012343_465270.

［4］吴丹若．国际信用评级巨头"美国标普全球公司"获准进入中国［EB/OL］．［2019 - 01 - 29］．https：//baijiahao. baidu. com/s? id = 1623994224451800313&wfr = spider&for = pc.

［5］杨卓卿．惠誉博华获准入场，信用评级市场迎来鲶鱼效应？［EB/OL］．［2020 - 05 - 18］．https：//finance. ifeng. com/c/7wZDZwqBnxA.

［6］赵洋．标普信评完成中国证监会证券评级业务备案登记［EB/OL］．［2020 - 10 - 23］．ht-tp：//3g. k. sohu. com/t/n491313358.

［7］常佩琦．标普信评陈红珊：构建国际接轨评级体系　助力境外投资者投资中国债市［EB/OL］．［2020 - 09 - 06］．https：//finance. sina. com. cn/roll/2020 - 09 - 26/doc - iivhvpwy8933333. shtml.

［8］李聚合．加强金融领域信用体系建设　促进金融市场健康发展［J］．宏观经济管理，2016（8）：11 - 13.

［9］王国伟．基于金融领域信用体系建设的金融市场健康发展［J］．中国集体经济，2018（8）：113 - 114.

金融与可持续发展——坚持绿色共享，践行社会责任

永辉超市事业合伙人制度下的利润分享机制

宿淑玲

摘　要：永辉超市是一家以零售业为龙头的大型集团企业，本案例描述了永辉超市的发展概况，重点描述了永辉超市事业合伙人制度下的利润分配与普通公司制企业利润分配的差异，并进一步分析了永辉超市采取这种分配制度的直接动因。本案例对于人力资本密集型或者劳动者管理型企业如何改善其激励和约束机制以最大化企业价值有一定的借鉴意义；对于知识经济背景下大学生以更加乐观的态度提升人力资本价值，树立合作共赢、共享发展的信念有一定的启示。

一、引言

合伙制企业早于公司制企业几个世纪诞生，延续至今，并在人力资本密集型产业大行其道，成为新经济的样板。2007 年 6 月 1 日《中华人民共和国合伙企业法》修正案生效，其最大亮点在于将有限合伙这一企业组织形式引入中国。2009 年底，我国证监会制定的《证券登记结算治理办法》规定：合伙制企业可以在二级市场开立证券账户，以银河财富为代表的一批投资公司抓住这一机遇，开始悄然运作投资于二级市场的合伙制私募基金。随着对合伙制下不同利益主体之间"风险共担，利益共享"理念的认可以及人力资本在企业价值创造中地位的提升，越来越多的企业突破原有的金字塔型管理模式，开始引入"事业合伙人"这一制度。例如，华为技术有限公司（以下简称"华为"）、北京小米科技有限责任公司（以下简称"小米"）、万科企业股份有限公司（以下简称"万科"）等多家优秀企业，都纷纷启动具有"事业合伙人制度"色彩的公司治理机制，使企业在转型变革过程中得到了更好的发展。

赵兴（2015）将基于合伙理念的合伙人制度概括为三种模式：一是由专业人员经营、人力资本撬动物质资本的有限合伙企业模式，是一种法律意义上的企业形态，例如改组为股份制公司之前的高盛和我国现在多数的私募股权投资基金，有限合伙企业最大好处是让普通合伙人（GP）用很少的资金撬动上百倍资金的同时，可以牢牢掌握企业控制权，还能获得远超过自己出资比例的超额收益，这些特权都体现了对 GP 人力资本价值的认可；二是以维护企业文化传承、保证创始人及管理团队对公司控制权为目的的合伙人模式，往往是在创业阶段需要大量引进资本的互联网企业、科技创新企业，例如阿里巴巴 2010 年确定的"湖畔合伙人"的制度，该制度规定阿里的合伙人有提名董事会超过半数席位的权力，从而间接获得董事会决策的控制权，这种控制权不会因其他股东持股比例的增加而变化；三是以激励员工、激发一线活力为目的的合伙人模式，例如万科2014 年实施的事业合伙人制度，包含持股计划与项目跟投制度等，把项目直接经营者与公司利益捆绑在一起，成为事业共同体，风险、收益共担，同时激发组织效率与活力。辛全刚和杨东红（2017）认为，事业合伙人制度本质上是一种公司的激励和约束机制，通过把公司人力资源里的关键部分安排到事业合伙人制度里面，从而使公司职业经理人与股东利益以及公司利益捆绑到一起，风险共担，利益共享，促进公司长久发展。

二、永辉超市事业合伙人制度简介

永辉超市股份有限公司（以下简称"永辉超市"或"永辉"）创设的以打造团队经营者为核心的合伙人模式比较接近赵兴（2015）所述的第三种模式，但永辉超市并非传统的人力资本密集型产业，其激励的对象不仅包括高级管理人员，还包括全部的一线员工。该制度具体内容是怎样的？永辉超市是在怎样的外部环境下进行这样的管理机制创新？其效果如何？这种创新背后蕴含着怎样的经济理论？又会给其他类似企业提供怎样的启示和借鉴？

（一）永辉超市发展概况

永辉超市（股票代码：601933）隶属商品零售行业，是以零售业为龙头、以现代物流为支撑、以现代农业和食品工业为两翼、以实业开发为基础的大型集团企业。永辉超市的前身是福州屏西生鲜超市，实际控制人为张轩松和张轩宁。公司创办于 2001年，是一家以经营生鲜农产品为主，日用百货、服装鞋帽为辅的商业零售企业。公司的经营模式被国务院七部委誉为中国"农改超"推广的典范，亦是国内首批将生鲜农产品引进现代超市的流通和农业产业化企业之一。2001 年"农改超"政策推动了永辉诞生的雏形，从培育自身农产品采购团队开始的一系列供应链优化战略成为后期门店得以快速拓展的重要资源。

2004 年，选择重庆市场是永辉超市走出区域巨头打响全国连锁的重要一战。2010年在上交所主板上市时，永辉超市的门店数量在全国还只有 156 家，截至 2020 年上半年，永辉超市在福建、重庆等25个省份已发展938家连锁超市及458家mini店，经营面积超过750万平方米。根据中国连锁经营协会发布的《2019年中国超市百强榜单发布》，永辉超市提升一名，位列前三名。根据中国连锁经营协会与德勤共同发布的2020年中国网络销售TOP100榜单，永辉超市排在第30名。其主要经营活动为销售生鲜品、食品用品及服装以及相关的促销服务、物流配送、物业购建及出租等。

发达国家的生鲜农产品销售主要通过连锁超市和食品商店，美国、德国、日本通过该类渠道销售的农产品达到70%。① 截至2019年，我国生鲜农产品通过超市渠道销售的比重约22%，约73%的农产品通过传统农贸市场销售给消费者。② 经过约20年的长期摸索和总结，永辉超市形成了具备价格优势、购物环境优势、服务质量优势、食品安全优势等特点的商业模式，但超市属于劳动密集型的服务行业，永辉超市董事长张轩松曾在一次进店调研中发现，当一名一线员工每个月只有2 000多元的收入时，他们可能刚刚温饱，根本就没有什么干劲，每天上班事实上就是"当一天和尚敲一天钟"而已。顾客几乎很难从他们的脸上看到笑容，这对于网商冲击下的实体零售业来说，更是一个巨大的问题。如果一线员工是一种"当一天和尚敲一天钟"的状态的话，在他们码放果蔬的时候就会出现"往一边丢""往那一砸"的现象，反正卖多少都和自己没关系、超市损失多少果蔬也和自己没关系。受过撞击的果蔬通常几个小时就会变黑，这样就无法吸引消费者购买，进而对整个超市造成影响。

众所周知保质期短是生鲜产品的特性，一旦保存不当，十分容易腐烂而影响销售，因而能否吸引顾客到店购买生鲜产品，对提高盈利水平至关重要。那么，永辉超市目前迫切需要解决的问题就是怎样降低运营成本来提高其盈利水平。永辉超市事业合伙人制度通过对一线员工制定相应的考核标准，例如，将生鲜柜台的损耗率作为其中一项考核指标，与负责此柜台员工的绩效挂钩。从而促使员工在工作中想尽办法控制损耗率，损耗率的降低使运营成本也降低。

（二）永辉超市事业合伙人制度

2013年上半年开始，永辉在福建、重庆两大区域实施具有创新性的事业合伙人制度，即门店合伙人项目，并根据反馈数据的支持自2013年7月开始在全国所有区域推行该项目，进一步实施其"融合共享、成于至善"的经营理念。合伙人实现对所有员工的完全覆盖，真正保障权利和收益的共享。在这一基础上，员工便成为企业的主人，

---

① 中国生鲜供应链，多级供应链是行业发展的必然［EB/OL］. https：//www.chyxx.com/industry/201904/734186.html.

② 2019年中国生鲜市场发展现状、市场竞争格局及未来发展趋势分析［EB/OL］. https：//www.chyxx.com/industry/201912/818755.html.

会为了企业的发展协同努力、共同奋斗，如图 1 所示，为了确保利润分配能够得以顺利实施，永辉对所有的员工岗位重新设计，突破传统的金字塔结构（特点是管理者发号施令，层层传递后，由终端员工被动执行），改变设计为三层扁平结构，去掉了中间的管理层，实现了权力的上移与下放，力图实现简单、高效和扁平化。

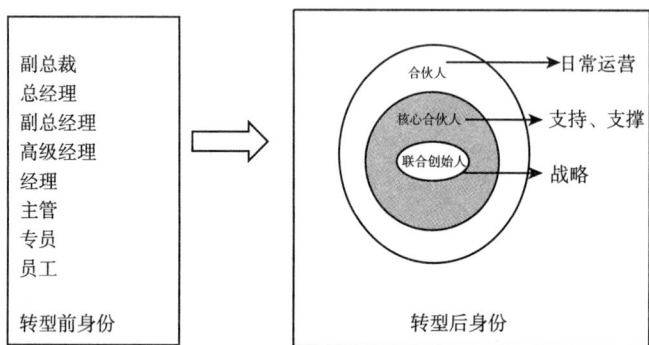

图 1　永辉超市组织结构变化

资料来源：根据刘睿林．永辉超市事业合伙人制度下的收益分配模式研究整理绘制。

基于图 1 的结构可以看出，永辉事业合伙人制度的参与主体由董事会的成员、地区总门店、总门店下的子门店、子门店下的各部门以及基层的一线员工构成。合伙人主要包含三个层次：其一，联合创始人，这一层级的核心在于董事会，这就需要对公司所有的资源进行重构或整合，以确保更合理系统地进行战略筹划，同时为合伙人团队创建良好的创业平台；其二，核心合伙人，其核心在于高级管理者，目的就是实现对资源的有效支持和支撑，主要以各地区的总店长为主；其三，普通合伙人，主要是处于运营一线的普通员工。在满足一定条件时，各级合伙人之间是可以转化的，当员工对企业的贡献不断提升时，他们不但能在职务上得到晋升，还能向更高一级的合伙人层级递进。图 2 是永辉超市官方网站所展示的处于营运线和专业线层面的员工成长通道。

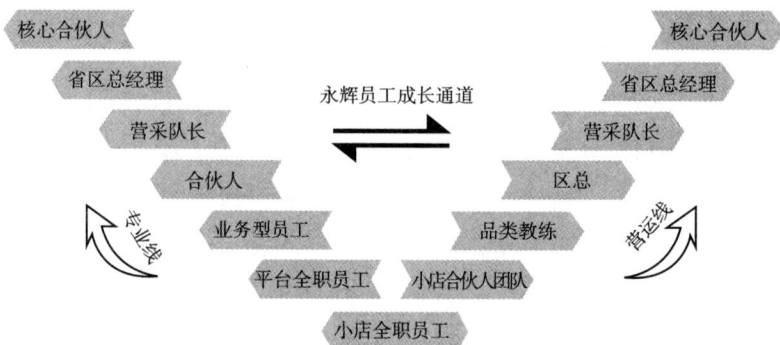

图 2　永辉员工成长通道

资料来源：永辉超市官网，https：//www. yonghui. com. cn/hr_zyfz.

基于这种形式的组织机构能够有效地对员工进行分层，覆盖范围涵盖了所有的员工，这就意味着不会对任何员工产生歧视，完全基于个体的贡献大小和合伙人的等级进行明确划分。永辉超市的事业合伙人制度以门店为单位，以门店整体业绩任务达成作为参与分红的前提条件，门店内从营运部门到后勤部门，从员工到店长均参与，将所有部门例如生鲜部、服装部等，分别定位为团队，团队业绩作为分红的基础。

三、事业合伙人制度下的利润分享机制的内容

（一）一线员工基于门店的绩效分享超额利润

总部与经营单位（合伙人代表，也就是总部与其进行利益分配的另一方，一般以门店或者柜组为经营单位）根据历史数据和销售预测制定一个业绩标准，如果实际经营业绩超过了设立的标准，增量部分的利润按照比例在总部和门店合伙人之间进行分配，激发员工有动力主动担当经营责任，同时绑定核心员工利益，实现经营目标。

首先，这是一种分红机制。永辉总部代表、门店店长、经理以及课长，一起探讨一个预期的条件作为业绩标准，譬如销售总额或者利润总额。将来门店经营过程中，超过这一业绩标准的增量部分（测算销售总额达成率100%以上、利润总额达成率100%以上）利润就会拿出来按照合伙人的相关制度进行分红：或者"三七"分或"四六"分等。店长拿到这笔分红之后就会根据其门店里不同岗位的贡献度（如销售总额达成率95%以上、部门毛利达成率95%以上等）进行二次分配，被分享的利润叫作"奖金包"，奖金包根据门店层级的不同，按照固定的比率在各层级间进行分配，各层级所分配到的层级奖金包再按照层级人数以及分派标准在各层级内部员工进行分配。最终使分红机制照顾到每一位基层员工。

其次，这又是一种激励机制，名为分红，重在激励。永辉利润分配模式的考核方式是在阿米巴经营[①]思维之上建立的绩效考核体系，它倡导的是"人人都是经营者"的理念，可以说是一种总部与小团队之间的业绩对赌。为了在利润分配时取得更多的收益，门店管理者与员工不管是在对超市的管理还是日常的经营运作上，都比之前更加自觉。一线员工的收入与"品类或部门、科目、柜台等"的收入是挂钩的，因此，激励基层员工在"创收"上积极"开源"，甚至帮助公司拓展客户；由于分成是依据毛利润或净利润分成，也激励了员工尽量避免不必要的成本浪费。个人分配基于团队

---

① 阿米巴经营是指将组织分成小的集团，通过与市场直接联系的独立核算制进行运营，培养具有经营意识的管理者，让全体员工参与经营管理。康至军. 事业合伙人——知识时代的企业经营之道［M］. 北京：机械工业出版社，2016.

作业的形式，每个团队的经营情况不同，当永辉超市在整体亏损的情况下，如果一些团队能实现超额利润或者减少亏损，仍然能按原分配计划得到相应的收益。以果蔬为例，员工至少在码放时就会轻拿轻放，并注意保鲜程序，这样一来节省的成本就是所谓的"节流"，这也就解释了在国内整个果蔬部门损耗率超过30%的情况下，永辉超市只有4%~5%损耗率的原因。①

此外，在合伙人机制下，对于部门、柜台、品类等人员招聘、解雇都是由员工组的所有成员决定，是否增加或削减人手由员工组决定。最终，这一切都将永辉的一线员工绑在了一起，大家是一个共同的团体，而不是一个个单独的个体，这极大地降低了企业的管理成本，员工的流失率也有了显著的降低。

（二）对专业买手进行股权激励

在企业的基层员工中还有一些专业"买手"，是指那些常常关注各种信息、掌握大批量的信息和订单、不停地和各种供应商联系并且组织货源、满足各种消费者不同需求的采购人员。这个群体对于永辉的特色生鲜经营来说，尤为重要。因此，永辉对这些专业买手进行更大的利益分享——股权激励。买手是永辉超市在供应链底端的代理人，他们熟悉村镇的情况，又十分了解各种生鲜特征，这使他们能够很好地胜任采购工作，但也容易导致买手们以更高地薪水被竞争对手挖走，通过向买手们发放股权激励，可以看作一种更高级的"合伙制"。

（三）对联合创始人进一步的股权激励

联合创始人群体对于永辉超市的整体战略布局极为关键，在利润分配时他们可以基于自己当前的持股比例再次分红，并进一步给予更多的股权激励。公司2017年、2018年限制性股票激励计划分别授予309名和20名包含战略管理层、核心管理层、重要经营层、核心业务骨干等在内的激励对象；2019年9月11日公司为309名符合股权激励解锁条件的激励对象办理了限售股解锁，共计解锁61 641 000股；2019年12月10日公司为20名符合股权激励解锁条件的激励对象办理了限售股解锁，共计解锁2 929 200股。②

---

① 揭秘永辉超市的超级合伙人制度 [EB/OL]. [2018 - 07 - 12]. https：//www.sohu.com/a/240866059_712322.

② 参见公司于2018年9月13日在上交所官网公告的《关于2017年限制性股票激励计划权益授予的结果公告》以及2018年12月12日在上交所官网公告的《关于2018年限制性股票激励计划权益授予的结果公告》《永辉超市股份有限公司2019年年报》。

（四）不断完善合伙人制度，推出共享创业平台

为进一步吸引和留住人才，2016 年后，公司开启运用共享平台打造事业合伙人和岗位合伙人，作为公司共同创造价值的模式。永辉以企业自身为依托为员工打造并且提供创业就业平台，吸引一群高知识的人才加入平台，给予股权激励，成为事业合伙人。同时，永辉还扶持了一批青年在长乐、永泰、闽清、宁德等地建设蔬菜种植、山羊养殖农业基地，直供永辉超市销售，有效吸引优秀的青年回到农村建功立业。而最初的门店合伙团队也逐渐展现出共享创业的理念，以"小微创业"商业模式为有理想、有激情、敢于挑战的年轻人提供"零成本"创业平台，在门店中以合伙团队为单位帮助中基层年轻人进入小店合伙人创业模式，《永辉超市 2017 年度社会责任报告》显示，有 8 万多人在永辉超市这个平台合伙创业。这样让整个企业成为一个富有活力、资源共享的大平台，其中的创业团队或者合伙团队则成为大平台下一个个接触客户的前端，在运作中更加生态化。

（五）利润分享的退出机制

退出机制主要分为两个部分。第一部分为退出条件，只要员工离开企业就自动终止对其收益分配，即劳动关系解除时，就自动退出企业的收益分配机制。第二部分为退出方式，一般包括主动退出和被动退出两种形式，主动退出的员工直接与企业人力资源部报备即可退出，而被动退出的员工则需要整个团队召开讨论会，首先讨论其不当行为是否属实；其次分析该员工的工作情况；最后做出辞退或留下的决定。实际上，就是团队内部形成了一种监督机制，使每位员工都能对"扯团队后腿"的成员进行监督，从而促使整个团队的发展。所以对于员工收益分配的退出与否，团队也有较大的决策权。

在传统零售行业的发展面临电商的剧烈冲击背景下，永辉超市凭借其"生鲜领先"的差异化竞争策略，规避了很大程度的冲击。生鲜产品具有毛利率偏低、保存成本高、损耗大、物流要求高等特征，而且生鲜产品很容易形成聚客效应，这些都成为永辉超市避开电商冲击的有利因素。因此，永辉超市充分利用由生鲜产品所带来的聚客优势，率先提出了"农改超"这一发展新模式，这种模式坚持以自主经营为主，以生鲜产品经营为自身核心竞争力。截至 2020 年上半年（永辉超市 2020 年半年报），永辉超市生鲜及加工业务带来的收入占企业营业总收入 45% 以上，这一比例远高于同行业内的其他公司。事业合伙人制度的实施，一方面通过完善管理制度、增加员工培训从而降低产品损耗；另一方面又通过对生鲜产品的统一管控保证了生鲜产品的质量和

进价，进而使自身核心竞争力能够获得一个良性的发展。随着生鲜产品竞争力的不断提升，也进一步带动了食品、服装等高毛利品类的销售，从而使整个企业的发展也获得了一个良性循环。当然，随着前置仓、门店到家、社区拼团、无人货柜等零售新业态层出不穷，永辉能否应对新形势、拥抱新变化、在零售业的激烈竞争中保持优势，我们只能拭目以待。

案例使用说明

一、教学目的与用途

1. 适用课程：公司金融、金融伦理与企业社会责任。

2. 适用对象：金融学、金融工程、投资学、金融科技专业本科生；金融专业研究生。

3. 教学目的：本案例梳理永辉超市的事业合伙人制度，分析其利润分享机制下所内含的激励约束机制，以及在人力资本越来越多地参与社会财富创造背景下，该制度所特有的优势，也为更多的人力资本密集企业甚至劳动者管理型企业的激励机制设计提供启示和借鉴；提升学生创新性思维能力以及解决实际问题的能力；同时坚定学生对企业制度创新、共享发展的信念和现阶段提升自身人力资本价值的信心。

二、启发思考题

1. 结合永辉超市事业合伙人制度的内容，说明该制度与普通公司制企业在利润分享和激励机制方面的优势。

2. 永辉超市选择事业合伙人制度的动因是什么？

3. 这种利润分享机制是否有助于维护股东的长期利益？对其他企业有何启示和借鉴？

4. 结合时代背景，谈谈当代大学生提高人力资本价值的重要意义。

5. 请结合案例并收集其他相关资料，谈谈树立合作共享理念的必然性。

三、分析思路

1. 分析事业合伙人制度下不同层面的事业合伙人在利润分享中的地位，尤其一线员工作为合伙人的激励效应，分析该制度对不同层次合伙人的利润分享安排和激励效应。

2. 了解现阶段人力资本的异质性、稀缺性以及关键性人力资本所有者、一般性人力资本所有者与物质资本所有者一起分享财富的内在逻辑和必然性，结合超市尤其是生鲜超市中人力资本价值的特殊性分析永辉超市事业合伙人制度的直接动因。

3. 分析事业合伙人制度下的利润分享机制的核心思想和约束条件。

4. 分析大学生在当前人力资本投资的关键阶段应该如何从专业能力培养、深入社会实践、关注现实问题、诚信服务和德法兼修的职业素养五个方面提升人力资本价值。

5. 结合习近平新时代中国特色社会主义思想和一些企业制度创新的案例，分析合作共享的必然性。

四、理论依据与具体分析

（一）理论依据

1. 委托代理理论。

伯利和米恩斯先提出了现代股份公司所有权与控制权分离的现象和存在的问题，他们对 1929 年美国 200 家大公司最大股东的持股比例进行研究发现，随着公司规模进一步扩大，股权越来越高度分散，小股东影响公司决策的能力，因执行成本的存在变得名存实亡，董事会人选往往由公司管理层决定。这种控制权和所有权的分离，使公司管理层并不完全按照公司所有者的利益行事。

詹森和麦克林（Jensen & Meckling，1976）系统提出了现代企业的委托代理理论，认为企业是由构成企业的各利益相关主体（包括外部的债权人、供应商、客户、各类股东、经营管理者和员工等）组成的共同组织，是这些利益相关主体之间缔结的一组契约的联结。由于信息不对称、契约不完备等市场不完全性的存在，企业各利益主体之间的利益往往不一致，进而引发代理冲突。所谓代理成本是指在委托代理关系中委托人与代理人之间的利益冲突引发的成本。其中，典型的代理冲突发生在外部股东和管理者之间，作为不完全拥有企业资产和现金流的管理者（或内部股东）会有在职消费的动机、偷懒的动机等，而且这种不以全部所有者的利益行事的管理者自利行为不会由于监督的存在而完全消除，因而对管理者的有效激励是减少代理成本的手段。公司契约内还存在多重委托代理问题：股东与债权人之间、不同类型的股东之间、管理者与员工之间等。为了缓解不同层面的委托代理问题，公司需要加强内部治理，完善相关薪酬激励和管理考核制度，建立有效的激励和约束机制。

2. 人力资本理论。

按照科斯（1937）等的企业理论，企业是一系列契约的集合，是对市场的替代，契约的本质是划定企业家的权力范围，管理层契约化地获得劳动力使用权限。在传统的物质资本密集型企业中，通过个人权威和命令、科层制管理指挥影响着生产过程，剩余索取权和剩余控制权归物质资本的投资主体——股东所有。知识经济时代，人力资本日益成为重要的资源禀赋参与财富创造过程，改写了劳动关系的性质，劳动力的专业化配置和劳动的异质性趋势增强。20 世纪 60 年代，舒尔茨率先从对传统理论无法解释的经济增长与资源投入增长的悖论回答中提出人力资本理论，并引入劳动异质性的观点，以人力资本投资的概念构建起人力资本理论体系。不同于传统理论的劳动同质性观点，舒尔茨指出劳动和人力资本具有异质性。

就现代企业的人力资本层次来说，包括一般性人力资本投资者、关键性人力资本投资者和特殊性人力资本投资者。一般性人力资本投资者基于体能的健康和一般技能娴熟适应劳动过程，并服从劳动过程和工作标准的需要，其核心资源是拥有技能型劳动力资本，例如普通技术工人。关键性人力资本投资者掌握某种专门知识，参与工作标准的制定，能够创造性地劳动，对生产过程具有把控能力和调控权利，其核心资源是拥有创造力的知识型资本，例如知识型员工、核心员工、中层管理者。特殊性人力资本投入者，是组织规则和工作标准的制定者、复杂性质问题的决策者、不可预期问题的判断者、生产秩序的推动者、企业持续成长的引领者，其核心资源是关系资本和智力资本，例如高层管理者、职业经理人等。

所以知识经济时代的企业是拥有财物资本的资本家、拥有特殊性人力资本的企业家、拥有专业性知识的关键性人力资本所有者以及拥有技能性知识的一般性人力资本所有者的契约集合。财物资本所有者的投资决策能力、企业家的经营管理能力、关键性劳动者提供的专业技术能力、普通劳动者提供的一般劳动能力，几者之间若不能有效协作，就难以形成有效的劳动能力，社会化生产难以为继。企业的财富创造来自多元化的人力资本的专业分工和协作，而且都具有不可或缺性和不可替代性，即使当某一类人力资本暂时稀缺时，高一层的人力资本都无法完全替代，甚至无法暂时替代。既然人力资本所有者与财物资本所有者对企业具有同等重要的作用，不同层面的人力资本所有者在企业生产过程中都具有不可或缺和不可替代性，那么人力资本所有者应当与财物资本所有者一起分享企业增量利益，不同层次的人力资本所有者之间也应该在履行劳动协作义务的同时分享协作产生的收益。

知识经济的到来，促使一般性人力资本所有者在企业中的工作角色和贡献度发生变化，企业剩余产权的配置不再是财物资本投资者独享的盛宴，也不应当是企业家式的特殊性人力资本特有的分享权利，关键性人力资本所有者和一般性人力资本所有者凭借知识、技术、能力和关系等参与企业财富创造，是一种异质性人力资本投资，企业剩余产权的配置多元化，应该是多元化的人力资本所有者和财物资本所有者共同分享。对于人力资本密集型企业而言，一方面其关键性资源具有很强的流动性；另一方面其产出具有较高的知识含量，对人力资本投入具有较大依赖，失去关键性人力资本会给企业产出质量造成很大影响，为了维护企业自身价值，需要协调好并留住这些关键性的人力资本。

事业合伙人下的利润分享逻辑则将财物资本所有者和多元化人力资本所有者之间

的利益和冲突统一起来。通过利益共享、风险共担实现收益和风险的匹配，部分事务决策权的赋予又为合伙人的权与利结合成为可能。通过利润分享机制的设计，实现激励目的又达到不稀释控制权的治理效果，一方面这些主体成员间的关系是靠合伙合约约束；另一方面又不阻碍组织科层本身的权威和规则、不违反法律的规制和准绳，从而保证效率兼顾公平。

3. 资源依赖理论。

资源依赖理论指出，组织一个开放的系统，要靠内外部的资源来作为生产和发展的基础。艾默屯（Emerson，1962）充分论证了组织对外部环境中参与者的依赖关系，并且指出组织对环境中参与者的依赖程度越高，则参与者权力越大，组织的受限性也越强。为了降低受限程度，组织也会采取兼并、合资等一系列的战略或行为，减少由于依赖所导致的不确定性。在公司治理中，资源依赖理论也已经得到了很多学者的关注，这一视角强调，企业治理参与者的选择、权力和影响程度，根源于企业对于这些参与者给企业带来资源的能力以及企业对这些资源的依赖程度，即认为企业选择利益相关者参与公司治理在于期望他们能够通过自身的资源支持企业发展。例如，希尔曼和达尔齐尔（Hillman & Dalziel，2002）指出，企业任命某个人为董事会成员这一决策是基于他/她能从建议和咨询、合法性、与外部环境信息沟通的渠道、更好地获取企业需要的外部要素四个方面为企业提供利益的能力。中国大酒店总经理（Rauf）曾经说过："对于酒店这样的服务型行业而言，照顾这些工作中的'伙伴'比照顾财产意义上产权共有的'合伙人'更加重要"，可以看出他对于酒店行业中员工价值的认可。

永辉超市对不同层级事业合伙人的分配和激励机制的差异，譬如对于掌握供应链底层资源的专业买手的股权激励、对于联合创始人的进一步股权激励等，可以认为公司正是基于这些主体拥有的关键和稀缺资源，做出相应的权力分配和利益安排的。

4. 分享经济理论。

分享经济在学术概念上的最早提出者是哈佛大学的经济学家威茨曼（Weitzman），他在1984年的《分享经济：用分享制代替工资制》一书中首次从分配制度的角度提出和论述了分享经济的有效性，他认为当越来越多的企业采取分享制的激励方式而不再采用工资制的分配方式时，整个社会不仅会实现充分就业，而且是解决资本主义滞胀的一剂良方。哈佛大学的经济学家理查德·弗里曼（Richard Freeman）教授还提出了"分享的资本主义（Shared Capitalism，2009）"的理论范畴，他和他的团队研究发现，在涉及股权计划、利润或收益分享计划、递延分享计划、期权等各类机制中，美国企业中47%的员工至少被其中一种分享计划所覆盖，分享机制总体已经覆盖美国5 340万员工。2016年他们针对世界五百强企业里面的前一百强进行研究（Blasi，Freeman & Kruse，2016），再次证明当这些标杆企业采取更高比例的分享制之后，它们会好上加好，不仅能够更有效地提高资产回报率，还能够降低员工流失率、提高组织承诺度。一些实证的证据也不断证明合伙分享制对于组织与人的共同有效性。另一位1977年的诺贝尔经济学奖获得者米德（J. E. Meade）教授，在《分享经济的几种形式》这篇文章中指出各种分享经济形式的共同特性，即"以某种方式体现劳动和资本对他们所在企业所生产的收入实行分享，其必然结果就是劳动和资本必须共同分担企业收入波动的风险"。

（二）具体分析

1. 结合永辉超市事业合伙人制度的内容，说明该制度与普通公司制企业在利润分享和激励机制方面的差异。

普通公司制企业的分配讨论的重心是企业的税后净利润分配，对一般职工采用工资制，就是企业对员工完成规定工作任务给予的劳务报酬，将员工工资视为企业成本和负担，企业收入在扣除各项成本后将大部分盈利按照股权配置比例分配给股东，只是将很小一部分分配给员工。因而普通公司制企业的激励主要侧重于对股东或者持股高管的股权激励安排，缺乏对普通员工的有效激励。

而永辉的事业合伙人制度下收益分配制度则重视普通员工的利益。公司首先扁平化了企业的组织结构；然后扩大了利润分配的范围，使基础员工都能参与其中（见表1）。

表1　　　　　　　　　　　永辉事业合伙人制度下的利润分配

项目	参与分配的主体
薪息税前盈余	
——各种流转税	国家
——工资	各类员工、合伙人、核心合伙人、联合创始人
——利息	债权人
税前盈余	
——合伙工资（变动收益）	合伙人、核心合伙人、联合创始人
——企业所得税	国家
税后盈余	
——各项提存	
——部分劳动者分享的变动收益	联合创始人、部分合伙人
——股东分享的变动收益	股东

资料来源：作者自行绘制。

不同层级员工根据贡献大小和合伙人身份参与多层次的利润分配：业绩标准之内的只能获得工资，超过业绩标准的可以以合伙人身份获得与业绩相关的合伙工资，合伙工资基于利润总额；在分配条件上，即使永辉超市在整体亏损情况下，团队合伙人也能分配，因为永辉实行的是团队作业的形式，每个团队的经营情况不同，当永辉在整体亏损的情况下，如果一些团队能实现超额利润或者减亏，仍然能按原分配计划得到相应的收益；在分配形式上，永辉除了采用现金分配这种短期的激励手段外，还加入了股权激励这种长期激励手段，从而兼顾了企业的短期收益和长远收益。最终根据贡献能力大小进行税后净利润分配，这很大程度上对传统收益分配理论在员工收益分配方面进行了补充，同时还进一步完善了员工激励。

2. 永辉超市选择事业合伙人制度的动因是什么？

随着新零售时代的到来，"关键人才"已经成为企业发展的核心，然而人才的流失已经成为企业面临的日益严峻的问题，连锁超市行业的人才流失尤为严重，这些人才的流失犹如黑暗的无底洞，不断吸取着企业的利润，对企业的发展带来了巨大的成本与损失。

那么如何减少员工的流失、提升基层员工的积极性？单从工资提升角度是不现实的，不加区分地普遍加薪既加重企业成本，也无法实现区别性的内部激励机制。所以永辉超市在执行副总裁柴敏刚的指挥下开始了运营机制的革命，即对覆盖范围更广的一线员工实行"合伙人制"。

永辉超市选择事业合伙人机制的直接动因：一是留住一线员工以降低企业人力资本成本。服务业的基层员工直接面对消费者，其行为对于用户体验有着直接的影响，试想一家员工微笑热情服务的超市与一家员工冷如冰霜、简单粗暴的超市，对于顾客的用户体验是直接的。业务熟练的一线员工能为其所在的超市带来不少的收益。他们熟知超市的各类产品，对于生鲜产品的保存、码放和现场切割驾轻就熟。通过提高相应薪酬留下老员工所支付的费用并不比招聘并培训新员工所支付的费用高；从储存成本上看，老员工比新员工业务操作能力更强，能更好地做好生鲜食品的储存和码放工作，从而降低其坏损率。二是明确岗位权责以提高员工工作的积极性。由于永辉一直把生鲜产品确定为自己的核心产品，但生鲜产品存在保质期短，极易损坏，操作技术复杂，储存条件要求高，采购和管理不善易造成大面积的亏损等问题。明确岗位权责让员工完成任务的同时拥有了一定权力，员工为了吸引顾客购买自己负责的产品，会想尽一切办法在降低商品的耗损率下实现更大的销售额。

传统法律意义上的合伙制企业，遵守的是《中华人民共和国合伙企业法》，主要集中在人力资本密集型产业，其优势在于能够有效管理高素质的人力资本。相对于"共同投资、共同经营、共享价值、共担风险"经典法律意义上以货币资本为纽带的合伙制企业模式，当下在公司制企业里实施事业合伙人制度是企业创新自身结构的一种体现，它通过牢牢抓住企业经营过程中人的问题，激活了员工的活力，能弥补雇佣制中员工工作动力不足的缺点，不仅积极促进了企业的自我创新，也使企业的经营状况得到改善。该制度实际上是以人力资本为纽带的合伙人制度，其坚持以人为核心，基于共享目标、共同的价值取向、共同的事业平台，让人力资本在与货币资本的博弈中占据主导作用。它是将合伙人制度中的"利益共享、风险共担"的理念与公司制中的企业特性结合起来，实际是一种公司治理机制。尽管公司制企业以压倒性多数取代合伙制企业，但公司制企业敲响的并不是合伙文化的丧钟，相反实行公司制企业的治理机制内含着合伙文化，而事业合伙人制度就是这两种不同企业制度交汇的产物。该制度把人力资本放到了更重要的位置，通过重构组织与个人的关系，激励企业的员工从被动的打工者变为主动的奋斗者，通过团队协同作战，将个人与企业利益紧密结合在一起，从而实现人才与企业的共同发展。

3. 这种利润分享机制是否有助于维护股东的长期利益？对其他企业有何启示和借鉴？

基于"共创、共享、共担"的机制设计，永辉超市的事业合伙人机制成为企业控制成本、增加经营者和员工收入、提升效率的一大举措，事业合伙人身份从利益上和精神上都有助于凝聚人心，留住人才，有助于维护股东的长期利益；不同层次的合伙人通过分享合伙收益，以及团队经营无法实现超额收益时自身收益下降的预期，增加了与股东利益的一致性；尤其对专业买手和高管的股权激励，通过主人翁感的形成，能够较长效地激励和约束核心人员；但超额利润分享机制本质上属于现金型激励的一种，激励对象无须出资，只要企业当年营业利润超过目标利润即可获得现金激励，普通员工合伙人担当经营责任，并不承担企业经营风险（当然作为平均收入偏低的员工也缺乏承担经营风险的能力和意愿），但可以根据企业价值创造的不同阶段进行多次利益分配并灵活退出，这使真正意义上的"合伙共担"色彩下降，企业经营状况不佳时，一般员工以及关键性人才的流失在所难免。从维护股东长远利益来讲，还需要更多的条件以及完善的契约条款设置，防止内部人控制等。真正的合伙理念一定要建立一套自我施压与担责的体系，人力资本与货币资本之间不再是一种简单的雇佣关系，而是由雇佣关系转向合伙关系，或者多重契约关系，如何在去权威化、去中心化背景下构建共担责任的组织体系，是一项复杂的系统工程。

企业推行事业合伙人机制，一个成功因素是他的合伙人团队需要懂经营、懂管理、践行企业价值观；需要相应的基础管理水平，特别是业务中后台，诸如财务、IT、流程等部门的管理水平，能够做到信息透明、及时和准确，才能提供相应的基础数据。其他企业包括零售企业在人才、管理不能同步跟上的条件下，贸然推进合伙人机制不一定有好的效果；一些企业存在短视行为，往往是在确保企业股东尤其是大股东不吃亏、不亏损的前提下，才考虑给员工分红，也难有推行该制度的魄力或者积极性。

但事业合伙人机制所倡导的管理上更多的自主驱动、更大的权责下沉、更大众化的参与、更小的经营团队考核以及更长期的事业承诺等，企业和劳动型人才的关系不再是雇佣关系，而是合伙关系的理念等可以被更多的企业借鉴。

合伙制的管理思路也可以对我国国有企业进行混合所有制改革提供管理样例和制度支撑。混合所有制改革的核心，是要在包括国有资本、非国有资本以及人力资本等多种异质性的出资主体中形成相对"均衡"的权益结构。在均衡的权益结构下，特别需要确保经营性人力资本的枢纽性角色有效发挥，防止对经营性人力资本自主经营权、长期合约权的过度干预和冲击。

4. 结合时代背景，谈谈当代大学生提高人力资本价值的重要意义。

在当前共生共享的时代背景下，我国很多企业都在进行基于合伙制理念的管理创新。随着物质资本要素的收益率在全球范围内的不断递减，人力资本的异质性及其带来的专属性越来越独特和稀缺，人力资本知识产权及使用权的合一性进一步强化了人力资本的价值优势，人力资本越来越成为企业价值创造的首要驱动因素。伴随经济复杂性的提高，个体通过连接和交互，可能会产生加倍的能量、累积的能量，未来的社会必然对高素质的人力资本有更多的需求。大学生当前处于人力资本投资和价值提升的关键阶段，精力充沛，汲取新知识的能力强，又处于人生观价值观形成的关键阶段，应该专注于知识获取、能力培养和个人素质的提高，不断提高自身的人力资本价值，并以乐观的态度、创新性思维进行职业规划。

大学生提升人力资本价值的路径方面，可以从专业能力培养、金融学专业深度和广度的结合方面，深入社会实践和关注现实问题、培养自己分析和解决中国金融问题的能力方面，诚信服务、团队精神和德法兼修的职业素养等方面提升人力资本价值。

5. 请结合案例并搜集其他相关资料，谈谈树立合作共享理念的必然性。

习近平总书记指出："发展必须是科学发展，必须坚定不移贯彻创新、协调、绿色、开放、共享的发展理念。"阿里巴巴理直气壮强调"客户第一，员工第二，股东第三"，越来越多的企业意识到客户的满意度和忠诚度、员工的长期支持对企业价值、股东价值的重要性以及客户、员工、股东三者长期利益的协同一致性；更多的企业正不断推进制度创新、管理创新，例如华为、阿里、万科、海尔、美的等一系列标杆企业，给个人发展提供了更好、更广的平台（也可以是其他案例）。

当个人通过自身的能力为组织创造价值，从长远来看必然使自身得到更快地成长，这既符合经济学的底层逻辑，也被日益出现的企业创新实践所证实；新发展理念倡导的以人民作为发展主体、发展动力、发展目标，与事业合伙人管理中所包含的人力资本重要性、分享性、权益性激励机制相互印证。树立合作共享的新发展信念，将小我融于大我、将个人成长寓于组织的发展之中具有必然的历史趋势。

参考资料：

［1］赵兴. 现代企业合伙人制度的三种模式［J］. 中国人力资源开发，2015（14）：14－18.

［2］辛全刚，杨东红．事业合伙人制度的回归与改进［J］．当代经济，2017（5）：154－155.

［3］高闯，李俊华．人力资本参与、事业合伙人制度与公司治理逻辑［J］．江西师范大学学报（哲学社会科学版），2017（3）：51－59.

［4］宋远方．基于资源依赖理论的企业利益相关者治理研究——以雷士照明公司为例［J］．现代管理科学，2018（3）：6－8.

［5］周禹．新合伙主义管理论：共生共享时代的企业制度升级［J］．中国人力资源开发，2016（24）：30－38.

［6］康至军．事业合伙人——知识时代的企业经营之道［M］．北京：机械工业出版社，2016：106－134.

［7］陈和，隋广军．人力资本密集型企业研究：一个挑战传统理论的话题［J］．中国工业经济，2008（7）：121－130.

［8］永辉超市．永辉超市股份有限公司各年年度报告［EB/OL］．http：//www. cninfo. com. cn/new/commonUrl/pageOfSearch？url＝disclosure/list/search&lastPage＝index.

［9］永辉超市．永辉超市股份有限公司各年年度社会责任报告［EB/OL］．http：//www. cninfo. com. cn/new/commonUrl/pageOfSearch？url＝disclosure/list/search&lastPage＝index.

［10］刘萌．永辉超市价值创造研究［D］．哈尔滨：哈尔滨商业大学，2020.

［11］刘睿林．永辉超市事业合伙人制度下的收益分配模式研究［D］．南昌：江西财经大学，2019.

［12］揭秘永辉超市的超级合伙人制度［EB/OL］．［2018－07－12］．https：//www. sohu. com/a/240866059_712322.

［13］Pfeffer，J.，G. R. Salancik. The External Control of Organizations：A Resource Dependence Perpective［M］．Harper & Row，New York，1978.

［14］Hillman A. J.，Dalziel T.. Boards of Directors and Firm Performance：Integrating Agency and Resource Dependence Perspectives［J］．Academy of Management Review，2003，28（3）：383－396.

［15］Blasi J.，Freeman R.，Kruse D.. Do Broad-based Employee Ownership，Profit Sharing，and Stock Options Help the Best Firms Do Even Better？［J］．British Journal of Industrial Relations，2016：55－82.

［16］Morris，T.，L. Empson. Organization and Expertise：An Exploration of Knowledge Bases and the Management of Accounting and Consulting Firms［J］．Accounting，Organizations and Society，1998，23（5）.

绿水青山就是金山银山：蚂蚁森林的碳减排公益项目

尹智超

摘　要： 习近平总书记"绿水青山就是金山银山"的经典论述，深富内涵、极具韵味，擘画出构建人类命运共同体视域下的全球治理蓝图，展现出中国负责任大国的担当。"两山论"也已成为中国人民耳熟能详的"金句"，润物无声地融入了百姓日常生活之中。本案例剖析了蚂蚁森林与碳减排的关系，以及蚂蚁森林是如何借助金融创新将碳足迹从企业扩展到个人层面践行绿色发展理念的。

一、引言

党的十八大以来，以习近平同志为核心的党中央高度重视应对气候变化工作。在党中央的坚强领导下，各地区、各部门深入贯彻习近平生态文明思想，实施积极应对气候变化国家战略，在努力控制温室气体排放的同时主动开展适应行动，应对气候变化工作取得了明显的成效。截至 2019 年底，我国碳排放强度比 2015 年下降 18.2%，已提前完成"十三五"约束性目标任务，较 2005 年降低约 48.1%，非化石能源占能源消费比重达 15.3%，均已提前完成我国向国际社会承诺的 2020 年目标。2020 年 12 月中央经济工作会议确定了的八项重点任务中，碳达峰、碳中和成为未来我国重点推进的工作之一，早日实现"绿水青山就是金山银山"的发展方式，需要每一位公民的共同努力。

二、每个人都可以参与的碳减排项目

对于支付宝用户而言，蚂蚁森林并不陌生，用户可以通过蚂蚁森林将低碳生活行为转化为绿色能量，等能量到一定数值时，就能够兑换树苗。与此同时，蚂蚁森林会在中国的荒漠地区以你的名义种一棵真树。中国是全球沙漠面积最大的国家，几十年来，我国政府一直十分重视荒漠化治理工作，而通过蚂蚁森林，每一个人都有能力为改造大荒漠贡献自己的一分力量。

2010 年 5 月，阿里巴巴集团成立国内互联网企业首家环境保护基金"阿里巴巴公益基金会"，将集团年收入的 0.3% 作为公益基金用于环境保护。但是对于环保公益项目而言，普遍面临影响力有限、经费筹措困难、社会监督渠道不畅等问题，阻碍了环保公益的发展。阿里巴巴借助自身互联网优势，设计出"互联网 +"环保公益产品——蚂蚁森林。

2016 年 8 月，蚂蚁森林在支付宝公益板块正式上线。蚂蚁森林使用了"碳账户"量化终端用户的低碳行为，引导用户践行环保公益行为。其最初的设想是在支付宝用户界面的"余额"旁边设置一个"碳账户"功能来衡量用户的步行、无纸化等低碳行为，虽然能够解决传统公益项目透明度不高的难题，但"碳账户"这一概念太抽象难懂，在支付宝 App 里的入口太深，后续获取、维持活跃用户的难度较大，难以形成较广泛的社会影响力。于是，蚂蚁森林团队最终决定将"碳账户"与"种树"联系起来，将用户日常低碳行为积累碳减排量的过程形象地展示为在手机界面种下并养成一棵虚拟树。同时，匹配一个线下种树的绿色公益项目，用户在手机里通过积累碳排放量养成一棵虚拟树，阿里巴巴就帮助用户在线下种植一棵真正的树。用户不但可以亲眼见证这颗"树"的成长，最终还会收到一张具有专属编号的植树证书，甚至通过直播的方式在千里之外看到属于自己的那棵树。

"蚂蚁森林"利用互联网平台降低了用户参与绿色公益的门槛，形成用户黏性，鼓励用户坚持绿色生活方式。一方面，通过巧妙的产品设计降低用户的时间和金钱成本，将"在荒漠化地区种树"变成人人都可以参与的社交互动"游戏"，好友之间可以相互收取能量、浇水和施肥，增加了项目的亲和力，在吸引新用户加入的同时也增加用户黏性；另一方面，建立起终端用户与公益项目之间的有效互动，在提升项目透明度的基础上更好地扩大公益项目的影响力，提高用户在绿色公益项目中的参与度，如图 1 所示。截至 2020 年上半年，蚂蚁森林参与者达到 5.5 亿元，超过全国人口的 1/3。累积碳减排 1 200 万吨，已种下 2 亿棵真树，种植面积达 274 万亩。2017 年《财富》杂志发布了"2017 年 50 家改变世界的公司"榜单，蚂蚁金服依托蚂蚁森林产品在榜单上名列第 6，在三家上榜中国公司中排名第一。2019 年 9 月 19 日，"蚂蚁森林"项目获得联合国"地球卫士奖"。

三、蚂蚁森林碳排放账户的运作机制与经济效益

对于限制碳排放，虽然国家的确可以自上而下地通过强制手段，从生产端切入要求企业节能减排，但是《京都议定书》不足之处在于它是基于生产过程中碳减排，而

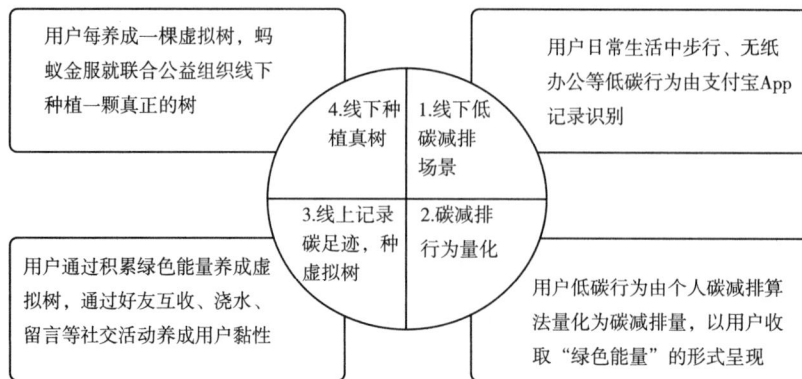

图1 蚂蚁森林商业模式

资料来源：黄春燕等. 蚂蚁森林：环保公益的互联网实践［J］. 清华管理评论，2020（1）.

非消费过程中的碳减排，不考虑碳足迹。而碳足迹或者说碳消费与用户端息息相关。从用户端切入，改变每个人对于环保的认知，通过消费者自发行为来逐步淘汰高能耗的企业，这种方式可能更为彻底。如果说以碳排放企业为主要参与主体的碳排放交易市场为"碳金融1.0"，那么普通人广泛参与其中的"蚂蚁森林公益项目"可以称为"碳金融2.0"，这意味着曲高和寡的碳金融技术开始走向寻常百姓，无疑增加了普通人参与"节能减排"的途径，蚂蚁森林也从无到有，从弱到强，成为目前全球最大规模的个人碳市场产品。

在运作机制上，蚂蚁金服作为运营平台投入一定的资金，用于维护网络信息平台的正常运作。在种植真树过程中，蚂蚁金服还需要与组织联合投入资金用于人工造林，由阿拉善SEE基金会、中国绿化基金会等公益组织在线下负责种植真树和人工林的维护工作。在用户端，支付宝会记录用户的低碳行为并计算为能量，用户需要定时收取、积累能量，这种类似"偷菜、收菜"的游戏模式正好符合了用户时间碎片化的特点，增强了用户之间的沟通交流，如图2所示。随着低碳环保的观念逐渐深入人心，人人都愿意为环保事业贡献一分力量。

自"蚂蚁森林"上线以来，蚂蚁森林对用户提供的植株种类由四种发展到十多种，治荒区域从大西北扩展到全国九个公益保护区。用户种下的梭梭树已经深深地扎根在这片土地，曾经的沙漠戈壁也多出了一大片的绿色，沙漠的生态环境明显改善，生态资源逐步恢复，变得更加春意盎然。同时，绿色经济创造的生态财富也使当地人摆脱贫穷，带动了当地经济的发展。自然环境和社会环境在"蚂蚁森林"的发展中都得到了改善。随着沙棘树的长大，它已经长满果子，被用来榨果汁。在帮助沙漠地区农村脱贫方面的经济效益逐渐显现。"MA沙棘"饮料，是近年来非常火的一款果汁饮料，因沙棘果维C含量极高，比橘子、橙子、鲜枣、猕猴桃等水果都要高，被称为

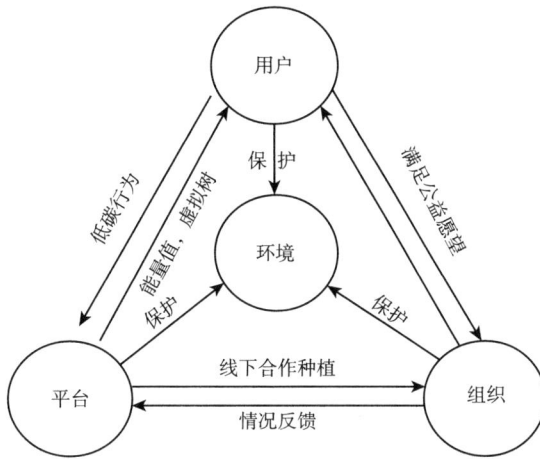

图 2　蚂蚁森林运作机制

资料来源：作者自行绘制。

"维 C 之王"，其味道酸酸甜甜，有芒果汁的味道。沙棘本身就是一种长在沙漠里的植物，大多数都是野生的，果子非常小，无法直接食用，但榨成汁却非常好喝，酸酸甜甜，十分开胃。通过沙棘汁在淘宝上的售卖，支付宝再将蚂蚁森林赚来的钱补贴给当地农民，提供蚂蚁森林种植资金。种植沙棘不仅可以固沙护土、保护环境，采摘沙棘果还能给当地农民带来额外收入，进一步帮助沙漠地区实现脱贫致富。

四、蚂蚁森林碳减排与刺激消费悖论？

有观点认为，要获得更多绿色能量，就要不断消费，那么大量刺激消费，通过蚂蚁森林项目真的能中和因为盲目消费、过度消费造成的碳排放吗？

实际上，我们深入了解绿色能量产生的机制就会发现，与生成绿色能量相挂钩的消费行为包括网购火车票、网络购票、生活缴费、预约挂号、ETC 缴费、步行、线下支付和电子发票，钉钉绿色办公、共享自行车骑行、绿色包裹、电动汽车充电桩等低碳活动，越是低碳行为，绿色能量越多。例如，一笔消费只能产生 2g 绿色能量，而行走 17 760 步便可积累 296g 蚂蚁能量，约 60 步便可以积累 1g，通过这样的激励机制，可以鼓励用户进行绿色低碳生活。

因此，蚂蚁森林并没有刺激消费，而是在鼓励低碳，因而不存在悖论。当然，蚂蚁森林的种树计划和国家防护林计划相比起来是微乎其微的，但是对于一个企业来说，蚂蚁森林公益项目是值得肯定的，它提高了人民群众，特别是年青一代，对碳排放的认知以及环境保护意识。

案例使用说明

一、教学目的与用途

1. 适用课程：金融资产定价、环境金融、金融管理、金融产品开发与运营。

2. 适用对象：金融学相关专业本科生和研究生。

3. 教学目的：培养学生正确理解习近平总书记"两山"论，深刻理解多渠道多元化碳减排路径，了解最新的碳金融发展前沿，培育学生以金融创新破解现实问题的思路。本案以蚂蚁森林为例分析了蚂蚁森林在推进个人碳账户方面的创新手法。主要包括三个层面。一是，介绍了蚂蚁森林个人碳金融账户的发展历程，让学生了解碳金融、碳排放权基本概念，以及碳排放权的金融定价方法。二是从商业模式和金融创新视角，分析了蚂蚁森林在吸引用户开立碳金融账户、养成用户黏性方面的创新做法，开阔学生视野，培育学生金融创新精神。三是，分析了蚂蚁森林"线上账户＋线下种树"的运作模式，以及蚂蚁森林公益项目所产生的生态效益与经济效益，加深学生对"绿水青山就是金山银山"的认知。

具体目标分为以下三方面。

（1）知识目标。学习碳金融相关概念，理解绿色金融、碳排放权交易等金融创新工具的原理和国内外实践。学习金融创新在碳减排方面的运用，思考蚂蚁森林项目是如何依托蚂蚁金服实现"种树"的线上与线下相结合，进而通过对比传统植树造林模式，理解蚂蚁金服借助金融手段进行的碳减排创新。

（2）能力目标。一是理论联系实际的能力。通过理论学习与案例分析，引导学生将碳金融与节能减排和脱贫攻坚等现实问题相结合，提高学生的学习能力和理解能力。二是培育学生金融创新能力。通过了解最新的碳金融发展前沿，培育学生以金融创新破解现实问题的思路，并启示学生从生活点滴做起，将低碳生活融入生活，践行"绿水青山就是金山银山"发展理念。

（3）思政目标。通过蚂蚁森林金融创新助力碳减排和脱贫攻坚的具体实践，让学生认识到金融创新是解决我国经济高质量发展过程中遇到的现实困境的重要工具，从而提升学生对金融专业的自豪感和认同感，激发他们将金融知识融入国情、民情之中解决问题的热情和积极性。

二、启发思考题

1. 请简要分析蚂蚁森林是如何吸引并维持用户的？

2. 请基于你对中国碳金融发展的了解，阐述蚂蚁森林在弥补传统碳排放机制的不足上有哪些贡献？

3. 蚂蚁森林是如何体现"绿水青山就是金山银山"的发展观的？

三、分析思路

1. 我国碳排放市场现状。

在建立碳金融交易平台这方面，我国按照国家发改委的工作计划，2013 年已经开始在北京、天津、上海、重庆、广东、湖北、深圳共七个省份建立碳交易试点。除此之外，我国的金融机构快速抓住契机，推出碳金融相关产品，积极开展各种迎合绿色、低碳的金融业务，例如对绿色环保的项目给予相应的贷款优惠或者积极参与到碳交易所的买卖程序中去进行套利交易。同时，政府和相关金融机构也制定并落实了针对减少碳排放量的多种金融政策，致力于在市场机制的作用下，鼓励高能耗高污染企业自愿加入进行减排交易的行列。这样不仅能够增强我国企业的社会责任感，而且会促进企业生产技术的改进及优化，从而加速完成我国节能减排的任务。

目前我国碳排放权交易市场的产品主要分为两类，一类是国家政策强制实行的碳排放权配额；另一类是项目减排量，主要为国家核证自愿减排量（CCER），后者是一种抵消机制。个人进入碳交易市场的途径也分两种，第一种是成为碳交易的投资人，目前各省份除上海外其他试点均允许个人开户，部分地区规定了开户条件，例如北京环境交易所规定个人需拥有不少于 100 万元的金融资产，天津的门槛是 30 万元；第二种则可理解为主动参与碳中和，即个人可以通过自愿购买碳减排指标，来抵消其日常生活消费所产生的碳排放。目前，北京环交所提供个人碳足迹的计算方式，并可在其官网上直接购买碳减排套餐，但这种参与度远远不够。定价模式是全球碳金融市场的重要讨论内容之一，但目前来看，定价权基本上完全被西方发达国家所控制。其中，欧盟在国际碳金融交易市场上占有绝对大的份额，而且其表现得相当积极，因而欧盟在该市场占据主要地位。这也直接导致目前在国际碳金融交易市场上将欧元作为主要的计价货币这一局面。我国虽然作为 CDM 项目交易市场中最大的卖方，在定价权这一点上依然没有得到足够的重视，因此，只能够以比较低的价格将手中的碳排放权卖予控制价格的发达国家。

交易模式上，我国在国际交易市场上以 CDM 交易为主。但是，因为碳金融的相关交易规则严格而且交易流程的开发又十分繁杂，在国际上 CDM 项目的审核以及交易多数是由中介组织来跟进的，不过我国与之相关的中介市场化程度不高，又不具备专业级别的能力去核证项目的风险收益情况，所以影响了我国的交易量。

监管模式上，由于我国碳金融市场体系还不完善，导致我国对其监管主要依赖政府发挥其职能与作用，碳排放的产权问题并未明晰，碳金融市场力量过于分散，且出现不同程度的垄断行为甚至非法经营，面临一系列监管方面的难题。

2. 蚂蚁森林的运作模式。

蚂蚁金服与北京市环境交易所（以下简称"北交所"）合作开发"蚂蚁森林"个人碳减排算法。在绿色行为的选择上，先由蚂蚁金服方面提出备选的绿色低碳行为，然后交由北交所团队评估、认证，最终由双方共同确定。北交所团队先采用问卷调研和文献梳理相结合的方法整理了当时针对个人碳减排的研究成果，基于蚂蚁金服在个人用户购物、出行、生活缴费等领域的大数据积累，项目团队首批筛选出九大基于支付宝生态的绿色行为：步行、绿色办公、线下支付、生活缴费、网购火车票、网络购票、预约挂号、ETC 缴费和电子发票。在此基础上开发出了最初的个人碳减排计量算法，并针对筛选出的上述九种绿色低碳行为逐个确定了相对应的碳减排量。

随着产品影响及用户规模的扩大，"蚂蚁森林"进一步扩展了绿色低碳行为的种类及覆盖范围，先后新增上线了六种降低碳排放的绿色行为。其中，除了继续增加与C 端个人用户紧密相关的减碳场景——"国际退税""公交车出行""北京地区私家车辆停驶"之外，"蚂蚁森林"又将绿色行为场景从 C 端向 B 端延伸，纳入了"共享单车""绿色包裹""闲鱼二手家电交易"等行为。这也成为"蚂蚁森林"在低碳减排领域试图通过个人消费偏好影响 B 端企业行为的开端。

以"一亿棵梭梭"项目为例，蚂蚁金服与中国绿化基金会、阿拉善 SEE 基金会、内蒙古林业厅等专业组织及机构合作，将虚拟的树苗变成了沙漠中真实的梭梭树。从实际运行的效果来看，"蚂蚁森林"的介入给"一亿棵梭梭"项目带来了巨大的变化。从 2016 年 8 月项目启动到 2020 年 6 月，"蚂蚁森林"用户数从 0 增加到 5.5 亿个。

3. 蚂蚁森林的现状和发展趋势。

目前蚂蚁森林中能够产生绿色能量的包括地铁出行、生活缴费、电子发票等低碳行为，每天走一万步可以收 100 多克能量，而线上支付收获 5 克。未来还会扩展到包括绿色办公、绿色包裹等 15 个业务种类，每一种方式的出现都意味着算法的更新，2017 年 6 月，蚂蚁金服成立个人碳减排专家委员会，推动出台全球首个大规模个人碳减排算法标准。虽然纳入个人碳减排计算项目并不是全量的个人行为，但从"虚拟"到"真实"，从"线上"到"线下"，从抽象的碳减排计算到具体的植树防沙，普通用户的环保热情被极大地激发出来了。用户"碳账户"与资金账户、信用账户一起构成支付宝三大账户。用户每天的低碳行为，都可以折算成碳减排数字，累积到个人碳账户中，无论是每天走上一万步，还是无纸化办公。低碳生活有了计量和督促，个人的绿色情怀有了具象的投射和积累。

在最初的梭梭树基础上，蚂蚁森林后续增加了库布其沙柳、樟子松等树种，并将森林范围拓展到前阿拉善、威武以及鄂尔多斯等地。此外，蚂蚁森林还新增了洋湖自然保护地项目，逐渐涉足非树类环保项目。蚂蚁金服还计划在小微金融领域广泛支持绿色经济，旗下的网商银行也采取多种措施，例如，向农村提供节能型车辆购置融资、为菜鸟物流合作伙伴提供优惠信贷支持更换环保电动车等。在绿色基金领域，旗下的蚂蚁聚宝已与超过 90 多家基金公司进行了合作，目前平台上绿色环保主题基金超过 80 只。

同时，个人碳账户交易不再遥远，通过公益基金会购买个人碳账户以积累"绿色能量"的办法，将其转化为植树行为。未来，可以参照国际上一直通行的自愿减排（VER）交易机制开展 VER 减排项目交易，鼓励有社会责任的企业和个人购买。如果个人碳减排活动能够形成国家认可的方法学并纳入中国自愿减排项目（CCER）类型，可以作为个人参与碳排放交易的"碳户头"，参与未来碳市场的买卖与投资。

四、理论依据与具体分析

（一）理论依据

1. 碳金融理论。碳金融是环境金融的一个重要分支，其目的在于减缓碳排放和促进可持续发展。一般来说，狭义的碳金融指以碳排放权期货和期权为代表的金融衍生产品，而广义的碳金融则泛指所有服务于减少温室气体排放的各种金融制度安排和金融交易活动，包括碳排放权及其衍生品的交易和投资、低碳项目开发的投融资以及其他相关的金融中介活动。

2. 外部性理论。碳排放的成本和收益具有典型外部性。碳交易发挥了市场机制应对气候变化的基础作用，使排放成本由无人承担或外部社会承担转化为内部生产成本由企业整体承担。金融市场提供了企业在跨国、跨行业和跨期交易的途径，企业通过碳金融市场购买碳金融工具，将减排成本转移至减排效率高的企业或国家。

3. 环境库兹涅兹曲线。依据格罗斯曼和克鲁格（Grossman & Krueger，1991）对 42 个国家横截面数据的分析，发现环境污染与经济增长的长期关系呈倒"U"型，类似于表征经济增长与收入分配间关系的库兹涅茨曲线。当一个国家经济发展水平较低的时候，环境污染的程度较低，但是其恶化的程度随经济增长而加剧；当该国的经济发展水平达到一定水平后，其环境污染程度逐渐减缓，环境质量逐渐得到改善。

（二）具体分析

1. 请简要分析蚂蚁森林是如何吸引并维持用户公益热情的？

（1）将碳排放可视化，提高用户积极性。很多蚂蚁森林的用户有了发自内心的荣誉感："我们正在干一件改变世界的大事。"蚂蚁森林与最大的企业家环保组织——阿拉善 SEE 公益机构合作，参与梭梭林项目，以改善水土流失和荒漠化问题。用户在蚂蚁森林界面可以看着自己的虚拟小树一天天长大，把环保拉近到身边，加强了参与感和成就感。

通过科技手段，蚂蚁森林解决了绿色公益项目的痛点——"信任"。蚂蚁森林兑换的每一棵真实的树，都有对应的编号和地点。为了让所种的树可视化，蚂蚁森林引入了一些"黑科技"。其中之一是电子稻草人，它是极飞科技打造的智能农田监测站 FM1，有两颗广交摄像头，内部可自动拼接生成高清大画幅图像，背面可感知温度、湿度、大气压强，顶部感知光照强度。用户可以线下循着地点和编号，去看望自己的树，也可以线上关注这些森林的成长。高能技术带来更高的透明度，增强了用户对于产品的信任和认同感。

（2）碳排放社交化，提高用户黏性。游戏化的设计令用户体验更佳，收集能量、养一颗虚拟树、形成一棵真实的树，容易形成用户黏性。蚂蚁森林规定在一定时间后才能收集能量，并且要在能量产生一天内收集。这个规定不仅会让用户每天都登录蚂蚁森林，形成习惯，也会激励他们在每天固定的时间点进行收集。互动设计使蚂蚁森林具有了社交属性，进一步增加了用户黏性。在基本的设定之外，蚂蚁森林还有互动的设计：向好友浇水，或"偷"好友的能量。蚂蚁森林不鼓励也不限定用户添加好友进行互动。想要做一个安静的低碳践行者（蚂蚁森林的好友与支付宝好友并没有共流），蚂蚁欢迎；想要通过平台来增进感情，互助或互损，蚂蚁也提供了工具。用户可以通过点击好友的头像进入好友的养树界面，看到好友能量收集情况、好友的动态，还可以在其界面上向好友喊话。

在蚂蚁森林，获得能量有多种方式，正与支付宝生态圈完美结合。例如，支付宝线下支付可以获得能量（微信支付则不行）；用钉钉可以获得绿色办公能量；用飞猪订票可以获得网购火车票的能量；用便民生活中的生活缴费、菜鸟快递、城市一卡通、车主服务、医疗健康分别可以获得生活缴费、绿色包裹、公交车、ETC 缴费和车辆停驶、预约挂号能量。蚂蚁金服为用户搭建了一个全面便民的收付款平台，而蚂蚁森林又在绿色金融这个新的领域重申了平台中的其他产品。蚂蚁森林的交叉销售可以增强客户对支付宝的忠诚度，而支付宝生态又为蚂蚁森林提供了先天客户流量优势。

2. 请基于你对中国碳金融发展的了解，阐述蚂蚁森林在弥补传统碳排放机制的不足上有哪些贡献？

蚂蚁森林对传统碳排放的图片有三个方面的表现，一是全国 5.5 亿人口通过步行、地铁出行、在线缴纳水电煤气费、网上缴交通罚单、网络挂号、网络购票等行为积攒绿色能量，对大众环保意识的提高具有重要意义。二是探索全世界首个大规模个人碳减排方法学标准。目前，对个人的减排努力进行估算是一个很大的挑战，国内外均没有大规模个人碳减排方法学的统一标准。而对蚂蚁森林的算法优化，能使其更好兼顾准确性、可操作性和透明性，不仅可以更科学地服务于全球领先的个人碳减排场景蚂蚁森林，在全球范围内也有重要的探索和实践价值。三是蚂蚁森林已经种下了 2 亿棵真树，不但为改善沙漠环境做出了巨大贡献，也将其转化为了经济效益，成为沙漠地区重要的经济来源。

3. 蚂蚁森林是如何体现"绿水青山就是金山银山"发展观的？

自"蚂蚁森林"上线以来，蚂蚁森林对用户提供的植株种类由四种发展到十多种，治荒区域从大西北扩展到全国九个公益保护区。用户种下的梭梭树已经深深地扎根在这片土地，曾经的沙漠戈壁也多出了一大片的绿色，沙漠的生态环境明显改善，生态资源逐步恢复，变得更加春意盎然。同时，绿色经济创造的生态财富也使当地人摆脱贫穷，带动了当地经济的发展。自然环境和社会环境在"蚂蚁森林"的发展中都得到了改善。随着沙棘的长大，沙棘已经长满果子，被支付宝用来榨果汁。在帮助沙漠地区农村脱贫方面的经济效益逐渐显现。"MA 沙棘"饮料，近年来非常火的一款果汁饮料，因沙棘果维 C 极高，比橘子、橙子、鲜枣、猕猴桃等水果都要高，被称为"维 C 之王"，其味道酸酸甜甜，有芒果汁的味道。沙棘本身就是一种长在沙漠里的植物，大多数都是野生的，果子非常小，无法直接食用，但榨成汁却非常好喝，酸酸甜甜，十分的开胃。通过生产沙棘汁在淘宝上的售卖，支付宝再将蚂蚁森林赚来的钱补贴给当地农民，提供蚂蚁森林种植资金。种植沙棘不仅可以固沙护土、保护环境，采摘沙棘果还能给当地农民带来额外收入，进一步帮助沙漠地区实现脱贫致富。

参考资料：

[1] 曹云梦，江宏川，郑惠梓，曹勇宏．"蚂蚁森林"建立机制分析与发展建议 [J]．管理观察，2019（23）：97 - 100．

[2] 李博儒．个人碳账户发展的纵向分析——以"蚂蚁森林"为例 [J]．经济学，2020，3 (1)：17 - 18．

[3] 齐萱，孔筱熙，公一言，刘宗珉，刘乃心．基于碳金融视角的蚂蚁森林潜在竞争力评价研究 [J]．市场周刊，2020（3）：8 - 11．

[4] 何思玥．绿色金融初露锋芒——透过"蚂蚁森林"视角的分析 [J]．全国流通经济，2019 (19)：145 - 146．

[5] 陈红，季佳乐，王睿璇，陈岩．基于 SEM 模型的蚂蚁森林对公众支付工具选择的影响因素

研究 [J]. 物流工程与管理，2020，42（3）：129 – 132.

　[6] 曹邦英，徐颖. 我国碳金融市场现状思考 [J]. 合作经济与科技，2016（18）：42 – 44.

　[7] 雷鹏飞，孟科学. 碳金融市场发展的概念界定与影响因素研究 [J]. 江西社会科学，2019，39（11）：37 – 44，254.

　[8] 王丽萍，王智佳. 碳排放权交易制度的研究进展与展望 [J]. 经济研究参考，2019（19）：49 – 62.

　[9] 颜烨，周昀茜，陈岩. 支付宝 "蚂蚁森林" 对用户环保意识和行为的影响调查研究 [J]. 中国林业经济，2020（5）：7 – 10.

衍生工具与金融风险管理
——敬畏市场风险，增强风险意识

期货价格缘何跌为负值？

——以 WTI 原油期货为例

陈彬彬

摘　要： WTI 原油期货是在纽约商品交易所上市的金融产品。美国时间 2020 年 4 月 20 日，WTI 原油 5 月期货合约的结算价收于 -37.63 美元，成为石油期货自 1983 年 开始交易后首次跌为负价格的交易。本案例介绍了 WTI 原油 5 月期货合约价格跌为负 值的历史背景，从交易动机角度刻画了多空双方的博弈过程，探讨了期货价格为负的 合理性。最终根据案例讨论了我国金融开放背景下高风险金融产品监管、金融衍生品 市场建设和我国金融监管制度和方法等问题。

一、WTI 原油期货价格跌为负值

2020 年 4 月 8 日，芝加哥商品交易所清算所（CME Clearing）发布通知公告：为 保证市场继续正常运行，CME Clearing 将进行一系列测试以应对期权合约的标的资产 价格为负的情况。4 月 15 日，芝商所清算所发布测试公告称，芝加哥交易所在当日完 成了石油零价格和负价格测试，如果出现零价格或负价格，芝商所的所有交易和清算 系统将继续正常进行。

4 月 20 日，WTI 原油期货 5 月合约大幅下行，收于 -37.63 美元/桶，跌幅 -55.90 美元/桶，成为史上首次负油价合约。除 5 月合约价格跌为负值外，其他期货合约价格 表现正常，WTI 原油期货 6 月合约下跌 4.6 美元至 20.4 美元/桶。

4 月 21 日，芝商所发布公告称，把期权的定价和估值模型改成巴舍利耶（Bacheli- er）期权定价模型，从而适应期货的负价格。8 月 13 日，芝商所又发布公告称，芝商 所自 2020 年 4 月 21 日以来将定价模型从 Whaley 或 Black（1976）模型转为 Bachelier 模型，现决定恢复到原来的 Whaley 或 Black（1976）定价模型，这一转变将于 2020 年 8 月 31 日星期一正式生效。之前芝商所将定价模型转为 Bachelier 模型主要是为了应对 标的资产价格可能为负的冲击。

二、什么是 WTI 原油期货

西德克萨斯中间基原油（West Texas Intermediate，WTI）为美国西德克萨斯的轻质、低硫原油，它通常指自加拿大和墨西哥湾进口，然后运至美国中西部与沿海地区提炼的原油，是北美地区较为通用的一类原油，"轻"指原油黏性较低，硫含量较低，仅占 0.24%。WTI 原油适合提炼汽油、柴油、热燃油以及飞机用燃油等，且可提高炼油厂的产值，是利用率较高的原油。WTI 原油交货地点位于美国俄克拉荷马州的库欣市，该市拥有 9 000 万桶的存储容量，是一个至关重要的枢纽，拥有广泛的基础设施，是炼油厂和供应商充满活力的贸易枢纽。

目前，原油市场已经高度全球化。从西德克萨斯轻质原油（WTI）到布伦特，再到迪拜商品交易所阿曼原油合约，原油市场为多个全球主要经济体提供燃料，几乎每个国家都受到它的影响。2015 年底美国取消原油出口禁令后，美国原油市场变得日渐重要，美国墨西哥湾沿岸的基础设施投资已将 WTI 转变为具有广泛出口能力的水性原油。美国墨西哥湾沿岸地区约占美国原油存储容量的 55%，而库欣则占 13%。因此，WTI 原油已经成为全球原油定价的基准。为统一国内原油定价体系，美国以纽约商业交易所（NYMEX）上市的 WTI 原油合约为定价基准。

为给生产商、炼油厂、消费者、进口商和出口商提供必要的工具管理风险，NYMEX 推出原油期货和期权产品。WTI 原油期货是一种实物交割的期货合约，合约单位为 1 000 桶，该合约在 CME Globex 上进行电子交易，并通过 CME ClearPort 清算，报价表示每桶 WTI 原油的期货价格。该合约的具体条款如表 1 所示。

表1　　　　　　　　　　WTI 原油期货的合约条款

交易单位		1 000 桶/份
报价单位		美元/桶
交易时间	CME Globex	周日~周五 6：00 pm ~ 5：00 pm（5：00 pm ~ 4：00 pm CT），每天从 5：00 pm（4：00 pm CT）开始休息 60 分钟
	CME ClearPort	周日~周五 6：00 pm ~ 5：00 pm（5：00 pm ~ 4：00 pm CT），每天从 5：00 pm（4：00 pm CT）开始休息 60 分钟
最小价格变动单位		0.01 美元/桶
产品代码		CME Globex：CL CME ClearPort：CL
合约交割月份		当年和接下来 10 年的月度合约，以及随后的两个月度合约
交割方式		实物交割

最后交易日	在合约月份前一个月 25 号之前的 3 个工作日终止。如果 25 号不是工作日，则交易在合同月份前一个月 25 号前的 4 个工作日终止
交货程序	交货地点位于美国俄克拉荷马州库欣市，交货可以免费使用该市的运输管道和存储设施。交付应遵守所有适用的联邦行政命令以及所有适用的联邦、州和地方法律法规。 买方可以选择以下任何一种方式进行交付：（1）在不同设备之间进行转移（"泵送"），通过使用卖方的输出管道或存储设施将原油输入指定管道或存储设施；（2）通过在线（或系统内）转让或将所有权转让给买方；（3）如果卖方同意这种转让，并且卖方使用的设施允许这种转让，则无须实际移动产品
交货时间	（1）交货不得早于交货月份的第一天，也不得迟于交货月份的最后一天；（2）空头方有义务确保其原油在交货月份的第一天符合俄克拉荷马州库欣市的管道调度条例，保证其可以自由流通；（3）所有权的转移—卖方应在收到付款后给予买方管道运输票据以及其他证明材料等

由 WTI 原油期货合约条款看出，WTI 原油期货 2020 年 5 月份合约的最后交易日为 4 月 21 日，如果投资者 4 月 21 日交易结束后仍持有期货合约，则将进入交割程序。

三、WTI 原油期货价格跌为负值的历史背景

2020 年初，新冠肺炎疫情在全球蔓延，致使许多国家经济处于停滞状态，各国对原油产品的需求呈断崖式下跌，如图 1 所示。国际能源署（IEA）于 2020 年 4 月 15 日公布的月度原油市场报告中指出，预计在 2020 年，新冠肺炎疫情危机将抹去近 10 年的石油需求增长，世界各国不得不停工停产以应对新冠肺炎疫情。报告同时指出，市场需求的下降量将超过石油输出国组织（OPEC）的减产量，石油储备可能会饱和；虽然下半年全球经济可能复苏，但经济复苏是渐进式的，全球市场对原油的需求仍将

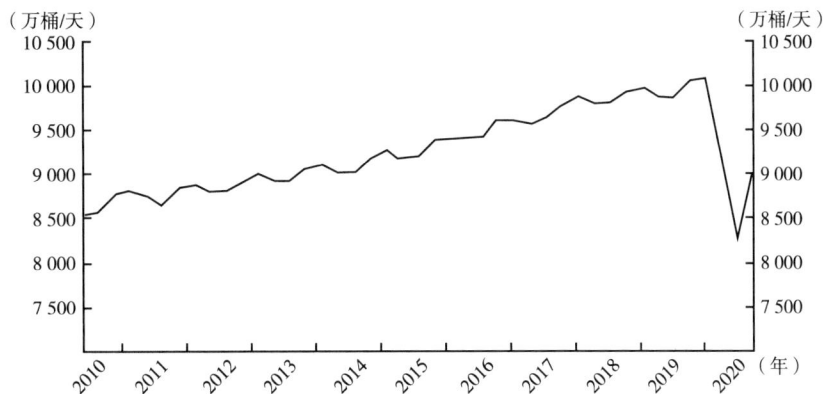

图 1　全球原油需求量

资料来源：万得（Wind）金融数据库。

大幅降低。受此影响，美国成品油需求骤降，截至 2020 年 4 月 17 日，美国炼厂开工率已经下降到 67.6%。与此同时，2020 年 3 月 6 日石油输出国组织及盟友（OPEC +）谈判破裂，3 月 7 日沙特阿拉伯宣布降价并增产，掀起全球最大产油国间的原油价格战，国际原油价格持续下跌。在多方共同影响下，WTI 原油期货价格持续走低，如图 2 所示。

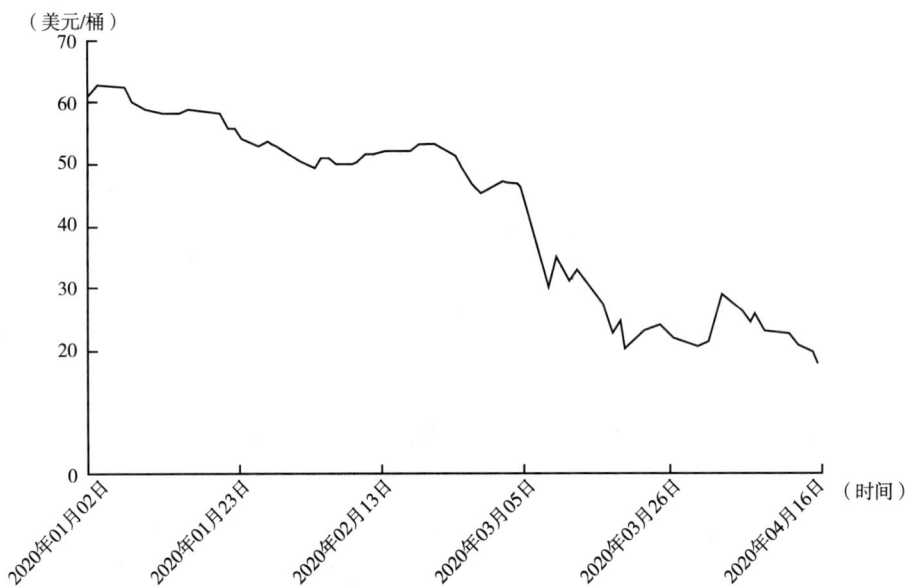

图 2　WTI 原油期货价格

资料来源：万得（Wind）金融数据库。

随着原油需求的大幅下降，原油存储问题越加突显，美国可用的原油存储空间将被耗尽。美国能源信息署公布的数据显示，截至 2020 年 4 月 10 日，美国原油库存（不包括战略石油储备）较此前一周增加 1 924.8 万桶，美国原油库存变化值连续 12 周保持正增长，涨幅续刷纪录新高。俄克拉荷马州库欣的原油库存变化值连续 6 周保持正增长，如图 3 所示。截至 2020 年 4 月 17 日，库欣库容使用率已经达到 79%，若延续此增长速度，则两周内将达到历史最高库存 89%。很容易预测，该地区的原油库容很可能在 3 周内填满，一旦填满，WTI 原油期货合约进行实物交割将非常困难，严重的产能过剩使当月交割的原油成了如同"烫手山芋"一般的商品。

2020 年 4 月中旬，为重振因新冠肺炎疫情冲击下的石油市场，石油输出国组织（OPEC）达成减产协议，自 2020 年 5 月 1 日起进行为期两个月的首轮减产，减产额度为 970 万桶/日；自 2020 年 7 月至 12 月减产 800 万桶/日；自 2021 年 1 月至 2022 年 4 月减产 600 万桶/日。此外，美国、巴西、加拿大将共同减产 370 万桶/日，美国还将为墨西哥减产 30 万桶/日。

（万桶）

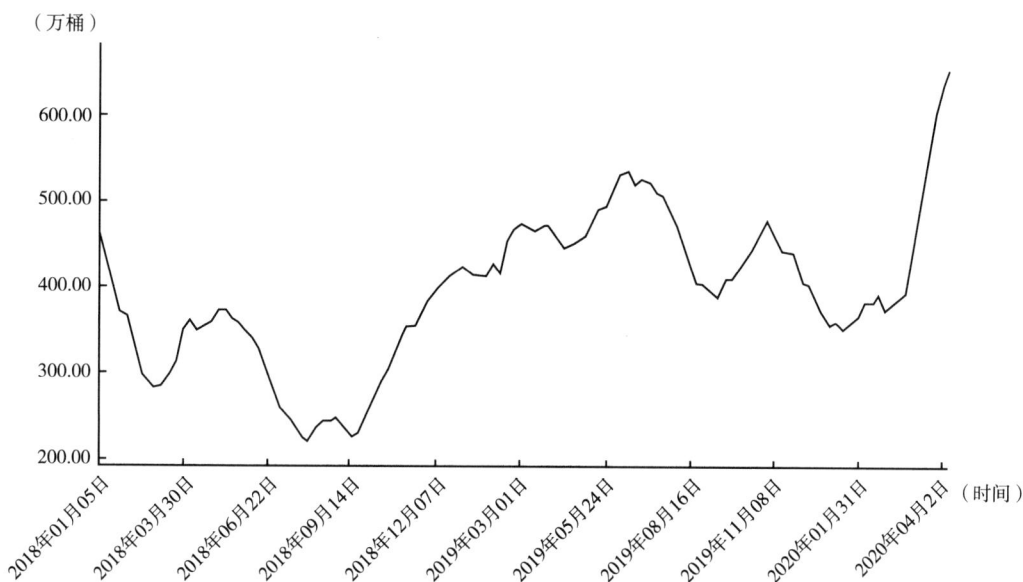

图3 俄克拉荷马州库欣的原油库存走势

资料来源：万得（Wind）金融数据库。

四、期货交易的"空逼多"策略分析

纽约商品交易所推出的原油期货和期权为生产商、精炼厂等对冲风险提供了途径。生产商、炼油厂、分销商、交易商、零售商和消费者通过卖出 WTI 原油期货对冲原油价格下跌风险（空头套期保值），通过买入 WTI 原油期货对冲原油价格上升风险（多头套期保值）。除套利者外，原油期货市场存在许多投机者，他们通过期货价格上下波动赚取价差。

正常情况下，WTI 原油期货市场中多头套期保值者和空头套期保值者的持仓数量相差不大，他们有能力且愿意持有期货合约至到期，采用实物交割的方式结清头寸；同理，多头投机者和空头投机者的持仓数量也相差不大，但他们没有意愿也没有能力参与期货到期后的实物交割。全球石油需求的骤降导致空头套期保值的交易商数量大幅增加，与此同时，超低的期货价格和原油减产协议的达成吸引了大量行业内及行业外的投机者买入 WTI 原油期货合约。最终导致多头投机者的持仓占比远大于空头投机者，空头套期保值者的持仓远大于多头套期保值者的持仓，交割不匹配缺口持续扩大。此时，由于空头套期保值者有交割需求，他们愿意持有合约至到期，因而想要通过卖出平仓的多头投机者很难找到买家（见图4）。

WTI 原油期货合约临近到期时，库存将填满的现状使空头套期保值者交割意愿增

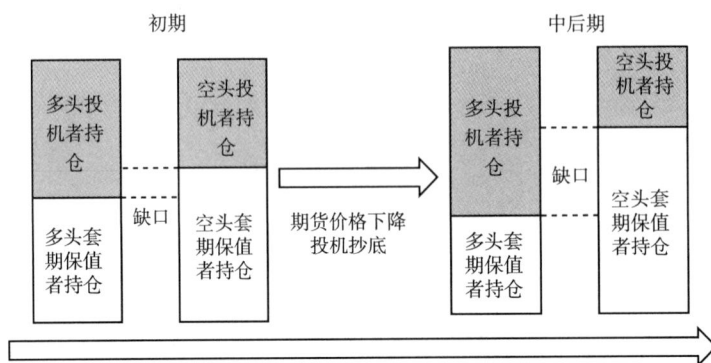

图4　套期保值者和投机者持仓对比

资料来源：作者自行绘制。

强，空头套期保值者愿意进入交割程序，由于有卖出原油的需求，因而交割对他们无影响。但多头投机者将面临艰难选择：（1）卖出平仓，从图2可以看出，WTI原油期货合约经历了长时间的下跌过程，多头投机者在WTI原油期货5月合约临近到期前卖出平仓将面临较大亏损；（2）将5月合约展期到6月，如图5所示，6月WTI原油期货合约的价格在2020年4月初显著高于5月合约，如果卖出5月合约、买入6月合约，投资者也将面临较大的即时亏损，同时也将面临WTI原油期货价格持续下跌的风险；（3）持有合约至到期交割，由于俄克拉马州库存急速减少、投机者没有真实的交割需求和交割时多方需要备好充足的空间储存石油等原因，多头投机者等待交割将支付很高的成本。空头交易者熟知多头投机者的艰难选择，并充分利用该机会，推波助澜，大举做空，逼多头以更低的价格平仓。随着WTI原油5月合约到期日的临近，多头投机者必须要在平仓和交割之间做出抉择，最终高昂的交割成本使大量多头投机者

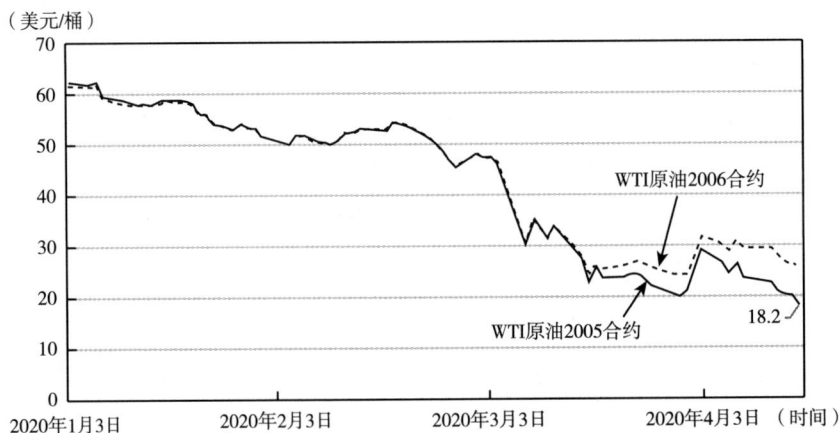

图5　2020年WTI原油期货5月和6月合约的价格趋势

资料来源：万得（Wind）金融数据库。

不得不以更低的价格卖出期货合约平仓，造成原油期货的价格跌破零点。

市场操纵包括基于欺诈的操纵和基于市场力量的操纵。前一种行为包括散布虚假信息、"拉高出货"（pump and dump）等手法，后一种行为则是利用持仓和现货市场优势进行"逼仓"，通常，后一种行为更为隐蔽和难以认定。利用市场力量进行的操纵行为，传统上更多体现为"多逼空"：多头不断买入空头根本没有能力进行实物交割的合约，逼迫空头做出两难选择——要么承受无法交割的违约惩罚，要么以超高的价格回购合约头寸。为实现这种掠夺性剥削，操纵者一方面控制了期货合约中的多头头寸；另一方面在现货市场控制了合约商品的供应，阻碍空头履约交付，从而得以在期货合约的履行或清算过程中故意虚增价格。做空力量的市场操纵行为中，空头不断卖出合约，过度交割的商品超过多头接收能力，期货价格不断被压低，从而允许空头以低于正常竞争水平的价格回购期货头寸。在疫情导致全球原油需求量锐减的背景下，如果市场中空头势力联合利用掌握了仓储运输资源的优势、控制了空头头寸的优势以及芝商所修改规则后价格向下不受限制的条件，得以在收盘前不断压低价格，最终以极端的负值价格成交获取暴利——那么这就是典型的操纵市场造成价格严重扭曲的行为。

通常，"多逼空"比"空逼多"更能引起人们关注，因为合约价格向上没有天花板——意味着空头受市场多头力量逼迫受到的损失也没有上限，而"空逼多"情形下的价格却始终有 0 作为底线——不管是 20 分钟还是 200 分钟，多头合约受挤压下跌的损失始终是有限的。这让"空逼多"产生的损害后果不如"多逼空"严重，因而躲过了多数人审视与怀疑的视线。但是，芝商所快速修改价格机制允许负值出现，改变了这一切：多头因受空头力量挤压而受到的损失，完全具有深不见底的可能。由此，空头才可能在 WTI2005 合约临近收盘前的短暂时间内，利用漏洞操纵期货合约价格使其在负值区间内不受阻拦地疯狂向下钻刺。

根据美国《商品交易法》，期货交易所"有义务采取措施防止市场操纵、价格扭曲和交割、结算过程中的违规行为"。并且，"为减少市场操纵或拥挤的潜在威胁（特别是在交割月的交易期间），交易所应在必要和适当的情况下，对每份合约采取对投机者的持仓限制"。但是，这一次负油价事件中，未见芝商所依法及时采取措施预防或阻止市场操纵行为，反见其以迅速修改规则允许负值价格的方式纵容和加剧恶意市场操纵的空间，增加受掠夺者遭受惨重损失的可能性。同时，芝商所在修改机制支持负价格时却没有通过科学的决策程序来控制不良影响，这为潜在的严重后果埋下了祸根。没有听取不同利益主体声音、没有对市场进行风险提示的规则修改，显示出的更多是一种不负责任的态度。

五、WTI 原油期货价格跌破零点对我国的影响

WTI 原油期货价格跌破零点的事件导致我国原油宝产品的投资者蒙受巨额亏损，从而引发风险事件。原油宝是银行账户场外期货类金融衍生产品（俗称纸原油），中国工商银行最早于 2013 年推出此类产品，随后，中国建设银行、交通银行、中国银行、中国农业银行等也推出此类产品。该类产品是机构向个人客户发行的挂钩境内外原油期货合约的交易产品。表 2 展示了中国工商银行、中国建设银行和中国银行推出的纸原油产品设计规则。

表 2　　　　　　　　　　　　　纸原油产品设计规则

项目	工商银行	建设银行	中国银行
移仓日	每月 20 日	最后结算日前 5 日	最后结算日前 5 日
调整时间	当日 22：00 开始冻结至次日 8：00	当日 24：00 开始冻结至次日 9：00	当日 24：00 开始冻结至次日 9：01
结算价（美元/桶）	0.1 桶	0.1 桶	0.1 桶
移仓规则	多头移仓时，先按当时持仓合约的买入价进行多头平仓，同时按目标合约的银行卖出价进行多头开仓；空头移仓反之。提供自动移仓服务	多头移仓时，先按当前持仓合约的买入价进行多头平仓，同时按目标合约的银行卖出价进行多头开仓；空头移仓反之。提供自动移仓服务	多头移仓时，先按当时持仓合约的买入价进行多头平仓，同时按目标合约的银行卖出价进行多头开仓；空头移仓反之。提供自动移仓服务
强平规则	保证金不足 50% 时预警；不足 20% 时强行平仓	保证金不足 60% 时预警；不足 50% 时强行平仓	保证金不足 20% 时强行平仓

资料来源：作者自行绘制。

按照报价参考对象不同，中国银行推出的原油宝包括美国原油产品和英国原油产品，其中，美国原油对应的基准为"WTI 原油期货合约"，英国原油对应的基准为"布伦特原油期货合约"，以美元（USD）和人民币（CNY）计价。中国银行作为做市商提供报价并进行风险管理。个人投资者可以在中国银行开立账户，签订协议并存入足额保证金后就能实现做多与做空原油。

按照中行客户协议规定，"原油宝"产品美元结算价参考期货交易所公布的相应期货合约当日结算价，人民币结算价参考交易所结算价以及当时中行所公布的汇率价格。按照芝加哥商品交易所规定，WTI 原油期货按照北京时间凌晨 2：28～2：30 的均价作为结算价。通过原油宝，个人投资者可以进行原油期货的买卖交易，中国银行担任类似做市商的角色，将投资者的多空仓轧差结算后再去场外平盘。整个过程，银行有三种途径来获得收益：（1）交易手续费；（2）银行从价差和汇差中来进行获利；

（3）多余的保证金占用及资金利息。理论上，基于 100% 的保证金制度，只要不出现负价格，银行即可获得无风险收益。

北京时间 2020 年 4 月 21 日凌晨，WTI 原油期货 5 月合约价格为负后，当日中国银行在官网发布公告，称受 WTI 原油期货负结算价影响，美国原油合约暂停交易一天，并且声明"我行正积极联络 CME，确认结算价格的有效性和相关结算安排。"4 月 22 日，中国银行发布两则公告：（1）公告了原油宝 2020 年 4 月 20 日合约结算价格；（2）声明了原油宝结算价和交易规则，指出"经我行审慎确认，美国时间 2020 年 4 月 20 日，WTI 原油 5 月期货合约 CME 官方结算价 –37.63 美元/桶为有效价格。根据客户与我行签署的《中国银行股份有限公司金融市场个人产品协议》，我行原油宝产品的美国原油合约将参考 CME 官方结算价进行结算或移仓。同时，鉴于当前的市场风险和交割风险，我行自 4 月 22 日起暂停客户原油宝（包括美油、英油）新开仓交易，持仓客户的平仓交易不受影响"。据了解，中行原油宝约有 6 万余名客户，如果按 –37.63 美元/桶的价格结算，多头投资者总计约 40 亿元的保证金全部损失，且还欠中国银行保证金超过 58 亿元。另外，中行持有 WTI 原油期货合约多头头寸约 2.5 万手，根据估计，此次损失不少于 90 亿元。

南华期货朱斌指出，原油宝事件的发生，WTI 的全球原油定价功能已经被弱化，信誉也受到冲击，中国的机构再采用 WTI 原油作为全球定价，需要谨慎。在上海期货交易所短期内无法取代 WTI 的时候，至少可以选择布伦特原油，因为布伦特原油在交割方面有较多措施。

总而言之，这次事件需要吸收两个教训，一是，银行推出的产品都挂钩海外产品，即失去主场优势，把对期货市场规则不理解的投资者引入非中国可以控制的市场进行交易，需谨慎；二是，交易所制度，交易所随时改变策略，若对策略改变不敏感随时都会掉进陷阱，在市场流动性不好的时候，价格容易被操纵。

案例使用说明

一、教学目的与用途

1. 适用课程：金融工程、行为金融学、金融风险管理。

2. 适用对象：本案例主要为本科生和研究生开发，适合本科生高年级和相关专业的研究生学习。

3. 教学目的：本案例从原油需求、原油期货交割、投资者行为等角度剖析原油期货价格为负的形成原理，结合中国银行推出的"原油宝"介绍原油期货价格为负造成的影响。通过案例学习，学生掌握期货定价原理、期货合约选择规则、投资者交易过程中存在的认知偏差和风险管理等知识。

具体目标分为以下三个方面。

（1）知识目标。掌握期货定价的基本原理；掌握期货合约选择的基本原则；了解期货交易过程中"多逼空"和"空逼多"得以实现的市场环境。

（2）能力目标。提高学生利用衍生品定价原理分析期货交易案例的能力；提高学生识别衍生品交易风险的能力。

（3）思政目标。让学生通过案例进一步认识金融风险，建立风险意识和风险底线；引导学生思考金融风险发生的过程中监管者、商业银行、机构投资者等参与者应承担的责任，进一步思考避免金融风险发生的应对之策，防患于未然；同时树立学生从事衍生品相关工作的职业理想、职业道德。

二、启发思考题

1. 结合 WTI 原油的交易特点分析无套利均衡定价理论是否适用于 WTI 原油期货合约，并解释为什么全球使用原油期货的价格作为原油的定价基准。

2. 为保证 WTI 原油期权正常交易，芝商所自 2020 年 4 月 21 日以来将定价模型从 Whaley 或 Black（1976）模型转为 Bachelier 模型，并于 2020 年 8 月 31 日决定恢复到原来的 Whaley 或 Black（1976）定价模型，请解释其原因。

3. 请解释原油期货价格跌为负值的合理性。

4. 基于上述案例分析投资者使用期货进行套期保值和投机时面临的风险，简述投资者在套期保值时如何选择期货合约。

5. WTI 原油期货价格跌为负值对我国金融机构和投资者造成较大影响，请根据案例讨论我国金融开放背景下的高风险金融产品监管、金融衍生品市场建设和我国金融监管制度和方法等问题。

三、分析思路

本案例介绍了 WTI 原油 2020 年 5 月期货合约价格跌为负值的历史背景，从交易动机角度刻画了多空双方的博弈过程及结果，并讨论了因而导致的中国银行"原油宝"产品投资者蒙受巨额亏损的风险事件。使用案例时，可以参照以下线索展开：首先，在阅读案例的基础上，引导学生从市场有效性、套利成本等角度讨论无套利均衡定价理论是否适用于 WTI 原油期货合约定价；同时根据 Whaley 期权定价模型（BAW 定价模型）和 Black（1976）期权（BS 定价模型）的前提，探讨这些模型适用于标的资产价格非负的原因。其次，基于期货合约的交割规定，结合市场情况，引导学生分析多头投机者交割的费用、流动性风险以及操纵风险，探讨原油期货价格为负的合理性。最后，结合"原油宝"事件，引导学生从商业银行衍生品设计与监管、投资者教育、专业人才培养等方面展开全面分析。

四、理论依据与具体分析

（一）理论依据

1. 基于无套利均衡的期货定价。

无套利均衡定价模型建立在以下假设之上：（1）没有交易费用和税收；（2）市场参与者能以相同的无风险利率借入和贷出资金；（3）没有违约风险；（4）允许现货卖空；（5）当套利机会出现时，市场参与者能瞬间参与市场套利活动，从而使套利机会消失；（6）期货合约的保证金账户支付相同的无风险利率。

令 f 表示远期合约价值；F 表示远期或期货合约的价格；K 表示远期合约的交割价格；S 表示标的资产当前的价格；r 表示无风险利率；t 表示远期或期货合约剩余到期时间。为给无收益资产的远期或期货合约定价，构造两个组合：（1）一份远期合约多头加上一笔金额为 Ke^{-rt} 的现金；（2）一单位标的资产。由于两资产组合在远期合约到期时的价值相同，所以它们期初的组合价值必相等，否则市场存在套利机会。因此，$f + Ke^{-rt} = S$，即远期合约的价值为 $f = S - Ke^{-rt}$。远期价格为合约价值为零时的交割价格，因此 $F = Se^{rt}$。虽然期货和远期的交易制度不同，但在上述假设成立下，两者的价格应相同，故期货的价格也是 $F = Se^{rt}$。期货持有期内标的资产存在持有成本时，期货价格发生变化，进一步分析可得此时期货价格 $F = S + c$，c 表示期货持有期内标的资产的持有成本（如存储成本、利息收益等）。

2. BSM 期权定价模型。

BSM 期权定价理论在下述假设下成立：（1）不存在无风险套利机会；（2）允许卖空标的证券；（3）没有交易费用和税收；（4）证券交易是连续的，价格变动也是连续的；（5）所有证券都完全可分；（6）股票价格遵循几何布朗运动；（7）在衍生证券有效期内，无风险连续复利利率为常数；（8）在衍生证券有效期内标的证券无现金收益。BSM 期权定价理论令 μ 表示标的资产的年化预期收益率，σ 表示标的资产收益率的年化波动率，则标的资产价格的变化过程可以表示为：

$$\frac{dS_t}{S_t} = \mu dt + \sigma dz_t$$

其中，S_t 表示标的资产的价格；dz_t 服从标准布朗运动。当标的资产初始价格为正且价格变化服从上述过程时，那么标的资产未来的价格恒为正。

基于上述假设得到欧式看涨期权价格为：

$$c = S_t N(d_1) - Xe^{-r(T-t)} N(d_2)$$

其中，$d_1 = \dfrac{\ln(S_t/X) + (r + \sigma^2/2)(T-t)}{\sigma\sqrt{T-t}}, d_2 = d_1 - \sigma\sqrt{T-t}$

从表达式可以看出，若标的资产的价格 S_t 小于零，则表达式 d_1 无意义，此时，无法基于该模型推导期权价格、标的资产的隐含波动率等。Whaley 模型放松了 BSM 模型中无交易成本的假设，但他们的模型仍然令标的资产价格服从几何布朗运动。

3. 套期保值风险。

套期保值又称对冲交易，是指投资者在现货市场已有一定的风险暴露的时候，运用远期或期货的相反头寸对冲已有风险的行为。它是一种避免或减少现货价格波动造成未来损失的行为。套期保值行为主要分为两种：多头套期保值和空头套期保值。多头套期保值也称买入套期保值，即通过进入远期或期货市场的多头对现货市场进行套期保值。空头套期保值也称卖出套期保值，即通过进入远期或期货市场的空头对现货市场进行套期保值。如果期货到期日、标的资产和交易金额等条件的设定使期货与现货都能恰好匹配，从而使套期保值能够完全消除价格风险。这种能够完全消除价格风险的套期保值称为完美的套期保值。但在现实的期货市场中，完美的套期保值通常是不存在的。不完美的套期保值，即无法完全消除价格风险的套期保值才是常态。

不完美套期保值中，交易者主要面临基差风险和数量风险。基差风险（期货价格和被套期保值的现货价格之差）产生的原因主要有两点：（1）期货合约是在交易所交易的标准化合约，品种有限，因此，被套期保值的现货资产不一定是用于套期保值的期货的标的资产；（2）期货合约规定了合约的到期期限，现货的套期保值的结束日可能与期货的到期日不同。由期货定价理论可知，期货和标的资产的价格密切相关，且期货到期日的交割价格等于标的资产价格。当被套期保值的资产不是期货的标的资产时，期货价格和被套期保值现货的价格差异比较大，造成投资者在套期保值时面临较大风险。另外，当套期保值结束时间与期货到期日不同时，期货与现货的价格不收敛，这也导致投资者进行套期保值时价格风险难以完全消除。数量风险主要是因为期货合约的标准数量规定无法完全对冲被套期保值的现货数量造成的风险。

（二）具体分析

1. 结合 WTI 原油的交易特点分析无套利均衡定价理论是否适用于 WTI 原油期货合约，并解释为什么全球使用原油期货的价格作为原油的定价基准。

无套利均衡定价理论不完全适用于 WTI 原油期货。其原因主要有三个方面：一是市场不满足瞬时套利条件；二是 WTI 原油的交易成本较高；三是 WTI 原油属于商品，具有便利性收益。无套利均衡定价理论在一系列假设前提下得到期货理论价格，但现实交易中，WTI 现货无法卖空、市场不存在大量的基于 WTI 现货和期货价格差异的套利活动、WTI 原油的交易存在较高的成本，因此，WTI 原油现货和期货市场不满足无套利均衡定价的前提假设（没有交易费用和税收、允许现货卖空和市场存在大量基于期现价差套利的交易者等）。另外，WTI 原油属于能源商品，持有现货能给消费者带来便利性收益，所以 WTI 原油期货的价格应低于无套利均衡定价得到的结果。综上可知，无套利均衡定价理论不完全适用于 WTI 原油期货定价。

自 20 世纪以来，原油定价机制发生了三次主要变迁。1928～1973 年，国际性的卡特尔七大石油公司（Exxon、Chevron、Mobil、Gulf、Texaco、Royal Shell、BP，也称为"七姐妹"）控制了世界原油生产的 82%，炼油能力的 65% 以及石油贸易量的 62%。在此期间，全球原油勘探、开采、生产、运输和销售的全生产流程都完全由欧美石油公司控制，原油的定价权也掌握在西方发达国家手中，这一定价体系维持了 30 余年。1973 年至 20 世纪 80 年代，石油输出国组织（OPEC）逐渐上升为唯一的价格垄断组织。1976 年起，OPEC 所领导的"管理/统一价格"体系开始主导市场定价。以阿拉伯轻质原油价格作为基准价格，OPEC 成员国根据原油的质量和运费进行各自的价格调整。其他原油的价格部分由市场决定，通过在基准价格之上升、贴水的形式体现。20 世纪中期至今，随着石油现货市场和期货市场的建立和完善，逐渐形成以 WTI、布伦特（Brent）和迪拜（Dubai）原油价格为基准的定价体系。同时，世界范围内形成了纽约商品交易所（NYMEX）、伦敦洲际交易所（ICE）、新加坡交易所（SGX）和迪拜商品交易所（DME）四个最主要的石油期货市场。

国际市场上，原油的价格变化影响着世界经济的发展以及国际政治关系。为了降低原油价格的波动风险，国际金融市场逐步推出了原油期货。自原油期货诞生以后，交易量一直呈快速增长之势，其对现货市场的影响也越来越大。具体原因如下：首先，原油期货市场拥有众多的参与者：生产商、炼油厂、贸易商、消费者、投资银行、对冲基金等。原油期货的价格体现的是市场买卖双方总体对于未来价格的最优预期和判断。其次，原油期货交易量巨大，是现货贸易量的十几倍，价格能够通过交易所公开、透明即时得以更新，可以更好地实现价格发现功能，而且有效避免价格被操纵。因此，全球市场将原油期货作为原油的定价基准。

2. 为保证 WTI 原油期权正常交易，芝商所自 2020 年 4 月 21 日以来将定价模型从 Whaley 或 Black（1976）模型转为 Bachelier 模型，并于 2020 年 8 月 31 日决定恢复到原来的 Whaley 或 Black（1976）定价模型，请解释其原因。

WTI 原油期权是以 WTI 原油期货为标的资产的期权产品，由于 WTI 原油期货价格于 2020 年 4 月 21 日跌为负值，Whaley 或 Black（1976）期权定价模型不再适用于当时的市场环境，因而将期权定价模型改为 Bachelier 模型。

1900 年，Bachelier 提出期权定价模型，Bachelier 的模型要求资产价格围绕其真实价格变动，资产价格的变化中不存在漂移项，服从算术布朗运动，即标的资产价格服从正态分布，而非标的资产的收益率服从正态分布。在该假设下，资产价格有一定概率取值为负，因此，Bachelier 模型适用于标的资产价格为负的情况。正常来讲，Bachelier 模型可以在标的资产价格为负时对 Whaley 或 Black（1976）模型进行短期替代。

3. 请解释原油期货价格跌为负值的合理性。

新冠肺炎疫情期间，库存上涨和库容极限是全球石油市场都面临的共同问题，但只有 CME 旗下的 WTI 原油期货价格结算价出现负值，其原因主要是：WTI 的交割方式是位于美国中西部俄克拉荷马州库欣地区的管道实货交割，在具体交割流程上，WTI 实货交割特色为管道阀门交割，在库欣地区指定若干个交割点，在交割过程中从一侧通过该交割点到另一侧即完成交割，买方需要自行寻找储罐，实际交割中并不存在真正的交割库。因此，在库欣地区石油库容紧张的背景下，多头投机者的交割成本非常高，所以他们即使以负价格平仓也不愿进行实物交割。因此，WTI 原油期货价格为负具有一定的合理性。

然而，在现实情况中，尽管石油市场基本面确实呈现需求极度萎缩、炼厂大减开工、供应过剩严重的情况，但美国现货市场事实上并无负价格交易出现。因此，此次负价格的出现，绝大程度上反映的是原油的金融属性和期货市场中金融力量的博弈，严重背离了原油的商品属性，一定程度上颠覆了期货"发现价格、规避风险"的基本功能，甚至被投机者利用规则牟取暴利。从这个角度来看，WTI 原油期货价格跌至 –37.63 美元/桶是不合理的，它是在特定交割规则下空方逼迫多方以较低价格平仓的操纵行为造成的。

4. 基于上述案例分析投资者使用期货进行套期保值和投机时面临的风险，简述投资者在套期保值时如何选择期货合约。

投资者利用期货进行投机主要是根据自己对未来价格变动的预期进行交易，当投机者预期未来期货价格上涨时，他们将买入期货，反之卖出期货。从本质上看，期货和现货价格变动的风险源是一致的，因此，现货和期货的投资具有很强的替代性。不过，由于期货是保证金交易制度，具有高杠杆效应，因此，投资者可以通过期货投机获取更高收益，同时也承担了更高风险。

除基差风险和数量风险外，投资者使用期货进行套期保值和投机时也面临流动性风险、交割风险和操纵风险。本案例中，WTI 原油期货 5 月合约临近到期时，多头投机者希望卖出期货合约平仓，但市场没有投资者为其提供流动性，从而使他们不得不以更低价格成交。与此同时，WTI 原油期货合约交割环节比较烦琐，受各种因素的影响，例如库存、运输等因素，多头套期保值者或投机者在没有充分准备的前提下进入交割程序很可能蒙受较大亏损。本案例中，空头交易者了解到多头持仓者面临困境后，继续做空 WTI 原油期货，逼迫多头交易者以较低的价格平仓，表明多头套期保值者和投机者都面临"空逼多"操纵风险。

基于上述分析，投资者选择期货合约进行套期保值时应选择具有足够流动性的产品，同时尽量避免在期货到期的月份继续持有期货头寸，即应选择比所需套期保值月份略晚但尽量接近的期货品种。同理，通过展期对现货进行套期保值时，也应该尽量避免在期货到期月份持有合约，否则也可能出现市场流动性不足、操纵市场等现象。对投机者而言，高杠杆能够放大投资者的收益，同时也放大投资者面临的风险，因此，投机者应充分评估自己所能承受的最大风险，严格控制持仓风险。

5. WTI 原油期货价格跌为负值对我国金融机构和投资者造成较大影响，请根据案例讨论我国金融开放背景下的高风险金融产品监管、金融衍生品市场建设和我国金融监管制度和方法等问题。

近年来，随着我国金融市场对外开放程度的不断增加，金融风险不断加剧，这严重威胁和侵蚀着投资者的利益，防控系统性金融风险成为中国经济金融运行中至关重要的政策取向，也是党的十八大以来中央始终关注的重大经济金融问题。习近平总书记在党的十九大报告中指出，深化金融体制改革，增强金融服务实体经济能力；健全金融监管体系，守住不发生系统性金融风险的底线。

防控金融风险，守住不发生系统性金融风险的底线，需要多措并举，要高度重视国际商品市场价格波动所带来的部分金融产品风险问题，增强风险意识，强化风险管控。本案例中，原油宝产品暴露出我国商业银行管理存在风险隐患、投资者保护意识缺位等问题。鉴于此，需要在以下方面提升金融监管能力，为控制系统性金融风险的发生制定行之有效的策略。第一，监管部门应加强对金融机构特别是商业银行发行虚拟交易类结构性衍生品的监管，特别是对疑似规避监管类的金融工具创新加强监管。第二，金融机构特别是商业银行发行高风险产品时，监管机构应要求金融机构进行必要的投资者教育、投资者风险评估以及产品风险匹配分析。第三，大力培养金融衍生品和金融风险管理人才以提升金融机构自身的产品设计能力和风险管理能力。第四，我国应进一步加快衍生品市场建设，不仅为衍生品交易培养专业人才，也为投资者提供风险管理工具和投资渠道。第五，我国应进一步完善金融市场一体化监管体系，加大国际金融监管合作力度，提升跨市场监管能力。

参考资料：

［1］部慧，陆凤彬，魏云捷．"原油宝"穿仓谁之过？我国商业银行产品创新的教训与反思［J］．管理评论，2020，32（9）：308－322.

［2］王念涵．WTI05 合约及中行原油宝风险事件反思与启示［J］．中国证券期货，2020（2）：18－23.

［3］关于我行原油宝业务近期结算和交易安排的公告［EB/OL］．［2020－04－22］．中国银行股份有限公司网站．https：//www.boc.cn/fimarkets/bi2/202004/t20200422_17776203.html.

［4］中国银行关于原油宝业务情况的说明［EB/OL］．［2020－04－22］．中国银行股份有限公司网站．https：//www.boc.cn/fimarkets/bi2/202004/t20200422_17781867.html.

［5］中国银行关于"原油宝"产品情况的说明［EB/OL］．［2020－04－24］．中国银行股份有限公司网站．https：//www.boc.cn/custserv/bi2/202004/t20200424_17793210.html.

［6］中国银行关于"原油宝"产品情况的说明［EB/OL］．［2020－04－29］．中国银行股份有限公司网站．https：//www.bankofchina.com/custserv/bi2/202004/t20200429_17810470.html.

［7］CME Clearing. Switch to Bachelier Options Pricing Model［EB/OL］．https：//www.cmegroup.com/content/dam/cmegroup/notices/clearing/2020/04/Chadv20－171.pdf.

［8］CME Clearing. Transition Back to Whaley and Black 76 Options Pricing Methodology Effective Trade［EB/OL］．［2020－08－31］．https：//www.cmegroup.com/notices/clearing/2020/08/Chadv20－320.html.

［9］CME Clearing. CME Clearing Plan to Address the Potential of a Negative Underlying in Certain Energy Options Contracts［EB/OL］．https：//www.cmegroup.com/notices/clearing/2020/04/Chadv20－152.html.

巴菲特如何将金融衍生工具化险为"益"

亓 晓

摘 要: 以长期稳健投资而闻名的投资家巴菲特先生,在公开场合一再警告投资者远离高风险的金融衍生工具,却通过精准下注以看跌期权为代表的金融衍生工具获取了巨额利润,而其敢于染指看跌的信心则来自其对美国股市坚定看多的判断。美国股市自诞生以来走出了跨越百年的超级牛市,这离不开在过去的 200 多年中,美国国运总体处于上升阶段的大背景。"投资就是投国运",第二次世界大战后美国世界头号强国地位的确立和巩固更为其股市的持续上涨提供了有效保障,投资美股犹如顺水行舟。中国特色社会主义进入新时代后,我国综合国力的不断提升为我国股市的长期上涨提供了强有力的坚强保障,做一个爱国的投资者,坚持长期投资,分享国家复兴带来的红利,是我国投资者最理性的选择。

沃伦·巴菲特 (Warren E. Buffett) 是全球著名的投资家,价值投资代表人物。1930 年 8 月 30 日生于美国内布拉斯加州的奥马哈市。2020 年 4 月 7 日,沃伦·巴菲特以 675 亿美元财富位列《2020 福布斯全球亿万富豪榜》第 4 位。本案例通过介绍巴菲特对金融衍生工具的成功操作,尤其是其出售股指看跌期权的动因及其深层原因和实际效果,启发学生正确认识 A 股的长期投资价值。

一、巴菲特的长期投资理念

巴菲特价值投资策略的根本原则仍然是格雷厄姆的内在价值原则、安全边际原则和市场先生原则,同时他在选股策略、集中投资、长期持有等方面吸收了费雪投资策略的优点。他认为,"在适当的时机挑选好的股票之后,只要他们的情况良好就一直持有"。他有一句被投资者熟知的名言:"不要关心股价的短期波动,如果你不打算持有一家公司十年,那么十分钟也不要持有。"

巴菲特重仓的股票持有时间均超过 10 年,所持有的可口可乐、富国银行、美国运通等公司的时间均在 30 年左右,这些公司也为巴菲特带来了不菲的回报。而最具代表性的案例，莫过于他持有华盛顿邮报 40 年，终获 10 亿美元回报。巴菲特坚持长期投资的另一经典案例是大量买入可口可乐。1987 年的可口可乐陷入了困境，10 月 19 日当天股票暴跌 20% 左右，之后持续低迷。这对于长期研究可口可乐，并看好其发展潜力的巴菲特来说，是一个绝好机会。在深入考察后，巴菲特开始以每股平均 41.8 美元的价格大量买入可口可乐的股票，到 1988 年底共持有 1 417 万股，成本为 5.92 亿元。在 1988 年的致股东信中，巴菲特告知股东们，打算长期持有可口可乐。20 多年后，巴菲特在 2010 年致股东信里表示，"1995 年我们从可口可乐公司获得了 8 800 万美元股利，自那时起的每一年可口可乐都在提高分红。2011 年，我们几乎肯定能获得可口可乐的 3.76 亿美元分红，比 2010 年高了 2 400 万美元。我预期十年内这个分红数字将翻倍。有朝一日如果我们每年拿到的分红都已超过当初投入可口可乐的资本，我不会感到奇怪。时间是这笔好生意的朋友"。根据可口可乐 2018 年年报，其 2018 财年年报归属于普通股东净利润为 64.34 亿美元，同比增长 415.54%。

二、用看跌期权锁定持股成本并放大利润将金融衍生工具比作"大规模杀伤性武器"

2003 年在致伯克希尔·哈撒韦股东的信中，巴菲特猛烈抨击衍生金融工具，称这些金融衍生工具合约（又称衍生产品）是"金融领域的大规模杀伤性武器"，"并隐藏着致命的危险"。在谈到金融衍生工具时，巴菲特说，他和合伙人查理·芒格（Charlie Munger）均认为，衍生产品不管是对参与交易的各方，还是对整个经济体系来说，都是"定时炸弹"。他指出，在衍生产品合约履约前，交易双方通常在当前业绩报告中计入"巨额利润"，而实际上没有发生一美分的交易。

"衍生产品合约的想象空间，和人类的想象力一样无边无际，或者有时可以这么说，和疯子的想象力一样没有边际"，巴菲特写道。他还列举破产的安然公司（Enron）为例，在这家公司，多年以后才履行的宽频互联网衍生合约，都计入了当前的业绩。巴菲特称，衍生产品合约的另一个问题是，在一家公司遇到麻烦时，衍生产品合约会因为一些毫不相关的因素而使问题严重恶化。产生这种累加效应的原因是，很多衍生产品合约要求信贷评级被下调的公司立即向合约另一方提供抵押品，这样会导致恶性循环，从而使企业彻底垮掉。

熟悉巴菲特的投资者都知道，与他的老师格雷厄姆相同，巴菲特也是一位极度厌恶风险的投资家，负债率很低，2010 年他在致股东的信中特别强调了债务的风险："任何一系列有利的数据，不管这些数据多么令人心动，只要乘以零，都会灰飞烟灭。历史告诉我们，即使是非常聪明的人，运用财务杠杆产生的结果经常是零。"因此，他对通常具有杠杆性的金融衍生工具的否定态度也容易被大家理解。然而，在实践中巴菲特不但参与了金融衍生工具交易，还多次在投资和并购案例中运用期权增加收益。

1993 年 4 月，可口可乐股价在 40 美元徘徊，巴菲特以每份 1.5 美元卖出了 500 万份当年 12 月到期、行权价 35 元的看跌期权。1993 ~ 1994 年，可口可乐一直在 40 ~ 45 美元附近震荡，未曾跌破 35 美元，巴菲特通过卖出期权获得了 750 万美元的期权费收入。而如果可口可乐股价跌破 35 美元，则巴菲特在向期权购买者按照 35 美元的价格买入股票时，可以大批吃进成本稳定在 33.5 美元的可口可乐股票。

巴菲特应用看涨期权获利的经典案例是在 2008 年金融危机的时候投资高盛公司：除了投资 50 亿美元购买高盛优先股，伯克希尔同时获得在 5 年内以 115 美元一股的价格买入 50 亿美元高盛普通股票的看涨期权。当时高盛的股价在 90 ~ 100 美元震荡，而金融危机结束后，高盛的股价快速上升，5 年内股价基本在 150 美元/股左右。由于高盛最后以回购巴菲特的优先股，并交付 435 万股高盛普通股结束交易。时至今日，巴菲特将这批看涨期权行权后所购得的高盛普通股，其价格已上涨超过 350%。

从以上两个例子可以看出，巴菲特参与金融衍生工具的交易，是在对标的工具的内在价值科学评估基础上，为了锁定持有标的工具的成本而进行的操作，虽然他的期权交易基本上是大多数投资者无法复制的，但是投资者仍然可以学习其期权交易背后的投资理念和风险管理的精髓。

三、通过卖出股指看跌期权获取"浮存金"

巴菲特参与金融衍生品交易最为著名的操作是在 2004 ~ 2008 年，伯克希尔哈撒韦公司出了售大批以标普 500、英国富时 100、泛欧斯托克 50 和日经 225 四大股指为标的的看跌期权。这些期权从 2016 年 6 月开始逐渐到期，一直到 2028 年 1 月将全部到期。伯克希尔出售的上述期权如果到期时相应股指跌至执行价格下方，伯克希尔将有义务向期权买家进行补偿，而如果期权到期时合约标的指数高于执行价格，期权费收入及其带来的投资收益全部归伯克希尔公司所有。

表 1 列出了巴菲特 2004 ~ 2008 年陆续卖出股指看跌期权后直至 2010 年解除其中 8 份合约期间，每年的合约账面盈亏、最大赔付额（即合约到期时指数跌至零应赔付的金额）、期权费累计收入。从中可以看出，受次贷危机后指数暴跌的影响，在 2008 年，这些期权合约给公司带来了 50.3 亿元的账面亏损，然而由于巴菲特出售的看跌期权为欧式期权，即只能在到期日交割，因此，在到期日之前如果因市场暴跌产生账面浮亏也无须追加保证金。2010 年，伯克希尔持有的 47 份股指期货合约中有 8 份被解除，共收到期权费 6.47 亿美元，支付 4.25 亿美元，净赚 2.22 亿美元，且最初出售这 8 份合

约所获得的 6.47 亿美元期权费被免费使用了 3 年。剩余的 39 份合约的期权费总额为 42 亿美元，在 2010 年底时合约总金额为 338.9 亿美元。

当股票指数大幅上涨时，看跌期权不再具有行权价值，而这些看跌期权的期权费却为巴菲特带来了丰厚的利润。自 2008 年底以来，标普 500 指数涨幅已经超过 4 倍，日经 225 指数涨幅超过 250%，泛欧斯托克 50 指数涨幅超过 90%，英国富时 100 指数涨幅也超过 80%。可以基本确定的是，自 2010 年起这 39 份合约给伯克希尔带来的 42 亿美元期权费收入，一直被免费使用直到全部到期。

以上不难看出，巴菲特通过出售看跌期权获取的期权费，已经被其免费使用了超过 13 年，以伯克希尔超过 20% 的年化回报率来计算，这笔资金可为公司创造超过 400 亿美元的收益。这些合约的期权费，不是可能招致巨额亏损的"烫手山芋"，而是神奇的"浮存金"。根据伯克希尔年报中关于其保险业务"浮存金"的描述，"浮存金"主要是指客户所缴纳保费在扣除必要费用之后可以进行投资的部分，它包括尚未支付的赔款、理赔费用、未满期保费、延期保单成本、延期再保费用等，在财务上属于"应付账款"。浮存金的所有权并不属于保险公司，但投资收益权属于保险公司。1967~2018 年，伯克希尔管理的浮存金总额从 6 700 万美元增至 1 227 亿美元，在 50 年的时间中年化增长率达 16%。1991~2018 年，伯克希尔合计实现承保利润 133 亿美元，承保利润率为 2.1%，相当于巴菲特使用浮存金进行投资的平均成本是 -2.1%。依靠源源不断的浮存金，在长期滚动投资的积累下，巴菲特实现了超长期的复利增长（见表 1）。

表 1　　　　　　　　2004~2010 年伯克希尔卖出股指期货看跌期权的数据　　　　　单位：亿美元

年份	到期指数为零时预计赔付额	账面盈利	期权费累计收入
2004	46.3		
2005	144.9		
2006	211.6		
2007	350.4		45
2008	371.3	-50.3	49
2009	379.9	27.1	48
2010	338.9	1.7	42

资料来源：黄建平. 巴菲特投资案例集［M］. 北京：经济科学出版社，2013：347-359.

从金融本质上说，看跌期权跟财产保险合约具有极高的相似度，都是支付较少费用避免因标的财产大幅贬值带来的损失。通过出售看跌期权所获得的期权费与客户缴纳的保费一样，在扣除必要费用之后，也可以进行投资。与对建立在保险精算基础上获取的保险业"浮存金"不同，股指看跌期权的卖出时机选择依赖于股指市场价格相对其内在价值的偏离程度，巴菲特卖出看跌期权的时机通常是股价大跌之际，而下跌中股票的波动率会上升，从而推升期权价格的走高，让公司能够赚取更多的期权费。

四、长期看多股指：巴菲特敢于卖出股指看跌期权的深层原因

根据看跌期权损益的基本原理，如果市场价格发生不利波动，看跌期权卖出者可能会承受极大的风险。巴菲特一直以坚持稳健投资而著名，为何敢于承受这样的风险呢？究其原因，还是离不开美国经济的持续增长和他对美国国家竞争力的信心——第二次世界大战后美国经济繁荣给伯克希尔带来充分发展空间。巴菲特坚定看好美国发展前景，敢于在他人悲观恐惧的情况下出手，与优质企业共同成长，坐享美国经济发展。他多次阐述美国国运的作用，"用全部身家赌美国经济前景""伯克希尔的成功在很大程度上只是搭了美国经济的顺风车"，这些表述反映了巴菲特对美国制度和社会的信心。他认为美国经济虽然有波动，但是长期看会持续增长，公司保留盈利也会自然带来其内在投资价值的增长，股票指数也将随之走高。

第二次世界大战后美国主导世界霸权，1980 年里根供给侧改革，美国迎来长达 20 年的经济繁荣，巨大的经济体量为伯克希尔提供了广泛的并购和投资选择。受益于美国经济的长期繁荣和消费增长，伯克希尔旗下的 500 余家子公司每年贡献利润达 100 亿美元，是其企业并购回报稳健的重要因素。1980～2000 年，美国资本市场迎来长牛，随着 401K 计划推出，共同基金和养老基金等大型机构入市，重仓股票的伯克希尔快速发展壮大。既然坚定地对美国国运和美股长期看多，卖出看跌期权就是一件风险极低的事情，这符合巴菲特"在高概率事件上下大赌注"的特点。

"投资就是投国运，投资家应该是爱国者"，是巴菲特的名言。在 2014 年致股东的信中，巴菲特表示："在过去的 237 年，有哪个打赌美国失败的人有好结果？如果将目前的美国与 1776 年的美国对比，你会发现这是个奇迹。已经深深融入我们市场经济的活力将继续发挥其魔力。美国最好的日子还在后面！"巴菲特在 2019 年致股东的信中再次表示，回顾他 77 年的投资历史，他和芒格高兴地承认，伯克希尔的成功在很大程度上只是搭了"美国顺风"，认为那些因为各种负面新闻头条而怀疑美国经济前景、放弃股市的人应该想想这个国家取得的成就：1942 年对美国股市投入的 100 万美元到 2019 年（77 年时间）将变成 52 亿美元。如果投资者为了寻求"保护"放弃股市购买黄金，那么他的获益将缩水 99%。巴菲特称伯克希尔下一个 77 年的成功也一定将来自"美国顺风"。

巴菲特个人财富的增值速度也与美国股市的趋势变化高度契合，在 1965 年购入伯克希尔公司并成为千万富翁后，他用了 16 年资产才增值 10 倍，因为 20 世纪 70 年代前后美国股市一直处于横向震荡的状态。而从 1981～1997 年，又用了 16 年，其财富却增值 100 倍，这得益于 1980 年开始到 2007 年美股近代历史上最长的牛市，这段时

间里道琼斯指数从 800 点一直涨到 2007 年的 14 000 点左右，指数大约涨了 17 倍。经过次贷危机的大幅调整后，2020 年 11 月 16 日该指数最高涨至 29 964.29 点，相比 1980 年涨幅超过 36 倍。

五、对评估 A 股长期投资价值的启示

巴菲特曾在多个场合表示，庆幸自己出生在 20 世纪 30 年代的美国。而在 2020 年初突如其来的新冠肺炎疫情灾难中，中国人民也发出了同样的心声："庆幸我是中国人！"，中华民族复兴的梦想在 2020 年变得更加真实，伴随着中国经济的继续腾飞和综合国力的不断提升，未来中国股市一定会有越来越多优秀的公司上市，中国的投资者一定能够分享中国股市长期增长带来的收益。我国股市从 2007 年次贷危机后一直在横向整理阶段，超过 12 年的市场调整类似于 20 世纪 70 年代的美国股市。而从宏观经济背景来看，我国人民在党中央的领导下取得了令世人瞩目的成就，相信未来中国股市一定会走出有史以来涨幅最大，持续时间最长的牛市。

巴菲特在近十年的股东大会发言中，经常提到"做多中国市场"这样的观点。在 2010 年的股东大会上，巴菲特表示中国拥有丰富的资源库，潜力无限，无疑是一个巨大的经济体。2012 年，针对中国出现的新兴产业，他表示倾向于投资一些出口优质产品的中国公司，特别是消费领域。中国已经拥有一些巨型公司，这些公司的市值将超过部分美国公司。2013 年，中美关系广受关注时，他表示，美元在未来世界货币的地位 20 年不会动摇，而美国和中国在未来一段时间会成为很强大的两个国家。

2015 年，中国股市正在经历自 2014 年 11 月开始的一次前所未有的飙升，巴菲特被问到"价值投资是否适用于 A 股"，他回答：价值投资理念可以在不同国家运用。中国投资者承担风险的能力很强，中国股市商机很多，波动很大，但是中国股市投机行为更大。2016 年初，索罗斯强调中国债务增长模式存在巨大风险，可能重蹈 2008 年美国经济危机的覆辙，而巴菲特则认为其担心过多。巴菲特表示对中国经济非常乐观，中国在处理经济转型与改革中，具备相关方面的知识与经验，未来发展会越来越好。2018 年，他坚定看好中国股市，称"中国股市将跑赢美股"，并透露已经在中国寻找到一些"猎物"。

至今为止，巴菲特在中国市场最大手笔的投资是入股比亚迪。2008 年末，巴菲特以每股 8 港币的价格"抄底"比亚迪，该公司成为其重仓股中的唯一一家中国公司。巴菲特认购了 2.25 亿股比亚迪公司的股份，约占其当次配售后 10% 的股份比例，交易总额约为 18 亿港币。2009 年 7 月 30 日，比亚迪收盘价达 41.65 港币。2017 年末，巴菲特对比亚迪的持股比例为 8.2%，比亚迪成为巴菲特旗下伯克希尔·哈撒韦 15 大重

仓股之一，按照该公司 2017 年财报显示，投资比亚迪回报率高达 745.26%。

而对于普通投资者如何选择投资标的，巴菲特也有理性的忠告，2007 年开始他在多个场合向普通投资者推荐指数基金，称"大多数人更宜投资指数基金"，"成本非常低廉的指数基金将战胜大部分业余或专业管理的资金"。巴菲特曾被问道，如果回到 30 岁，攒到了第一个 100 万美元你会怎么做？巴菲特回答，"我会把所有的钱都投资到一只成本费率低的追踪标准普尔 500 指数的指数基金上，然后继续努力工作"。对于缺乏投资分析的专业能力，缺少时间持续进行股票交易的投资者来说，投资低费率且具有充分市场代表性的指数基金来分享中国经济增长带来的收益是最理性的选择。

案例正文附件

看跌期权的基本知识

看跌期权又称卖出期权（卖权）、空头期权，是指期权买方按照一定的价格，在规定的期限享有向期权卖方出售标的资产的权利，但不承担必须卖出的义务。卖出看跌期权的盈亏平衡点 =（行权价格 – 期权费），对于看跌期权卖方来说，当标的市场价格高于该平衡点时，其最大收益为期权费，而当标的市场价格下降跌破盈亏平衡点时，跌幅越大卖方亏损越大（见图1）。

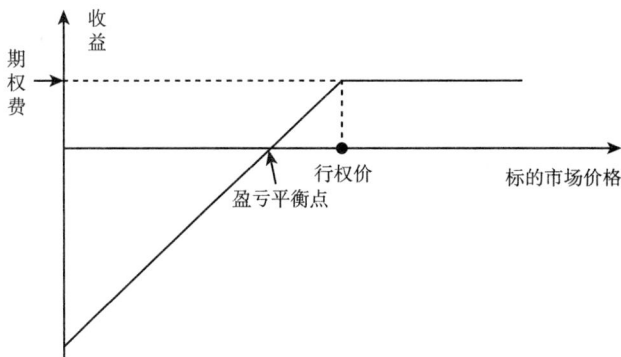

图1　卖出看跌期权的收益曲线

股票是最好的抵抗通胀的金融投资品种

宾夕法尼亚大学沃顿商学院金融学教授杰里米·J. 西格尔坚持追踪研究股市长线投资的规律，在其著作《股市长线法宝》中，他以直观的形式将长期投资的观念带给了无数投资者。用超过200年的金融交易品种历史数据表明，买入并持有股票的策略能够随着时间的流逝打败其他各种投资品种，包括债券、黄金及其他固定收益资产。

西格尔举例说，即使在1929年大股灾每月购买15美元的股票，用不了4年，收益也将超过用同样多的钱投资于国库券的收益。而到1949年，其股票投资组合累积资产将近9 000美元，回报率为7.86%，比债券年回报率的2倍还要多。在此期间，人类还经历了第二次世界大战。实际上，若非面对此种特殊情况，我们还将获益更多。

从图 2 可以看出，美股有史以来跌幅最凶狠的熊市出现在大萧条时期（1929~1933 年），这期间华尔街教父本杰明·格雷厄姆也因为过早地认为熊市已经结束而濒临破产。生于 1930 年的巴菲特幸运地错过了这次熊市，之后道琼斯指数经历了 20 世纪 70 年代前后的宽幅横向震荡阶段。20 世纪 70 年代初华尔街开始回归对有着稳定业绩历史的绩优股票的投资，于是形成了一轮以 50 只最大绩优公司为投资焦点的所谓"漂亮 50"行情。IBM、施乐、柯达、麦当劳、迪斯尼、宝丽来、雅芳等蓝筹公司，被机构投资者们认为是信得过的、值得长期持有、一旦买入就不必再卖出的股票，这一轮以"回避概念投机、回归价值投资"为宗旨的大盘绩优股行情，走到后期竟然也演变成了一波投机过度的行情。此次蓝筹股投机热潮于 1972 年达到顶峰，"漂亮 50"股票的 P/E 平均水平达到了 40 倍以上，一些成长型的公司，例如 IBM、得州仪器公司的市盈率曾达到 80 多倍。雅芳公司的市值竟然高于美国所有钢铁公司总市值。蓝筹股投机泡沫直接导致了 1973~1974 年的华尔街股市大崩盘，之后经过长时间横盘整理，1972 年 12 月的标普 500 指数最高收盘价在 1982 年 7 月被向上突破。目前 A 股市场也已经历上证 50 崩盘带来的冲击，并且横盘整理震荡了相当长的时间，指数再次向上突破前期高点时即为新一轮牛市启动的"冲锋号"。

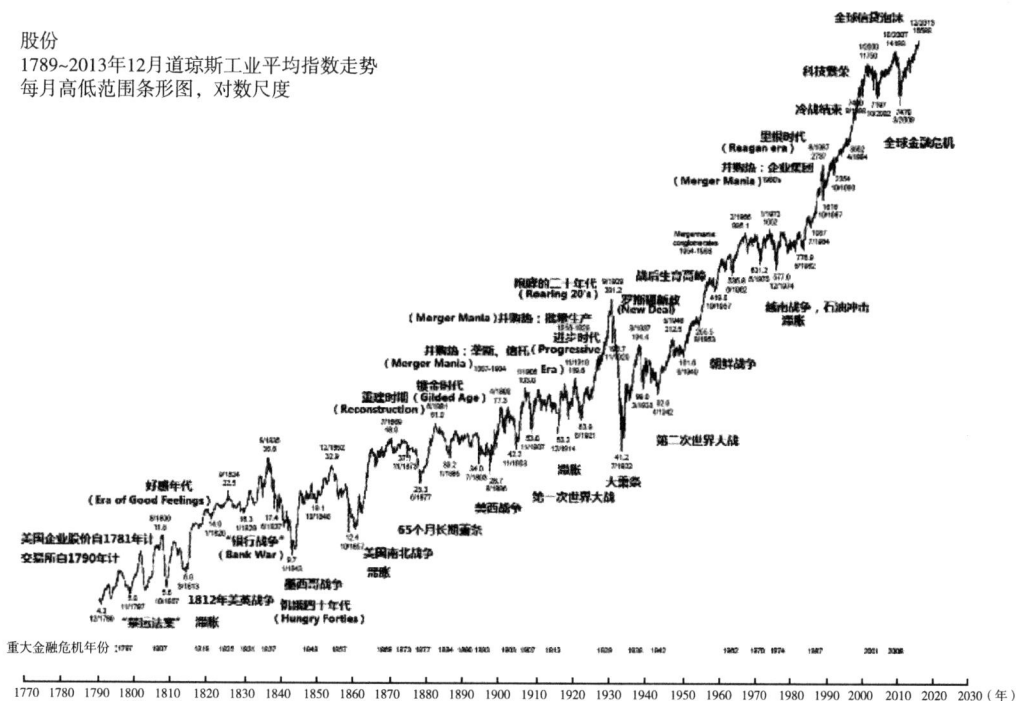

图 2　1789~2013 年 12 月道琼斯工业平均指数趋势（对数坐标）

资料来源：Macro Tourist，中文注解来自华尔街见闻。

案例使用说明

一、教学目的与用途

1. 适用课程：投资学、证券投资学、投资银行学、证券投资分析。

2. 适用对象：本案例主要为金融学、投资学专业本科学生用于相关课程的学习，对于普通股票投资者也有参考意义。

3. 教学目的：本案例强调了价值投资中最难坚持的原则，即长期持股的重要性。案例介绍了巴菲特通过巧妙运用金融衍生工具，有效规避风险，化险为"益"的两种主要方式，即个股的认购期权和卖出股票指数看跌期权，重点分析了巴菲特卖出股指看跌期权背后的动因和深层原因。本案例意在强调相信国运，顺势投资是正确的方向，而唯有坚持才能获得最终的胜利，指数基金也符合社会主义追求"共同富裕"的需要。

具体目标有以下三个方面。

（1）知识目标。让学生进一步理解和掌握投资和投机、长线投资以及价值投资的含义；理解期权在金融市场中发挥化险为"益"功能的原理；理解指数化投资的含义及优势。

（2）能力目标。分清投资和投机，对价值投资策略中的长期投资有更为充分的认识，并能够坚定树立价值投资理念，坚持科学估值，理性投资。

（3）思政目标。坚信持党的领导和中国特色社会主义，能引领国家复兴大业取得最终胜利，增强对中国共产党领导的有中国特色社会主义发展的政治认同、思想认同、情感认同，坚定中国特色社会主义理论自信、制度自信；树立价值投资理念，把握国运兴盛背景下我国股市的投资机会，通过科学选择投资品种与广大投资者在理性投资和努力工作中走向共同富裕。

二、启发思考题

1. 什么是投资？什么是投机？价值投资与持股期限有关系吗？

2. 结合巴菲特基于长期看好指数走势而卖出看跌期权的行为，分析长线投资的优劣势。

3. 分析巴菲特通过卖出看跌期权获得的"浮存金"与通过融资融券加杠杆有何不同？

4. 为什么说指数基金对大多数人来说是最好的追踪中国股市长期收益的投资品种？

三、分析思路

本案例介绍了价值投资策略中关于长期投资理念的起源及发展变化，以及巴菲特通过巧妙运用金融衍生工具，有效规避风险，化险为"益"的两种主要方式，即个股的认购期权和卖出股票指数看跌期权。使用案例时，可以参照以下线索展开：首先是根据格雷厄姆关于投资和投机的定义，引导学生思考这个定义与传统投资和投机概念的不同，由此引发对长线投资标准的讨论；其次根据案例中巴菲特的化险为"益"方式，引导学生对比我国的融资融券交易，分析和理解为什么格雷厄姆认为借钱做股票是投机行为；最后对于价值投资，引导学生对费雪的成长价值投资主张以及巴菲特价值投资进行分析，探讨如何发现真正被低估的品种以及为什么说指数基金更适合大多数投资者。

四、理论依据与具体分析

（一）理论依据

1. 投资、投机与长线投资的概念。格雷厄姆认为，"投资指根据详尽的分析，本金安全和满意回报有保证的操作，不符合这一标准的操作就是投机。"这个定义中强调了分析的基础性作用，而不是像常见教科书中从投资的具体行为和主要步骤定义，这个定义还强调了本金的安全和回报水平，在常见教科书通常未对本金的安全性和收益保障做出要求，一般把预期获益或跨期配置作为投资的构成要件。

常见教材中一般以持股时间 1 年为分界线，持股时间超过 1 年的为长线投资，持股时间不超过 1 年的为短线投资。

2. 价值投资的含义和策略。价值投资策略是指投资者通过对公司内在价值的估算，比较其内在价值与公司股票市价之间的差价，当两者之间的差价达到某一程度时就可以选择该公司股票进行投资。价值投资策略主要有以下四类：格雷厄姆的廉价股价值投资策略；费雪的成长股价值投资策略；巴菲特基于盈利能力的价值投资策略；林奇实用的价值投资策略。

3. 证券信用交易。证券信用交易是指客户在买卖证券时只向证券公司交付一定数额的款项或者证券作为保证金，其支付价款或证券不足的差额部分由证券商提供融资或者融券的交易。信用交易是一种运用杠杆力量的交易方式。投资银行开展信用交易的融资融券业务，一方面可以扩大交易量，赚取更多的佣金；另一方面可以通过向客户收取较高的融资利率，赚取息差收入。信用交易包括融资交易和融券交易两种形式。

4. 指数化投资的含义及优势。指数基金是采用指数化投资策略的典型模式，是以复制或追踪某一证券价格指数，通过充分分散化投资降低非系统性风险，以被动的投资管理方式最大限度地降低交易成本的投资基金产品。1976 年，美国的先锋基金管理公司推出追踪标准普尔 500 指数的 Vanguard500 指数基金，这是世界上第一只真正意义上的指数基金。在先锋指数基金成立后的十几年中，指数化投资方式还没有为广大投资者所接受，因此，指数组合和指数基金的发展仍然有限，直到 20 世纪 90 年代，指数基金才开始进入飞速发展的阶段。Vanguard500 指数基金创始人约翰·博格先生认为，无论市场是否有效，作为整体的投资者们都不会战胜市场，长期来看指数化代表了最优投资策略，最终广泛的分散投资、低成本、最小化资产组合成交量以及税务便利会战胜一切。

（二）具体分析

1. 什么是投资？什么是投机？价值投资与持股期限有关系吗？

格雷厄姆认为，"投资指根据详尽的分析，本金安全和满意回报有保证的操作，不符合这一标准的操作就是投机。"这个定义中强调了分析的基础性作用，而不是像常见教科书中从投资的具体行为和主要步骤定义，这个定义还强调了本金的安全和回报水平，在常见教科书通常未对本金的安全性和收益保障做出要求，一般把预期获益或跨期配置作为投资的构成要件。

价值投资策略的主要类型有格雷厄姆的廉价股价值投资策略、费雪的成长股价值投资策略、巴菲特基于盈利能力的价值投资策略和林奇实用的价值投资策略，除了格雷厄姆先生，后三者都认可长期投资。但是坚持长期投资的前提是投资标的具有内在价值。费雪的成长股价值投资策略主张长期持股的前提是有内在价值的股票，如果股票不再具备内在价值，则无论持股时间长短都要及时回避。2003 年 4 月，中国股市还未从熊市中走出来，巴菲特却以每股 16～17 港币的价格买入了 234 亿股中石油 H 股。4 年后的 2007 年 7 月 12 日开始，巴菲特分 9 次抛售中石油 H 股，当初买入时投资的 5 亿美元，已经变成了 40 亿美元。无论是 2003 年的买入，还是 2007 年的卖出都是根据巴菲特对中石油 H 股内在价值的评估结果，此后虽然中石油一度又上涨 35%，但这是"市场先生"情绪化波动的结果，而巴菲特则在详尽分析后获得了满意的回报并保证了本金的安全。

2. 结合巴菲特基于长期看好指数走势而卖出看跌期权的行为，分析长线投资的优劣势。

常见教材中一般以持股时间 1 年为分界线，持股时间超过 1 年的为长线投资，持股时间不超过 1 年的为短线投资。从本案例不难看出，在能保证安全的股票市场里，最确定的事情就是长期会上涨，而唯有坚持长线投资才能跨越各种短线波动，获得相对确定的长期回报。2008 年 11 月 27 日至 2018 年 11 月 27 日的 10 年时间里，标普500指数从 887.68 点到 2 682.20 点，涨幅 202.16%，如果错过涨幅最大的 10 个交易日，涨幅会降至 87.16%，而如果错过涨幅最大的 20 日，涨幅则降至 31.15%，下降了一半还多。对于非专业投资者来说，平时忙于工作和各种实务，把握短期买卖时机的能力比较弱，因而采用长线投资成功概率更高。长线投资的劣势是需要长期占用资金。长线投资的另一劣势就是需要投资者有极高的毅力和耐心，那些期望通过股市赚快钱的投资者是很难坚持的。

在实践中，很难对长线投资给以确定的时间标准，即便是不主张长线投资的格雷厄姆，其持股时间通常为两年，两年时间未达到预期收益的股票将会被抛售。而巴菲特由于吸收了菲利普·费雪成长股的投资理念，选择具有高进入门槛、良好长期发展前景的企业，因此，敢于长期投资，持股时间甚至可以以 10 年为单位。股市里没有能总是抄底或者逃顶的人，唯有一直持有，才能不错过所有的大幅上涨，相信国运并勇敢投资，做坚定的长期投资者。

3. 分析巴菲特通过卖出看跌期权获得的"浮存金"与通过融资融券加杠杆有何不同？

通过案例不难看出，巴菲特的浮存金，损失概率极低从而费用极低，且因为采用的是欧式期权，只要不到交割日期，不必因账面亏损追加保证金。表面上巴菲特通过卖出看跌期权增加了杠杆，却又通过极为有利的合约保证了不必为浮存金付出费用，实在是高明。巴菲特浮存金的秘密是普通金融机构难以模仿的，通过发行承诺较高回报率的理财产品来获得入市资金很可能在期限上与需要长期甚至超长期投资的需求无法有效配比。

目前中国股市的个人投资者更无法复制巴菲特的做法，唯一能加杠杆的方式就是通过融资融券，而融资融券业务有着诸多限制条件，如果自有资金满仓买入股票后，再借入资金最多折算 70% 的担保市值，即便顶额借入，杠杆最多是 1.7 倍，而且价格一旦出现连续暴跌，很容易触发 150% 的警戒线，一旦资金周转不过来，很可能遭遇被强平的处理。所以建议所有的非专业投资者，记住格雷厄姆先生的两条忠告：第一，永远不要亏损本金；第二，永远不要忘记第一条。格雷厄姆认为借钱做股票是投机行为，且特别强调本金安全的重要性。借钱做股票在格雷厄姆先生看来都不是投资行为，试问那些通过融资买入股票的"价值投资者"，为何无视价值投资之父的忠告。2015年 A 股杠杆牛市泡沫崩溃时，天涯社区一篇名为"一个融资客的强平日记"引起了财经界的普遍关注，作者是一位不幸在暴跌中股票被强平而损失惨重的投资者，文章第一段就强调自己选择的股票符合价值投资理念，最后一段有这样一句很悲情的话"一个深信祖国会强大的中产阶级被消灭了，确切地说，不是一个，而是一批"。通过前文分析，我们不难发现，深信祖国会强大是非常正确的，这位不幸的投资者的本质错误在于通过借钱的方式来做长线投资，他的行为以格雷厄姆的标准看是投机，既然不是投资行为，又何谈价值投资呢？

4. 为什么说指数基金对大多数人来说是最好的追踪中国股市长期收益的投资品种？

指数基金是采用指数化投资策略的典型模式，是以复制或追踪某一证券价格指数，通过充分分散化投资降低非系统性风险，以被动的投资管理方式最大限度地降低交易成本的投资基金产品。1976 年，美国的先锋基金管理公司推出追踪标准普尔 500 指数的 Vanguard500 指数基金，这是世界上第一只真正意义上的指数基金，其创始人是约翰·博格，此举遭到了金融领域的普遍嘲笑，被讥讽为"博格的荒唐事"，而之后 Vanguard500 指数基金及指数基金市场的发展及其表现却给了这些当年目光短浅的人以响亮的耳光。

在先锋指数基金成立后的十几年中，指数化投资方式还没有为广大投资者所接受，因此，指数组合和指数基金的发展仍然有限，直到 20 世纪 90 年代，指数基金才开始进入飞速发展的阶段。据约翰·博格先生统计，在 1983 ~ 2003 年的 20 年间，模仿标准普尔 500 的指数基金拥有 1 052% 的累积收益率，主动投资的股票基金平均获得仅为 573% 的累计收益率。他认为，无论市场是否有效，作为整体的投资者们都不会战胜市场，长期来看，指数化代表了最优投资策略，最终广泛地分散投资、低成本、最小化资产组合成交量以及税务便利会战胜一切。

约翰·博格先生被誉为"华尔街的良心"和"指数基金之父"，他一生致力于为投资者争取以更低的费用获取更高的回报，使基金行业的管理费从每年 1.5% 降至 0.1%，以目前先锋指数基金的规模，每年大约为投资者节约的费用超过 60 亿美元。巴菲特也称博格先生为英雄，他认为，如果要建立起一座雕像来纪念为美国投资者作出最多贡献的人，那他只能是博格。

除了收益有保障且费率低，指数基金还可以帮助投资者避免因个别股票经营极端恶化（如美股的安然和 A 股的乐视网）而带来的巨大损失。此外，指数基金通常规模较大，交易活跃，因而买入和卖出成交都更为便利。股票市场一直被世人所诟病的是，通过股票交易不会创造价值，只是价值和风险在不同的投资者之间交换，那些通过买卖股票赚到的钱来自其他投资者的亏损，即赢者所赢为输者所输。而指数基金完美地解决了这个问题，通过复制指数帮助投资者获得的是指数所代表的市场平均收益。从某个角度来说，指数投资非常符合"共同富裕"的理念，对大多数投资者而言是最好的选择。

从基本面分析，我国的伟大复兴有越来越多强有力的数据支撑，中国是世界第一工业大国、世界第一人口大国、世界第一大的商品制造国、世界第二经济大国、世界第二人力资源大国、世界第二体育大国、世界第三大版图、世界第三耕地面积、世界第七科技大国与教育强国，具有完整而独立的工业体系，且不乏尖端科技。除了这些被数字精确计量反映综合国力的排名，从定性分析的角度，我国也有着被世人所羡慕的优势。2020 年，面对突如其来的严重疫情，我国能够在党中央的领导下有效控制疫情并在短时间内构筑完备的防御体系，是因为"党中央统揽全局、果断决策，以非常之举应对非常之事"；是因为"中国人民风雨同舟、众志成城，构筑起疫情防控的坚固防线"；是因为"广大医务人员白衣为甲、逆行出征，舍生忘死挽救生命。"因此，"我们统筹兼顾、协调推进，经济发展稳定转好，生产生活秩序稳步恢复。"党的先进性和中国特色社会主义制度的优越性是我国国运兴盛的有力保障，从而决定了我国股市具有确定的长期投资价值。

参考资料：

［1］［美］安迪·基尔帕特里克. 投资圣经——巴菲特的真实故事［M］. 何玉柱，译. 北京：机械工业出版社，2007：506－509.

［2］［美］坎托. 证券投资组合策略［M］. 廖小胜，译. 北京：机械工业出版社，2007：137－152.

［3］黄磊. 证券投资学［M］. 北京：经济科学出版社，2013：347－359.

［4］黄建平. 巴菲特投资案例集［M］. 北京：中国经济出版社，2013：113－128.

［5］李静. 巴菲特：股市毫无吸引力金融衍生品是定时炸弹［EB/OL］.［2003－03－05］. https：//www.chinanews.com/n/2003－03－05/26/278867.html.

［6］华尔街见闻. 巴菲特将逐步退出一系列股票期权交易 曾称衍生品为定时炸弹［EB/OL］.［2018－07－10］. https：//baijiahao.baidu.com/s? id＝1605599851180262352&wfr＝spider&for＝pc.

［7］张姝欣. 如何选择并持有好股票？从历年股东大会看巴菲特投资之道［EB/OL］.［2019－05－04］. http：//finance.sina.com.cn/stock/relnews/us/2019－05－04/doc-ihvhiqax6637255.shtml.

［8］慧保天下. 从巴菲特浮存金四大秘密，透视"中国巴菲特"成长路径［EB/OL］.［2017－03－09］. https：//www.sohu.com/a/128374076_465408.

［9］小基快跑. 股市大数据｜十年涨跌，最重要的就"那几天"［EB/OL］.［2018－11－29］. https：//www.sohu.com/a/278639810_465270.

［10］泽平宏观. 解码伯克希尔：股神之道［EB/OL］.［2019－11－03］. https：//www.sohu.com/a/351318128_467568.

［11］赵留彦. 放大格局，放眼高远［EB/OL］.［2020－07－06］. https：//m.thepaper.cn/newsDetail_forward_8169840.

跨国并购与国际投资——建立国际视野，强健民族经济

达能并购娃哈哈：产业安全视角下跨国并购与民族品牌保护

孟秀惠

摘　要： 跨国并购过程中会涉及东道国的产业安全，关系到外资进入后东道国能否在产业层面形成有序、健康的竞争格局。达能自20世纪90年代大举进入中国市场，通过一系列的兼并收购，对部分民族品牌的挤占明显。娃哈哈在与达能联姻的过程中，始终把品牌地位放在首位，经历了几年的"达娃之争"，最终守得云开见月明。本文从产业安全角度，分析跨国投资对东道国的影响。为企业在开放条件下增强与外资企业的合作、维护民族品牌、保护自身知识产权提供有益启示与借鉴。从投资方式角度，分析东道国企业利用何种方式更有利于维持自身竞争优势，在与外资合作中争取主动权。从竞争优势角度，分析企业掌握无形资产的必要性，保护民族品牌的重要性及保护渠道。通过学习该案例，引导学生关注现实问题，提高爱国修养，弘扬以爱国主义为核心的民族精神；培养学生热爱国货、保护民族品牌的意识；引导学生树立法治观念，深化法律认知，培养德法兼修的职业素养。

一、引言

娃哈哈集团有限公司创建于1987年，为中国最大的饮料生产企业之一，全球食品饮料100强。总部位于杭州，在国内29个省（区、市）建有80个生产基地、180多家子公司，拥有员工近3万名，33年来累计销售额7 600多亿元。产品主要涵盖蛋白饮料、包装饮用水、碳酸饮料、茶饮料等十余类200多个品种。除食品饮料研发、制造外，娃哈哈还是食品饮料行业少有的具备自行研发、自行设计、自行制造模具及饮料生产装备和工业机器人能力的企业。同时，大力发展智能制造等高新技术，推动制造行业从"中国制造"迈向"中国创造"。企业规模和效益连续20年处于行业领先地位，位居中国企业 500 强、中国制造业 500 强、中国民营企业 500 强前列。①

达能（DANONE）来自法国，创建于 1966 年，是一个业务极为多元化的跨国食品公司，世界 500 强之一。在全球拥有超过 10 万名员工，集团的业务遍布六大洲，产品行销 120 多个国家和地区。鲜乳制品、生命早期营养品、饮用水和饮料、医学营养品作为达能健康产业的四大主要产品，在全球市场销量均名列前茅。其中，鲜乳制品在全球排名第一，生命早期营养品与包装水全球排名第二，医学营养品欧洲排名第一。达能全球业务得到外部普遍认可：在 2018 年获取营养基金会（ATNF）发布的第三版全球获取营养指数（ATNI）排名中，达能在全球食品企业中跻身前三；截至 2019 年 10 月，在 Sustainalytics 公司开展的 ESG 评级中，达能在全球食品行业中排名前列。

1987 年，达能首次进入中国市场。20 世纪 90 年代初，达能集团开始在中国设厂，并迅速取得极佳效益。1996 年，达能开始与娃哈哈集团合资，生产以"娃哈哈"为商标的包括纯净水、八宝粥等在内的产品。但是双方合作 13 年之后，由最初的"亲密联姻"，经历了"达娃之争"，最终"和平分手"。谁也没想到，共同走过十多载之后，这对业界眼中的"模范夫妻"开始反目，合资合作也走向尽头。

"达娃之争"在当时被称为改革开放 30 年后影响最大的国际商业纠纷，甚至中法两国政府都参与协调。在经历了 29 场诉讼战役之后，达能和娃哈哈集团 2009 年 9 月 30 日宣布，双方已达成友好和解，达能同意以 30 亿元人民币的价格将其在各家达能——娃哈哈合资公司中的 51% 的股权出售给中方合资伙伴。和解协议执行完毕后，双方将终止与双方之间纠纷有关的所有法律程序。为此长达 13 年的"达娃之争"戏剧性地以和解结束。达能与娃哈哈集团的纷争为中国企业演示了一场经典商战案例。②③

二、娃哈哈的品牌地位

娃哈哈是响当当的中国品牌，连续多年被中国品牌战略推进委员会选入"中国品牌"产品名单，并位居食品饮料行业榜首。例如先后入选 2020 中国民营企业 500 强；获得"2019 中国品牌强国盛典"十大年度榜样品牌、2019 胡润最具价值民营品牌、2019 年人民日报"中国品牌发展指数"100 榜单排名第 88 位；入选 2017 年、2018 年中国品牌百强榜，并位居食品行业第一位；位列 2016 年中国品牌价值榜单"酒水饮料"类别第一位；2006 ~ 2013 年连续荣登胡润品牌榜及胡润民营企业榜，最高排名曾

---

① 根据娃哈哈官网数据整理。
② 陆瑶. "达娃之争"背后的博弈之道 [J]. 商，2015（8）：112.
③ 张伟. 宗庆后就"达娃和解"独家回应：娃哈哈仍会与外企合作，但要平等互利 [J]. 中国经济周刊，2009（50）：49.

获第三位；获 2005 年度中国著名品牌 200 强。娃哈哈获得较高品牌价值，得益于其以超越同行的科研开发能力、世界领先的自动化生产设备、厂商一家的市场销售网络、家喻户晓的品牌优势锻造了企业的核心竞争力，这些使娃哈哈成为目前中国饮料行业最具有活力、实力及发展潜力的企业。

"质量是娃哈哈的立身之本。只有高质量的产品，才能保证企业长期的竞争力和吸引力"。

"质量是品牌的生命之根，优越的质量是品牌的生命"。

——宗庆后

自创业之初，娃哈哈集团创始人宗庆后就一直坚持"生产具有真正使用价值的产品"的经营理念，坚持走自主创新之路，坚持要永远领先人家半步的观念，通过不断创新，每年推出新产品，每年都有新增长。作为中国最有价值和影响力的品牌之一，娃哈哈多次获得"国家技术创新示范企业""工信部全国质量标杆示范企业""全国质量管理先进企业""全国实施卓越绩效模式先进企业"等荣誉称号，宗庆后曾在多个场合强调，要注重品牌建设、提升品牌竞争力。在宗庆后眼中，人民对美好生活的向往，很大程度上即是对质量的需要，质量品牌是构成企业核心竞争力的基本要素，坚持"质量第一、效率优先"才能有力推动中国产品向中国品牌转变。

三、案例背景

1987 年，娃哈哈创始人宗庆后带着两名退休老师，靠着借来的 14 万元起家，开始了创业历程：从代销饮料，到代加工口服液，第三年便成立杭州娃哈哈营养食品厂，并凭借"喝了娃哈哈，吃饭就是香"的广告，产品一炮打响，走红全国。1990 年，"年仅三岁"的娃哈哈产值突破亿元大关，自此娃哈哈实现了"从零到一"的突破。1991 年在杭州市政府的支持下，有偿兼并了资不抵债的杭州罐头食品厂，组建成立了杭州娃哈哈集团公司。从此娃哈哈逐步开始步入规模经营之路。1994 年，娃哈哈投身对口支援三峡库区移民建设，兼并涪陵三家特困企业，组建了娃哈哈涪陵分公司，以成熟的产品、成熟的技术、成熟的市场，辅以雄厚的资金实力及娃哈哈固有的品牌优势，使涪陵公司一举打开了局面，产值利税连年快速增长，成为三峡库区最大的对口支援企业之一，跻身重庆市工业企业 50 强。

随后，受当时国家外资战略调整的影响，国内企业纷纷寻求与外资合作。宗庆后也表示，娃哈哈要实现超常规发展，巩固国内市场行业领先地位，引进外国先进技术，借鉴国外先进管理经验，已成当务之急。因此，1996 年，怀着"市场换技术"美好愿望的宗庆后选择战略性引入当时的世界 500 强、位居世界食品饮料业第六位的法国巨头达能。娃哈哈以部分固定资产作投入与达能集团、香港百富勤公司共同出资，合资成立五家公司，并坚持合资不合品牌，由中方全权经营管理，一次性引进外资 4 500 万美元，先后从德国、美国、意大利、日本、加拿大等国家引进大量具有 20 世纪 90 年代世界先进水平的生产流水线，通过引进资金技术，发展民族品牌，娃哈哈再次步入了高速发展的快车道。[1][2]

法国达能历史悠久，规模强大。加强国际合作是其稳步增长的保证。业务国际化带来了近些年的成功业绩：长久以来在欧洲的优势地位、具有潜力的产品在美洲的推广以及在发展中国家的领先地位。自 20 世纪 80 年代末期达能开始进入中国市场，90 年代初期开始设厂生产，并利用合纵连横的战略战术先后收购过光明、乐百氏、汇源、蒙牛等大量中国本土品牌的全部或部分股权，如表 1 所示。达能与娃哈哈的合作缘于达能希望以合资方式快速切入中国市场，而娃哈哈对资金和技术也有强烈的渴求。双方各有所需，一拍即合。1996 年，达能开始与娃哈哈集团合资，生产以"娃哈哈"为商标的包括纯净水、八宝粥等在内的产品。双方合作十多年中，公司效益非常好，达能先后从合资公司里分得了 30 多亿元的利润。[3]

表1 达能在中国的发展历程

年份	参股、收购或开发情况	战略阶段
1987	成立广州达能酸奶公司	进入中国市场
1994	与光明合资，股权占比 45.2%	布局饮品版图
1996	收购武汉东西湖啤酒 54.2% 股权；与娃哈哈合资，获 41% 股权（亚洲进入危机之后增至 51%）；收购深圳益力食品公司 54.2% 股权	
2000	收购乐百氏 92% 股权	
2001	参股光明乳业，占比 5%	
2004	收购梅林正广和饮用水 50% 股权	
2006	持有光明乳业 20% 股权；持有汇源 22% 股权；与蒙牛合资，持股 49%	
2007	收购妙士的北京、上海工厂；收购益力全部股权；收购多美	
2007 之后	先后退出光明、娃哈哈、汇源、正广和、乐百氏	
2008	中国达能饮料管理总部在广州成立	
2010	纽迪希亚制药（无锡）注资达 6 500 万美元，成为达能临床营养品全球主要供应厂，纽迪希亚在中国肠内营养市场排名第一	临床营养品

① 史亚娟. 娃哈哈"饮料帝国"的跌宕与兴衰 [J]. 中外管理，2018 (11)：64 - 71.
② 张蔚. 从达娃之争看中国企业跨国合作中的问题 [J]. 北京市经济管理干部学院学报，2011，26 (2)：69 - 74.
③ 陆瑶. "达娃之争"背后的博弈之道 [J]. 商，2015 (8)：112.

年份	参股、收购或开发情况	战略阶段
2013	持有蒙牛 4% 股份，并与蒙牛合作酸奶业务	生命早期营养品（奶粉）
2014	在中国启动奶粉多品牌策略；增持蒙牛股份至 10%	
2016	出售多美滋；停售可瑞康；剥离乐百氏业务板块；专注于诺优能、爱他美等进口品牌	
2017	全新进口高端水 AORAKI 极境之兰在中国率先上市	业务多元化
2018	在中国市场首推茶饮"天方叶谈"	
2019	益力矿泉水宣布停产，仅保留大桶水业务	

资料来源：结合达能官网及相关资料整理。

四、案例经过

（一）1996 年双方联姻，各取所需

1996 年，娃哈哈与达能公司、香港百富勤公司共同出资建立五家公司，生产以"娃哈哈"为商标的包括纯净水、八宝粥等在内的产品。娃哈哈持股 49%，但是亚洲金融风暴之后，百富勤将股权卖给达能，达能跃升到 51% 的控股地位。

尽管达能持有合资公司 51% 股权，但由于中方坚持合资不合品牌，合资后仍由中方全权经营管理，所以整个娃哈哈集团经营、生产的决定权都集中在宗庆后手里。在与达能合作近 10 年的时间里，宗庆后凭借自身在娃哈哈多年积累的威望、强硬的工作作风，一直牢牢地掌控着娃哈哈的控制权。达能曾派驻研发经理和市场总监，但都被赶走。据悉，在与达能合作之初，宗庆后与达能的"约法四章"就是宗庆后强硬作风的最好体现：

第一，品牌不变；

第二，董事长的位置不变；

第三，退休职工待遇不变；

第四，45 岁以上职工不许辞退。

合资之后，娃哈哈迅速壮大，而达能也收获颇丰。达能在合作 10 年中分得红利 30.77 亿元。同时，达能借助娃哈哈获得了中国瓶装水市场 23% 的份额，成为全中国最大的饮料生产商。[①]

---

① 张丽，刘建. 聚焦达能在中国的悄然转身 [J]. 乳品与人类，2012（1）：32-37.

（二）1997～1999 年商标转让，纷争初现

合资之后，达能与娃哈哈就商标转让签署《商标转让协议》，双方约定娃哈哈集团名下所有商标（包括在中国和其他国家注册的商标）作价 1 亿元，其中娃哈哈将商标价值的一半，即 5 000 万元作为娃哈哈集团的出资投入合资公司中，另外 5 000 万元则由达能以现金方式支付给娃哈哈集团。①②③ 之后，合资公司全部履行了《商标转让协议》中约定的支付义务，同时，娃哈哈集团也获得了商标出资所对应的合资公司的股权。

按照《商标转让协议》规定，双方应当在协议签署后，即在合资公司获发营业执照后的 90 天内，向中国商标局呈交商标转让申请。但娃哈哈提交申请之后，遭到国家商标局的拒绝；双方于 1999 年再次签订《商标使用许可合同》，将"娃哈哈"商标许可给合资公司使用，原协议中的商标转让费已转变为商标使用许可费。合同中有这样一项看似不起眼的条款，即娃哈哈要使用自己的商标生产和销售产品，需要经过达能同意或者与其合资才行，这难免造成娃哈哈的利益损失。正是这份合同，让娃哈哈在后来陷入被动，认为中了达能的"圈套"，为达娃之争埋下伏笔。

"由于当时对商标、品牌的意义认识不清，使娃哈哈的发展陷入了达能精心设下的圈套"。

——宗庆后

（三）1999～2006 年达能战略调整，娃哈哈另立门户

合资之后，娃哈哈迅速壮大，而达能也收获颇丰。达能在合作 10 年中分得红利 30.77 亿元。同时，达能借助娃哈哈获得了中国瓶装水市场 23% 的份额，成为全中国最大的饮料生产商。达能与娃哈哈的合作缘于达能希望以合资方式快速切入中国市场，与娃哈哈合作的过程中，2000 年达能在华战略发生根本性调整，斥资收购了当时娃哈哈最大的竞争对手乐百氏，并利用合纵连横的战略战术先后收购过光明、汇源、蒙牛等大量中国本土品牌的全部或部分股权（见表 1）。

面对达能的商标许可圈套，以及一系列对同行业的兼并收购，让宗庆后隐隐约约感觉到了不安。在意识到与达能的合作不仅不能产生积极的意义，甚至还限制了娃哈

---

① 张蔚. 从达娃之争看中国企业跨国合作中的问题 [J]. 北京市经济管理干部学院学报，2011，26 (2)：69-74.

② 刘静，夏彩云. 由娃哈哈与达能合资纷争案例引发的思考 [J]. 对外经贸实务，2011 (9)：72-74.

③ 刘华，左志坚. 达能娃哈哈 曾经的一见钟情 [J]. 管理与财富，2008 (4)：70-71.

哈的发展之后，1999 年，宗庆后和中方决策班子商量决定，由职工集资持股成立的公司出面，建立一批与达能没有合资关系的公司，产品沿用"娃哈哈"商标。这些公司大多建立在西部、对口支援的革命老区、国家贫困区以及三峡库区等当初达能不愿意投资的地区，并取得了良好的经济效益。到 2006 年，这些公司的总资产已达 56 亿元，当年利润达 10.4 亿元。达能表示，对于宗庆后在合资公司之外所建立的庞大的"私人财富帝国"无法容忍。①

（四）2006~2008 年达娃纷争一触即发

2006 年，达能派驻合资公司的新任董事长范易谋发现了非合资公司的存在，并意识到这些非合资公司每年也为娃哈哈带来丰厚的利润。范易谋认为，这些非合资公司的存在拿走了本应由合资公司享有的市场和利润，因而要求用 40 亿元收购非合资公司51% 的股权。宗庆后拒绝了达能的收购请求。于是，达能发起了一场针对宗庆后和非合资公司的全面诉讼。

2007 年 5 月，达能正式启动对娃哈哈的法律诉讼。总部位于法国的达能亚洲（Danone Asia Pte Ltd）及其全资子公司正式向瑞典斯德哥尔摩商会仲裁院提出 8 项仲裁申请，其主要的仲裁请求是，其在中国的合资伙伴娃哈哈集团及其 3 家公司，以及娃哈哈集团董事长宗庆后停止违反非竞争条款的行为，以及由该行为引起的侵权，并提供相应赔偿。

此后，双方进行了数十起国内外官司战，英属维尔京群岛（BVI）案件和美国案件是其中的典型。2007 年 11 月，达能在英属维尔京群岛和美属萨摩亚起诉娃哈哈"非合资公司"外方股东——10 家分别注册在两地的离岸公司，并误导两地法院在被告不在场、未做抗辩的情况下颁布对娃哈哈非合资公司外方股东资产的冻结令和接管令，申请法院裁定由达能指定的毕马威作为离岸公司接管人。2008 年 12 月，法官识破达能的误导和隐瞒行为，撤销了冻结令和接管令。随后，包括商标所有权和竞业禁止在内的所有"国内判决"都是娃哈哈胜诉。

（五）2008~2009 年双方协调和解

2007 年 12 月至 2008 年 4 月，在两国政府协调下，双方中止了法律程序进行和谈。达能一开始要求以约 200 亿元的价格将其投资在合资公司的不到 14 亿元人民币股权售给娃哈哈，价格按上市公司平均市盈率计算，被娃哈哈拒绝。截至 2009 年 5 月，多起

---

① 张蔚. 从达娃之争看中国企业跨国合作中的问题［J］. 北京市经济管理干部学院学报，2011，26（2）：69-74.

诉讼案中娃哈哈以 23∶0 领先达能，达能无一胜诉。①②

2009 年 9 月 30 日，达能和娃哈哈集团发声明称，双方已达成友好和解，达能同意将其在各家达能——娃哈哈合资公司中的 51% 的股权出售给中方合资伙伴。和解协议执行完毕后，双方将终止与双方之间纠纷有关的所有法律程序。对于这一和解方案，达能董事长表示："达能和娃哈哈之间的合作，建立了中国饮料行业中一个强劲的、受尊敬的领先企业。我们相信，在其未来管理层的领导下，娃哈哈将继续取得巨大的成功。"娃哈哈集团董事长宗庆后指出："中国是一个开放的国家，中华民族是一个宽容的民族，中国的企业愿意在平等互利的基础上与世界知名企业进行合作，共同发展。"

五、双方争议

达能与娃哈哈合资之后，娃哈哈迅速壮大，而达能也收获颇丰。但随后双方的合作因达能绝对控股、非合资公司建立、商标使用权等问题渐生间隙。

（一）股权比例

1996 年，金加投资有限公司（由达能亚洲与香港百富勤在新加坡成立，达能为控股股东）与杭州娃哈哈集团有限公司、浙江娃哈哈实业股份有限公司三方共同出资，共同组建五家合资公司，持股比例分别为 51%、39% 和 10%。合资后生产以"娃哈哈"为商标的包括纯净水、八宝粥等在内的产品。娃哈哈总共持股 49%，亚洲金融风暴之后，香港百富勤将其在金加投资有限公司中的股权出售给达能，达能成为金加公司唯一的股东，以出资 4 500 万美元加 5 000 万元人民币商标转让款，跃升到 51% 的控股地位。③④⑤

百富勤将股权出售给达能，意味着金加投资公司变成了达能独家控股公司。因此，娃哈哈与达能的合资公司变成了达能控股公司。当初娃哈哈由于接受了当时一些国有企业合资后丧失了经营控制权与损害了员工利益的教训，重点关注的是经营权与员工的利益，而且也不懂资本运作那一套游戏规则，因此，百富勤出售股权给达能时，由于其是出售金加的股权，因此，根本不需要征求中方的意见，中方也没有机会取得控股权。达能轻而易举地实现了其资本控制的目的。双方合作 10 年来，娃哈哈相继又与

①③ 李静. 达能与娃哈哈和平"离婚"［N］. 商务时报，2009 - 10 - 10（008）.
②④ 陆瑶. "达娃之争"背后的博弈之道［J］. 商，2015（8）：112.
⑤ 刘华，左志坚. 达能娃哈哈 曾经的一见钟情［J］. 管理与财富，2008（4）：70 - 71.

达能合资建立了39家合资公司，占当时娃哈哈集团公司下属公司总数的39%。

（二）商标权纠纷

"娃哈哈"商标归属问题是此次"达娃"之争的焦点问题之一。1996年达能与娃哈哈合资之时，曾由娃哈哈集团和合资公司签订《商标转让协议》，约定由娃哈哈集团将"娃哈哈"商标转让给合资公司。由于当时国家商标局多次驳回了转让申请，导致这一转让行为因为不可抗力、履行不能而无法实现。因此，经双方协商，于1999年签订了《商标使用许可合同》替代原来的《转让协议》，将"娃哈哈"商标许可合资公司使用。合同上有这样一条："中方将来可以使用（娃哈哈）商标在其他产品的生产和销售上，而这些产品项目已提交给娃哈哈与其合营企业的董事会进行考虑……"这一条款简单来说，就是娃哈哈要使用自己的商标生产和销售产品，需要经过达能同意或者与其合资。这为后面双方的纷争埋下伏笔。达能认为，因为签署了《商标使用许可合同》以及《商标转让协议》，因此，合资公司拥有商标的所有权。而事实上，娃哈哈确实与合资公司签订了商标转让协议，但是国家商标局从保护自己民族的驰名商标与知名品牌的角度出发，未予批准，因而该商标转让协议并未生效。

外方随后又要求签署商标使用许可合同。该商标使用许可合同名义上虽然是许可，而实质却是一份变相的转让协议，剥夺了中方的所有权，规定了中方使用商标需经合资公司董事会同意方可使用的限制条款。根据当时的商标法律规定，商标使用许可合同也必须强制备案，这份变相的商标使用许可合同同样不可能获得商标局的批准。因此，达能又提出两份内容完全不一致的、上报商标局备案与实际执行也不一致的阴阳合同，而且要求中方强制执行未到商标局备案的合同，不仅是欺骗政府监管部门，更是漠视中国法律的行为。而根据当时强制备案的要求，未到商标局备案的合同是无效的，有效的应当是按照当时上报备案的简式合同，而该有效合同对中方并没有相关的限制性条款，而且该份有效合同中规定了商标许可使用期限为商标有效期（根据商标法规定，商标有效期限为10年），因此，从1999年商标使用许可合同签署，许可期限也基本届满。

（三）非合资公司的建立

20世纪90年代中后期，伴随着企业实力的迅速增强、产品营销网络的日渐健全和产品形象的深入人心，娃哈哈亟须通过规模扩张和跨地区设厂来扩大产能。然而在投资建厂等诸多问题上，达能却与娃哈哈意见相左。例如，为了响应国家号召，同时也为了完成企业产品在中西部地区的产业布局，娃哈哈的决策层希望能够参与到西部大开发、对口支援革命老区、国家贫困区、三峡库区建设等项目中去。但达能因为顾虑这些地区的消费能力，不愿意进行投资。因为是合资方，达能不愿意投资，娃哈哈也不能自行投资，双方发生了尖锐的矛盾。

面对达能的商标许可圈套，以及一系列对同行业的兼并收购，1999 年，宗庆后和中方决策班子商量决定，由职工集资持股成立的公司出面，建立一批与达能没有合资关系的公司，产品沿用"娃哈哈"商标。这些公司大多建立在西部、对口支援的革命老区、国家贫困区以及三峡库区等当初达能不愿意投资的地区，并取得了良好的经济效益。到 2006 年，这些公司的总资产已达 56 亿元，当年利润达 10.4 亿元。①

（四）达能欲强行收购

或许是良好的业绩让达能眼红，达能表示对于宗庆后在合资公司之外所建立的庞大的"私人财富帝国"无法容忍。遂以商标使用合同中娃哈哈集团"不应许可除娃哈哈达能合资公司外的任何其他方使用商标"为由，要求强行收购这几家由娃哈哈职工集资持股公司建立的、与达能没有合资关系的公司。这场"强行并购"的核心内容是："法国达能公司最近欲强行以 40 亿元人民币的低价并购杭州娃哈哈集团有限公司总资产达 56 亿元、2006 年利润达 10.4 亿元的其他非合资公司 51% 的股权。"这遭到了中方的强烈抵制。②

2007 年 4 月，法国达能亚太区总裁范易谋表示，如果 30 天内法国达能提出的收购问题得不到回应，那么法国达能将以双方合资公司的名义，向合资公司之外的娃哈哈销售公司提出法律诉讼。与此同时，杭州娃哈哈工会委员会以全体职工代表的名义，发表声明称，从 1996 年确立合资关系以来，外资（法国达能）没有给合资企业任何技术、研发等方面的支持，关于员工工资奖金的要求也多次遭达能委派的董事会成员的反对。可见双方的矛盾由来已久。

六、事件结局

达能和娃哈哈之间的股权之争、商标使用权纠纷以及强行并购娃哈哈非合资公司未果，都成为双方对付法庭的导火索。2007 年 5 月开始，达能正式启动对娃哈哈的法

---

① 张蔚. 从达娃之争看中国企业跨国合作中的问题 [J]. 北京市经济管理干部学院学报，2011，26（2）：69 – 74.

② 刘静，夏彩云. 由娃哈哈与达能合资纷争案例引发的思考 [J]. 对外经贸实务，2011（9）：72 – 74.

律诉讼。此后，双方进行了数十起国内外官司战，但达能几乎无一胜诉。2007 年 12 月至 2008 年 4 月，在两国政府协调下，双方中止了法律程序进行和谈，因为双方博弈多场，对谁都是损失。

2009 年 9 月 30 日，达能和娃哈哈集团对外宣布，双方已达成友好和解，达能同意将其在各家达能——娃哈哈合资公司中的 51％ 的股权出售给中方合资伙伴。和解协议执行完毕后，双方将终止与双方之间纠纷有关的所有法律程序。长达数月的国内、国外数十起诉讼以达能的败诉而告终，宗庆后率领娃哈哈集团以超强的心理承受能力和意志力绝地反击，最终赢得了这场持续两年半的股权之争，保卫了民族品牌的尊严。

案例使用说明

一、教学目的与用途

1. 适用课程：国际金融学、国际投资、国际投资（双语）、国际金融管理、国际金融实务等。

2. 适用对象：本案例主要为金融学院本科生开发，适合有一定先修课基础的学生。当然对于研究生或其他从业者也有参考意义。

3. 教学目的：本案例基于跨国并购对东道国产业安全的影响，从民族品牌流失与保护方面，围绕娃哈哈与达能公司在合资之后，对于娃哈哈商标使用权的使用纠纷，分析民族品牌保护的必要性、保护依据与保护策略等，为企业在开放条件下增强与外资企业的合作、维护民族品牌、保护自身知识产权提供有益启示与借鉴。通过学习该案例，培养学生热爱国货、保护民族品牌的意识，但是也需了解在激烈的市场竞争中唯有企业竞争力才是持续的制胜法宝。同时，通过案例引入，培养学生利用所学专业知识解决国际投资领域实际问题的能力，可为学生就业或学术研究提供一定的指导作用。通过案例体现的理论，掌握国际直接投资的部分理论、运行规律及主要方式；了解中国引进外资与对外投资的实践，并能对投资主体的典型案例进行分析。

具体目标分为以下三个方面。

（1）从产业安全角度，让学生了解跨国公司投资对东道国的积极影响和消极影响。

（2）从投资方式角度，让学生掌握东道国企业维持自身竞争优势、与外资合作中争取主动权的主要方式和方法。

（3）从竞争优势角度，让学生理解企业掌握无形资产控制权的必要性，以及保护民族品牌的重要性，掌握保护民族品牌的渠道；培养学生热爱国货、保护民族品牌的意识；引导学生树立法治观念，深化法律认知，培养德法兼修的职业素养。

二、启发思考题

1. 什么是一国的产业安全？达能对中国的投资涉及哪些产业安全问题？达能与娃哈哈的合资是否存在产业安全隐患？

2. 达能与娃哈哈的分歧来自哪里？娃哈哈在与外资合作中有哪些方面值得国内企

业借鉴？

3. 娃哈哈在保护商标使用权方面做出了哪些努力？面对外资企业的强势攻击，娃哈哈如何积极应对的？我们应当如何保护民族品牌？

三、分析思路

达能集团与娃哈哈成立合资公司，达能占据合资公司51%的股份，娃哈哈集团占据49%的股份。双方合作的过程中，可以说各领所需，各有良好的收益，娃哈哈迅速壮大，而达能也收获颇丰。达能在合作10年中分得红利30.77亿元。同时，达能借助娃哈哈获得了中国瓶装水市场23%的份额，成为全中国最大的饮料生产商。2006年，娃哈哈集团董事长宗庆后在合资公司之外建立了另外的非合资公司，这些非合资公司每年也为娃哈哈带来了巨大的利润。而达能认为，宗庆后的这一做法拿走了本该属于双方的利润，因而要以40亿元收购这个非合资公司的股份，遭到娃哈哈的强烈抵制。这一拒绝使达能发起了针对宗庆后非合资公司的诉讼，最终还是达能败诉，娃哈哈胜诉。2009年，达能和娃哈哈集团宣布达成和解。达能以30亿元出售在合资公司的51%的股份，和解协议执行完毕后，双方将终止与双方之间纠纷有关的所有法律程序。

娃哈哈与达能集团各有优势，也各有所需，通过案例学生了解两家公司成立合资公司的动机。结合国际投资对东道国的影响相关理论，从产业安全角度，了解跨国投资对东道国的积极影响和消极影响。其中潜在的不利影响包括股权比例、商标权和品牌使用权、非合资公司建立等问题。在此基础上深入理解成立合资公司后对合资双方特别是对娃哈哈公司的影响，也为后期两方的商标纷争埋下伏笔。

娃哈哈在中国是家喻户晓的品牌，位居食品饮料行业榜首。在20世纪90年代末的中国引进外资大潮中，其创始人宗庆后为了企业实现超常规发展，巩固国内市场行业领先地位，引进外国先进技术，借鉴国外先进管理经验，决定战略性引入当时的世界500强、位居世界食品饮料业第六位的法国巨头达能。在创建合资公司过程中，娃哈哈坚持合资不合品牌，仍由中方全权经营管理，所以整个娃哈哈集团经营、生产的决定权都集中在宗庆后手里。在与达能合作近10年的时间里，宗庆后凭借自身在娃哈哈多年累计的威望、强硬的工作作风，一直牢牢地掌控着娃哈哈的控制权。这为之后娃哈哈在和达能纷争过程中能够保持主动权保护自己利益奠定基础。

四、理论依据与具体分析

（一）理论依据

1. 产业安全相关理论。

（1）产业安全的概念。本案例中的产业安全是指外资进入后，国内产业在公平的市场环境下平稳、健康、有序地发展，使产业能够依靠自身的努力，在公平的市场环境中获得发展的空间，从而保证国民经济和社会全面、稳定、协调和可持续发展。简而言之，产业安全就是在产业层面形成有序、健康的竞争格局，否则会影响大至国家层面的经济安全，小到企业层面的生存状态。

（2）产业安全理论。目前针对产业安全问题的研究尚未形成独立的理论体系与框架，其与产业组织理论、产业结构理论、产业政策理论等，一起被纳入产业经济学理论。广义的产业安全理论泛指所有与产业安全相关的内容，包括产业安全的概念、产业安全的特征、产业安全的分类、产业安全影响因素、产业安全评价与预警以及产业安全维护等内容。狭义的产业安全理论包括产业保护理论、产业损害理论、产业控制理论、产业国际竞争力理论、产业安全评价与预警理论五部分。新常态下产业安全涵盖产业竞争力、产业发展力、产业控制力、对外依存度四个方面。

产业安全研究一般被隐含于国家经济安全的研究，或贯穿于国际贸易、国际投资等理论中，单纯从产业经济层面展开的研究并不多见。但是随着经济全球化的发展，产业安全问题却是得到各国的普遍重视。尤其在国际资本流动日益频繁的条件下，东道国的产业安全问题备受关注。外资流入对东道国产业安全的威胁，体现在对东道国市场、品牌、技术、股权等方面的威胁，其中，民族品牌流失又是影响最为深远的损失之一。民族品牌作为产业发展的基础，它的消失意味着国内市场被外资左右，这必然影响我国产业健康持续发展。除了娃哈哈非合资公司不能使用"娃哈哈"商标，还有大量的民族品牌被外资收购之后，被雪藏或逐渐退出市场。例如洗衣粉活力28、护肤产品美加净、小护士等。与此同时，并购发生后大量具备垄断优势的外国品牌涌入，对我国的民族品牌也构成了强烈的冲击。据调查，在外商投资企业产品所占市场份额较高的行业，例如洗涤剂、化妆品、饮料、啤酒、感光材料、家用电器、电子行业等，外国品牌的垄断优势较为明显。

2. 国际直接投资理论。

（1）直接投资理论体系。从20世纪60年代，随着国际资本流动的兴起，国际直接投资理论日趋丰富和成熟。从地域分布上看，直接投资理论包括发达国家的五大主流理论与适用于发展中国家的新兴理论。主流理论包含斯蒂芬·海默的垄断优势论、雷蒙德·弗农的产品生命周期理论、巴克雷和卡森的内部化理论、约翰·邓宁的OIL理论以及日本学者小岛清的比较优势理论，主要解释了发达国家实施对外投资的动因。新兴理论包含约翰·邓宁的投资发展路径学说、威尔斯的小规模技术论、劳尔的技术地方化理论和迈克尔·波特的竞争优势理论等，主要解释了不具备垄断优势的发展中国家实施对外投资的特殊原因。

（2）竞争优势理论的启示。美国哈佛商学院的教授迈克尔·波特于20世纪90年代提出竞争优势理论。该理论借助于钻石体系模型（见图1），解释了企业竞争优势的来源，以及为了维持竞争优势而实施对外投资的动因。

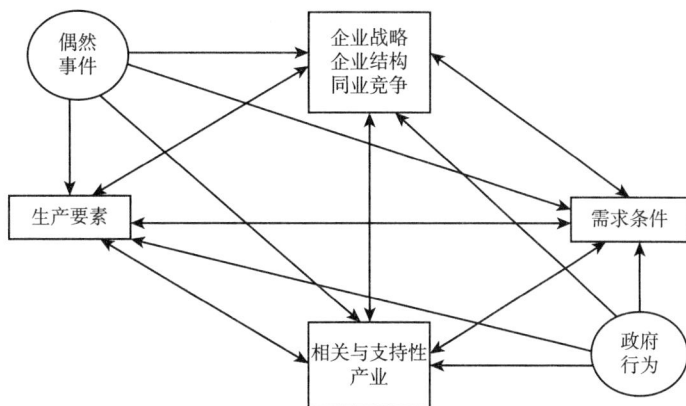

图1　钻石体系模型

资料来源：迈克尔·波特. 国家竞争优势［M］. 北京：中信出版社，2007.

波特提出，对外直接投资的竞争优势是由四个部分组成的，即资源状况、需求状况、相关的支持性产业、公司战略、结构与竞争。波特强调，一国要想在全球竞争中战胜对手，国内需要有激烈的竞争。这样的竞争，一方面促使企业向海外发展直接投资；另一方面又为企业在国际竞争中获胜创造了条件。波特的竞争优势理论是对外直接投资理论的新发展。他认为，激烈的国内竞争导致对外直接投资的发生，在激烈的竞争中获得的竞争优势确保了对外直接投资的成功，该观点具有一定的现实意义。

根据竞争优势理论，自主创新能力是企业发展的根本，掌握企业的控制权才能掌握并提升企业自主创新能力，才能保留民族品牌并将企业发展壮大。外资进入中国后，可能导致一些产业的龙头企业被外资控制，核心技术被外资掌握，民族品牌销声匿迹。外资对本国产业的控制力越来越强，本国产业的自主创新能力弱化，市场被外资品牌占有。这种状况会削弱本国产业自主创新的基础和持续性，最终失去对产业的控制力，使产业对外依存度提高，削弱本国产业的竞争力和持续发展能力，从而危害本国的产业安全。从产业竞争力角度来看，企业生产要素、资源状况、同业竞争等钻石体系模型中的因素不足，会导致传统的产业比较优势和核心竞争力下降，其品牌地位也会随之下降。

（二）案例分析

1. 什么是一国的产业安全？达能对中国的投资，涉及哪些产业安全问题？达能与娃哈哈的合资是否存在产业安全隐患？

（1）本案例中的产业安全是指外资进入后，国内产业在公平的市场环境下平稳、健康、有序的发展，使产业能够依靠自身的努力，在公平的市场环境中获得发展的空间，从而保证国民经济和社会全面、稳定、协调和可持续发展。简而言之，产业安全就是在产业层面形成有序、健康的竞争格局，否则会影响大至国家层面的经济安全，小到企业层面的生存状态。

达能在中国的投资先后经历了几轮战略调整，调整方向基本都围绕其在中国及亚洲的战略布局，鲜有考虑对中国产业会产生何种影响，如在 20 世纪 90 年代中后期开始的合纵连横的收购战略，对中国几大本土品牌产生了不确定性影响。

（2）从本案例来看，达能与娃哈哈合资中，对娃哈哈的品牌地位产生潜在挑战，尤其双方的商标使用权纠纷更是直接威胁到娃哈哈品牌的存续。无论是双方签署的《商标转让协议》，还是《商标使用许可合同》，均直指"娃哈哈"的品牌使用权。

2. 达能与娃哈哈的分歧来自哪里？娃哈哈在与外资合作中有哪些方面值得国内企业借鉴？

双方的分歧主要在三个方面，处理不当都会威胁国内产业安全。宗庆后及娃哈哈积极、强硬的应对值得其他国内企业借鉴。

（1）达能的控股权增加后，资金和技术投入到底够不够？娃哈哈集团认为，当初之所以愿意在发展非常顺利的时候与达能合资，是出于"市场换技术"的考虑，希望能够得到达能方面的资金和技术支持。但是，娃哈哈认为，达能尽管变成金加公司的控股股东，但是对合资公司的资金和技术投入都不够。随着中国对外资企业扩张的限制放宽，外资独立建立公司的情况越来越多。例如宝洁、星巴克等，都在合资之后又逐步买断了这些合资公司的控制权。

事实上，外资在 20 世纪 90 年代的实践，与我国"以市场换技术"的初衷相去甚远，我国主动和被动让出许多产业的市场份额，实际上获得的很多是国外第二、三流的技术，而中国原有的一些关键技术和股权却容易被外商控制。

（2）达能的限制竞争条款是否合理？因为当初双方签订的协议规定娃哈哈不能生产与达能有冲突的产品。这在娃哈哈方面看来是不合理的，而在达能方面，则认为他们已经为此付出了代价，也就是给予合资公司的投资。但是，正如宗庆后说的，限制竞争条款只限制了娃哈哈，却没有限制达能，达能不断收购与娃哈哈产品存在竞争关系的公司，这对娃哈哈来说当然是无法接受的。

（3）娃哈哈集团独立投资的公司使用娃哈哈的品牌是否合法？达能方面认为，既然已经约定了娃哈哈品牌的控制权归属于合资公司，娃哈哈集团不经合资公司董事会同意就使用，这就是"非法"的，应立即停止。而娃哈哈则认为，合资公司的收益已经足够回报达能的投资了，非合资公司就是合法的。

除对国内关键技术的控制，外资对于民族品牌的吞并也是威胁产业安全的重要表现，娃哈哈集团的积极应对为国内其他企业提供了有力的借鉴。

3. 娃哈哈在保护商标使用权方面做出了哪些努力？面对外资企业的强势攻击，娃哈哈是如何积极应对的？我们应当如何保护民族品牌？

娃哈哈在合资过程中，品牌意识较强。先后通过成立非合资公司、独立销售公司、借助工会媒体声讨甚至是寻求政府介入等途径保护商标使用权。

（1）成立非合资公司。其实在达能的屡次合资条款中，都强调品牌收归合资公司这一点。达能作为一家成熟的商业公司，对品牌方面非常重视。而中资企业在这方面稍显不足，也正是如此，宗庆后才着手安排去中西部地区成立一些非合资公司，以增强中方对合资企业的主导权。

（2）成立独立销售公司。2006 年 12 月，达能与娃哈哈就收购其余非合资公司签署了合同。但 3 个月后，宗庆后反悔，并决定成立另一家销售公司，以期脱离原来合资公司的渠道，销售非合资公司的产品。

（3）借助工会、媒体等集体声讨。在双方争议出现后，宗庆后在维护娃哈哈品牌方面一直表现得比较强硬，甚至不惜提出另立门户。工会、媒体也都倾向于为娃哈哈声讨。

（4）政府介入。当然，对于政府的干预，应当结合企业情况具体分析。政府介入不等于过度保护，也不等于保护落后。一般而言，对于进入国家品牌名录的企业进行保护，而对于市场化的企业则可以减少干预。因为企业的存续和发展最根本的还是要依赖企业自身，无论是出售与否还是并购后品牌存续与否，企业自身的实力才是最好的盾牌。对于达娃之争，有权裁决此事的商务部的态度一如既往地中立，既不偏袒中方，也不偏袒外资，而是表示将按照有关规定行事。这对于开放条件下，国内企业应对国际挑战的能力，无疑起到正面的督促和引导作用。

外资进入后，无论是对本土民族品牌的冲击，还是外国品牌的强势入驻，都对国内企业产生较大的竞争压力。一方面，企业应当强化品牌意识，认清品牌价值，提高自主创新能力，维持竞争优势。同时也应辩证地看到，外资进入对民族品牌发展并不都是消极的。在政府的规范管理下，外资进入有利于在特定行业形成适度竞争的市场环境，促使国内企业加快技术改造和产品更新，并通过竞争和示范效应，不断提升本土企业的品牌地位。另一方面，利用好外资并购安全审查制度，建立外资流入的"防火墙"。2011 年 2 月 3 日，国务院办公厅发布了《关于建立外国投资者并购境内企业安全审查制度的通知》，明确了并购安全审查的范围、内容、工作机制和程序，并决定建立外国投资者并购境内企业安全审查部际联席会议制度。

在与达能的合作及多起诉讼纠纷中，娃哈哈集团的品牌意识、宗庆后的经营权控制、面对商标使用权纠纷的各种积极应对措施等都为国内其他企业提供了有力的借鉴。

参考资料：

［1］陆瑶．"达娃之争"背后的博弈之道［J］．商，2015（8）：112.

［2］张伟．宗庆后就"达娃和解"独家回应：娃哈哈仍会与外企合作，但要平等互利［J］．中国经济周刊，2009（50）：49.

［3］张蔚．从达娃之争看中国企业跨国合作中的问题［J］．北京市经济管理干部学院学报，2011，26（2）：69－74.

［4］张丽，刘建．聚焦达能在中国的悄然转身［J］．乳品与人类，2012（1）：32－37.

［5］刘华，左志坚．达能娃哈哈 曾经的一见钟情［J］．管理与财富，2008（4）：70－71.

［6］李静．达能与娃哈哈和平"离婚"［N］．商务时报，2009－10－10（008）.

［7］李孟刚．产业安全理论［M］．北京：高等教育出版社，2010.

［8］李善民．外资并购与我国产业安全研究［M］．北京：经济科学出版社，2017.

［9］纪宝成．约束大中型国有企业盲目海外上市，防止中国资本市场的空心化［Z］．全国人民代表大会提案，2006.

［10］李孟刚．中国外资产业控制报告［J］．中国国情国力，2006（6）.

［11］纪宝成，刘元春．对我国产业安全若干问题的看法［J］．经济理论与经济管理，2006（9）：5－11.

［12］朱建民，魏大鹏．我国产业安全评价指标体系的再构建与实证研究［J］．科研管理，2013，34（7）：146－153.

［13］叶卫平．国家经济安全定义与评价指标体系再研究［J］．中国人民大学学报，2010，24（4）：93－98.

［14］林平，李嫣怡．外资并购的国家安全审查：概念、国际经验和政策建议［J］．产业经济评论，2009，8（1）：1－23.

［15］何维达，潘玉璋，李冬梅．产业安全理论评价与展望［J］．科技进步与对策，2007（4）：92－97.

［16］黄志勇，王玉宝．FDI与我国产业安全的辩证分析［J］．世界经济研究，2004（6）：35－41.

［17］崔晓林．专访全国人大代表、娃哈哈集团董事长宗庆后：对商标侵权企业要"罚到它倾家荡产"［J］．中国经济周刊，2013（9）：42.

［18］娃哈哈：用"心"打造服务品牌［J］．中国质量万里行，2016（4）：19.

［19］李军霞，冉春艳．浅析如何走出品牌老化僵局［J］．经济研究导刊，2016（7）：59－60.

［20］延平．娃哈哈：科技支撑中国品牌［J］．中国品牌，2016（1）：37.

［21］中国自主品牌崛起——2015首届中国自主品牌峰会［J］．人民论坛，2015（4）：20－27.

［22］刘静，夏彩云．由娃哈哈与达能合资纷争案例引发的思考［J］．对外经贸实务，2011（9）：72－74.

［23］余伟萍，庄爱玲．品牌负面曝光事件下焦点品牌和竞争品牌动态响应行为研究［J］．管理

学报，2013，10（9）：1393 – 1398.

[24] 张凤军．浅谈品牌的建设与保护 [J]．中外企业文化，2011（7）：68 – 69.

[25] 于晓飞．建设国际品牌　引领转型升级——146 家工业行业龙头骨干企业品牌发展现状及对策 [J]．科技与企业，2013（11）：2，5.

[26] 赵新利，谢斯予．主流媒体与民族品牌的构建——基于人民日报相关报道的分析 [J]．新闻战线，2020（13）：34 – 36.

[27] 石利波．我国企业如何提高品牌竞争优势 [J]．机械管理开发，2011（5）：144 – 145，147.

[28] 周志懿．引领行业发展　助力品牌强国 [J]．新闻战线，2020（13）：24 – 27.

[29] 李紫轩，王萌萌，王娟．互联网经济下企业商业模式转型研究——以娃哈哈集团为例 [J]．电子商务，2019（7）：31 – 33.

[30] 张秀丽．论民族品牌保护中政府的法律职能——以娃哈哈品牌之争为例 [J]．企业导报，2011（6）：112 – 113.

[31] 何跃飞，刘羽平．垄断视角下的"达娃之争" [J]．网络财富，2010（16）：173 – 176.

[32] 梁瑞丽．"达娃之争"中的契约精神 [J]．东方企业文化，2010（9）：26 – 28.

[33] 李宁顺，牛睿．本土品牌如何规避外资并购陷阱 [J]．对外经贸实务，2010（4）：73 – 76.

[34] 佘世红．"达娃之争"给中国企业的三点启示 [J]．市场观察，2009（11）：34.

[35] 罗建幸．中国式"离婚"：娃哈哈 VS 达能 [J]．新经济杂志，2009（11）：68.

[36] 刘世刚．论民族品牌延伸的成与败 [J]．科技信息，2009（30）：736 – 737.

[37] 刘保林．宗庆后：我是从底层崛起的普通人 [J]．中国产经，2018（12）：61 – 65，60.

[38] 张梦竹，牛文慧．从软饮料行业的跨国并购看我国民族品牌的发展 [J]．管理观察，2009（17）：67 – 68.

[39] 曹艳爱．在华跨国公司品牌的本土化战略选择 [J]．科技进步与对策，2009，26（10）：81 – 83.

[40] 韩飞．谁动了谁的奶酪——娃哈哈集团与达能集团利益之争的案例分析 [J]．财会月刊，2009（12）：105 – 106.

[41] 李善民，张媛春．企业的资源控制权：对弈外资并购的筹码——基于达能 – 娃哈哈的案例研究 [J]．广东外语外贸大学学报，2009，20（2）：5 – 8，49.

[42] 史亚娟．娃哈哈"饮料帝国"的跌宕与兴衰 [J]．中外管理，2018（11）：64 – 71.

[43] 纪澍琴，王日尧．浅析新时代背景下"娃哈哈"品牌形象塑造如何中国化 [J]．传播力研究，2018，2（16）：233.

[44] 李颖．娃哈哈：用"心"铸就品牌 [J]．中国质量万里行，2018（1）：89.

[45] 亢樱青．娃哈哈"套路"失灵　寻找缺失的"年轻和创新基因" [J]．商学院，2017（7）：48 – 49.

[46] 李建斌．娃哈哈帝国，如今为何陨落？ [J]．商业观察，2017（5）：42 – 45.

［47］亢樱青，纪程程．民族品牌乐百氏"消失"的17年［J］．商学院，2017（Z1）：42－44.

［48］谢东玲．533.86亿元！娃哈哈品牌价值背后的秘密［J］．中国品牌，2017（1）：70.

［49］侯隽．宗庆后：对成为一名现代工匠有足够信心［J］．中国经济周刊，2016（38）：32－34.

［50］朱国强．娃哈哈：工匠精神　品质担当［J］．中国品牌，2016（9）：24－25.

曹德旺的"美国工厂"

杨 柳

摘 要：伴随着中国经济的蓬勃发展和"走出去"战略及"一带一路"倡议的持续推进，越来越多的中国企业走出国门，积极进行全球布局。在促使中国逐步由"世界工厂"转变为"全球投资者"的同时，为企业创造了更为广阔的成长空间，也打造出了一大批享誉世界的民族品牌。然而，跨国投资并非一帆风顺，由此引发的资本输出也在国内引发了不小的争议。本案例通过讲述福耀玻璃在美国投资建厂的经历，帮助读者从全球化的视角出发，正确看待资本输出，理解并支持国家倡导的"走出去"战略和"一带一路"倡议。此外，通过剖析福耀美国在经营管理中遭遇的问题，引导读者识别企业在跨国投资中面临的"跨文化风险"，树立文化自信和民族自豪感。

一、背景

福耀玻璃工业集团股份有限公司（以下简称"福耀集团"），1987 年成立于中国福州，是一家专注于汽车安全玻璃的大型跨国集团。经过 30 余年的发展，福耀集团已在中国 16 个省份以及美国、俄罗斯、德国、日本、韩国等 11 个国家和地区建立现代化生产基地和商务机构，并在中美德设立 6 个设计中心，全球雇员约 2.7 万人。公司的主要客户包括宾利、奔驰、宝马、奥迪、通用、丰田、大众、福特、克莱斯勒等，并被各大汽车制造企业评为"全球优秀供应商"。

2013 年 10 月 22 日，福耀玻璃发布了《关于公司在美国设立子公司并投资建设汽车安全玻璃项目的公告》（以下简称《公告》）。公告中称，福耀玻璃计划投资 2 亿美元在美国俄亥俄州建设汽车安全玻璃生产项目。该项目将配备最先进的现代化生产设备，最终形成年产 300 万套汽车安全玻璃的生产规模（公告原文见附件 1）。

2014 年 3 月，福耀玻璃最终决定购入位于俄亥俄州代顿市莫瑞恩区的一座被通用汽车废弃的工厂，作为美国项目的主要生产基地。经过两年多的建设和改造，这块被废弃的土地上建起了全球单体最大的汽车玻璃制造工厂。2016 年 10 月，工厂正式竣工投产，定名为福耀玻璃美国有限公司（以下简称"福耀美国"）。至此，福耀玻璃对该项目的投资已超过6亿美元，是俄亥俄州历史上最大的一笔中国投资。由于一举解决了超过2000人的就业，且其中大部分是由于工厂倒闭而生活陷入困境的前通用员工，福耀美国的建成和投产被莫瑞恩区的居民看作巨大的福音。当地政府更是对该项目寄予厚望，甚至将工厂前方的道路改名为"福耀大道"（Fuyao Ave.）。

在新工厂的竣工典礼上，最受瞩目的明星莫过于福耀玻璃的创始人和董事长曹德旺。他的出现总是会引发雷鸣般的掌声，很多重新获得工作的美国工人甚至将他视为"救世主"。而与其形成鲜明对比的是，在曹德旺的家乡，中国网民却对他持有截然相反的看法。在微信上，一篇名为《曹德旺跑了》的帖子引起了强烈关注。不少人将曹德旺与之前把投资重心自中国转向英国的李嘉诚联系在一起，喊出了"卖国贼""无良资本家"的口号。一时间，这位在中国曾经备受赞誉的企业家和慈善家变成了众多人口诛笔伐的"曹跑跑"。

二、曹德旺的选择

面对舆论和公众的质疑，曹德旺在接受采访时给出了回应，坦言福耀玻璃赴美投资的主要原因在于降低成本。

福耀玻璃的主营产品为汽车玻璃。与一般商品相比，玻璃的特殊性决定了它的成本主要由两部分组成——运输和生产。由于汽车玻璃自身较重且容易破碎，导致其运输成本非常昂贵且存在较大风险，更遑论远距离的跨国运输。从福耀美国的选址来看，俄亥俄州位于美国中西部，是五大湖地区的组成部分。此处地理位置优越，交通便利，且临近主要汽车品牌的生产工厂，显然可以大幅度降低产品的运输成本。

从生产成本来看，汽车玻璃的成本结构主要包括人工成本、制造费用、PVB膜、天然气、电力、纯碱和硅砂等。就人工成本而言，美国是中国的3倍。单从这一项来看，赴美生产显然极不合算。然而，若综合考虑其他成本，例如，美国的天然气成本是中国的25%，电力成本是中国的60%，在其他成本相差不大的情况下，福耀美国的综合生产成本只比中国高三成多。

此外，由于在美国经营整体税负较低，各种行政和管理上的收费也比较少，这使福耀美国的整体成本甚至低于在中国生产。更令曹德旺高兴的是，当地市政府承诺：只要福耀美国雇用超过1500名的美国员工，就可以从2017年开始每年收到区政府给予的20万美元补贴，持续5年。州政府承诺在5年中给予不少于1300万美元的补贴，还可随着美国雇员人数的增加而上涨。在此基础上，工厂还获得了5年的产权税豁免。若用这份丰厚的大礼包与工厂的建设成本相抵，福耀美国相当于"0成本"开厂。

三、曹德旺的麻烦

根据福耀玻璃的年报，福耀美国在 2017 年就已扭亏为盈，2018 年更是创造了 2.46 亿元人民币的净利润。然而，对于曹德旺来说，这段时间显然不是一帆风顺的。与很多同样进行跨国投资的中国企业一样，福耀玻璃在美国也遭遇到了严重的"跨文化冲击"，不可避免地面临着与当地文化融合、美式监督和美国标准的"挑战"。

福耀美国的雇员里包括 2 000 余名美国员工以及 200 余名中国员工。在纪录片《美国工厂》中，可以清晰地看到两类人群在作风和观念上的不同。中国员工集体意识强，吃苦耐劳，对企业有很强的归属感和荣誉感。美国员工则比较自由随性，个性独立，权利和义务分明。

影片中，在中国员工看来，美国人态度懒惰、业绩低下。而在美国员工眼里，中国人态度强硬、行为粗暴。加上双方语言不通，彼此间难免产生冲突。时间一长，美国员工的抱怨越积越多。他们一方面嫌工资太低、经常加班；另一方面认为自己没有得到尊重，工厂中充满了"中国标准"和"中国思维"，感觉自己像是在中国打工。此外，他们还控诉工作环境差、缺乏必要的安全防护。在他们的眼中，曹德旺这位曾经的"救世主"成了"压迫者"，而成立工会是他们唯一的希望。

于是，部分美国员工联系了"全美汽车工人联合会"（United Auto Workers，以下简称"UAW"），筹划要在福耀美国成立工会。对此，公司管理层明确表示反对，而要求成立工会的美国员工非但没有退让，反而在 UAW 的支持下，公然拒绝主管的指令和要求，并通过媒体披露工厂运作中的安全隐患，致使福耀美国接到了来自"美国职业安全与健康管理局"（Occupational Safety and Health Administration，OSHA）的巨额罚单，公司形象一时间一落千丈。此外，他们还在厂区周围持续举行游行示威，试图争取更多的支持。随着双方矛盾的不断激化，福耀美国无法维持正常的生产和出货，在 2017 年的前 10 个月里出现了 4 000 万美元的亏损。

四、曹德旺的坚持

对于工会问题，曹德旺的态度非常明确。他斩钉截铁地表示："工会进来，我关门不做了。"在曹德旺看来，工会是美国制造业的一个"顽疾"，是拖垮美国制造业的"元凶"。在福耀美国成立工会无疑将会严重影响生产效率，给工厂造成巨大损失。为了解决问题，曹德旺先对福耀美国的管理层进行了"大换血"。面对这场"工会危机"，原本聘请的两位美国高管始终没有拿出有效的应对方案，反而任由事态发展；而继任者在中、美两国均拥有超过 20 年的工作经验，深谙跨文化交流之道，显然更有能力化解福耀美国面临的难题。

在曹德旺的支持下，新高管使出了新官的"三把火"。其一，帮助中方人员理解中美员工在文化和思想上的差异，认识到与美国人打交道不能"硬碰硬""摆资格"，而应该主动与其进行沟通，促进相互理解；其二，向美国员工承诺改善厂区工作环境，消除安全隐患，并给予工人每小时 2 美元的涨薪；其三，聘请素有"工会克星"之称的"反工会咨询组织"（Labor Relations Institute，LRI），深入工会支持者的内部进行游说和劝解，并着力管控其中的"顽固分子"。

2017 年 11 月，一场有关"福耀美国是否应当成立工会"的投票拉开了序幕。曹德旺更是亲赴美国"观战"。两天后，投票结果出炉——444 票赞成、868 票反对。福耀美国成功地将工会拒之门外，生产经营回归正轨。之后，新管理层积极推动中美员工之间的跨文化交流，将美国员工中的优秀成员送往中国，参观福耀玻璃在中国的工厂，切身了解中国的风土人情及福耀玻璃的企业文化。从 2017 年末到 2018 年，福耀美国扭亏为盈，实现迅速增长。

案例正文附件

附件1：福耀玻璃关于在美设立子公司的公告

证券代码：600660　　　　证券简称：福耀玻璃　　　　编号：临 2013 - 031

福耀玻璃工业集团股份有限公司

关于公司在美国设立子公司并投资建设汽车安全玻璃项目的公告

本公司董事局及全体董事保证公告内容真实、准确和完整，并对公告中的任何虚假记载、误导性陈述或者重大遗漏承担责任。

重要内容提示：

* 投资设立标的公司名称：福耀玻璃美国有限公司（暂定名）
* 投资总额：2 亿美元
* 本次投资已经福耀玻璃工业集团股份有限公司（以下简称"公司""本公司"）第七届董事局第十七次会议审议通过。
* 本次投资事宜不构成关联交易和上市公司重大资产重组事项。

一、投资设立公司概述

为了更好地参与国际市场，应对日益激烈的市场竞争，满足美国汽车市场对公司汽车安全玻璃不断增长的需求，增加服务能力，经公司第七届董事局第十七次会议审议通过，公司拟在美国俄亥俄州独资设立"福耀玻璃美国有限公司"（暂定名，最终以当地公司登记机关核准的名称为准），并拟由该公司投资 2 亿美元建设汽车安全玻璃项目。

公司本次拟设立福耀玻璃美国有限公司并由其投资建设汽车安全玻璃项目之事项不涉及关联交易和上市公司重大资产重组事项。根据《公司章程》的有关规定，本次投资事项在公司董事局的审批权限范围内，本次投资事项经公司董事局审议通过后即可实施，无须提交公司股东大会审议。

二、投资方基本情况

福耀玻璃工业集团股份有限公司，注册地址为：福建省福清市福耀工业村；法定代表人：曹德旺；注册资本：200 298.6332万元人民币；企业类型：股份有限公司。经营范围：生产汽车玻璃，装饰玻璃和其他工业技术玻璃及玻璃安装，售后服务；开发和生产经营特种优质浮法玻璃，包括超薄玻璃、薄玻璃、透明玻璃、着色彩色玻璃；并统一协调管理集团内各成员公司的经营活动和代购代销成员公司的原辅材料和产品；协助所属企业招聘人员、提供技术培训及咨询等有关业务；生产玻璃塑胶包边总成，塑料、橡胶制品；包装木料加工；纸箱、纸板、铁架、可循环使用的包装金属支撑架、包装托盘等玻璃安装用的材料的销售。国家禁止外商投资的行业除外，国家限制外商投资的行业或有特殊规定的，须依法履行相关程序（涉及审批许可项目的，只允许在审批许可的范围和有效期限内从事生产经营）。截至2013年6月30日，本公司资产总额为1 382 053.7204万元人民币；负债总额为704 380.7585万元人民币，股东权益为677 672.9619万元人民币；2013年1-6月实现营业总收入554 548.3373万元人民币，实现归属于母公司股东的净利润84 262.4225万元人民币。（以上数据未经审计）

三、投资设立公司的基本情况

（1）公司名称：福耀玻璃美国有限公司（暂定名，最终以当地公司登记机关核准的名称为准）。

（2）注册地址：美国俄亥俄州。

（3）法定代表人：曹德旺。

（4）投资总额：20 000万美元；注册资本：6 000万美元；其中：投资者福耀玻璃工业集团股份有限公司占100%。

（5）企业类型：有限责任公司。

（6）经营范围：汽车用安全玻璃的生产及销售。

（7）资金来源：自筹。

（8）董事委派：公司拟委派曹德旺先生、曹晖先生、白照华先生、陈向明先生、陈继程先生出任福耀玻璃美国有限公司的董事，但须以当地公司登记机关最终确认或批准为准。

四、投资建设项目具体情况

（1）项目建设背景。

俄亥俄州位于美国中西部，是五大湖地区的组成部分，地理位置优越，交通便利。

美国拥有通用、福特、克莱斯勒、本田、丰田、现代、日产等品牌汽车生产厂家，是全球最大的汽车消费市场及全球第二大汽车生产国。为了更好地参与国际市场，应对日益激烈的市场竞争，满足美国汽车市场对公司汽车安全玻璃不断增长的需求，增加服务能力，公司拟在美国俄亥俄州投资建设汽车安全玻璃生产基地。

（2）项目建设内容。

公司拟在美国俄亥俄州投资设立福耀玻璃美国有限公司（暂定名，最终以当地公司登记机关核准的名称为准），并拟由该公司投资 2 亿美元建设汽车安全玻璃生产项目，配备最先进的现代化生产设备，最终形成年产 300 万套汽车安全玻璃的生产规模。

五、授权事项

为确保本次对外投资事项能够顺利、高效地实施，公司董事局同意授权公司董事长曹德旺先生全权代表本公司签署、执行与本次设立公司及投资建设汽车安全玻璃项目有关的一切法律性文件，并办理或在公司董事局授权范围内转授权其他人员办理一切相关事宜。

六、投资设立公司及建设项目对上市公司的影响

公司通过设立全资子公司福耀玻璃美国有限公司并在俄亥俄州投资建设汽车安全玻璃项目，将进一步扩大公司的生产规模，满足美国汽车市场对公司汽车安全玻璃不断增长的需求，进一步提高公司的销售服务能力，有利于公司更好地参与国际市场的竞争，加快推进公司的国际化战略实施，促进公司持续稳定的发展。

七、备查文件

福耀玻璃工业集团股份有限公司第七届董事局第十七次会议决议。

特此公告。

福耀玻璃工业集团股份有限公司
董 事 局
二〇一三年十月二十二日

资料来源：福耀集团官网，https：//www.fuyaogroup.com/announcement.html.

附件2：福耀玻璃简介

福耀集团（全称福耀玻璃工业集团股份有限公司），1987年成立于中国福州，是专注于汽车安全玻璃的大型跨国集团，于1993年在上海证券交易所主板上市（A股代码：600660），于2015年在香港交易所上市（H股代码：3606），形成兼跨境内外两大资本平台的"A＋H"模式。

自创立以来，福耀集团矢志为中国人做一片属于自己的高质量玻璃，当好汽车工业的配角，秉承"勤劳、朴实、学习、创新"的核心价值观，坚持走独立自主、应用研发、开放包容的战略路线。经过30余年的发展，福耀集团已在中国16个省市以及美国、俄罗斯、德国、日本、韩国等11个国家和地区建立现代化生产基地和商务机构，并在中美德设立6个设计中心，全球雇员约2.7万人。福耀产品得到全球知名汽车制造企业及主要汽车厂商的认证和选用，包括宾利、奔驰、宝马、奥迪、通用、丰田、大众、福特、克莱斯勒等，为其提供全球OEM配套服务和汽车玻璃全套解决方案，并被各大汽车制造企业评为"全球优秀供应商"。福耀集团是"工业4.0"的积极探索者和实践者。公司以智识引领发展，以创新为驱动，通过智能制造，为客户提供一片有"灵魂"的玻璃，其信息技术与生产自动化方面位居全球同行业前列。近年来，福耀集团先后荣获"中国质量奖提名奖""智能制造示范企业""国家创新示范企业""国家级企业技术中心"等各类创新荣誉、资质。

福耀集团多年蝉联《财富》中国500强、中国民营企业500强，多次获得"中国最佳企业公民""中国十佳上市公司""CCTV最佳雇主"等社会殊荣。董事长曹德旺先生从1987年至今个人捐款累计逾120亿元，被誉为"真正的首善"；2018年，曹德旺入选"改革开放40年百名杰出民营企业家"；于2009年荣膺企业界的"奥斯卡"——安永企业家全球奖；于2016年荣获全球玻璃行业最高奖项——金凤凰奖，评委会称"曹德旺带领福耀集团改变了世界汽车玻璃行业的格局"。

资料来源：福耀集团官网，https：//www.fuyaogroup.com/about.html.

附件3：曹德旺简介

1946年生，福耀玻璃工业集团股份有限公司董事长，创始人，担任中国光彩事业促进会副会长、中国侨商投资企业协会常务副会长等社会职务。

曹德旺自幼家贫，初中没毕业就辍学，自16岁起在街头卖过烟丝、贩过水果、当过厨师、修过自行车，尝遍了社会底层生活的艰辛。1976年，曹德旺开始在福清市高山镇异型玻璃厂当采购员，1983年承包了这个濒临倒闭的小厂。

20世纪80年代初期，在国内的汽车维修市场，从日本进口汽车玻璃一块就要一两千元人民币。这样一个商业现象深深刺痛了曹德旺的民族自尊心。"我知道了自己应该去做汽车玻璃，中国人应该有一块自己的玻璃，应该有一片从自己的玻璃看出去的天空"。1986年，40岁的曹德旺开始转战汽车维修玻璃，此后不久在汽车维修市场上，曹德旺用自己生产出来的汽车玻璃替代了日本的进口汽车玻璃。1987年，他用第一桶金建立了耀华汽车玻璃公司（福耀集团的前身）。

30多年时间，曹德旺以决心和恒心，使中国汽车玻璃行业从完全依赖进口到进口接近为零，实现了"为中国人做一片自己的玻璃"发展目标，也改变了世界对中国汽车玻璃市场的认识。他的成就得到了各界的广泛认可。2018年，曹德旺入选"改革开放40年百名杰出民营企业家"；2009年，曹德旺从全球43个国家和地区代表中脱颖而出，荣膺"安永全球企业家2009大奖"，成为该奖设立以来首个华人得主。2016年，曹德旺获颁全球玻璃行业最高奖项——金凤凰奖，评委会称"曹德旺带领的福耀集团改变了世界汽车玻璃行业的格局"。

不一样的经历让曹德旺对财富和分配有着独特的见解和体会，他认为自己的所有成就都是在社会各界的共同努力下得来的，同样在社会需要的时候也应该还给社会，把财富用于最需要帮助的人。目前，曹德旺累计捐款约120亿元人民币，捐助范围涉及社会救灾、扶贫、助学等各方面。2011年5月，曹德旺捐出名下3亿股福耀玻璃股票发起成立的河仁基金会获得有关部门批准正式成立，捐赠当天市值35.49亿元，是当时我国资产规模最大的基金会，开创了股票形式支持社会公益的先河。他也因而连续多次获得"中华慈善奖"这一国内最高慈善奖项，被社会各界称为"真正的首善"。

资料来源：福耀集团官网，https：//www.fuyaogroup.com/founder.html。

案例使用说明

一、教学目的与用途

1. 适用课程：公司金融学、国际投资学、国际金融学。

2. 适用对象：金融学专业高年级本科生和金融学专业硕士生、MBA 研究生。

3. 教学目的。

（1）知识目标。一是能够理解直接投资的含义；了解直接投资的途径。二是能够理解跨文化风险的含义；了解跨文化风险的成因。

（2）能力目标。一是能够区分不同的直接投资类型；分析直接投资的动因及影响。二是能够提出跨文化风险的管理措施。

（3）思政目标。一是能够以全球化的视角去理解跨国直接投资，认识到在审慎监管前提下，相对自由的直接投资环境能够使资本的输出国和输入国共同受益，从而在全球范围内促进资源的有效配置并推动经济增长。二是能够正确看待资本输出，理解并支持国家倡导的"走出去"战略和"一带一路"倡议。三是能够正确识别企业跨国投资中面临的"跨文化风险"，树立文化自信和民族自豪感。

二、启发思考题

1. 福耀玻璃为什么选择在美国投资设厂？企业进行跨国直接投资还有哪些可能的动因？

2. 福耀美国的设立对于中国和美国而言意味着什么？为何在两个国家得到了截然相反的评价？

3. 如何看待福耀美国面临的"跨文化风险"？你是否认同福耀美国对这一问题的处理方法？

三、分析思路

（一）针对启发思考题一

教师可以引导学生假设自己是福耀玻璃的董事长曹德旺，从企业的产品特点和发展需求出发，思考赴美投资的潜在回报，从而理解福耀玻璃设立福耀美国的原因。在发掘跨国直接投资的其他动因中，教师可以引导学生先思考企业进行跨国直接投资的主要途径及其特点，进而探究背后的驱动力。

（二）针对启发思考题二

教师可以引导学生关注福耀美国的设厂地点以及当地特殊的产业及社会背景，从而理解当地居民对该项目报以热情支持的原因。另外，教师可以同学生一起站在资本输出国的角度，分析对本土企业的海外投资产生负面观点的由来，通过学习国家的"走出去"战略和"一带一路"倡议，引导学生正确看待资本输出。

（三）针对启发思考题三

教师可以通过播放纪录片《美国工厂》中的相关片段，帮助学生对跨文化风险及其影响有更深切的观察和体会。此外，教师也可以介绍类似的实例（如上汽收购韩国双龙汽车），引导学生认识对从事跨国投资和经营的企业而言，跨文化风险是客观存在、难以回避的，必须进行积极且有效的管理。

教师可以启发学生向那些同福耀玻璃一样进行跨国投资的企业提出建议，在输出资本的同时也要输出中国的文化和意识形态。在与当地文化进行融合的同时保留自己文化中的核心要素，通过企业自身的成功证明"中国道路"的正确性和优越性。

四、理论依据与具体分析

（一）理论依据

1. 直接投资理论。

20 世纪 70 年代之前，古典国际资本流动的流量理论占据主导地位，认为国际资本流动的主要动因在于各国利率和预期利润率存在差异。资本会从收益率较低的国家流向收益率较高的国家。70 年代之后，国际资本流动（尤其是跨国直接投资）急剧增长，表现出在不同收益率国家之间的双向流动，且资本的来源、流向和形式都更为多样化。在经过系统的分析和研究后，西方学者从不同角度提出了新的理论解释。

（1）垄断优势说。这一理论认为市场不完全竞争是跨国公司进行直接投资的根本原因，而垄断优势是企业对外直接投资的决定因素。市场不完全主要体现在产品、要素市场的不完全；由规模经济导致的市场不完全；由政府干预经济导致的市场不完全；以及由关税引起的市场不完全。企业的垄断优势包括资金优势、规模优势、组织管理优势、信誉和商标优势等。

（2）市场内部化理论。这一理论认为追求理论最大化是企业的经营目标。在市场不完全的竞争条件下，当中间产品市场不完全时，企业通过对外直接投资建立内部市场，以替代外部市场，其目的是降低交易成本。当企业内部化行为跨越国界后，就形成了跨国直接投资。

（3）产品周期论。这一理论提出了产品周期的三个阶段，即创新期、成长期和标准化时期。为取得和保持竞争优势，企业会在不同的阶段实施不同形式和规模的对外投资。例如，在新产品阶段以国内生产和销售为主，在产品步入成熟后通过转让生产工艺或直接投资抢占国外市场，在产品进入标准化阶段后则进入工资低、成本低的地区进行生产，同时出售陈旧技术。

（4）国际生产折中论。这一理论认为，企业从事跨国投资和跨国经营是因为拥有东道国企业没有的所有权优势（包括技术优势、规模优势、金融优势等）、内部化优势（企业将拥有的所有权优势在内部使用而带来的优势）以及区位优势（东道国丰富的自然资源、广阔的商品销售市场、低廉的生产要素成本、吸引外资的各种优惠政策等）。这三种优势及其组合决定了企业的经济活动形式。例如，具备全部三种优势的企业应选择直接投资，具备前两种优势的企业应进行出口贸易，而只具备第一种优势的企业应选择技术转移。

（5）投资发展阶段说。这一理论将一国的对外投资周期分为四个阶段，认为一国的投资流动与该国经济发展水平密切相关。第一阶段，一国利用外资较少，几乎没有对外投资；在第二阶段，利用外资开始增多，出现少量对外投资；第三阶段，利用外资与对外投资快速增长；第四阶段则是对外投资大致等于或者超过利用外资。

教师可以引导学生运用上述理论去分析福耀玻璃赴美投资的动因，认识到在建立福耀美国之前，福耀玻璃已经是中国最大的汽车玻璃生产企业，在产品的生产、销售以及企业的经营管理上都拥有丰富的经验和显著优势。考虑到产品的独特性以及美国的贸易壁垒，仅进行出口贸易将产生高昂的交易成本。此外，美国当地政府为吸引外资而制定的一系列优惠政策也使这笔对外投资具有极高的区位优势。最重要的一点是，福耀玻璃有国家作为其强大的后盾。改革开放以来，特别是党的十八大以来，我国的经济发展取得了举世瞩目的成就，可以为像福耀玻璃一样勇于"走出去"的企业提供政策和资金上的有力支持。

2. 文化差异理论。

文化差异指的是不同的社会群体，由于受其所处的文化环境的影响，形成了不同的价值评判标准和行为准则，对待某一特定事件的立场和态度也会有所不同。不同的国家有其独特的发展历史以及经济和政治现状，相应形成了有别于其他国家的精神文化、制度文化、行为文化和物质文化，所呈现出的价值观念、风俗习惯及行为方式等表层现象也会有所不同。

在针对跨国公司面临的文化差异研究中，霍夫斯泰德（Hofstede）的文化维度理论最具有代表性。该理论从管理学的视角出发，提出了五个用以衡量文化差异的分析指标（见表1）。

表1   文化维度理论

指标	含义
权利距离	衡量在一个国家或社会组织中，权利的集中程度和领导的独裁程度，以及人们对此的接受程度，权利距离指标较高的国家或社会组织通常等级观念也较强
不确定性规避	衡量在一个国家或社会组织中，成员在面临威胁或不确定性事件等情况时的规避程度。不确定性规避指标较高的国家或社会组织中的成员通常安全感较低，更倾向于通过制定各种规章制度来规范成员的行为
个人与集体主义	"个人主义"是指成员只关心自己的利益或者只关心与自己相关的利益，重视实现自身的价值与需要，通常出现在一种结合比较松散的组织机构中；"集体主义"则是指成员普遍归属感较强，热爱自己的集体，并且对集体有绝对的忠诚感，也倾向于维护所在集体的利益。通常出现在一种结合较紧密的组织机构中
男性与女性主义	衡量社会成员对于处在统治地位性别的倾向性，这一倾向性将影响和决定男性和女性之间的社会地位差异
长期与短期倾向	具有长期倾向的国家或社会组织通常具有长远眼光，追求可持续发展；具有短期倾向的国家或社会组织则通常只考虑眼前利益

资料来源：刘娜娜．我国企业对外直接投资中的跨文化风险管理研究［D］．济南：山东财经大学，2015.

教师可以引导学生运用文化维度理论来分析福耀美国的中方员工和美方员工之间的文化差异，发现中方员工受东方儒家文化的影响，通常更为听从指挥、尊重规则，自觉将集体利益放在个人利益之上，而且更看重企业的长远发展。相反地，美方员工则更看重个人的短期得失，并愿意为保护个人权益而挑战权威、重塑规则。通过分析，学生可以认识到双方存在巨大的文化差异，在缺乏相互沟通和理解的情况下将不可避免地转化为文化冲突。

（二）具体分析

1. 福耀玻璃为什么选择在美国投资设厂？企业进行跨国直接投资还有哪些可能的动因？

（1）为什么要设立福耀美国？

从案例正文内容中可以发现，福耀玻璃赴美投资的首要目的是降低成本，具体包括：汽车玻璃的运输成本、生产成本以及企业经营中的税负成本。此外，正文中还透露出福耀美国的选址临近主要汽车品牌的生产工厂，不仅有效降低了运输成本，还有利于产品的销售和推广。

（2）跨国直接投资的其他动因。跨国直接投资有两种主要的途径：绿地投资及跨国并购。

①绿地投资。也称为"新建投资"或"新设投资"，指的是通过资本输出，在另一个国家兴办全新的经营单位。又可细分为独资和合资两类。其中，独资是指投资人

单独投资、独立经营、自负盈亏的一种投资方式。具体又可分为独资子公司和分公司。子公司和母公司之间相互独立，拥有自己的法人地位。相反，分公司在法律上和经济上没有独立性，仅仅是母公司的附属机构。合资则是指与东道国的企业进行合作，共同进行投资。合作形式又分为股权式和契约式两种。股权式合作指的是合作双方成立股份制企业，按投资比例分享利润、分担风险及亏损。契约式合作则指双方按协议确定投资方式、各自的责任承担和收益分配比例。

②跨国并购。与绿地投资最大的区别是，前者是从无到有兴办一家新的企业，而后者则是对一家已经处于经营状态的企业进行投资。具体指的是投资主体通过一定的程序和渠道，取得东道国某企业的全部或部分资产所有权的行为。"并购"一词实际包含着"兼并"与"收购"两种行为。它们的不同点在于，前者更注重"合并"，后者则更强调"购买"。对于兼并来说，又可以进一步分为两种。其一是吸收合并，具体指的是两家公司合并后，其中一家被另一家吸收（即 A + B = A 或者 A + B = B）。其二是新设合并，指的是两家公司合并后组成了一家全新的公司（即 A + B = C）。除了区分"并"与"购"之外，另一种对并购进行分类的方法是将其分为横向并购、纵向并购和混合并购。其中，横向并购是指同行业之间的并购；纵向并购指的是在生产和经营上互为上下游关系的企业之间的并购；混合并购则是指处于不同行业的企业之间的并购。

从附件 1 中福耀玻璃发布的公告来看，其在美国的投资属于直接投资中的绿地投资。降低成本及扩大市场是这一投资途径背后两种典型的驱动力。教师可以在此处启发学生思考类似的跨国直接投资实例。例如，戴尔电脑通过在全球部署生产基地，利用所在国廉价的生产要素显著降低生产成本。麦当劳在 120 多个国家和地区开设了 3 万多家餐厅，将产品销售范围扩大至全球。

其他可能驱动绿地投资的原因还包括以下两点。

①谋求超额利润。由于各国经济发展水平不同，在产业结构、生产能力、市场供求关系上也存在较大差异，使企业有机会在其他国家的经营中获得远高于本国的利润。虽然在案例正文中没有直接体现，但教师可要求学生对福耀美国做进一步的背景调查，从而发现由于美国汽车玻璃市场的竞争程度较低，只有三家类似规模的玻璃厂商，使福耀美国在产品定价上拥有了更大的话语权，产品售价比中国高三成以上。

②突破贸易壁垒，减少贸易争端。这一问题对于中国企业而言尤为明显。中国产品一向凭借"物美价廉"的优势参与世界市场竞争，却又经常因而遭到对方国家以"反倾销""反补贴"为名的贸易诉讼。事实上，福耀玻璃也是深受其害。教师可以指导学生进行相关事件的搜集和整理。例如，福耀玻璃曾在 2001 年被美国汽车玻璃制造商 PPG 等三家企业以"倾销"为名在美国和加拿大提出控诉。虽然福耀玻璃积极应诉

并最终胜诉，但这一过程耗费了大量的人力和物力。显然，通过在美国投资建厂，继而直接在美国销售，福耀玻璃得以彻底摆脱此类诉讼和争议。

对于实施跨国并购的企业而言，其背后的驱动力与具体的并购类型直接对应。例如，横向并购双方一般经营领域相同、产品相似，具有一定程度上的竞争关系。背后的目的一般是减少竞争对手、占领市场。此外，双方也可以是强强联合、共同做大做强。但不管是哪一种，都会使合并后的企业拥有更强的市场控制力，甚至达到垄断力。参与纵向并购的企业一般旨在实现纵向的生产一体化，从而达到稳定原材料供应、优化生产流程、拓展销售渠道等目的。从事混合并购的企业则主要是为了实现全球发展战略和多元化经营战略，从而减少单一行业经营的风险，增强企业在世界市场上的整体竞争实力。教师可以在此处要求学生查找相关的投资实例。例如，吉利集团投资瑞典沃尔沃轿车公司（横向并购），中粮集团投资澳大利亚 Tully 糖业公司（纵向并购）以及复兴集团的全球多元化产业布局（混合并购）。

2. 福耀美国的设立对于中国和美国而言意味着什么？为何在两个国家得到了截然相反的评价？

（1）曹德旺是"救世主"？

从案例正文中可以看到，福耀美国在建立之初收到的几乎是来自当地居民和政府的一致赞誉。最直接的原因是解决了当地严峻的失业问题。

教师可以引导学生注意到，福耀美国所在的俄亥俄州位于美国的"铁锈带"。由于科技进步、国际贸易冲击和强大的工会等因素，这片区域在近半个世纪以来陷入整体性、持续性的衰落。福耀美国所在地的前身正是通用汽车在当地废弃的一家工厂。大量遭遇失业的工人们因为工厂倒闭而陷入生活困境，福耀美国的到来对他们而言无疑是救命稻草，而由此提升的就业率也是当地政府所急需的。

除了解决失业问题以外，福耀美国也可为当地经济的发展带来很多间接的积极影响。作为一家在世界范围内享有盛誉的企业，其先进的生产技术和管理经验可为同类型企业提供宝贵的参考，从而带动当地产业水平的整体提升。企业的成功经营将为政府带来更多的税收收入。企业本身的生产以其对上下游产业的带动作用也会创造更多的产能和消费需求，持续推动当地经济的长远发展。

（2）曹德旺是"曹跑跑"？

教师可以引导学生站在对曹德旺赴美投资持负面看法者的角度思考背后的逻辑，发现他们片面强调了资本输出中的"出"字，并赋予了带有爱国主义和民族情绪的情感因素。在他们看来，福耀玻璃是中国企业，就应该始终留在中国，否则就是"背叛"，是"不爱国"。这是典型的"保护主义"思想，与经济全球化的现实是背道而驰的。

根据国际货币基金组织的定义，经济全球化指的是跨国商品与服务贸易及资本流动规模和形式的增加，以及技术的广泛迅速传播使世界各国经济的相互依赖性增强。在这一背景下，企业可以通过全球化的经营方式和经营策略开拓更广阔的海外市场，学习更多的先进技术并创造更大的获利空间。反之，将企业禁锢在一国之内，不仅将使其错失重要的发展机遇，也不利于一国整体经济和技术水平的进步。

教师可以指导学生了解中国的"走出去"战略和"一带一路"倡议，认识到自改革开放以来，有大批中国企业在国家政策的鼓励和指引下走出国门，积极尝试进行对外投资。2000年，"走出去"战略在全国人大九届三次会议上被提高到国家战略层面，2001年被写入我国《国民经济和社会发展第十个五年计划纲要》，支持有实力的企业从事跨国经营，实现国际化发展。2013年，习近平总书记提出了"一带一路"倡议，掀开了我国企业对外投资合作的新篇章。党的十九大报告中明确指出，"坚持'引进来'和'走出去'并重，遵循共商共建共享原则，加强创新能力开放合作，形成陆海内外联动、东西双向互济的开放格局"。

可见，福耀玻璃对美投资并非"出走"，更不是"逃跑"，而是响应国家号召，依据自身特点和未来发展需要所做出的战略选择。在接受媒体采访时，曹德旺曾表示："我们做玻璃的，都随着汽车厂走。汽车厂去哪里，我们就跟到哪里。"在这种"跟着产业链走"的战略指引下，跟随自己的客户（汽车生产厂商）进行全球布局是福耀玻璃的必然选择。可以想见，未来会有越来越多的中国企业，随着自身资金、技术实力的不断增强，积极寻求全球范围内的资源优化配置，通过对外投资获取生产要素、提高创新力和核心竞争力，向产业链高端迈进。通过打造享誉世界的民族品牌，输出中国文化和意识形态，让世界看到中国的发展。

3. 如何看待福耀美国面临的"跨文化风险"？你是否认同福耀美国对这一问题的处理方法？

（1）如何理解"跨文化风险"？

企业的跨国投资必然使其暴露在不同的文化背景之下，而文化差异将使企业员工在宗教信仰、行为习惯、观念认知、价值判断、沟通方式等方面表现出明显的区别，并可能导致文化冲突并最终影响企业的正常经营。

以福耀美国为例，中方员工和美方员工之间显然存在巨大的文化差异。中方员工的"吃苦耐劳""以厂为先""牺牲奉献"显然无法在美方员工那里获得共鸣。对美方员工而言，首要关注的是"个体权益"，并且总是下意识地拿福耀美国与自己的"老东家"——福特汽车进行比较，抱怨新工作压力大、薪酬低、福利少。这些差异导致双方之间的关系持续恶化，而美方部分员工引入工会的主张更使双方的矛盾进一步升级。

（2）如何管理"跨文化风险"？

有效的跨文化风险管理措施包括以下三项。

①形成风险意识。管理层应先意识到跨文化风险的存在，采取行之有效的方法对其进行测度和评价，并建立相应的预警机制。

②了解文化差异。通过邀请当地雇员进入管理层或聘请专业咨询机构等方式，主动去了解东道国的文化特点，识别双方的文化差异，尽可能避免不必要的矛盾和争端。

③促进文化融合。通过积极有效的沟通，消除双方的分歧和误解。通过发现不同文化之间的"共性"，打造共同的愿景，从而建立起一种互相尊重、互相帮助，向着同一个目标共同努力的企业氛围。

（3）福耀美国做得如何？

从案例正文中可以看到，福耀美国在跨文化风险的管理上进行了很多积极且有效的尝试，也确实取得了令人满意的结果。教师应提醒学生注意，跨文化风险长期存在，且会随着经济、政治环境的变化而发生改变。为此，福耀美国应制定一套更为长远的风险管理方案，并根据情况变化进行动态调整。此外，教师还应提醒学生注意，跨文化风险管理绝不意味着对一方文化的无限度包容和迁就，而应从企业的发展战略出发，确立最适合的管理理念、公司制度和核心文化。

以福耀美国为例，美方员工显然还在延续以往在福特汽车工作的"文化传统"。他们一味地追求高回报、高福利，遇到问题时先想到的是寻求工会的帮助。他们恰恰忽略了一个重要的事实：正是这些旧的"文化传统"导致了福特汽车工厂的倒闭，导致了他们的失业，也导致了美国制造业的整体衰退。对于白手起家、一手打造福耀品牌的曹德旺来说，深知福耀玻璃的成功依靠的是所有福耀员工的辛勤劳动，是他们的汗水和付出创造了这个享誉全球的汽车玻璃品牌，而这也正是中国制造业，乃至整个中国经济在过去几十年取得惊人发展成绩的重要基石。

参考资料：

[1] 陈雨露. 国际金融（第六版）[M]. 北京：中国人民大学出版社，2019：199-207.

[2] 杨胜刚，姚小义. 国际金融（第四版）[M]. 北京：高等教育出版社，2016：400-404.

[3] 孟昊，郭红. 国际金融理论与实务（第三版）[M]. 北京：人民邮电出版社，2017：210-216.

[4] 刘娜娜. 我国企业对外直接投资中的跨文化风险管理研究 [D]. 济南：山东财经大学，2015：14-17.

[5] 张娜. KD公司国际工程EPC项目跨文化风险管理研究 [D]. 昆明：云南财经大学，2016.

[6] 鲁大师. 《美国工厂》：一个非典型的制造业故事 [J]. 资源再生，2019（8）：63-68.

[7] 王笔敏. 跨国公司对外直接投资对推进经济全球化的影响 [J]. 现代交际，2018（16）：

206－208.

　　［8］李富永.《美国工厂》想要告诉美国人什么［N］.中华工商时报，2019－09－03（003）.

　　［9］程喻.曹德旺：在美国开工厂并不容易［N］.证券时报，2019－08－31（A06）.

　　［10］福耀集团.2017年年度报告［EB/OL］.［2018－03－16］.https：//www.fuyaogroup.com/reports.html.

　　［11］福耀集团.2018年年度报告［EB/OL］.［2019－03－15］.https：//www.fuyaogroup.com/reports.html.

双汇国际并购史密斯菲尔德：以海外并购打通国内国际双循环

柏宝春

摘　要： 近年来，中国企业坚持以习近平新时代中国特色社会主义思想为指导，特别是在"一带一路"倡议引领下，积极主动"走出去"，以海外并购打通国内国际双循环。本案例以我国食品行业龙头企业——猪肉制品加工企业双汇国际并购美国最大猪肉供应商史密斯菲尔德为研究主题，对双汇国际并购史密斯菲尔德的动因、过程与协同效应进行重点分析。分析认为，双汇国际并购史密斯菲尔德取得了明显的经营协同效应，对国内企业积极"走出去"，开展国际并购，促进国内国际双循环的协同发展具有很好的启示与借鉴意义。

一、引言

近年来，面对错综复杂的国内外形势，中国坚持以习近平新时代中国特色社会主义思想为指导，坚定不移走对外开放道路，不断完善对外直接投资体制机制，创新对外投资管理政策，优化对外直接投资结构，支持供给侧结构性改革，特别是在"一带一路"建设引领下，中国企业积极创新对外投资方式，大力提高对外投资质量和效益，国内企业积极主动"走出去"，加快国际化进程，加快培育国际经济合作新的竞争优势，推动向对外投资强国迈进，与东道国互利共赢、共同发展，为构建人类命运共同体做出积极贡献。

2020年10月26日至29日召开的中共十九届五中全会，对中国"十四五"时期发展做出全面规划。适应新形势新要求，我们提出构建以国内大循环为主体、国内国际双循环相互促进的新发展格局。这绝不是封闭的国内循环，而是更加开放的国内国际双循环。习近平总书记强调，在新发展格局下，"必须坚持全方位对外开放，不断提高'引进来'的吸引力和'走出去'的竞争力""中国将秉持开放、合作、团结、共赢的信念，坚定不移全面扩大开放，将更有效率地实现内外市场联通、要素资源共享，让中国市场成为世界的市场、共享的市场、大家的市场，为国际社会注入更多正能量"。这不仅是中国自身发展需要，而且将更好造福各国人民。

近年来，越来越多中国本土企业对未来发展提出了更高、更强烈的发展诉求，兼并收购是企业实现资本扩张的一条捷径，通过并购可使企业在生产规模、新产品开发、市场份额等诸多方面短期内获得突破性进展。无论是在国际市场还是在国内市场，公司并购一直以来都是人们关注的焦点。目前，海外并购已经成为中国企业寻求在短期内突破资源能力瓶颈、迅速实现战略目标的主流发展方式，已越来越多地为国内企业在海外发展过程中所运用。

中国是全球最大的猪肉生产和消费国，国内市场规模以及相关肉类产品价格对于外资企业一直具有很强的吸引力。美国是世界上第二大猪肉生产国、最大的猪肉出口国。2013 年 6 月 18 日，全球规模最大的生猪生产商——美国大型肉类加工企业史密斯菲尔德（Smithfield Foods），公布了其与中国最大的肉类加工企业双汇发展的控股股东双汇国际控股公司（Shuanghui International Holdings Limited，简称"双汇国际"）之间进行并购交易的公告。[①]

2013 年发生的这起中美之间最大的企业并购案，在国内外市场受到极大的关注。鉴于这一案例对国内企业开展跨国并购所具有的重要借鉴意义，本案例重点分析双汇国际跨国并购的动因、路径与经营协同效应。

二、并购背景及动因

近年来，中国积极创新对外投资方式、提升投资质量效益、加强监管服务、指导企业防范化解海外风险，提高企业国际化经营水平。随着世界经济格局的发展变化、中国经济实力的增强，跨境并购逐渐成为中国企业外延式增长发展的重要选择。国内企业跨国并购经历了一个逐渐发展壮大的过程，这其中，国家经济环境和相关产业政策对跨国并购的影响较大。

本案例通过表 1 简要介绍双汇国际与史密斯菲尔德公司的基本情况以及并购背景。

表 1　　　　　　　　双汇国际并购史密斯菲尔德案例基本情况汇总

名称	双汇国际控股公司	史密斯菲尔德
基本情况	1989 年创建于河南漯河； 中国最大的猪肉食品企业，在国内市场名列首位	成立于 1936 年； 总部位于美国弗吉尼亚州； 美国排名第一的猪肉生产商，是全球规模最大的生猪生产商及猪肉供应商

---

① 2014 年 1 月 21 日，双汇国际宣布更改公司名称为万洲国际有限公司（WH GROUP），简称"万洲国际"，因更名发生在并购案之后，因而本案例仍沿用双汇国际这一名称。

名称	双汇国际控股公司	史密斯菲尔德
并购背景	双汇国际努力寻求海外市场机会，打造一个走出国门的、世界知名的品牌，朝为世界消费者提供安全食品的企业的目标努力发展	受 2008 年金融危机影响，美国国内消费市场受到巨大冲击，营业利润不断降低，个别年份出现亏损情况，这种情况下，史密斯菲尔德开始将目标市场转移到中国
并购时间	2013 年并购条件成熟，经摩根士丹利（Morgan Stanley）推荐，在中银国际控股有限公司（Boc International Holdings CO.，LTD）和国际银团的支持下，双汇国际历时 4 个月完成对史密斯菲尔德的并购	

资料来源：作者自行整理。

（一）史密斯菲尔德经营陷入困境

史密斯菲尔德食品公司成立于 1936 年，是全球最大的养猪及猪肉生产企业，其产品不仅供应美国国内，还出口中国、日本、墨西哥等市场，在全球 12 个国家开展业务，在火腿、培根等包装食品方面具有很强的全球品牌影响力，其利润率一直保持在同行业前列。2012 年财报显示，史密斯菲尔德销售额为 131 亿美元，净收入为 3.6 亿美元。摊薄后每股收益 2.21 美元；销售额达到 131 亿美元。在营业收入中，猪肉部门贡献 111 亿美元、生猪生产部门贡献 30.5 亿美元，国际业务部门贡献 14.7 亿美元。截至 2012 年，该公司债务为 16.4 亿美元，资产负债率 33%。

受 2008 年金融危机影响，美国国内猪肉消费市场受到巨大冲击，根据美国农业部（U. S. DEPARTMENT OF AGRICULTURE）统计数据，美国国内消费者对猪肉制品需求自 2012 年以后连续 3 年降低，受此影响，史密斯菲尔德营业利润不断降低，甚至个别年份出现亏损情况（见表 2、图 1）。这种情况下，史密斯菲尔德也开始将目标市场瞄向中国。

表 2　　　　　　　　　　史密斯菲尔德财务状况　　　　　　　　单位：万美元

年份	营业收入	净利润	资产
2008	1 135 120	12 890	886 790
2009	1 248 770	− 19 890	720 020
2010	1 120 260	− 10 140	770 800
2011	1 220 270	52 100	761 100
2012	1 309 430	36 200	742 200
2013	1 322 100	18 400	771 600

资料来源：史密斯菲尔德公司 2008 ~ 2013 年财务报告。

（二）双汇集团经营实力不断增强

双汇国际控股的双汇集团是以肉类加工为主的大型食品集团，总部位于河南省漯河市，

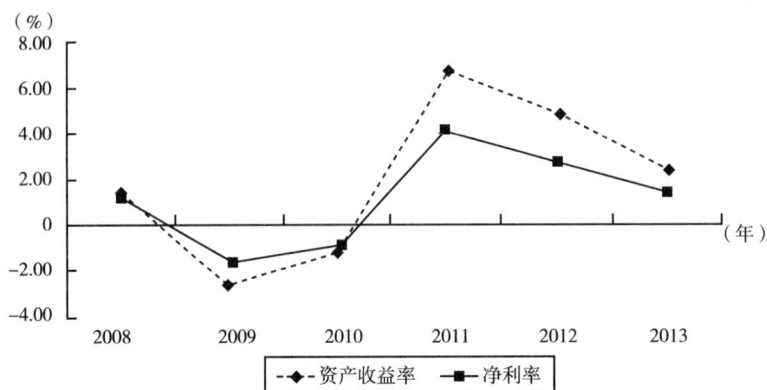

图1 史密斯菲尔德盈利能力指标

资料来源：史密斯菲尔德公司2008～2013年财务报告。

2011年总资产达200亿元，员工6万多人，是中国规模最大的生猪养殖与猪肉加工销售企业，在国内市场有较高的市场占有率和品牌领导地位。2011年，双汇集团年肉类总产量300万吨，是中国最大的肉类加工基地，在2011年中国企业500强排序中列166位。

从双汇集团2008～2012年财务报告可以看出双汇集团财务状况逐年改善，如表3和图2所示。在经营实力不断增强的形势下，双汇国际为实现成为具有国际影响力的猪肉制品加工企业的目标，开始向美国猪肉制品行业巨头史密斯菲尔德传递并购意向。

表3   **双汇集团财务状况**

年份	营业收入（亿元）	净利润（亿元）	每股净资产（元）
2008	260.1	6.9	3.9
2009	283.5	9.1	4.9
2010	363.1	11.6	5.7
2011	358.3	13.3	6.1
2012	397.1	28.8	10.8

资料来源：双汇集团2008～2012年财务报告。

（三）并购动因

双汇国际并购史密斯菲尔德的主要动因包括以下三个方面。

1. 实现规模效应。史密斯菲尔德是世界最大肉制品加工商，双汇国际通过并购史密斯菲尔德公司，可以取得优质原材料，加强中美两国市场资源优势互补，此外还可以获得先进的养殖及食品加工技术，整合产业链上下游资源，采取全产业链经营模式，降低成本，提高效率，增加市场份额，最终达到实现规模效应的目标。

2. 实现国际化战略。双汇集团国际化战略主要包括打造国际知名品牌、建立国际

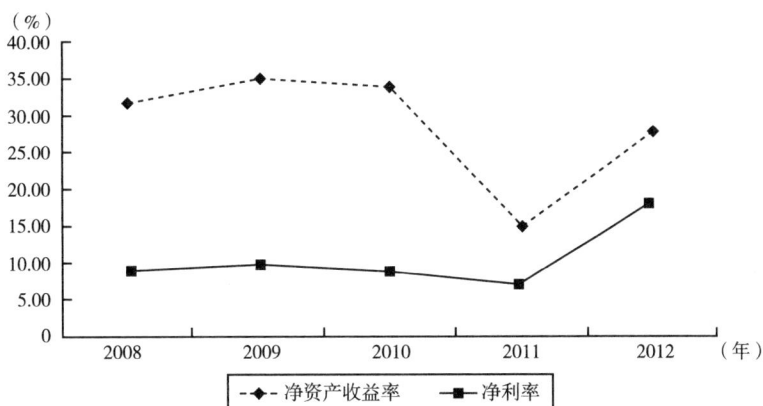

图2　双汇集团盈利能力指标

资料来源：由作者计算所得。

化食品安全生产及控制体系、产品全球市场扩张、全球范围内整合产业链资源、组建优秀国际管理团队五大战略决策。并购史密斯菲尔德是双汇集团国际化发展的里程碑。通过并购，双汇国际借鉴史密斯菲尔德的全球成功经验，引进先进经营管理模式和食品安全管控体系，并利用该企业现有分销渠道进军美国市场，进而向世界各国市场开展经营业务、进行全球化市场布局。

3. 实现协同效应。史密斯菲尔德是国际市场猪肉制品加工的龙头企业，双汇国际并购该企业可以获得在管理方式、技术研发、企业品牌及财务方面的协同效应。（1）管理方式的协同。史密斯菲尔德作为具有80多年历史的世界著名企业，其管理理念、模式、体制等方面均十分成熟与完善，双汇并购该公司能够直接获得先进的管理方式，实现管理协同效应。（2）技术研发上的协同。史密斯菲尔德拥有成熟的生产研发、安全管控技术，双汇国际通过并购，运用两家企业技术资源，提升双汇集团产品创新能力。（3）企业品牌上的协同。史密斯菲尔德公司一直致力于打造各层次优势品牌，双汇集团通过并购，可直接引进其旗下的众多知名品牌，借助其品牌影响力，为集团品牌建设提供良好基础。（4）财务方面的协同。受次贷危机影响，史密斯菲尔德2009年开始陷入亏损，当年净亏损高达2亿美元，之后虽有所好转，但无法与金融危机之前相比。双汇国际近几年则是一直盈利，利润率稳步上升。通过并购史密斯菲尔德，可实现较明显的财务协同效应。

三、并购过程

（一）主并方——双汇国际控股有限公司股权关系

双汇国际是2006年3月在开曼群岛注册的离岸控股公司，其母公司为双汇国际高管团队持股公司（兴泰集团），双汇国际的其他主要股东有：雄域公司持股 30.23%，鼎晖 Shine、鼎晖 Shine Ⅱ、鼎晖 Shine Ⅲ、鼎晖 Shine Ⅳ 分别持股 16.58%、9.20%、4.75%、3.17%，润峰投资持股 10.57%，郭氏集团持股 7.40%，运昌公司持股 6%，高盛策略投资持股 5.18%，淡马锡持股 2.76%。双汇国际的经营实体为双汇集团及 A 股上市子公司双汇发展。双汇国际、双汇集团、双汇发展之间的简明股权关系如图 3 所示。

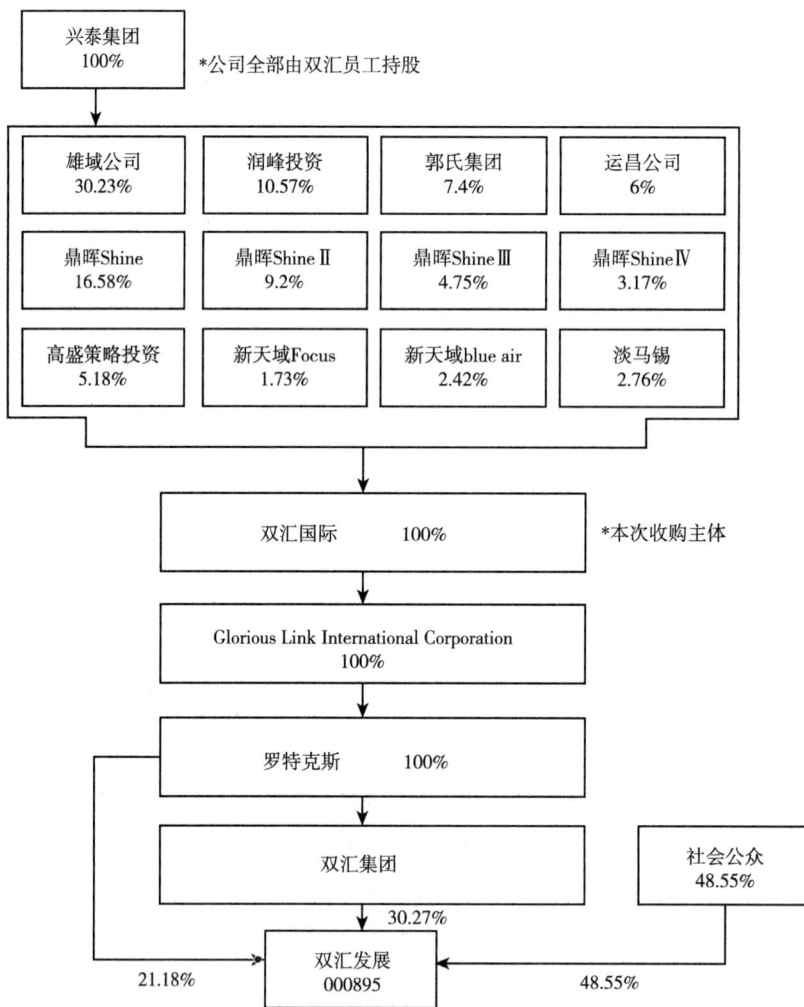

图 3 双汇国际简明股权结构

资料来源：根据双汇发展 2010～2012 年年报制作。

（二）被并方——史密斯菲尔德在美国的并购发展历程

史密斯菲尔德公司于 1936 年成立，最初名为 The Smithfield Packing Company，1981 年开始通过一系列并购，逐渐成为世界上最大的猪肉加工商及生猪生产商，在全球 12 个国家开展业务，主要业务包括生猪养殖、生产、营销、销售及分销生鲜猪肉和肉制品业务。同时，史密斯菲尔德公司持有西欧专营肉制品 Campofrio 37% 的股权，还在墨西哥生猪养殖及肉类加工业务的公司中拥有股权，史密斯菲尔德于 1999 年 9 月在纽交所上市，其并购发展历程如表 4 所示。

表 4　　　　　　　　　　　　史密斯菲尔德并购时间

年份	并购历程
1995	史密斯菲尔德收购 John Morrell，公司扩大至美国全国规模
1999	史密斯菲尔德收购 Carroll's Foods，成为美国最大的生猪养殖商
2000	史密斯菲尔德收购全美最大的生猪生产商 Murphy Farms
2001	史密斯菲尔德收购 Moyer Packing and Packerland Holdings，组成全美第五大牛肉加工商 Smithfield Beef Group
2003	史密斯菲尔德收购全美第六大猪肉加工商 Farmland Foods
2008	史密斯菲尔德分拆其牛肉及火鸡业务，猪肉业务成为其唯一关注重点
2009	公司战略开始进行转型，侧重于产业链后端的肉制品处理和深加工业务

（三）双汇国际与史密斯菲尔德并购主要事件回顾

在十多年前双汇国际和史密斯菲尔德公司就有接触，2013 年双汇国际认为并购条件已经成熟，经摩根士丹利推荐，在中银国际控股有限公司和国际银团的支持下，历时 4 个月完成并购。

2013 年 6 月 18 日，双汇国际与史密斯菲尔德公布并购交易公告。

2013 年 9 月 25 日，并购交易获美国政府批准，股东大会通过收购案。

2013 年 9 月 26 日，双方完成交易；合并正式完成；史密斯菲尔德普通股于纽约证券交易所（NYSE）撤销上市。

并购过程大体分四步进行：首先双汇国际在英属维京群岛设立并购壳公司 Merger Sub；其次由 Merger Sub 全面要约收购史密斯菲尔德；再其次由史密斯菲尔德吸收合并 Merger Sub，Merger Sub 注销，史密斯菲尔德退市；最后，双汇国际对史密斯菲尔德进行债务重组。并购完成后，双汇国际的简明组织架构如图 4 所示。

（四）并购资金安排

双汇国际为这次跨国并购融资 79 亿美元，资金来源主要包括中国银行纽约分行为主的 7 家国际银行组成银团 40 亿美元定期贷款以及作为本次并购投资顾问的摩根士丹

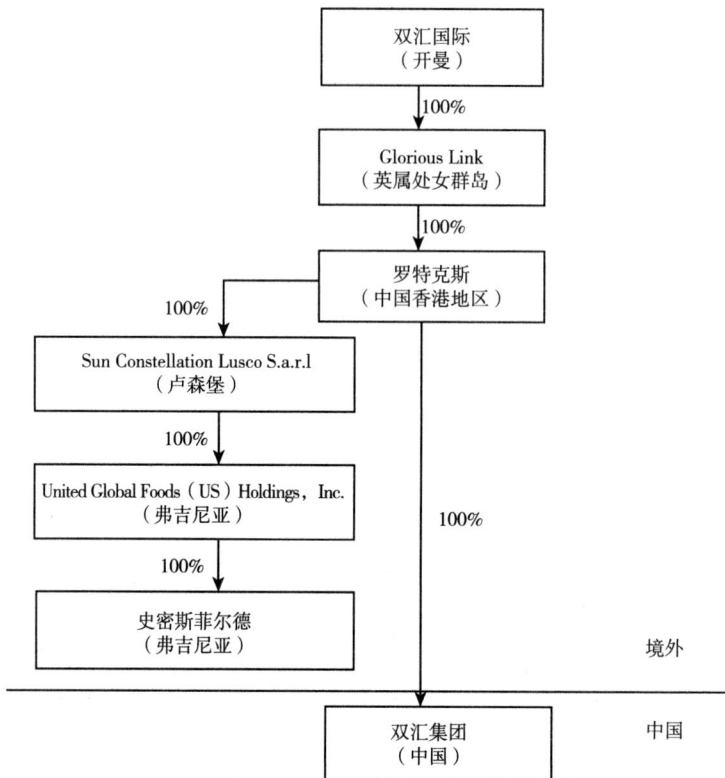

图4 双汇国际简明组织架构

资料来源：双汇国际招股说明书。

利对双汇国际给予的39亿美元贷款。8月30日，双汇国际用本企业股权以及史密斯菲尔德全部股份作为担保，获得了国内外7家银行提供的5年期15亿美元和3年期25亿美元贷款，主要用于收购史密斯菲尔德公司股权，其中中国银行提供10亿美元贷款，摩根士丹利提供23亿美元定期贷款、16亿美元过渡性质贷款，用来支付史密斯菲尔德公司对外负债。

根据融资协议，双汇国际在完成并购后，需要用双汇集团财务年度在提取各项盈余公积之后，净利润的60%偿还并购贷款。

2013年5月29日，双汇国际控股有限公司和美国史密斯菲尔德食品公司联合发布公告称，双汇国际将以总价71亿美元收购史密斯菲尔德。根据协议条款，双汇国际将支付史密斯菲尔德47亿美元现金，并承担后者债务约24亿美元。双汇国际的收购价为每股34美元，较史密斯菲尔德5月28日收盘价25.97美元溢价31%。以5月28日收盘价估算，史密斯菲尔德市值约为36亿美元。

双方董事会一致通过了合作协议，根据协议，双汇国际以协议收购方式收购Smithfield Foods 100%股权。收购方式为：现金收购史密斯菲尔德100%（1.388亿股）

股权，生效收购价格为每股 34 美元，较前一交易日（2013 年 5 月 28 日）收盘价溢价约 31%，最终成交价约为 71 亿美元（含债务）。

2013 年 6 月，双汇国际和史密斯菲尔德关于并购垄断和国土安全问题向美国反垄断部门即外商投资审查委员会（The Committee on Foreign Investment in the United States，CFIUS）提交反垄断审查。紧接着的 7 月 10 日，美国国会对双汇并购史密斯菲尔德的交易举行听证会，由并购双方详细阐述交易内容。经过历时 3 个月的审查，2013 年 9 月 6 日美国外商投资审查委员会（CFIUS）批准双汇并购史密斯菲尔德案例审查通过。2013 年 9 月 24 日，双汇 71 亿美元收购史密斯菲尔德的交易获得了后者的股东批准，这意味着这宗中国企业在美最大规模的收购案扫清了所有障碍。2013 年 9 月 26 日，并购交易最终完成，9 月 27 日，史密斯菲尔德食品公司完成从纽约证券交易所（NYSE）的退市手续，从交易所退市后将作为双汇国际的全资子公司，这标志着双汇国际并购史密斯菲尔德公司交易正式结束。今后史密斯菲尔德食品公司会以双汇国际的国外子公司形式发展，但仍可以继续使用其"Smithfield Foods"名称和 13 个自有品牌。

四、并购后经营协同效应评价

并购交易一经公告，立刻在国际社会引起了极大反响，这起并购案是迄今为止中国企业收购美国公司金额最大的一桩交易案，据估算合并后公司的年度营业收入可达近 200 亿美元。对于任何并购行为，并购顺利完成只是第一步，如何经营管理好并购后的企业，整合配置好资源，实现协同效应，取得"1 + 1 > 2"的效果，这才是关键。

并购完成之后，双汇国际面临国内外市场经济增速放缓及消费转型的新常态，通过充分挖掘自身优势和潜力，不断开发新产品及优化产品组合，引导市场方向；通过组织全球采购降低成本；通过流程改造、技术创新来提高效益；通过释放产业链优势，提升运营效率，降低成本费用，实现肉制品销量和盈利的提升。本案例重点分析此次并购后的经营协同效应。

（一）盈利能力评价分析

如表 5 所示，以并购年份 2013 年为基点，双汇国际的销售毛利率比并购前明显提高，净资产收益率则是先高于并购前，而后又低于并购前，由于并购成本费用较高，总资产报酬率则一直未能达到并购前的水平，说明双汇国际并购后的盈利能力尚可，协同效应有所体现。

表5			双汇国际盈利能力财务指标		单位:%
财务指标	2012 年	2013 年	2014 年	2015 年	2016 年上半年
销售毛利率	15.55	15.76	14.67	19.24	19.48
净资产收益率 ROE	19.48	-12.94	20.69	14.43	9.30
总资产报酬率 ROA	16.72	3.19	12.40	10.48	7.16

资料来源:万得(Wind)资讯。

1. 销售毛利率。

销售毛利率是在扣除期间费用、所得税费用之前的盈利额与销售收入的比率。如图 5 所示,双汇国际的销售毛利率总体呈现出稳中有升的趋势。从行业数据总体来看,这一数据在整个行业中表现也不俗,总体处于中等偏上水平,协同效应明显。

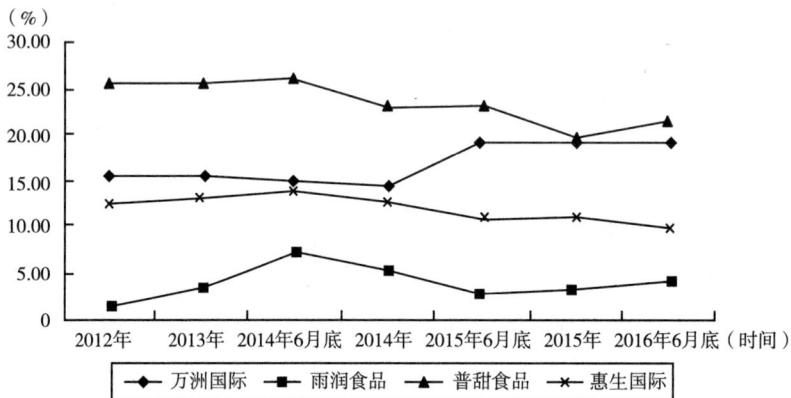

图5 销售毛利率行业比较

资料来源:万得(Wind)资讯。

2. 净资产收益率。

该指标是净利润与平均股东权益的百分比,是公司税后利润除以净资产得到的百分比率,用来反映股东权益的收益水平。从图 6 可以看出,2012～2014 年上半年间,双汇国际净资产收益率变化比较剧烈,从 2012 年的 19.48% 到 2013 年的 -12.94%,再到 2014 年上半年的 21.64%。出现这一波动的主要原因是并购所产生的各种费用开支直接拉低了双汇国际的净资产收益率。不过从 2014 年 6 月底以后到 2016 年,双汇国际净资产收益率在同行业比较中则较为优秀,说明并购协同效应明显。

3. 总资产报酬率。

总资产报酬率指标是净利润与总资产的百分比,衡量企业运用总资产获取利润的能力。由图 7 可以看出,双汇国际的总资产报酬率呈现在年度中间和年度结束比较有规律的波动。这主要是由于猪肉食品消费的季节性原因导致的。中国消费者购买猪肉产品的高峰期通常出现在中国的农历新年、中秋节及国庆节等传统节日；在美国及国际市场，火腿销售的最高峰出现在圣诞节、复活节及感恩节等节假日，从整个行业比较来看，双汇国际的资产收益率自 2014 年上半年起，居于整个行业的先进水平，呈现比较显著的协同效应。

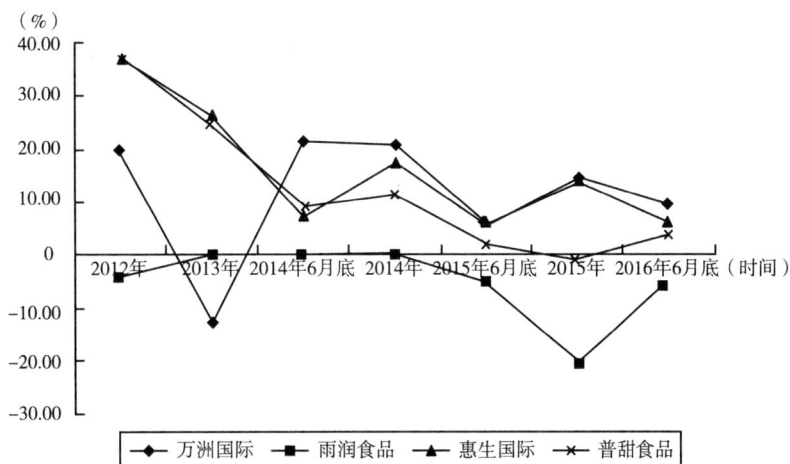

图 6　净资产收益率同行业比较

资料来源：万得（Wind）资讯。

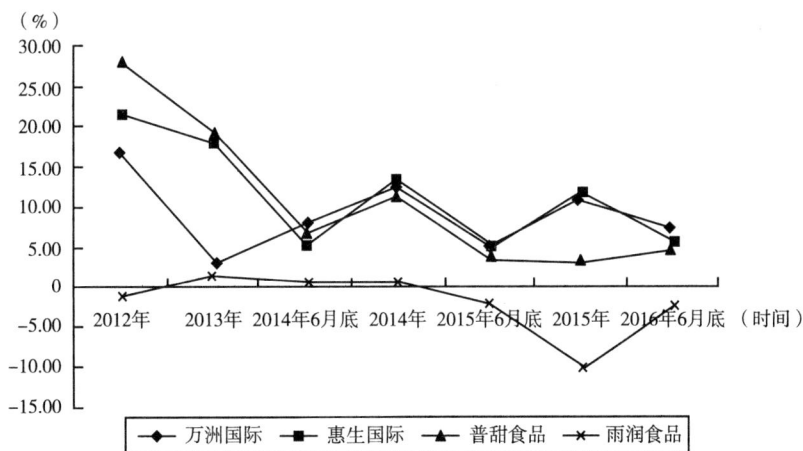

图 7　总资产报酬率行业比较

资料来源：万得（Wind）资讯。

（二）成长能力评价分析

双汇国际成长能力财务指标包括营业收入同比增长率、归属母公司股东的净利润同比增长率三个指标，具体情况如表 6 所示。

表6		双汇国际成长能力相关财务指标		单位:%	
同比增长率	2012 年	2013 年	2014 年	2015 年	2016 年上半年
营业收入	14.45	80.25	97.66	-4.65	2.43
归属母公司股东的净利润	151.94	180.92	391.25	2.61	81.85

资料来源:万得(Wind)资讯。

双汇国际成长能力协同效应的横向比较分指标进行,分析如下。

1. 营业收入同比增长率。

营业收入在 2014 年实现大幅度增长,从 2015 年上半年开始至 2016 年上半年一直增长微弱。比较期内的营业收入数据如表7 所示。

表7		双汇国际 2012~2016 年上半年营业收入		单位:万美元	
财务指标	2012 年	2013 年	2014 年	2015 年	2016 年上半年
营业收入	624 300	1 125 300	2 224 300	2 120 900	1 045 300

资料来源:双汇国际招股说明书、年报、半年报。

2014 年营业收入大幅度增长的主要原因是来自美国市场的贡献。美国市场国内需求稳健、出口需求良好及猪肉价格稳中趋升,为公司带来较丰厚的利润。反观中国国内市场,由于受中国经济增长放缓、经济结构转变带来的困境、消费者消费方式转变等因素影响,自 2014 年起,双汇国际中国业务的销量增长缓慢。为应对市场变化,双汇国际目前正在调整产品组合,开发更多新产品。从整个行业的角度来讲,双汇国际在 2012 年至 2016 年上半年,营业收入增长基本上在同行业中排名最高,说明协同效应非常明显。

2. 归属母公司股东的净利润同比增长率。

在中美协同方面,积极整合双汇国际集团内部资源,扩大美国猪肉向中国的出口,增加美国业务盈利,降低中国业务成本,引进史密斯菲尔德的原料、设备、技术、管理和品牌在中国市场生产销售美式肉制品,调整产品结构,促进产业升级,为中国市场业务增长注入新的动力。从图 8 可以看出,归属母公司股东的净利润同比增长率指标尽管在 2013 年出现一定幅度下降,但在 2014 年实现较大幅度增长,并在同行业中一直保持领先地位,反映出公司较好的管理水平,进一步说明并购协同效应明显。

一般而言,并购后要有两三年的磨合期才能实现真正的协同。双汇国际并购史密斯菲尔德出价较高(31% 的溢价),而且伴随很多诸如"并购之后保持史密斯菲尔德的运营不变、管理层不变、品牌不变、总部不变,承诺不裁减员工、不关闭工厂"等的承诺,但经过两年多的整合,财务指标综合评价的结果说明,这一并购已经开始呈现正的协同效应。相信随着一系列整合措施的继续深入推进，未来协同效应还将继续扩大。

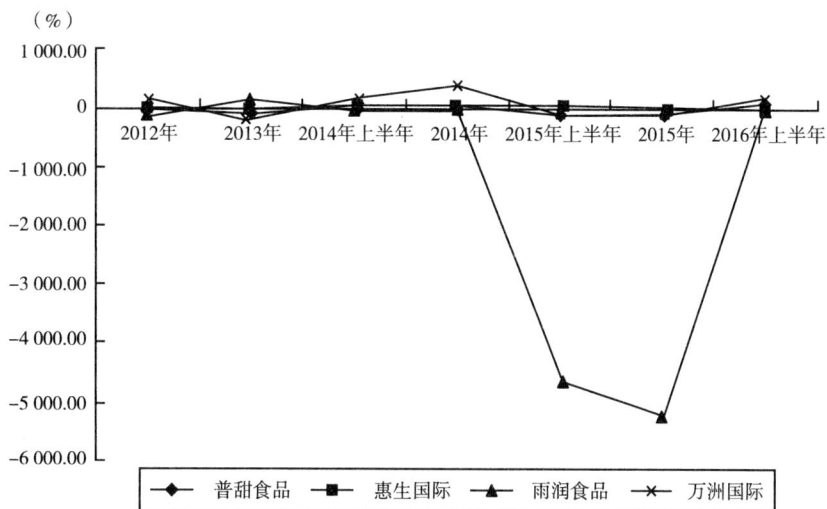

图8 归属母公司股东的净利润同比增长率行业比较

资料来源：双汇国际招股说明书、年报、半年报。

案例使用说明

一、教学目的与用途

1. 适用课程：本案例主要适用于国际金融学、国际投资、外汇交易与投资、公开上市与并购等课程。

2. 适用对象：本案例适用对象主要包括金融学专业本科生、金融学术硕士、金融专业硕士等。

3. 教学目的：本案例以双汇国际并购美国最大猪肉供应商史密斯菲尔德这一研究主题，对双汇国际并购史密斯菲尔德的行业背景、并购过程、融资安排进行分析，其中重点分析了对双汇国际并购史密斯菲尔德的财务协同效应。双汇国际此次成功并购美国肉制品加工行业巨头史密斯菲尔德，是双汇全球化市场布局进程中的关键一步，作为迄今为止涉及并购金额最多的中国食品制造加工企业跨国并购案例，双汇国际并购史密斯菲尔德为今后中国食品行业的跨国并购交易提供了有益的启示与借鉴。

具体目标分为以下三个方面。

（1）在了解供应链理论的基础上，使学生理解双汇和史密斯菲尔德公司各自的优劣势，以及并购的动因。

（2）通过本案例，使学生理解双汇国际成功并购史密斯菲尔德，一个非常重要的条件就是借助银团的力量利用杠杆并购（leveraged buyout，LBO）方式予以实现，并进一步了解杠杆并购的过程及其特点。

（3）通过本案例的讲授，使学生理解双汇此次并购不仅会实现经营和财务协同效应，而且由于加大产量与降低交易成本获得规模经济，扩大其在全球肉制品市场的销售份额，尤其理解通过海外并购如何打通国际国内双循环渠道。

二、启发思考题

1. 结合企业跨国并购概念及并购类型的划分，你认为双汇并购史密斯菲尔德属于哪种类型的企业跨国并购？该类型的并购具有什么特点？

2. 结合双汇国际公司的全球化发展战略，分析双汇并购史密斯菲尔德的主要动因是什么？其背后包含什么理论依据？

3. 结合企业跨国并购理论、并购类型，分析双汇并购史密斯菲尔德的并购成功的主要原因和对国内其他企业开展跨国并购的启发借鉴。

4. 如何理解实现国内国际双循环相互促进是中国审时度势的重大抉择？我国企业海外并购为何有助于打通国内国际双循环？

三、分析思路

本案例以国际国内双循环新发展思路为背景，分析了我国双汇国际并购史密斯菲尔德的过程。案例一开始分析了史密斯菲尔德公司的特点及优势，但是受 2008 年美国次贷危机的影响，该公司利润不断下降，甚至出现了亏损。而双汇国际作为中国知名的大型食品集团，是中国规模最大的生猪养殖与猪肉加工销售企业，在国内市场有较高的市场占有率和品牌领导地位，而且经营实力在不断增强。双汇国际为实现规模效应、国际化战略和协调相应的目标，向史密斯菲尔德传递并购意向。以此为基础，让学生了解双汇国际在这场并购中与史密斯菲尔德处于比较平等的地位，而且选择了比较好的并购时机。

并购过程中，通过国际银团贷款，满足了双汇国际在收购史密斯菲尔德公司股票 71 亿美元的资金需求。仅用了 4 个月的时间就完成并购过程。国内企业杠杆融资渠道较少是其跨国并购交易失败的主要原因之一。双汇国际采取 LBO 方式为其并购完成具有巨大贡献，不仅实现了协同效应，也为国内企业跨国并购获取更广阔的融资渠道提供了借鉴。

双汇并购史密斯菲尔德的主要动因之一是获取美国优质原材料，获取对方品牌和技术，实现产品线和生产线协同效应并完成对肉制品产业的上、下游的控制，着重加强供应链中的生产、加工环节管理，并整合本企业供应链的各个环节。同时通过国际并购开拓国际市场，从而打通国际国内双循环渠道。

四、理论依据与具体分析

（一）理论依据

1. 国内国际双循环的新发展思路。

2020 年 10 月 26 日至 29 日召开的中共十九届五中全会，对中国"十四五"时期发展做出全面规划。中国决胜全面建成小康社会、决战脱贫攻坚的目标即将实现，从明年起将开启全面建设社会主义现代化国家新征程，中国将进入一个新发展阶段。适应新形势新要求，我国提出构建以国内大循环为主体、国内国际双循环相互促进的新发展格局。这绝不是封闭的国内循环，而是更加开放的国内国际双循环，不仅是中国自身发展需要，而且将更好造福各国人民。

双循环是相互促进、良性互动的关系。一是要借助国际循环促进国内循环。新的发展格局要求我国更加充分地利用好国内国际两个市场、两种资源。中国是一个规模庞大、需求多样的消费市场，具有 14 亿多人口，人均 GDP 超过 1 万美元，是全世界规模最大的中等收入群体。改革开放以来，我国居民的消费水平迎来了极大飞跃，人均年消费额从 1978 年的 183 元增长到 2019 年的 27 563 元，增长近 150 倍；全国消费品零售总额从 1978 年的 1 558.6 亿元增长到 411 649 亿元，增长超过 250 倍。

面对巨大的市场规模和较快的增长速度，国内循环的发展需要吸收更大规模、更多样化、更高质量的国外产品不断提高内需质量。要发挥国际循环的重要作用，在工业原材料、投资品、耐用消费品和大宗商品等传统进口需求量较大的商品的基础上优化商贸结构，扩大工业品、高技术商品、高档消费品等进口量，在中国经济提质增效的发展下进一步满足国内市场全方位、多层次的需求。家电、能源、汽车等产业的发展表明，引入高质量的国际竞争与合作能够不断提升国内循环的经济活力，从而构建良好的营商环境，激发新的理念和发展动能，避免国内循环变成一潭"死水"，进而实现更高效率的产业发展和产业结构的优化升级。

二是通过国内循环加速国际循环。我国具有世界上最完整、规模最大的工业供应体系，拥有 41 个工业大类，207 个中类，666 个小类，是全世界唯一拥有联合国产业分类中全部工业门类的国家。新发展格局要求我国将自身的市场规模和生产体系优势转化为参与国际合作和竞争的新优势，更好联通国内市场和国际市场。新兴产业应充分发挥"后发先至"的优势，在出口方面以国内循环中萌生的物联网、5G、人工智能、"北斗"系统、高铁、智慧家电、无人机、工程设备等高技术、高质量产品开拓新市场，发展高水平开放型经济，促进内外市场规则对接和供应链生态的相互融合，以中国市场的发展带动世界经济的复苏，拉动国际经济大循环。

2. 双循环新格局下的中国对外开放理论。

"双循环"不是要"自我封闭"，而是要进一步扩大开放。流水不腐，户枢不蠹。重视外部循环和保持开放才能提高内部循环的活力、质量和效率，重视外循环和继续开放才能实现更好的"内循环"。开放更重要的内涵在于促进竞争、激发新的理念和发展动能。开放带来的竞争与合作，对于更好地实现"内循环为主体"，保持内循环机体的活力和竞争力至关重要。关起门来搞"内循环"，只会导致"死循环"。改革开放和众多行业发展的历史经验表明，竞争是保持活力、促进创新、提高效率的关键。中国企业并不惧怕竞争，近些年的产业发展表明，保护并未提升某些产业的竞争力，例如汽车产业。相反，众多中国新兴产业的发展表明，开放、公平的环境促进了中国本土企业的崛起。没有外循环和继续开放为前提，"国内循环"最终会缺乏活力、缺乏竞争力。

　　所以"双循环"绝不是封闭的国内循环，而是开放的国内国际双循环，要求统筹国内国际两个大局，推动对外开放进入新的阶段，形成国际合作和竞争新优势。近年来，我国在世界经济中的地位持续上升，与世界经济的联系更加紧密，成为全球商品、要素资源的巨大引力场，统筹国内国际双循环的重要性上升到前所未有的高度。"双循环"要求更高水平的开放，未来将继续依托"一带一路"，加快西部陆海通新通道以及自贸区、自贸港建设，使对外开放的领域从制造业延伸到服务业。"双循环"格局要求形成多领域开放格局，市场准入进一步放宽、营商环境不断改善、关税水平持续降低，使对外开放呈现出更大范围、更宽领域、更深层次的特征。

　　特别是近年来，面对错综复杂的国内外形势，我国坚持以习近平新时代中国特色社会主义思想为指导，坚定不移走对外开放道路，在"一带一路"倡议引领下，中国企业积极创新对外投资方式，大力提高对外投资质量和效益，国内企业积极主动"走出去"，加快国际化进程，加快培育国际经济合作新的竞争优势，推动向对外投资强国迈进，与东道国互利共赢、共同发展，为构建人类命运共同体做出积极贡献。目前，海外并购已经成为中国企业寻求在短期内突破资源能力瓶颈、迅速实现战略目标的主流发展方式，已越来越多地为国内企业在海外发展过程中所运用。

　　3. 企业跨国并购理论。

　　跨国并购理论源自对外直接投资理论，西方跨国经营的理论应追溯到 20 世纪 60 年代美国学者海默的垄断优势理论，之后巴克利·卡森（1976）提出内部化理论，维农（1979）的产品生命周期论，邓宁（1977）的国际生产折中理论对企业跨国投资的发展做出了很大贡献。

　　（1）早期跨国并购理论大多是西方发达国家对发展中国家的强弱型并购，其中代表性理论有以下四个。

　　①效率理论。该理论认为，企业并购活动能给并购双方带来收益，这种收益主要存在于并购后产生的协同效应，有经营、管理和财务协同效应。安索夫等证实了协同效应使并购后的公司整体业绩大于并购前各自原有的业绩总和；赫尔普曼通过实践证明了跨国并购可实现规模经济。

　　②代理理论。该理论的产生是由于管理者与所有者间的信息不对称，它最先由穆勒（1969）提出，之后詹森和梅克林（1976）指出，管理者在追求利益时会产生不必要的消费，在一定程度上损害所有者的利益，导致代理成本的增加，所以并购被用来解释如何解决代理问题。

　　③价值低估理论。该理论认为，当目标企业的真实价值不能准确反映时，并购活动就会发生。美国经济学家詹姆斯·托宾以 Q 值来反映企业并购的可能性。该理论被广泛运用于各个跨国并购实践中。

④交易费用理论。该理论最早由科斯（1937）提出，指出企业的存在是因为其内部交易费用低于市场购买价格，是原来的高成本市场融资转为内部低成本资本交易，其发展对解释发展中国家跨国公司形成和发展有很大帮助。

（2）20世纪90年代是西方跨国并购理论的分水岭，跨国并购也取得了飞速的发展，涉的范围更广，发展中国家的逆向投资应运而生，原来的理论也很难用来解释这种弱势并购，从而促使了很多新理论的产生。

①技术溢出和市场扩张假说。大量的实证研究都为发展中国家的跨国并购做了全新的解释。玛库森认为，在跨国并购活动发生时，优势企业伴随着技术输出与市场控制依旧的同时，东道国的人员通过学习并掌握各种技术优势后，其市场竞争力随之提升，市场优势凸显，达到"双赢"。

②基于核心能力进行的多元化并购理论。该理论的提出是对多元化理论的一个扩展。贝蒂斯和蒙哥马利（Bettis & Mont-gomery）等在做了大量考察后发现，当企业并购后若能让各项业务的核心能力实现共享，那么整个企业便能在市场竞争中获得优势。

（二）具体分析

1. 结合企业跨国并购概念及并购类型的划分，你认为双汇并购史密斯菲尔德属于哪种类型的企业跨国并购？该类型的并购有什么特点？

在界定企业跨国并购概念之前，先要明确企业并购的概念。并购（M&A）是兼并（merge）与收购（acquisition）的简称，兼并是一家或多家企业的资产和负债都转移到另一家企业，该企业因而拥有其他企业经营管理权以及收益分配权，被兼并方独立法人地位随之消失；而收购则是指企业用现金购买或者用股票、债券进行投资来获取其他企业所有权，与兼并不同的是，收购不会使被收购方法人资格消失，仍然保留独立法人资格。

企业跨国并购是指跨越国界的企业兼并与收购，所处不同国家的企业之间进行的并购行为，其本质上是一种以产权交易为基础的对外直接投资方式。企业跨国并购活动通常由母国企业直接购买东道国企业所有权的方式来进行，联合国贸易及发展委员会对企业跨国并购结构进行较详细的归纳。

相较于企业进行国际绿地投资（green-field investment，海外直接建厂），跨国并购更有利于快速进入和适应东道国国内市场，目前跨国并购已成为各国企业普遍采用的主要对外直接投资方式。企业跨国并购交易活动主要可按以下两种标准进行划分。

（1）从企业所属行业及产业链角度，可将跨国并购分为横向、纵向和混合三种类型。横向并购是指在全球市场范围内，同属一个行业且处于产业链相同位置的跨国企业间的并购。这一并购方式主要是通过并购行业内的主要竞争对手，达到扩大海外市场份额，快速市场地位，实现规模经济的目的；纵向并购主要指同属一个行业但分别位于产业链上游和下游企业间的并购。企业采取纵向跨国并购方式主要通过并购其产品的产业链上下游的企业，以低成本获得生产所用原材料以及拓宽产品销售渠道，达到控制该行业产品生产和销售等全部阶段的目标；混合并购主要指分别属于不同行业领域的企业之间开展的涉及全球市场的跨国并购。混合并购的目的大多是拓宽本企业经营领域，实现企业国际化、多元化经营战略的目标。本案例按这一分类标准划分属于横向跨国并购形式。

（2）按照是否借助中介机构参与并购进行划分，可将企业跨国并购划分为：直接跨国并购，并购双方直接进行磋商、订立相关协议、最终达成最终并购交易；间接跨国并购，并购双方借助金融机构等中介机构，在资本市场购买被并购方股份，取得对被并购方的控制权，完成并购交易。本案例按此标准划分属于间接跨国并购。

2. 结合双汇国际公司的全球化发展战略，分析双汇并购史密斯菲尔德的主要动因是什么？其背后包含什么理论依据？

双汇国际并购史密斯菲尔德的动因主要包括以下三个方面。

（1）实现规模效应。史密斯菲尔德是世界最大的肉制品加工商，双汇国际通过并购史密斯菲尔德公司，可达到实现规模效应的目标，降低生产成本，提高经营效率，增加市场份额。

（2）实现国际化战略。双汇集团国际化战略主要包括打造国际知名品牌、建立国际化食品安全生产及控制体系、产品全球市场扩张、全球范围内整合产业链资源、组建优秀国际管理团队五大战略决策。并购史密斯菲尔德是双汇集团国际化发展的里程碑。

（3）实现协同效应。史密斯菲尔德是国际市场猪肉制品加工的"龙头"企业，双汇国际并购该企业可以获得在管理方式、技术研发、企业品牌及财务方面的协同效应。

涉及的相关理论包括以下三点。

（1）横向并购和规模经济动因。美国第一次大规模的并购浪潮产生于19世纪末20世纪初，它是随着美国国内铁路网的建成，美国成为世界上第一个统一的市场而出现的。美国国内统一市场的形成刺激了美国企业进行横向并购，以产生规模经济效应。这一阶段的并购被美国学者称为"垄断并购"。随着美国经济的工业化，许多公司通过并购占据了很大的市场份额。支持这一阶段的并购理论主要是规模经济，其目标也是达到并购双方企业经营上的协同。

（2）纵向并购和协同效应目标。20世纪20年代，无线电技术的应用和汽车工业的发展改变了传统的销售渠道。无线电技术使各种产品可以通过全国性广告进行宣传，而汽车业的发展使货物运输变得更方便，从而大大节省了产品的销售成本。除此之外，整个生产链条中对各种部件质量要求的提高，共同引发了企业间进行纵向并购的热潮。经济学家们对这次并购做出了解释，主要观点是企业纵向联合，将行业中处于不同发展阶段的企业联合在一起可能会获得不同水平间的更有效的经营协同，因为通过纵向联合可以避免相关的联络费用和各种形式的交易成本。

（3）全球化与外部冲击理论。20世纪90年代以来，全球化、信息技术、放松管制以及产业结构变迁的发展，要求企业做出迅速调整，从而导致第五次全球战略并购浪潮的兴起，跨国公司在此次并购浪潮中成为领导力量。米切尔和马尔赫林（Mitchell & Mulherin）提出了并购的外部冲击理论，阐述了并购的发生是由于外部因素，例如技术革命、全球化、政府监管的放松等变动而引起的；威斯顿（Weston）也提出了当今跨国并购产生的七大推动因素，分别是技术进步，全球化和自由化贸易，监管松弛，规模经济、范围经济、经济互补推动的技术赶超，产业组织的变迁，企业家个人的才能以及股价的上升、利率的降低和经济的持续增长；学者（K. D. Brouthers）认为，兼并动机可以分为经济动机、个人动机和战略动机三类，其中，经济动机包括扩大营销规模、增加利润、降低风险、防御竞争对手等子项目，个人动机包括增加治理特权等子项目，战略动机包括提高竞争力、追求市场力量等四项。

3. 结合企业跨国并购理论、并购类型，分析双汇并购史密斯菲尔德的并购成功的主要原因和对国内其他企业开展跨国并购的启发借鉴。

总结来看，此次双汇国际并购史密斯菲尔德取得成功的主要原因包括以下四个方面。

（1）做好并购前期准备工作。在开展跨国并购活动之前，首先应做好目标筛选、尽职调查、准确评估等前期准备工作。既要明确本企业当前综合实力，同时应谨慎选择目标企业。主要应考虑该目标企业是否与本企业经营形成互补，通过并购是否能达到协同效应。同时还应评估本企业是否有能力实施并购以及并购完成后的重组整合。双汇国际在并购之前，对史密斯菲尔德公司的整体价值进行了系统的多元化评估，凭借自身雄厚的资本实力，依靠银团提供的强大资金支持，双汇国际对此次并购可谓信心十足。在此基础上，双汇制订了详细可行的并购计划，有序推进并购进程各阶段的开展以及后续的并购整合工作。

（2）采取多元化并购手段。资金保障充分是跨国并购成功的一个关键性因素，企业成功进行跨国并购，需采取多元化的并购手段。双汇国际综合使用了现金收购（Cash Offer）和杠杆收购（LBO）两种方式完成对史密斯菲尔德的并购。双汇国际为此次跨国并购融资79亿美元，资金来源主要包括中国银行纽约分行为主的七家国际银行组成银团40亿美元定期贷款以及摩根士丹利（Morgan Stanley）的39亿美元贷款，根据协议条款，双汇国际将支付史密斯菲尔德47亿美元现金，并承担后者债务约24亿美元。通过以杠杆并购为主的多元并购手段，双汇国际并购资金压力在得以缓解的同时，税前支付贷款利息也减轻了税负压力。

（3）积极与东道国政府机构合作。我国企业开展跨国并购时应积极参与东道国政府部门的相关听证，应对相关审查。从过往案例来看，国内企业跨国并购，经常会受到东道国政府有关部门的涉及国家安全、反垄断等方面的重重审查。据美国财政部相关资料显示，仅 2014 年，就有 24 起中国在美投资项目受到来自美国外国投资委员会（CFIUS）的审查，中国也因而成为当年遭受美国政府审查次数最多的外资来源国。

双汇国际并购史密斯菲尔德时，美国外资审查委员会（CFIUS）认为，此并购涉及食品安全，对双汇国际并购进行了严格审查。在审查期间，双汇国际主动向 CFIUS 提交并购相关资料，积极参与美国国会听证。史密斯菲尔德也向美国会表明此次并购不仅不会危及食品行业安全，还有利于提高美国猪肉产品出口量。此外，双汇国际还利用美国当地媒体舆论，对此次并购进行正面的宣传报道，也对并购最终顺利达成减少了诸多阻力。

（4）注重并购后整合协同。企业完成跨国并购交易，应注重后续的整合重组工作，并购案在法律和企业层面宣告结束，对于并购后的公司而言却是个新的开始。海外并购涉及跨国企业不同的文化。如果跨国并购的企业不能很好地适应文化、管理模式的变化，也很难产生协同效应。这将直接影响企业并购后的长期发展，并购真正成功的标准在于并购后整合做得是否到位。双汇国际成功并购史密斯菲尔德的重要原因之一是并购双方都以实现协同效应为交易动机，注重协同共赢的宗旨。这一战略互补性与协同效应的一致性，推动了此次并购的顺利完成。并购完成之后，双汇国际循序渐进地进行整合工作，获得双方管理层和员工支持，最终达到并购双方的预期效果，并购后企业经营持续稳定发展。

中国食品企业于 2010 年开始开展跨国并购活动，与家电企业相比时间较晚，但发展较快。以光明、伊利、双汇、中粮等为代表的企业积极开拓国际市场，目前已逐渐在全球食品市场崭露头角，为国内企业跨国并购提供了经验及教训。总结 2010 年以来，国内企业跨国并购案例的经验教训，并购失败案例的主要原因包括缺乏对海外市场的了解、并购战略目标不清晰、品牌知名度较低，面临的风险较多、缺乏专业并购团队和资金支持以及并购后整合不到位等。在这方面，双汇国际并购史密斯菲尔德为国内企业跨国并购提供了有益的借鉴与启示。

总之，从专业层面提升中国企业海外并购的成功率，应鼓励国内中介机构更多地与国际接轨，设立驻外部门；并引进通晓不同体系法律、金融市场规则的法律、金融人才，提升服务水平。培养一批专业的咨询机构、中介机构，鼓励企业在并购后更为大胆的管理，注重企业内部信息交换产生协同效应。

4. 如何理解实现国内国际双循环相互促进是中国审时度势的重大抉择？我国企业海外并购为何有助于打通国内国际双循环？

中央明确提出"加快形成以国内大循环为主体、国内国际双循环相互促进的新发展格局",是我国应对当前全球复杂经济形势的破题之道,是中长期经济发展思路的重大转变,也是百年未有之大变局下的必然选择。"双循环"的重点是要提升国内消费数量和质量,深化供给侧结构性改革,统筹国内国际双循环。未来宏观政策需坚持保障和改善民生,持续激发内需动力,不断改善营商环境,扩大对外开放,积极重构新型全球产业链,优化金融业态,引导经济不断转型升级。

(1)"双循环"是实现中国经济高质量发展的内在要求。"以国内大循环为主体"切合中国当前发展阶段的特征,突出了内需的重要性。当前我国经济形势仍然复杂严峻,内外部环境不确定性较大。一是全球经济的衰退、逆全球化以及中美贸易摩擦导致我国外需出现下降。截至 2019 年末,净出口拉动 GDP 累计同比增长仅 0.7 个百分点。2020 年 1~7 月,我国出口金额(以美元计)同比下降 4.1%,连续 7 个月负增长。二是国内消费、投资增速下滑,对经济增长带来压力。截至 2019 年 7 月,社会消费零售总额累计同比下降 9.9%,连续 4 年增速下滑;固定资产投资完成额同比下降 1.6%,与 2011 年的高点相比下降了 27 个百分点。[①] 在这样的背景下,"双循环"发展格局的提出立足于宽广深远的历史背景,具有深刻的历史内涵。

(2)"双循环"是有效应对全球经济不确定性、重构新型产业链体系的理性选择。当前世界正面临百年未有之大变局,全球经济放缓、逆全球化端倪显现、贸易保护主义抬头,叠加罕见疫情,全球化分工带来的产业链脆弱性也在疫情之下暴露无遗。新形势下要求着眼长远、确立"以国内循环为主体"的导向。一方面,自 2008 年金融危机以来,全球需求总体低迷,伴随"逆全球化"和中美关系的变化,全球产业分工以及部分产业受到较大冲击;另一方面,2020 年新冠肺炎疫情突如其来,世界经济遭遇重挫,全球需求市场萎缩,国际局势呈现出前所未有的复杂格局,疫情让稳定的全球供应链饱受更大考验。根据国际货币基金组织发布的《世界经济展望报告》预测,2020 年全球经济将萎缩 4.9%,其中发达经济体将萎缩 8%,新兴市场和发展中经济体将萎缩 3%。当今世界变局,使中国在保持开放心态的同时,必须高度重视产业链可能受到的威胁和挑战,以国内循环为主保障中国产业链的稳健性和安全性。

(3)双循环是相互促进、良性互动的关系。一是要借助国际循环促进国内循环。新的发展格局要求我国更加充分地利用好国内国际两个市场、两种资源。面对巨大的市场规模和较快的增长速度,国内循环的发展需要吸收更大规模、更多样化、更高质量的国外产品不断提高内需质量。引入高质量的国际竞争与合作能够不断提升国内循环的经济活力,从而构建良好的营商环境,激发新的理念和发展动能,避免国内循环

---

① 资料来源:国家统计局官网。

变成一潭"死水"，进而实现更高效率的产业发展和产业结构的优化升级。二是通过国内循环加速国际循环。我国具有世界上最完整、规模最大的工业供应体系，是全世界唯一拥有联合国产业分类中全部工业门类的国家。新发展格局要求我国将自身的市场规模和生产体系优势转化为参与国际合作和竞争的新优势，更好联通国内市场和国际市场。新兴产业应充分发挥"后发先至"的优势，通过引入国际战略合作者，结合国内企业自身优势，以高技术、高质量产品开拓国际新市场，发展高水平开放型经济，促进内外市场规则对接和供应链生态的相互融合，以中国市场的发展带动世界经济的复苏，拉动国际经济大循环。

参考资料：

［1］牟一雪．企业进行海外跨国并购的风险管理——以双汇跨国并购为例［J］．中国商论，2018（6）：76-77.

［2］潘颖，聂建平．基于因子分析的上市公司并购绩效差量评价［J］．经济问题，2014（1）：115-118.

［3］孙华鹏，苏敬勤，崔淼．中国民营企业跨国并购的四轮驱动模型［J］．科研管理，2014（10）：94-100.

［4］吴术团．双汇国际收购史密斯菲尔德公司的案例分析［J］．对外经贸实务，2015（6）：70-72.

［5］汪莹，郝卫平，张海凤．双汇收购史密斯菲尔德及其借鉴意义［J］．国际经济合作，2014（4）：80-82.

［6］杜群阳，徐臻．中国企业海外并购的绩效与风险：评价模型与实证研究［J］．国际贸易问题，2010（9）：65-71.

［7］朱文莉．我国企业跨国并购融资问题研究——以双汇国际收购史密斯菲尔德为例［J］．现代商业，2016（29）：45-46.

［8］田玉英，黄昶生．我国民企海外并购的动因及风险控制探讨［J］．管理现代化，2012（6）：97-99.

［9］邵新建，巫和懋，肖立晟，杨骏，薛熠．中国企业跨国并购的战略目标与经营绩效：基于A股市场的评价［J］．世界经济，2012（5）：81-105.

［10］马金城，焦冠男，马梦骁．中国企业海外并购行业分布的动态变化与驱动因素：2005—2012［J］．宏观经济研究，2014（1）：33-42，74.

［11］宋宇静．不同跨国并购动因下的并购整合效果［J］．经贸实践，2017（8）：298.

［12］谭雯雯．中国企业跨国并购绩效研究［D］．成都：西南财经大学，2013.

［13］刘飚，李元旭．我国企业跨国并购绩效影响因素的研究［J］．国际商务（对外经济贸易大学学报），2016（3）：65-73.

［14］夏光华．中国企业跨境并购中的战略整合策略［J］．产业经济评论，2016（6）：87-104.

宏观政策与金融危机应对——维护金融安全，彰显大国担当

亚洲金融危机中的港币保卫战

马继玉　刘冬雨　卫　娴

摘　要： 1997 年亚洲金融风暴席卷泰国，泰铢贬值。不久，这场风暴扫过了马来西亚、新加坡、日本、韩国和中国等地，打破了亚洲经济急速发展的景象。亚洲一些经济大国的经济开始萧条，造成大量失业甚至是政治动荡。之后以索罗斯为首的投机资本开始投机港币，香港金融管理局立即采取一连串措施进行反击。在中国政府强有力的支撑下，香港最终顶住压力，力挽狂澜，金融市场得以稳定。而为了帮助亚洲国家摆脱金融危机，中国履行了自己的诺言不对人民币贬值，并通过国际机构和双边援助来支持东南亚国家的经济，提振了东南亚各地区的信心，防止金融危机进一步扩散，在本次危机中起到了中流砥柱的作用，充分展现了负责任的大国风范。

一、引言

1997 年，亚洲爆发了东南亚金融危机。在素有"金融大鳄"之称的金融投机商索罗斯等国际投机家的持续猛攻之下，自泰国始，菲律宾、马来西亚、印度尼西亚等东南亚国家的汇市和股市一路狂泻，一蹶不振。东南亚金融危机演变为亚洲金融危机。在东南亚得手后，索罗斯决定移师中国香港地区。香港地区庆祝回归的喜庆气氛尚未消散，亚洲金融风暴便已黑云压城。在请示中央政府后，特区政府果断决策，入市干预。

二、泰铢风暴：亚洲金融危机风起云涌

1997 年 7 月 2 日，亚洲金融风暴席卷泰国，泰铢贬值。不久，这场风暴扫过了马来西亚、新加坡、日本、韩国和中国等地，打破了亚洲经济急速发展的景象。亚洲一些经济大国的经济开始萧条，一些国家的政局也开始混乱。

早在 20 世纪 90 年代初期，当西方发达国家正处于经济衰退的过程中，东南亚国

家的经济却出现奇迹般的增长，为了加快经济增长的步伐，纷纷放宽金融管制，推行金融自由化，以求成为新的世界金融中心，但在经济繁荣的光环闪烁中却忽视了一些很重要的东西，那就是各国的经济增长不是基于单位投入产出的增长，而主要依赖于外延投入的增加。在此基础上放宽金融管制，将各自的货币无任何保护地暴露在国际游资面前，极易受到来自四面八方的国际游资的冲击。加上由于经济的快速增长，东南亚各国普遍出现了过度投机房地产、高估企业规模以及市场需求等，发生经济危机的危险逐渐增加。

随着时间的推移，东南亚各国经济过热的迹象更加突出。各国中央银行采取不断提高银行利率的方法来降低通货膨胀率，但这种方法也提供了很多投机的机会，连银行业本身也在大肆借美元、日元、马克等外币炒作，加入投机者的行列。这造成的严重后果就是各国银行的短期外债剧增，一旦外国游资迅速流走，各国金融市场将会导致令人痛苦不堪的大幅震荡。中央银行虽然也已意识到这一问题的严重性，但面对开放的自由化市场却显得有些心有余而力不足了。其中，问题以泰国最为严重。因为当时泰国在东南亚各国金融市场的自由化程度最高，泰铢紧盯美元，资本进出自由，经济的"泡沫"最多，泰国银行则将外国流入的大量美元贷款移入房地产业，造成供求严重失衡，从而导致银行业大量的呆账、坏账，资产质量严重恶化。1997年上半年，泰国银行业的坏账据估计高达约合310亿～350亿美元。加之借款结构的不合理，海外借款95%属于不到一年的短期借款，更使泰国银行业雪上加霜。①

索罗斯正是看准了东南亚资本市场上的这一最薄弱的环节才决定先大举袭击泰铢，进而扫荡整个东南亚国家的资本市场；1997年3月，当泰国中央银行宣布国内9家财务公司和1家住房贷款公司存在资产质量不高以及流动资金不足问题时，索罗斯认为千载难逢的时机已经到来；索罗斯及其他套利基金经理开始大量抛售泰铢，泰国外汇市场立刻波涛汹涌、动荡不宁。泰铢一路下滑，5月最低跌至1美元兑26.70泰铢。泰国中央银行在紧急关头采取各种应急措施，如动用120亿美元外汇买入泰铢，提高隔夜拆借利率，限制本国银行的拆借行为等。这些强有力的措施使索罗斯交易成本骤增，一下子损失了3亿美元。②

1997年6月下旬，索罗斯筹集了更加庞大的资金，再次向泰铢发起了猛烈进攻，各大交易所一片混乱，泰铢狂跌不止，交易商疯狂卖出泰铢。泰国政府动用了300亿美元的外汇储备和150亿美元的国际贷款企图力挽狂澜。但这区区450亿美元的资金相对于重量级的国际游资来说，犹如杯水车薪，无济于事。③

7月2日，泰国政府由于再也无力与索罗斯抗衡，不得已改变了维系13年之久的

---

①②③　胡获．魔鬼索罗斯［J］．中国商贸．2014（19）．

货币联系汇率制，实行浮动汇率制。泰铢更是狂跌不止，当天，泰铢兑换美元的汇率下降了18%，外汇及其他金融市场一片混乱。7月24日，泰铢已跌至1美元兑32.63泰铢的历史最低水平。泰国政府被国际投机家一下子卷走了40亿美元，挤垮银行56家，泰铢贬值60%，股票市场狂泻70%。[①]

三、飓风席卷：亚洲金融危机愈演愈烈

1997年7月2日，泰国宣布放弃固定汇率制，实行浮动汇率制，引发一场遍及东南亚的金融风暴。索罗斯初战告捷，并不以此为满足，他决定席卷整个东南亚，再狠捞一把。索罗斯飓风很快就扫荡到了印度尼西亚、菲律宾、缅甸、马来西亚等国家。印度尼西亚卢比、菲律宾比索、缅元、马来西亚林吉特纷纷大幅贬值，导致工厂倒闭，银行破产，物价上涨等一片惨不忍睹的景象。这场扫荡东南亚的索罗斯飓风一举刮去了百亿美元之巨的财富，使这些国家几十年的经济增长化为灰烬，资产大幅度缩水，亚洲人民多年来创造的财富纷纷贬值。

1997年8月，马来西亚放弃保卫林吉特的努力。一向坚挺的新加坡元也受到冲击。印度尼西亚虽是受"传染"最晚的国家，但受到的冲击最为严重。这些国家和地区的国内资本市场不合理、金融产品结构不合理，为国际金融危机商业炒作提供了可乘之机。一方面许多东亚国家的信贷市场畸形发展，日本、韩国、泰国、马来西亚等国的国内信贷额与GDP之比均高达115%~200%；另一方面其资本市场又不成熟或发育不全，致使企业过度依赖商业银行的间接融资，而银行又过于依恃政府的"主导"与担保，导致银行信贷过度扩张，银行不良债权或坏账过大。例如韩国、泰国的银行不良资产占到其GDP的34%~40%。与此同时，东亚银行制度的不成熟性还表现在金融监管不力、法规不健全上。许多东盟国家的中央银行并没有随着不良债权增大而增加贷款损失准备金，菲律宾在金融危机爆发前3年间银行贷款增大了38%，而贷款损失准备金在贷款总额中的比重却从3.5%减到1.5%，比重最高的马来西亚也只有2%。这么孱弱的金融体系，一旦风吹草动，如国际收支锐减，便造成人心浮动，国内资金外流和外资迅速撤离，金融风暴随之即来。[②]

1997年11月中旬，东亚的韩国也爆发金融风暴，11月17日，韩元对美元的汇率跌至创纪录的1 008∶1。11月21日，韩国政府不得不向国际货币基金组织求援，暂时控制了危机。但到了12月13日，韩元对美元的汇率又降至1 737.60∶1。韩元危机也

① 仲志远. 金融风暴十年 [J]. 资本市场，2007（6）.
② 黄范章. 经济全球化、东亚模式、金融风险 [J]. 金融研究，1998（10）.

冲击了在韩国有大量投资的日本金融业。①

1997 年下半年日本的一系列银行和证券公司相继破产。日元汇率从 1997 年 6 月底的 115 日元兑 1 美元跌至 1998 年 4 月初的 133 日元兑 1 美元；5 月、6 月间，日元汇率一路下跌，一度接近 150 日元兑 1 美元的关口。随着日元的大幅贬值，国际金融形势更加不明朗，亚洲金融危机继续深化。②

1998 年初，印度尼西亚金融风暴再起，面对有史以来最严重的经济衰退，国际货币基金组织为印度尼西亚制定的对策未能取得预期效果。1998 年 2 月 11 日，印度尼西亚政府宣布将实行印度尼西亚卢比与美元保持固定汇率的联系汇率制，以稳定印度尼西亚卢比。此举遭到国际货币基金组织及美国、西欧的一致反对。国际货币基金组织扬言将撤回对印度尼西亚的援助。印度尼西亚陷入政治经济大危机。1998 年 2 月 16 日，印度尼西亚卢比同美元比价跌破 10 000∶1。受其影响，东南亚汇市再起波澜，新元、马币、泰铢、菲律宾比索等纷纷下跌。直到 4 月 8 日印度尼西亚同国际货币基金组织就一份新的经济改革方案达成协议，东南亚汇市才暂告平静。

亚洲的金融危机还迅速波及拉美和东欧及其他亚洲的外汇和证券市场，巴西、波兰、希腊、新加坡、中国台湾地区等国家和地区的外汇和证券市场也发生了动荡，货币与证券价值纷纷下跌，这些国家和政府也不得不动用国库支持本国货币及证券市场。索罗斯在金融市场上的出击使许多发展中国家的债务和贸易逆差激增，破坏性极大。

四、港币保卫战：亚洲金融危机中的香港金融市场

扫荡完东南亚，索罗斯那只"看不见的手"又开始悄悄地伸向刚刚回归祖国的东方明珠——中国香港。

（一）山雨欲来乌云压港城

作为全世界第四大金融中心、第六大外汇交易市场和亚洲第二大股票交易市场，当时的香港各大银行和其他存款机构共有近万亿美元的境外资产，占全球的 8%。香港股市"晴雨表"的恒生指数正在一路高歌猛进。1997 年 8 月 14 日，恒生指数一路冲高到 16 497 点。③

从整体上看，香港地区有着完善的市场经济制度，经济富有活力。1997 年香港地区实际国内生产总值（GDP）增速达到 5.1%，财政盈余占国内生产总值的比重为

---

① ② 不要问警钟为谁而鸣——亚洲金融危机十周年反思 [J]. 金融管理与研究，2007（12）.
③ 鄂志寰. 香港金融保卫战：香港政府对决索罗斯 [J]. 中国经济周刊，2019（18）.

6.3%，通货膨胀虽然较高，但已经连续 3 年下降。金融方面，香港的银行体系经过 20 世纪 80 年代的危机，监管制度不断完善，资本充足率提高，银行业综合实力在东南亚经济体中位居前列。香港地区的联系汇率制度自 1983 年施行以来运行稳定，在国际上享有良好的信誉。联系汇率通过市场套利机制将港币与美元挂钩，汇率固定在 1 美元兑 7.8 港币，在香港地区这样一个小型开放经济体稳定金融方面发挥了重要作用。此外，香港地区还拥有 1 000 亿美元的外汇储备，当时位居全球第三。①

国际炒家为什么仍然敢对香港地区下手？一是香港地区房地产市场和股票市场泡沫十分明显，为国际投机资本提供了攻击目标。房地产行业是香港地区经济的支柱产业，1997 年房地产业对国内生产总值的贡献率高达 26.8%。由于香港地区在 1990 年代以来通货膨胀率较高，居民往往用房产作为对冲通货膨胀的手段。外资的大量涌入也助推香港地区房价上涨，1995 年 10 月至 1997 年 10 月，香港地区的房价平均上涨了 80%。股市方面，恒生指数从 1995 初到 1997 年 8 月两年半时间里上涨了 1.4 倍。二是联系汇率仍存在缺陷。在联系汇率制度下，虽然现钞的发行是以相应的美元作保证的，但港币存款则没有保证。例如，截至 1997 年三季度，香港广义货币达到 28 000 亿港币。② 虽然有近千亿美元外汇储备，但是一旦香港民众的信心发生动摇，要求把港币兑换成美元，联系汇率也难以守住。此外，当时国际炒家连续攻击东南亚固定汇率经济体得手，特别是经济基本面较好的新加坡和中国台湾地区也放纵汇率贬值，壮大了投机资本的声势。

在这场战役中，索罗斯曾几次大规模抛售港币，1997 年 7 月——投石问路；1997 年 10 月——大举进攻；1998 年 1 月——持续骚扰；1998 年 6 月——持续骚扰；1998 年 8 月——官鳄对决。

（二）1997 年 7 月——投石问路

从 1997 年 7 月开始，投机资本对港币发动了多次立体攻击。7 月 18 日，港币遭到大量投机性的抛售，港币汇率受到冲击，一路下滑跌至 1 美元兑 7.7500 港币的心理关口附近；香港金融市场一片混乱，各大银行门前挤满了挤兑的人群，港币出现多年来的首度告急。香港特区政府在中央政府全力支持下沉着应战，香港金融管理局立即入市，强行干预市场，大量买入港币以使港币兑美元汇率维持在 7.7500 港币的心理关口之上。刚开始的一周时间里，确实起到了预期的效果。但不久，港币兑美元汇率就跌破了 7.7500 港币的关口。香港金融管理局再次动用外汇储备，全面干预市场，将港币

---

①② 管涛，谢峰. 重温亚洲金融危机期间的泰铢狙击战和港币保卫战——从技术角度的梳理 [J]. 国际金融，2015（11）.

汇率重又拉升至 7.7500 港币之上，显示了强大的金融实力。索罗斯第一次试探性的进攻在香港金融管理局的有力防守中失败了。①

根据以往的经历来看，索罗斯绝不是那种肯轻易罢休的人，他开始对港币进行大量的远期买盘，准备再重现英格兰和东南亚战役的辉煌。但这次索罗斯的决策可算不上英明，因为他也许忘了考虑香港背后的中国内地，中国香港和中国内地的外汇储备达 2 000 多亿美元，加上中国台湾和中国澳门，外汇储备不少于 3 740 亿美元②，如此强大的实力，可不是英格兰、泰国等国可比拟的。此番袭击港币，胜算的把握并不大。

对于香港地区而言，维护固定汇率制是维护人们信心的保证，一旦固定汇率制在索罗斯等率领的国际游资的冲击下失守，人们将会对香港地区失去信心，进而毁掉香港地区的繁荣，所以保卫香港货币稳定注定是一场你死我活的生死战。香港特区政府会不惜一切代价反击对港币的任何挑战。

1997 年 7 月 21 日，索罗斯开始发动新一轮的进攻。当日，美元兑港币 3 个月远期升水 250 点，港币 3 个月同业拆借利率从 5.575% 升至 7.06%。香港金融管理局立即于次日精心策划了一场反击战。香港特区政府通过发行大笔政府债券，抬高港币利率，进而推动港币兑美元汇率大幅上扬。③ 同时，香港金融管理局对两家涉嫌投机港币的银行提出了口头警告，使一些港币投机商战战兢兢，最终选择退出港币投机队伍，这无疑削弱了索罗斯的投机力量。当港币又开始出现投机性抛售时，香港金融管理局又大幅提高短期利率，使银行间的隔夜贷款利率暴涨。

中国中央政府也一再强调，将会全力支持香港特区政府捍卫港币稳定。必要时，中国银行将会与香港金融管理局合作，联手打击索罗斯的投机活动。这对香港地区无疑是一种强心剂，但对索罗斯来说却绝对是一个坏消息。索罗斯所听到的"坏"消息还远不止这些。1997 年 7 月 25 日，在上海举行的包括中国、澳大利亚、中国香港特别行政区、日本和东盟国家在内的亚太 11 个国家和地区的中央银行会议发表声明：亚太地区经济发展良好，彼此要加强合作共同打击货币投机力量。

（三）1997 年 10 月——大举进攻

1997 年 10 月 20 日，国际炒家再次移师国际金融中心——中国香港，矛头直指香港联系汇率制。国际炒家先在货币市场大量抛售港币，导致港币汇率下跌。银行把获得的港币卖给香港金融管理局，市场上港币的流动性收紧。台湾当局突然弃守新台币

---

① ② ③ 胡获. 魔鬼索罗斯［J］. 中国商贸. 2014（19）.

汇率，一天贬值 3.46%，加大了对港币和香港股市的压力。到了 10 月 23 日清算日，许多银行在金融管理局结算账户上的港币已经没有足够结余（注：按照香港地区的全额即时结算体制，所有银行不得在其结算账户上隔日透支），而金融管理局为了提高国际炒家借港币的成本，不仅没有注入港币流动性，反而发出通知要对反复通过流动性机制向金融管理局借港币的银行收取惩罚性的高息。一时间银行间市场港币难求，同业隔夜拆借利率一度飙升至 300%。虽然国际炒家没有在汇率上得手，但当天恒生指数从 11 700 点暴跌至 10 600 点，下跌 10.4%，国际炒家从股市下跌中获利颇丰。香港股市大跌引发全球股市连锁反应，10 月 27 日，道琼斯指数大跌 554 点，创史上最大跌幅；巴西、墨西哥等新兴市场股市也大跌。28 日，恒生指数再度下跌 13.7%，收报 9 060 点。[1]

面对国际金融炒家的猛烈进攻，香港特区政府重申不会改变现行汇率制度，恒生指数上扬，再上万点大关。事后，香港金融管理局对保卫港币的行动进行了调查和反思，并提出了一项旨在强化市场规则和透明度的 30 点计划，为 1998 年直接入市干预打下了基础。

（四）1998 年 8 月——官鳄对决

临近 1997 年底，危机的阴云在亚洲上空笼罩。1997 年 11 月，日本、韩国经济相继陷入衰退。11 月 21 日，韩国向 IMF 发出求助。进入 1998 年，国际炒家继续不断对港币发动攻击。1 月初，印度尼西亚卢比暴跌之后，港币遭受明显抛售压力。1 月 21 日，香港地区最大的投行百富勤爆出丑闻倒闭，当日恒生指数下挫 8.7%，报收 8 121 点。1998 年 6 月中旬，国际炒家再次对港币发动攻击。8 月初，日元大幅贬值让人们对亚洲货币的信心降到冰点。1998 年 7 月底和 8 月初，有媒体文章称，人民币将贬值，许多机构因此预测香港联系汇率制度将要崩溃。

1998 年 8 月，国际炒家对香港地区发动新一轮进攻，港币到了最危险的时候。国际炒家的攻击变本加厉：第一，大肆卖空港币。从 1998 年初到 8 月中旬，每当港币利率稳定时就借入港币，到 8 月，港币空头估计达到 300 亿港币以上。第二，大量积累股票和股指期货的空头头寸。香港有关部门估计，截至 1998 年 8 月，国际炒家大约有 8 万份空头合约。恒生指数每下跌 1 000 点，国际炒家便可获利 40 亿港币。第三，等待时机随时准备抛售港币，推高利率、打压股市，然后通过股指期货空头获利。

8 月 5 日，即期外汇市场出现 300 多亿港币的卖盘，远期外汇市场也出现 116 亿港

---

① 管涛，谢峰. 重温亚洲金融危机期间的泰铢狙击战和港币保卫战——从技术角度的梳理 [J]. 国际金融，2015（11）.

币的卖盘；8月6日，中国香港地区和伦敦市场又出现155亿港币的卖盘；8月7日，市场再出现78亿港币的卖盘。同日，恒生指数收7 018.41点，下跌3.5%，5个交易日累计跌去917点，2 500亿港币市值化为乌有。① 面对来势汹汹的卖盘，香港金融管理局一改以往不直接干预的做法，动用外汇储备直接入市买入港币。这使得在维持港币汇率稳定的同时，银行间利率也没有像往常一样上升。当日，香港特首董建华发表谈话表示，维系联系汇率是特区政府坚定不移的政策。国际炒家在汇市遭遇顽强抵抗后，在股市继续发动攻击：他们大量抛售蓝筹股，继续建立股指期货空头头寸。8月13日，恒生指数跌至6 660点。如图1所示。

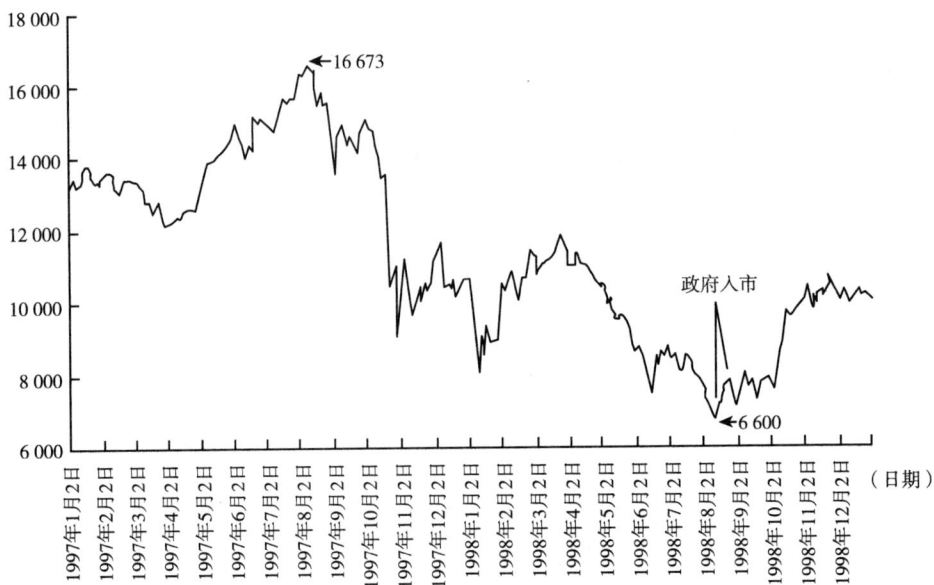

图1 1997～1998年恒生指数

资料来源：邸凌月.1997年：金融风暴席卷亚洲［J］.股市动态分析，2017（44）：11.

8月14日，香港特区政府毫无征兆地突然入市干预，发起了绝地反击。第一，购买恒生指数中33种成分股，拉动指数攀升，当天恒生指数上升564点，报收7 244点，炒家受到初步打击。第二，在远期外汇市场上承接国际炒家的卖盘。第三，要求各券商不要向国际炒家借出股票，同时监管当局向托管银行和信托机构借入股票，切断炒家的"弹药"供应。第四，在股指期货市场展开进攻。8月24日，不少对冲基金因卢布贬值遭受损失，急于从香港市场套现。香港特区政府将计就计，推高8月期指，逼炒家平仓；同时，拉低9月期指。由于9月期指比8月低130点，炒家转仓会有100

---

① 管涛，谢峰.重温亚洲金融危机期间的泰铢狙击战和港币保卫战——从技术角度的梳理［J］.国际金融，2015（11）.

多点损失，这对炒家形成夹击之势。第五，继续采用推高利率的方法，增加炒家成本。

（五）港币保卫胜利战果

1998 年 8 月 28 日，恒指期货合约结算日，香港特区政府与国际炒家的较量迎来决战，香港特区政府投入巨额资金，与国际炒家展开将近一年的"金融保卫战"，香港特区政府坚决买入股票、国际炒家大肆抛售，当日股市交易量突破 790 亿港币，高出历史最高成交额 70%。恒生指数最终站稳 7 829 点。终在当天收盘钟声响起那一刻，宣告获胜。国际炒家损失惨重，无法再次实现把香港地区作为"超级提款机"的企图。

1998 年 9 月，香港特区政府出台了完善联系汇率制度的 7 项技术性措施（即著名的"任七招"）和维护证券市场稳定的 30 点措施，进一步巩固了战果。主要包括动用外汇储备来维护汇率和利率稳定，同时严格金融市场的交易规则，遏制投机行为。其中最主要的措施是金融管理局承诺持牌银行可以将其结余的港币，按 1 美元兑 7.75 港币的固定汇率向金融管理局兑换美元；同时，以贴现窗口取代流动资金调节机制。贴现窗口的基本利率由金融管理局确定，并根据实际情况进行调整。这大大完善了联系汇率制度，避免了港币汇率和利率大幅波动。"30 点措施"主要包括：（1）限制抛空港币。股票和股指期货交割期限由 14 天缩短为 2 天，使抛空头寸必须在 2 天内回补。（2）降低股指期货杠杆作用。对持有 1 万个长期或短期股指期货合同的投资者征收 150% 的特别保证金。（3）完善交易报告制度。把需要呈报的持有大量股指期货合同的最低数量由 500 单位降为 250 单位，以便监管机构能够充分了解炒家情况。这些措施压缩了炒家的操作空间，同时逼炒家现形。

在这场港币保卫战中，香港特区政府的反击经过精心策划，坚决而有力。随着市场信心恢复，国际炒家眼看战斗机会已经消逝，只好悻悻退去。这也是索罗斯为数不多的一次失败案例。

从双方来看，香港特区政府此役花费了约 150 亿美元，但是随着股市回升，购入的股票有相当的盈利。最重要的是，入市干预成功保住了联系汇率，挽救了市场对香港的信心危机，使香港金融中心的地位进一步巩固。①

中国中央政府积极表态：香港特别行政区政府保障金融企业和金融市场的金融自由，并且依法进行管理和监督，是属于特区高度自治范围内的事情。中央人民政府一贯支持香港特区政府为维护香港金融市场的稳定和联系汇率制所做的努力。之后香港市场逐渐恢复元气，1999 年恒生指数重回 10 000 点以上，香港特区政府从股市中全部

---

① 管涛，谢峰. 重温亚洲金融危机期间的泰铢狙击战和港币保卫战——从技术角度的梳理 [J]. 国际金融，2015（11）.

退出，赚了数十亿美元。①

五、大国风范：亚洲金融危机中中国积极应对的政策

在亚洲金融危机中，中国承受了巨大的压力，坚持人民币不贬值。由于中国实行比较谨慎的金融政策和一系列防范金融风险的措施，在这次危机之前中国没有像东南亚国家那样实行资本放开政策，从根本上阻断了国际资本进入中国市场的流动性，在危机中未受到直接冲击，金融和经济继续保持稳定。在港币保卫战中，支持香港特区政府维护香港金融市场的稳定和联系汇率制。为缓解亚洲金融危机，中国政府采取了一系列积极应对的政策：

一是积极参与国际货币基金组织对亚洲有关国家的援助。1997年金融危机爆发后，中国政府在国际货币基金组织安排的框架内并通过双边渠道，向泰国等国提供总额超过40亿美元的援助。向印度尼西亚等国提供了进出口信贷和紧急无偿药品援助。

二是中国政府本着高度负责的态度，从维护本地区稳定和发展的大局出发，做出人民币不贬值的决定，承受了巨大压力，付出了很大代价。此举对亚洲乃至世界金融、经济的稳定和发展起到了重要作用。

三是在坚持人民币不贬值的同时，中国政府采取努力扩大内需（教育、医疗和地产），刺激经济增长的政策，保持了国内经济的健康和稳定增长，对缓解亚洲经济紧张形势、带动亚洲经济复苏发挥了重要作用。

四是中国与有关各方协调配合，积极参与和推动地区和国际金融合作。时任国家主席江泽民在亚太经济合作组织第六次领导人非正式会议上提出了加强国际合作以制止危机蔓延、改革和完善国际金融体制、尊重有关国家和地区为克服金融危机的自主选择三项主张。

国家时任副主席胡锦涛在1998年12月举行的第二次东盟——中、日、韩领导人非正式会晤和东盟——中国领导人非正式会晤中，进一步强调东亚国家要积极参与国际金融体制改革与调整，当务之急是加强对短期流动资本的调控和监管，主张东亚国家就金融改革等宏观问题进行交流，建议开展副财长和央行副行长级对话，并根据需要适时成立专家小组，深入研究对短期流动资本进行调控的具体途径等。中方的建议得到各方积极响应。②

---

① 管涛，谢峰. 重温亚洲金融危机期间的泰铢狙击战和港币保卫战——从技术角度的梳理［J］. 国际金融，2015（11）.

② 中华人民共和国外交部网站，https：//www.fmprc.gov.cn/web/ziliao_674904/wjs_674919/2159_674923/t8973.shtml.

案例使用说明

一、教学目的与用途

1. 适用课程：国际金融学、外汇交易与投资、证券投资学、金融学、国际投资、国际金融实务。

2. 适用对象：本案例主要为金融学、投资学、金融工程专业本科生开发。

3. 教学目的：本案例从亚洲金融危机最初从泰国爆发的原因，以及蔓延到大多数亚洲国家的过程入手，详细介绍了危机袭击香港地区的始末，让学生对亚洲金融危机有了全面的了解。为学生反思金融危机、增强危机防范意识提供了有益的启示与借鉴。具体的教学目标如下。

（1）在学习金融危机相关理论的基础上，理解亚洲金融危机在泰国爆发的主要原因，以及在亚洲国家蔓延的驱动因素；了解亚洲金融危机对各国经济的消极影响及其反思。

（2）了解亚洲金融危机中港币保卫战的主要过程及经验；理解港币的联系汇率制的主要缺陷。

（3）通过了解港币保卫战中中国积极应对的政策及对亚洲各国抵御危机的积极影响，理解中国作为勇于承担国际责任的大国所具有的大国风范。

二、启发思考题

1. 亚洲金融危机最初在泰国爆发的主要原因是什么？为何最终演变成亚洲金融危机？

2. 亚洲金融危机对亚洲各国的影响有哪些？

3. 危机在香港地区爆发的主要原因是什么？在港币保卫战中我国采取了哪些积极应对的政策？对香港地区乃至整个亚洲各国产生了什么样的积极作用？

4. 通过亚洲金融危机我们应该吸取哪些方面的教训？

三、分析思路

1997 年爆发的亚洲金融危机对亚洲各国经济产生了巨大的影响。该案例首先从泰铢风暴切入，介绍了亚洲金融危机爆发的背景，让学生了解东南亚国家在20世纪90年代初为了加快经济增长的步伐，纷纷放宽金融管制，推行金融自由化，以求成为新的世界金融中心，但却忽视了一些很重要的东西，那就是各国的经济增长不是基于单位投入产出的增长，而主要依赖于外延投入的增加。在此基础上放宽金融管制，将各自的货币无任何保护地暴露在国际游资面前，极易受到来自四面八方的国际游资的冲击。加上由于经济的快速增长，东南亚各国普遍出现了过度投机房地产、高估企业规模以及市场需求等，发生经济危机的危险逐渐增加。在此基础上，学生理解亚洲金融危机爆发的根本原因为经济发展失衡、市场过度投机以及金融市场对外开放政策等方面存在严重的问题；而爆发的导火索即国际游资的冲击。最终，大多数亚洲国家都陷入了危机的旋涡。

索罗斯选择冲击中国香港地区，是因为当时其经济发展存在几点问题，第一，香港地区房地产市场和股票市场泡沫十分明显，为国际投机资本提供了攻击目标；第二，香港联系汇率制度存在缺陷。经过几次冲击，香港地区的外汇市场、股票市场都出现了下跌，香港特区政府在中国政府的帮助下打响港币保卫战并最终取得胜利。学生在掌握索罗斯冲击各国市场的主要手段和方式的基础上，了解香港特区政府采取的抵御和反击措施，理解中国中央政府采取的一系列积极应对政策所产生的积极影响，以及对亚洲经济恢复所作的贡献，深刻理解中国作为有责任心的大国所承担的国际责任，以此彰显的大国风范。

四、理论依据与具体分析

（一）理论依据

1. 货币危机概念及主要理论。

20世纪80年代以来，随着全球资本市场一体化程度的逐步加深，大量基本不受各国监管当局和国际金融组织监控的私人短期资本，熟练地运用着各种最新的金融工具和交易方式，凭借着高超的交易技术，在国际金融市场上自由移动，致使国际金融市场的动荡经常发生。1997年爆发的亚洲金融危机便是典型案例，表明了投机性短期资本冲击可造成货币危机，并诱发全球金融危机。

所谓国际投机性资本或游资，是指那些没有固定的投资领域，为追逐短期高额利润而在各市场间频繁移动的资本。投机性资本以短期资本为主，但并非所有的投机性资本都绝对是短期资本。现代国际投机资本的特点之一是隐蔽性，它们也可能顺应市场周期做中长期投资。另外，并非所有的短期资本都是投机性资本，例如涉及国际贸易资金融通和结算的短期资本，以及银行的短期拆放资金或头寸调拨等业务资金等，都不是投机性资本。

国际投机性资本随着国际资本市场规模的扩大、流动速度的加快以及流动范围的扩大而不断发展。投机者根据对汇率变动、利率变动、证券价格变动、金价或特定商品价格变动等的预期，在较短时间内突然大规模进行买空卖空等交易，大幅度改变资产组合，并通过影响其他资产持有人的信心，导致市场价格的更大不稳定，以创造获取短期高额利润的机会。这种突发性的扰动市场行为即投机性冲击，如对其管理不善有可能导致货币危机。

货币危机有广义、狭义之分。广义货币危机是指一国货币的汇率变动在短期内超过一定幅度。狭义货币危机主要发生于固定汇率制度下，是指固定汇率制度下，当市场参与者对一国的汇率稳定失去信心，在外汇市场集中抛售该国货币，由此导致该国固定汇率制度崩溃、货币大幅度贬值、外汇市场持续动荡等。货币危机可以诱发金融危机，即汇率波动可诱发股票市场和银行体系等国内金融市场上的价格波动和金融机构的经营困难与破产等。当然由国内因素引起的一国金融危机也会导致货币危机的发生。

对于危机爆发的原因，学术界目前存在三代危机理论。第一代货币危机理论为克鲁格曼危机理论。该理论认为，政府过度扩张的财政货币政策会导致经济基础恶化，它是引发对固定汇率的投机攻击并最终引爆危机的基本原因。在一国货币需求稳定的情况下，国内信贷扩张会带来外汇储备的流失和经济基本面的恶化，导致原有的固定汇率在投机冲击下产生危机。所以紧缩性财政货币政策是防止货币危机发生的关键。鉴于货币危机的原因在于经济基础，投机性攻击只是外在条件，因此，诸如从国外借款、限制资本流动等措施只能暂时性地稳定汇率，如果没有基本经济政策的调整，固定汇率制最终仍将崩溃。

第二代货币危机理论又被称为预期自我实现型模型。该理论认为，投机者之所以对货币发起攻击，并不是由于经济基础的恶化，而是因贬值预期的自我实现导致的，即如果市场预期某种货币将要贬值，不管是出于投机还是保值目的，人们都会减少这种货币的持有量，在市场上抛售这种货币，其结果是导致市场上该货币供大于求出现贬值。政府面临投机冲击时，是否提高利率维持固定汇率实际上是对成本和收益的权衡过程。当维持固定汇率的收益超过其成本时，政府就应将其维持下去，反之，则放弃。与此同时，如果投机者预期该国货币的贬值幅度足够大，那么在利率提高到该国政府可以承受的上限后，投机者仍可以接受这一利息成本，继续进行投机攻击，则该国的固定汇率制将会被放弃，货币危机将爆发。但是，投机者最终能否取得成功，取决于投机者掌握的投机资本数量、羊群效应是否发生、政府态度的坚决性，以及政府之间的国际协调和合作是否及时有效。由此可见，货币危机是否发生取决于政府与投机者之间的动态博弈过程。预期因素决定了货币危机是否会发生、发生到什么程度，而利率水平则是决定固定汇率制度放弃与否的中心变量。

第三代货币危机理论包括道德风险论和金融恐慌论等。道德风险论指出在金融危机中，"道德风险"表现为政府对存款者所做的担保使金融机构进行风险很高的投资行为，造成了巨额的呆账、坏账，引起公众的信心危机和金融机构的偿付力危机，最终导致金融危机。但是，道德风险论的结论建立在一定的条件上，遗漏了许多重要的方面，故削弱了其解释力；而且没有说明是什么因素促使危机突然爆发，忽略了国际游资的恶意攻击。金融恐慌论对资本流动恶化危机的作用进行了比较完整的描述。该理论认为，亚洲各国在危机前夕大多经历了一个资金迅速流入的过程，但是外资的流入是很脆弱的，极易受到"金融恐慌"的影响而发生逆转，一旦发生大规模逆转，危机就会发生。

2. 汇率制度及香港联系汇率制。

汇率制度又称汇率安排，是指各国或国际社会对于确定、维持、调整与管理汇率的原则、方法、方式和机构等所做出的系统规定。传统上，按照汇率变动的幅度，汇率制度被分为两大类型即固定汇率制和浮动汇率制。香港联系汇率制度是一种货币发行局制度。根据货币发行局制度的规定，货币基础的流量和存量都必须得到外汇储备的十足支持。联系汇率制度是香港金融管理局（金管局）首要货币政策目标，在联系汇率制度的架构内，通过稳健的外汇基金管理、货币操作及其他适当的措施，维持汇率稳定。香港地区于1983年开始实行联系汇率制度。从1983年10月17日起，发钞银行一律以1美元兑换7.8港币的比价，事先向外汇基金缴纳美元，换取等值的港币"负债证明书"后，才增发港币现钞。同时政府也承诺港币现钞从流通中回流后，发钞银行同样可以用该比价兑回美元。该联系汇率制具有自动调节机制，当汇率低于7.8港币时，港币拆借利率高于美元利率；当汇率高于7.8港币时，港币拆解利率低于美元利率，市场自发产生套利交易以调节市场平衡。

（二）具体分析

1. 亚洲金融危机爆发的主要原因。

亚洲金融危机爆发的主要原因可以从经济因素、内部因素、外部因素三个方面进行分析。

（1）经济因素。

第一，国际金融市场上游资的冲击。在全球范围内大约有7万亿美元的流动国际资本。国际炒家一旦发现在哪个国家或地区有利可图，马上会通过炒作冲击该国或地区的货币，以在短期内获取暴利。

第二，亚洲一些国家的外汇政策不当。它们为了吸引外资，一方面保持固定汇率；

另一方面又扩大金融自由化，给国际炒家提供了可乘之机。例如泰国就在本国金融体系没有理顺之前，于 1992 年取消了对资本市场的管制，使短期资金的流动畅通无阻，为外国炒家炒作泰铢提供了条件。

第三，为了维持固定汇率制，这些国家长期动用外汇储备来弥补逆差，导致外债的增加。

第四，这些国家的外债结构不合理。在中期、短期债务较多的情况下，一旦外资流出超过外资流入，而本国的外汇储备又不足以弥补其不足，这个国家的货币贬值便是不可避免的了。

（2）内在因素。

第一，透支性经济高增长和不良资产的膨胀。保持较高的经济增长速度，是发展中国家的共同愿望。当高速增长的条件变得不够充足时，为了继续保持速度，这些国家转向靠借外债来维护经济增长。但由于经济发展的不顺利，到 20 世纪 90 年代中期，亚洲有些国家已不具备还债能力。在东南亚国家，房地产吹起的泡沫换来的只是银行贷款的坏账和呆账；至于韩国，由于大企业从银行获得资金过于容易，造成一旦企业状况不佳，不良资产立即膨胀的状况。不良资产的大量存在，又反过来影响了投资者的信心。

第二，市场体制发育不成熟。一个是政府在资源配置上干预过度，特别是干预金融系统的贷款投向和项目；另一个是金融体制特别是监管体制不完善。

第三，"出口替代"型模式的缺陷。"出口替代"型模式是亚洲不少国家经济成功的重要原因。但这种模式也存在着三个方面的不足：一是当经济发展到一定的阶段，生产成本会提高，出口会受到抑制，引起这些国家国际收支的不平衡；二是当这一出口导向战略成为众多国家的发展战略时，会形成它们之间的相互挤压；三是产品的阶梯性进步是继续实行出口替代的必备条件，仅靠资源的廉价优势是无法保持竞争力的。亚洲这些国家在实现了高速增长之后，没有解决上述问题。

（3）世界因素。

第一，金融全球化带来的负面影响。金融全球化使世界各地的经济联系越来越密切，但由此而来的负面影响也不可忽视，例如民族国家间利益冲撞加剧、资本流动能力增强、防范危机的难度加大等。

第二，不合理的国际分工、贸易和货币体制，对发展中国家不利。在生产领域，仍然是发达国家生产高技术产品和高新技术，产品的技术含量逐级向欠发达、不发达国家下降，最不发达国家只能做装配工作和生产初级产品。在交换领域，发达国家能用低价购买初级产品和垄断高价推销自己的产品。在国际金融和货币领域，整个全球金融体系和制度也有利于金融大国。

（4）乔治·索罗斯的个人及一些支持他的资本主义集团的因素。

索罗斯曾说过，"在金融运作方面，说不上有道德还是无道德，这只是一种操作。金融市场是不属于道德范畴的，它不是不道德的，道德根本不存在于这里，因为它有自己的游戏规则。我是金融市场的参与者，我会按照已定的规则来玩这个游戏，我不会违反这些规则，所以我不觉得内疚或要负责任。从亚洲金融风暴这个事情来讲，我是否炒作对金融事件的发生不会起任何作用。我不炒作它照样会发生。我并不觉得炒外币、投机有什么不道德。另一方面我遵守运作规则。我尊重那些规则，关心这些规则。作为一个有道德和关心它们的人，我希望确保这些规则，是有利于建立一个良好的社会的，所以我主张改变某些规则。我认为一些规则需要改进。如果改进和改良影响到我自己的利益，我还是会支持它，因为需要改良的这个规则也许正是事件发生的原因"。

2. 亚洲金融危机对世界经济的影响及反思。

这次金融危机影响极其深远，它暴露了一些亚洲国家经济高速发展的背后的一些深层次问题。这为推动亚洲发展中国家深化改革，调整产业结构，健全宏观管理提供了一个契机。由于改革与调整的任务十分艰巨，这些国家的经济全面复苏还需要一定的时间。经过克服内外困难，亚洲经济形势的好转和进一步发展是大有希望的。

从东南亚金融危机中可以看出，金融全球化确实加大了市场风险。

其一，东南亚金融危机使亚洲人民资产大为缩水。1997 年 3 月 2 日索罗斯攻击泰国外汇市场，引起泰国挤兑风潮，挤垮银行 56 家，泰铢贬值 60%，股票市场狂泻 70%。由泰国引起的金融动荡一直蔓延到亚洲的北部乃至俄罗斯，马来西亚、印度尼西亚、中国台湾地区、日本、中国香港地区、韩国均受重创，这些国家和地区人民的资产大为缩水，亚洲人民多年来创造的财富纷纷贬值，欧美国家利用亚洲货币贬值、股市狂泻的时机，纷纷兼并亚洲企业，购买不动产，以其 1% 的代价轻易获取了百分之几百的财产。

其二，东南亚金融危机使亚洲国家的社会秩序陷入混乱。由于银行倒闭，金融业崩溃，导致经济瘫痪。经济衰退，激化了国内的矛盾。东南亚金融危机期间，印度尼西亚、马来西亚等国社会动荡，人心涣散，秩序混乱。

其三，东南亚金融危机使国家政权不再稳定。亚洲金融危机爆发后，由于社会动荡，经济萧条，导致人们对政府信任度下降。政治不稳定，破坏了亚洲经济增长的良好环境。此前，亚洲国家经济高速增长的原因就在于政治经济环境稳定，后来由于金融危机破坏了这种稳定，引发社会波动，差点危及各国的国家安全。

1997 年，亚洲各国采取了很多措施来补救导致金融危机的缺陷以及危机所造成的破坏。银行冲销了坏账，重组了资本结构，强化了审慎控制。企业对资产负债状况进行了重新整理，金融危机前的过度投资被逐一清理。更为审慎的财政与货币政策占据了主导地位，外汇储备日益上升，取代了以往严重依赖海外短期资金流入的局面。

从发达国家的市场经济发展史来看，它们从商品市场、货币市场、债券市场、证券市场、期货市场到衍生品市场，大约经历了 200 年的历程。例如，纽约证券交易所，是 200 年前由 24 名商人在曼哈顿南段一棵梧桐树下签订一份定期交换各州政府发行的债券协议开始的，过了 25 年才成立了纽约证券交易所理事会，1863 年成立纽约证券交易所，之后又发展起了货币市场、债券市场及期货市场，而后又发展了衍生品市场。证券制度还未发育成熟甚至有关运行规则还未确定时又出台了期货和衍生品市场——这一切导致各种市场、机制、制度工具不能不带有不同程度的夹生性。正是由于这些制度性弱点，构成了"赶超型"经济所固有的先天性不足。同时，后天又过度利用境外短期资金，而不是先贸易、后投资；先实业后金融；先关税，后非关税；先经常项目，后资本项目。过度、过滥、妄用金融手段，势必招致风险。例如，泰国在本地银行累积巨额不良债权，经常项目连年逆差的情况下，过早过快放开资本项目，结果给国际短期游资以可乘之机，因此，自身的脆弱风险最大。

而新加坡是小型开放型经济国家，极易受到外部经济环境的影响，因而亚洲金融风暴所产生的巨大冲击，极有可能对其经济产生灾难性的打击。然而，在整个东亚经济一片萧条时，新加坡相对而言未受太大的影响，虽然股票市场和房地产市场也遭受了冲击，但整个经济发展状况良好。1998 年，经济增长率为正值，但不高；1999 年上升到 5.4%。那么，为何新加坡能经受住席卷亚洲的金融风暴呢？这是因为新加坡有强大的经济基础，特别是一个良好的银行系统和监管体系。新加坡银行的资本状况达到了国际水平。尽管多年来提取了大量的准备金，但它们的资金充足率仍从 1996 年的 16% 上升到 1998 年的 18.3%，1998 年新加坡银行甚至获得了 14.5 亿新加坡元的利润，尽管这比 1997 年的水平下降了 40%。因为银行在当地的资产仅占其全球资产的不到 20%，因此，新加坡没有发生银行系统危机的可能。银行的贷款大部分面向国内，国内的贷款企业由于具有良好的资产负债情况，因而能很好地抵御金融风暴造成的资产价格和国内需求的负面冲击。

3. 港币保卫战中我国积极应对的政策及对区域经济的影响。

在亚洲金融风暴中，中国承受了巨大的压力，坚持人民币不贬值。由于中国实行比较谨慎的金融政策和一系列防范金融风险的措施，在这次危机之前中国没有像东南亚国家那样实行资本放开政策，从根本上阻断了国际资本进入中国市场的流动性，在危机中未受到直接冲击，金融和经济继续保持稳定。为缓解亚洲金融危机，中国政府采取了一系列的积极政策。

一是积极参与国际货币基金组织对亚洲有关国家的援助。1997 年金融危机爆发后，中国政府在国际货币基金组织安排的框架内并通过双边渠道，向泰国等国提供总额超过 40 亿美元的援助。向印度尼西亚等国提供了进出口信贷和紧急无偿药品援助。

二是中国政府本着高度负责的态度，从维护本地区稳定和发展的大局出发，做出人民币不贬值的决定，承受了巨大压力，付出了很大代价。此举对亚洲乃至世界金融、经济的稳定和发展起到了重要作用。

三是在坚持人民币不贬值的同时，中国政府采取努力扩大内需（教育、医疗和地产），刺激经济增长的政策，保持了国内经济的健康和稳定增长，对缓解亚洲经济紧张形势、带动亚洲经济复苏发挥了重要作用。

四是中国与有关各方协调配合，积极参与和推动地区与国际金融合作。时任国家主席江泽民在亚太经济合作组织第六次领导人非正式会议上提出了加强国际合作以制止危机蔓延、改革和完善国际金融体制、尊重有关国家和地区为克服金融危机的自主选择三项主张。

国家时任副主席胡锦涛在 1998 年 12 月举行的第二次东盟——中、日、韩领导人非正式会晤和东盟——中国领导人非正式会晤中，进一步强调东亚国家要积极参与国际金融体制改革与调整，当务之急是加强对短期流动资本的调控和监管，主张东亚国家就金融改革等宏观问题进行交流，建议开展副财长和央行副行长级对话，并根据需要适时成立专家小组，深入研究对短期流动资本进行调控的具体途径等。中方的建议得到各方积极响应。

金融对经济影响重大，中国自始至终重视金融领域健康有序发展，对金融领域各项改革做出具体部署，提出要深化金融体制改革，健全货币政策和宏观审慎政策双支柱调控框架，深化利率和汇率市场化改革，健全金融监管体系，守住不发生系统性金融风险的底线。金融危机发生后，以负责任的大国态度，从维护本地区稳定的大局出发，既保持了国内经济的稳定发展，又带动了亚洲各主要经济体经济复苏。在反思金融危机时，中国也积极推动地区间金融合作，在东盟和中日韩领导人会晤等场合积极倡议推动区域金融合作和加强金融监管，对区域内经济复苏意义重大。

4. 港币保卫战中香港地区的三点经验。在亚洲金融危机中，国际炒家在外汇市场展开大规模进攻，即使未形成垄断、也已占据市场的主导地位。此时，政府干预正是要维护公平和竞争的自由经济原则。但要成功应对货币攻击，需注意以下三个方面。

一是多方协调应对攻击。货币攻击往往是立体化攻击，要仔细分析外汇市场、股票市场、衍生品市场之间的联动性，正确运用政策组合进行应对。香港地区的经验是在汇市、股市和期市联合进行反击。当时香港地区还成立了跨市场趋势监察小组，负责证券及期货运作的联合交易所、期货交易所、中央结算公司、证监会、新成立的财经事务局以及香港金融管理局，都派代表加入小组中，以共同密切监控市场形势、交换看法，对炒家的攻击行为进行预判并研究制定应对措施。

二是完善市场制度。在宏观手段受限的情况下，从微观制度安排入手来抵挡国际炒家的攻击是合乎逻辑且有效的。香港地区的"任七招"推出后，明显增强了联系汇率制度的稳健性，防止了资本外逃造成本币贬值。应完善金融市场交易制度，特别是完善交易报告制度，做到知己知彼，不打无准备之仗。泰国交易报告制度不完善，政府无法对炒家的进攻进行准确分析，最后被洗劫一空。而保卫港币成功的关键，就在于了解对手底牌。香港政府在反击之前就已经对炒家的资金布局和攻击策略进行了摸底，每天需要多少资金干预都心中有数，在反击时能做到有的放矢和精准出击。

三是底部的干预才能够增加胜算。"非常之时当用非常之策"。在全面评估形势后，香港特区政府出手十分果断，动用外汇储备和养老基金大量买入权重股，立竿见影，迅速稳定住了股市，稳定了投资者心理预期，为港币保卫战取得最终胜利发挥了关键性的作用。最终股市上涨，盈富基金获得了可观的利润，也减轻了香港特区政府救市成本。

参考资料：

[1] 管涛，谢峰. 重温亚洲金融危机期间的泰铢阻击战和港币保卫战——从技术角度的梳理 [J]. 国际金融，2015 (11).

[2] 周毅. 40 年 40 个瞬间：1998 年 8 月 28 日亚洲金融危机保卫战 [J]. 中国经济周刊，2018 (12).

[3] 邸凌月. 1997 年：金融风暴席卷亚洲 [J]. 股市动态分析，2017 (44).

[4] 李怡宗. 香港当年挫败索罗斯的经验启示 [J]. 人民论坛，2016 (3).

[5] 鄂志寰. 香港金融保卫战：香港政府对决索罗斯 [J]. 中国经济周刊，2019 (18).

[6] 管涛. 亚洲金融危机期间人民币维稳的借鉴意义 [N]. 中国证券报，2016 – 3 – 3 (12).

[7] 邵宇. 重回 1997 亚洲金融危机现场 [N]. 第一财经日报，2017 – 8 – 30 (A11).

直面新冠疫情：财政政策 vs 货币政策

梁巧慧

摘　要：2020 年初，突如其来的新冠肺炎疫情席卷全球，给世界经济增长蒙上了巨大阴影。为了抵消疫情对我国国民经济造成的不利冲击，财政部和中国人民银行殚精竭虑。其间有学者提出，可以考虑财政赤字的适度货币化疏解经济运行问题，即由中国人民银行直接以零利率购买财政部发行的抗疫特别国债。此观点一经抛出便引起学界和社会热议，最终并未被相关部门采纳。面对新冠肺炎疫情，财政部和央行始终各司其职又协调配合，为我国经济的复苏打下了坚实基础。

一、引言

2020 年春节期间，突如其来的新冠肺炎疫情在武汉暴发并迅速席卷全球，城市封闭、工厂停工、学校停课，人们的正常生活仿佛按下了暂停键。在经济发展方面，此次疫情更是以其较高的传播能力、严重的危害后果和全面的影响范围为全球蒙上了巨大阴影。援引世界银行 2020 年 6 月 8 日发布的"世界经济前景"报告，由于 Covid - 19 疫情和疫情防控措施造成的大规模影响，世界经济陷入严重衰退，预计 2020 年全球经济将下降 5.2%，发达国家的国内生产总值将下降 7%，发展中国家下降 2.5%。这是至少近 60 年中，发达国家和发展中国家的首次全面衰退。

面对疫情的严重冲击，各国政府一边采取积极防控措施控制疫情发展，一边出台财政金融举措拯救市场、救济民众。在我国，无论在疫情暴发之初还是抗疫常态化阶段，各级政府都将人民群众的利益放在首位。作为宏观调控的重要部门，中国人民银行和财政部门积极作为，充分利用各种政策手段减弱疫情的负向冲击。这些手段帮助我国较早走出了新冠疫情阴影，在世界其他国家仍疫情肆虐的情况下实现了复苏发展。今天我们就从部分学者关于抗疫特别国债的发行和认购争议入手，探讨疫情下财政政策和货币政策的举措。

本案例的结构安排如下：第二部分分析疫情初期我国的宏观经济表现，探讨疫情对国民经济发展的不利影响。为对冲这些影响，国家提出要发行抗疫特别国债，部分学者认为，特别国债应由央行直接认购，这一观点引来了经济学界对于财政赤字货币化的争论；第三部分将介绍争论的核心和最终的结果；第四部分则将具体介绍中国人民银行和财政部的抗疫举措及效果。

二、疫情初期中国宏观经济表现

新冠肺炎疫情的暴发对我国经济社会造成了巨大影响，尤其是在疫情暴发初期，其传染力和破坏性令人瞠目结舌，措手不及。2020 年第一季度，我国国民经济各方面的表现可以用"糟糕"来形容，具体体现在以下方面。

（一）复产复工困难，就业形势严峻

此次疫情自 2020 年 1 月下旬在我国全面暴发。1 月 23 日除夕前日，拥有 1 000 多万人口、素有"九省通衢"之称的武汉宣布"封城"，全力抗击新冠肺炎疫情。1 月26 日国务院办公厅发文，将全国春节假期延长至 2 月 2 日。尽管迎来了史上最长春节假期，全国人民仍然人心惶惶：无论假期结束与否人们均闭门在家尽量减少外出，工厂停工、学校停课、交通停运。在这种情形下，政府部门、企事业单位的日常活动均受到较大影响，其中，企业受到的冲击尤为突出。据统计，截至 2020 年 2 月末全国大中型企业的复工率仅不到八成，而小微企业受到影响更是难以直接估量。

复产复工困难直接影响了我国的就业情况。如图 1 所示，2020 年 2 月，我国的城镇调查失业率猛增 1 个百分点，达到 6.2%，远高于 2019 年 5.1% 左右的平均水平。3月起失业率虽有所下降，但仍然高于疫情之前及上年同期水平。

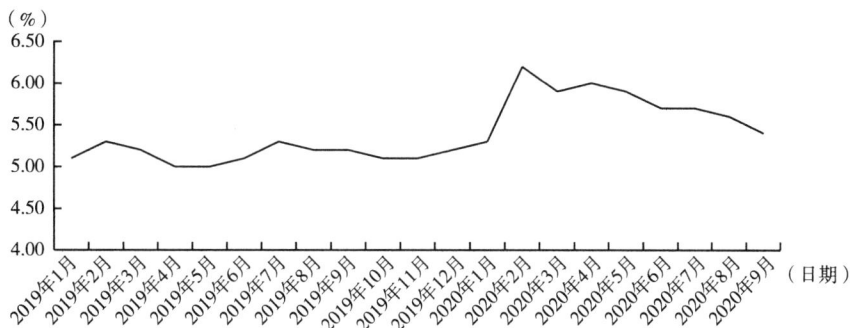

图 1　2019 年 1 月至 2020 年 9 月我国城镇调查失业率

资料来源：万得（Wind）数据库。

（二）经济增长放缓，市场信心受挫

在全球疫情蔓延的影响下，拉动经济的"三驾马车"——消费、投资和出口均受

到严重冲击，我国经济增速放缓。统计数据显示，2020 年第一季度全国居民人均消费支出 5 082 元，扣除物价因素后比 2019 年同期下降 12.5%；全国固定资产投资（不含农户）84 145 亿元，同比下降 16.1%；货物贸易进出口总值 6.57 万亿元人民币，比 2019 年同期下降 6.4%。2020 年 1 月 GDP 同比下降 6.8%，上半年 GDP 同比下降 1.6%，近年来第一次出现负增长。①

图 2 为 2019 年 1 月至 2020 年 9 月我国的采购经理指数（PMI）变化情况。采购经理指数通过对企业采购经理的月度调查结果编制而成，涵盖了企业采购、生产、流通等各个环节，是国际上通用的监测宏观经济走势的先行性指数之一，通常以 50% 作为经济强弱的分界点。2020 年 2 月，我国的采购经理指数低至 35.70，为该指数披露以来的最低点，反映了当时我国宏观经济的恶劣环境。

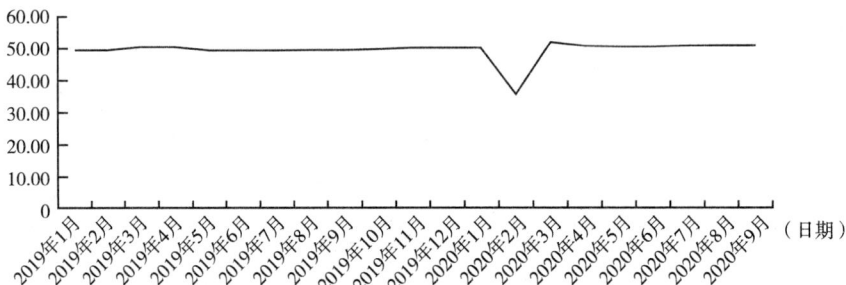

图 2　2019 年 1 月至 2020 年 9 月我国采购经理指数

资料来源：万得（Wind）数据库。

经济增速放缓的同时，市场信心也受到了极大打击。图 3 为 2019 年 1 月至 2020 年 9 月我国宏观经济景气指数变化情况。该指数反映了企业的生产经营状况、经济运行状况以及企业家对未来经济发展变化趋势的预测。2020 年 2 月和 3 月，我国的宏观经济景气指数均在 83.3 附近，处于"经济偏冷"的边缘。

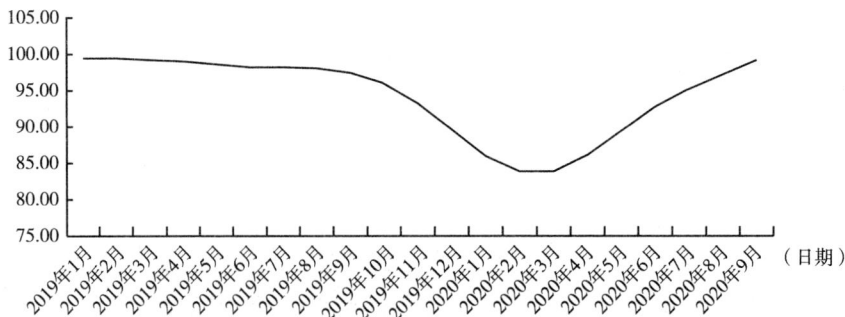

图 3　2019 年 1 月至 2020 年 9 月我国宏观经济景气指数

资料来源：万得（Wind）数据库。

---

① 资料来源：国家统计局和海关总署相关数据。

（三）消费需求锐减，物价水平下降

疫情复杂，生产困难，市场黯淡，经济的严冬将要来临，诸多的不确定性和不利因素严重冲击了人们的消费需求。2020年上半年，我国的消费者信心指数不断下挫（见图4），反映了消费者对当时经济形势的评价，对经济前景、收入水平等的预期不断降低。统计数据显示，2020年2～6月我国社会消费品零售总额分别同比下降20.5%、15.8%、7.5%、2.8%、1.8%，前两季度我国城镇居民人均消费性支出累计值分别同比下降9.5%和8.0%。[①]

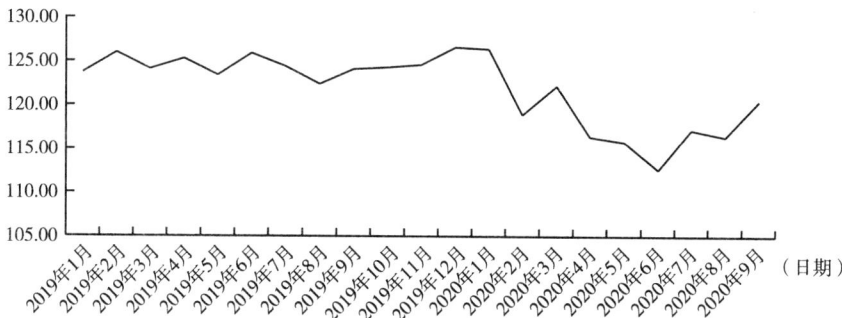

图4　2019年1月至2020年9月我国消费者信心指数

资料来源：万得（Wind）数据库。

需求的下降影响了物价水平。我国月度CPI自2020年3月起连续4个月环比增长率为负（见图5），PPI自2020年2月起连续4个月环比增长率为负，这些均意味着物价水平的下降。

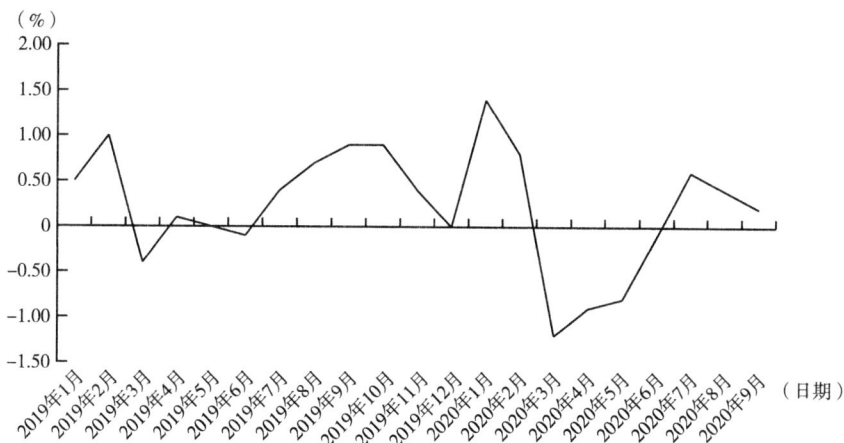

图5　2019年1月至2020年9月我国月度CPI环比增长率

资料来源：万得（Wind）数据库。

[①]　资料来源：万得（Wind）数据库。

三、疫情下的财政赤字货币化的争议

（一）争论的提出

新冠肺炎疫情暴发以来，党中央高度重视，始终坚持把人民群众的生命安全和身体健康放在第一位。同时，2020年作为全面建成小康社会和"十三五"规划收官之年，党中央和各级政府也将把疫情影响降到最低，保持经济平稳运行和社会和谐稳定作为重要目标。3月27日中共中央政治局召开会议，分析了国内外新冠肺炎疫情防控和经济运行形势，部署了进一步统筹推进疫情防控和经济社会发展工作。会议指出，要加大宏观政策调节和实施力度。要抓紧研究提出积极应对的"一揽子"宏观政策措施，积极的财政政策要更加积极有为，稳健的货币政策要更加灵活适度，适当提高财政赤字率，发行特别国债……这是疫情以来，中央首次提出要"发行特别国债"。

特别国债不同于一般国债，是服务于特定政策、支持特定项目需要而发行的国债。在本次疫情之前，我国曾在1998年和2007年两次发行过特别国债：1998年8月，财政部宣布发行期限为30年的2 700亿元特别国债，向工行、农行、中行、建行四大国有银行定向发行，用于补充四大行资本金，化解不良资产，提高资本充足率。2007年，财政部发行第二次特别国债，以应对当时因持续增加的外贸创汇而导致的基础货币增加，对外汇储备管理进行改革。

发行特别国债具有诸多优势，包括针对特定用途而发行，更加契合当前应对疫情冲击的政策目标；作为中央政府加杠杆的直接手段，可以避免地方政府债务过快上升；用途更加灵活等。特别国债一般直接面向金融机构和社会公众发行，然而2020年4月27日在中国财富管理50人论坛（CWM50）与中国财政科学研究院联合举办的"当前经济形势下的财政政策"专题会议上，中国财政科学研究院院长刘尚希在其主题发言中表示，在当前疫情及全球低增长、低通胀、低利率、高债务、高风险的"三低两高"态势下，可以考虑财政赤字的适度货币化，即特别国债由央行直接以零利率购买。刘尚希认为，这样做不但可以避免国债向市场发行产生的挤出效应，而且可以产生和央行扩大货币供应不同的效果。财政赤字货币化的观点一经抛出，一石激起千层浪，多位财政、金融领域专家主动发声参与探讨。

（二）观点的碰撞

绝大多数专家学者对财政赤字货币化提出了明确的反对意见，例如中国人民大学副校长刘元春，北京大学国家发展研究院院长姚洋，清华大学国家金融研究院研究员、央行货币政策委员会委员马骏，中国人民银行国际司课题组等。他们的反对主要基于以下原因：第一，财政赤字货币化违反《中国人民银行法》规定；第二，此举可能导致货币长期超发，进而造成通货膨胀；第三，财政过度负债会使政府占用大量资源，挤出企业部门经济活动，不利于经济增长；第四，尽管受到疫情冲击，但我国经济韧性足，且财政和货币政策都有空间，实施赤字货币化没有必要。

也有一部分观点趋向审慎或相对中立，例如中国人民银行原副行长、清华大学五道口金融学院理事长吴晓灵认为，是否实行财政赤字货币化关键要看两个问题：一是货币化必须以货币政策目标为限才不会对经济带来负面影响；二是财政政策要有效率才不会伤害经济。需要弄清楚当前情况下用结构性信贷政策与用财政政策调结构哪个相对更有效率。华夏新供给经济学研究院院长、中国财政科学研究院研究员贾康指出，讨论赤字货币化要把握三大不可回避的真问题：安全空间、两大部门的配合以及政府用钱的"一揽子"方案。在数量规模问题上，必须考虑怎么合理化，必须有节制、有纪律，不是推翻和否定货币数量论，而要尊重货币数量客观存在的约束意义。必须认真考虑财政和货币政策在调控中相互协调配合的机制合理化以及激励兼容。在政府和财政主体视角下，必须要注重在政府职能行使和用钱的支出结构优化方面，要有配套的、"一揽子"的具体方案。① 可以看出，这些看似中立的观点其实也对赤字货币化抱有不赞成的态度。

（三）最终的定论

事实上，根据 2003 年修订的《中国人民银行法》第二十八条之规定，中国人民银行是不得对政府财政进行透支，不得直接认购、包销国债和其他政府债券的。2020 年 5 月 22 日，国务院总理李克强代表国务院向十三届全国人大三次会议作 2020 年国务院政府工作报告时提出："今年赤字率拟按 3.6% 以上安排，财政赤字规模比 2019 年增加 1 万亿元，同时发行 1 万亿元抗疫特别国债。这是特殊时期的特殊举措。上述 2 万亿元全部转给地方，建立特殊转移支付机制，资金直达市县基层、直接惠企利民，主要用于保就业、保基本民生、保市场主体，包括支持减税降费、减租降息、扩大消费和投资等。"

2020 年 6 月 15 日，财政部发布通知明确，为筹集财政资金，统筹推进疫情防控和经济社会发展，决定发行 2020 年抗疫特别国债（一期）和 2020 年抗疫特别国债（二

---

① 中国财富管理 50 人论坛．刘尚希：新的条件下，财政赤字货币化具有合理性、可行性和有效性 [EB/OL]．[2020 - 05 - 02]．https：//baijiahao．baidu．com/s？id = 1665547371389453010&wfr = spider&for = pc．

期）。其中，一期国债为 5 年期固定利率附息债，竞争性招标面值总额 500 亿元；二期国债为 7 年期固定利率附息债，竞争性招标面值总额 500 亿元。6 月 16 日财政部决定发行 2020 年抗疫特别国债（三期），7 月 3 日财政部决定发行 2020 年抗疫特别国债（四期）。三期和四期国债同为 10 年期固定利率附息债，竞争性招标面值总额各 700 亿元。2020 年 6 月至 7 月，一期至四期抗疫特别国债累计进行了 12 次续发。2020 年 7 月 30 日，随着 2020 年抗疫特别国债（四期）第四次续发行完成招标，2020 年 1 万亿元抗疫特别国债发行收官。

本次的抗疫特别国债，面向机构投资者和个人投资者按照市场化方式发行，并没有像部分学者设想的那样，由中国人民银行直接认购。这也为之前的争论盖棺定论——即使遭遇了疫情这样猛烈的负向冲击，中央银行也不能直接认购财政部门发行的债券，实行赤字货币化。

四、疫情下央行与财政部的"抗疫"举措和效果

（一）央行的"抗疫"举措

虽然没有直接购买抗疫特别国债，中国人民银行对冲疫情的不利冲击也在积极作为。央行所采用的常规及创新型货币政策操作为我国国民经济的企稳回升做出了积极贡献。

1. 法定存款准备金率。

疫情暴发后，为支持实体经济发展，降低社会融资实际成本，中国人民银行决定于 2020 年 3 月 16 日实施普惠金融定向降准，对达到考核标准的银行定向降准 0.5～1 个百分点，此外对符合条件的股份制商业银行再额外定向降准 1 个百分点，支持发放普惠金融领域贷款。这次定向降准共释放长期资金 5 500 亿元。4 月 3 日，为有效增加中小银行支持实体经济的稳定资金来源，降低小微、民营企业贷款的实际利率，中国人民银行决定对农村信用社、农村商业银行、农村合作银行、村镇银行和仅在省级行政区域内经营的城市商业银行定向下调存款准备金率 1 个百分点，分 4 月 15 日和 5 月 15 日两次实施到位，每次下调 0.5 个百分点。此举在释放长期资金约 4 000 亿元的同时可以有效防止一次性释放过多资金导致的流动性淤积，确保降准中小银行将获得的全部资金以较低利率投向中小微企业。这次降准后，超过 4 000 家的中小存款类金融机构的存款准备金率已降至 6%，处于我国历史和发展中国家的低位。

2. 再贴现和再贷款。

疫情暴发初期，为了抗疫保供，中国人民银行于 2020 年 1 月 31 日决定向主要全国性银行和湖北等 10 个重点省份的部分地方法人银行提供总计 3 000 亿元低成本专项

再贷款资金。2月，在严峻的经济和就业形势下，中国人民银行增加再贷款再贴现专用额度 5 000 亿元，下调支农、支小再贷款利率 25BP 至 2.5%，为企业有序复工复产提供低成本、普惠性的资金支持，同时安排支农再贷款专用额度 200 亿元，支持扩大生猪养殖信贷投放。6月29日，中国人民银行决定从2020年7月1日起下调再贷款、再贴现利率。其中，下调支农再贷款、支小再贷款利率 0.25 个百分点，下调再贴现利率 0.25 个百分点，下调金融稳定再贷款利率 0.5 个百分点。

3. 金融工具创新。

2020 年 6 月，中国人民银行等金融监管部门连续发布三份文件，强调加大金融对实体经济的支持力度，并创设普惠小微企业贷款延期支持工具和普惠小微企业信用贷款支持计划两个金融工具。文件强调，对于普惠小微贷款，银行业金融机构要应延尽延。为充分调动地方法人银行积极性，人民银行会同财政部对地方法人银行给予其办理的延期还本普惠小微贷款本金的 1% 作为激励。同时自 2020 年 6 月 1 日起，人民银行通过创新货币政策工具使用 4 000 亿元再贷款专用额度，购买符合条件的地方法人银行 2020 年 3 月 1 日至 12 月 31 日期间新发放普惠小微信用贷款的 40%，以促进银行加大小微企业信用贷款投放，支持更多小微企业获得免抵押担保的信用贷款支持。

除此之外，中国人民银行还连续开展了包括央行票据互换在内的公开市场业务，并适时开展中期借贷便利操作、开展常备便利操作等。表 1 为 2020 年上半年我国货币政策部分大事记。

表 1　　　　　　　　　**2020 年 1～6 月中国货币政策部分大事记**

时间	内容
2020 年 1 月 6 日	中国人民银行下调金融机构存款准备金率 0.5 个百分点
2020 年 1 月 15 日	中国人民银行开展了中期借贷便利（MLF）操作，操作金额为 3 000 亿元，利率为 3.25%
2020 年 1 月 23 日	中国人民银行开展了定向中期借贷便利（TMLF）操作，操作金额为 2 405 亿元，利率为 3.15%
2020 年 1 月 31 日	中国人民银行发布《关于发放专项再贷款支持防控新型冠状病毒感染的肺炎疫情有关事项的通知》，向主要全国性银行和湖北等 10 个重点省份的部分地方法人银行提供总计 3 000 亿元低成本专项再贷款资金，支持抗疫保供
2020 年 1 月 31 日	人民银行、财政部、银保监会、证监会、外汇局印发《关于进一步强化金融支持防控新型冠状病毒感染肺炎疫情的通知》，提出 30 条政策措施，进一步强化金融支持疫情防控工作，保障民生和支持实体经济稳定发展
2020 年 2 月 7 日	公开发布《中国人民银行金融市场司关于疫情防控期间金融机构发行债券有关事宜的通知》，简化部分流程，为疫情期间金融机构发行债券以及发行疫情防控主题金融债券提供支持
2020 年 2 月 7 日	财政部、发展改革委、工业和信息化部、人民银行、审计署联合印发《关于打赢疫情防控阻击战 强化疫情防控重点保障企业资金支持的紧急通知》，就强化疫情防控重点保障企业资金支持提出要求

时间	内容
2020 年 2 月 17 日	中国人民银行开展了中期借贷便利（MLF）操作，操作金额为 2 000 亿元，利率为 3.15%，较上期下降 10BP
2020 年 2 月 26 日	中国人民银行发布《关于加大再贷款、再贴现支持力度促进有序复工复产的通知》，增加再贷款再贴现专用额度 5 000 亿元，同时，下调支农、支小再贷款利率 25BP 至 2.5%，为企业有序复工复产提供低成本、普惠性的资金支持
2020 年 2 月 28 日	中国人民银行发布《关于运用支农再贷款专用额度支持扩大生猪养殖信贷投放的通知》，安排支农再贷款专用额度 200 亿元，支持扩大生猪养殖信贷投放
2020 年 2 月 28 日	中国人民银行面向公开市场业务一级交易商开展了 2020 年第二期央行票据互换（CBS）操作，费率为 0.10%，操作量为 50 亿元，期限 3 个月
2020 年 3 月 16 日	中国人民银行开展了中期借贷便利（MLF）操作，操作金额为 1 000 亿元，利率为 3.15%
2020 年 3 月 16 日	中国人民银行实施普惠金融定向降准，对普惠金融领域贷款占比考核达标银行给予 0.5 或 1.5 个百分点的存款准备金率优惠，并对此次考核中得到 0.5 个百分点存款准备金率优惠的股份制商业银行额外降准 1 个百分点
2020 年 4 月 3 日	中国人民银行决定下调农村信用社、农村商业银行、农村合作银行、村镇银行和仅在本省级行政区域内经营的城市商业银行存款准备金率 1 个百分点，分 4 月 15 日和 5 月 15 日两次实施。中国人民银行决定自 4 月 7 日起将金融机构在央行超额存款准备金利率从 0.72% 下调至 0.35%
2020 年 4 月 10 日	中国人民银行下调常备借贷便利利率。具体为隔夜利率从 3.35% 下调至 3.05%、7 天利率从 3.50% 下调至 3.20%、1 个月利率从 3.85% 下调至 3.55%
2020 年 4 月 15 日	中国人民银行开展了中期借贷便利（MLF）操作，操作金额为 1 000 亿元，利率为 2.95%，较上期下降 20BP
2020 年 4 月 24 日	中国人民银行开展了定向中期借贷便利（TMLF）操作，操作金额为 561 亿元，利率为 2.95%，较上期下降 20BP
2020 年 5 月 15 日	中国人民银行开展了中期借贷便利（MLF）操作，操作金额为 1 000 亿元，利率为 2.95%
2020 年 6 月 1 日	中国人民银行会同相关部门发布《中国人民银行 银保监会 发展改革委 工业和信息化部 财政部 市场监管总局 证监会 外汇局关于进一步强化中小微企业金融服务的指导意见》《中国人民银行 银保监会 财政部 发展改革委 工业和信息化部关于进一步对中小微企业贷款实施阶段性延期还本付息的通知》《中国人民银行 银保监会 财政部 发展改革委 工业和信息化部关于加大小微企业信用贷款支持力度的通知》
2020 年 6 月 1 日	发布《中国人民银行关于普惠小微企业贷款延期支持工具有关事宜的通知》，创设普惠小微企业贷款延期支持工具
2020 年 6 月 1 日	发布《中国人民银行关于普惠小微企业信用贷款支持计划有关事宜的通知》，创设普惠小微企业信用贷款支持计划
2020 年 6 月 15 日	中国人民银行开展了中期借贷便利（MLF）操作，操作金额为 2 000 亿元，利率为 2.95%
2020 年 6 月 29 日	中国人民银行决定，从 2020 年 7 月 1 日起下调再贷款、再贴现利率。其中，下调支农再贷款、支小再贷款利率 0.25 个百分点。调整后，3 个月、6 个月和 1 年期支农再贷款、支小再贷款利率分别为 1.95%、2.15% 和 2.25%。下调再贴现利率 0.25 个百分点至 2%。下调金融稳定再贷款利率 0.5 个百分点。调整后，金融稳定再贷款利率为 1.75%，金融稳定再贷款（延期期间）利率为 3.77%

资料来源：中国人民银行网站。

中国人民银行的上述举措正符合中央提出的："稳健的货币政策要更加灵活适度。"从总量上看，政策工具的操作调节了货币供应量，保持了流动性的合理宽裕，降低了社会综合融资成本。根据央行公布的 2020 年第二季度《中国货币政策执行报告》，6 月末我国广义货币供应量（M2）同比增长 11.1%，社会融资规模存量同比增长 12.8%，增速均明显高于 2019 年；企业贷款加权平均利率为 4.64%，较 2019 年 12 月下降 0.48 个百分点。从结构上看，货币政策支持实体经济的力度明显增强，尤其是进一步加大了对小微企业、涉农领域等国民经济重点领域和薄弱环节的支持力度。与此同时，货币政策工具的使用也兼顾了经济的内外均衡，妥善推进了金融风险处置。

（二）财政部的"抗疫"举措

除了发行抗疫特别国债外，财政部通过收入和支出两个渠道，奋力实现宏观调控目标，具体措施如下。

在政府收入方面，财政部积极出台减税降费举措。第一，对小微企业和个体工商户减免增值税。对湖北省增值税小规模纳税人适用 3% 征收率的应税销售收入，免征增值税；对其他地区增值税小规模纳税人适用 3% 征收率的应税销售收入，减按 1% 征收率征收增值税。第二，对受疫情影响较大的行业企业给予税费减免。对受疫情影响较大的困难行业企业（包括交通运输、餐饮、住宿、旅游）2020 年度发生的亏损，最长结转年限由 5 年延长至 8 年；各省对受疫情影响较大行业企业给予房产税、城镇土地使用税困难减免。第三，对防疫补助收入免征个人所得税。对参加疫情防治工作的医务人员和防疫工作者，按照政府规定标准取得的临时性工作补助和奖金，以及单位发给个人用于预防的药品、医疗用品和防护用品等实物，不计入工资、薪金收入，免征个人所得税。第四，出台扩大汽车消费的税收政策。对二手车经销企业销售旧车，减按销售额 0.5% 征收增值税。将 2020 年底到期的新能源汽车免征车辆购置税政策，延长 2 年。第五，阶段性减免企业社保费、缓缴住房公积金。减免各类企业缴纳的养老、失业、工伤三项社保费上半年达 6 000 亿元，实施失业保险稳岗返还政策惠及 8 400 多万职工；受新冠肺炎疫情影响的企业，可按规定申请在 2020 年 6 月 30 日前缓缴住房公积金。第六，免收收费公路通行费。2020 年 2 月 17 日 0 时起至 2020 年 5 月 5 日 24 时止，免收全国收费公路车辆通行费 1 400 多亿元。第七，降低企业电价气价等措施。自 2 月 1 日至 6 月 30 日，降低除高耗能行业用户外的其他企业用户用电价格 5%，实施支持性两部制电价政策，提前执行淡季天然气价格政策。

此外，按照全国人大常委会授权，经国务院批准，增加了地方政府债务额度。各地发行的新增专项债券，全部用于铁路、轨道交通等交通基础设施，农林水利、市政和产业园区基础设施等领域重大基础设施项目建设，以有效弥补公共设施短板，同时发挥财政资金杠杆作用，带动社会投资，形成对经济的有力拉动。

在政府支出方面，一是拨付疫情防控资金。为支持疫情防控，尤其是保障人民群众生命健康，财政部会同相关部门出台了关于患者救治费用补助、一线医务人员临时性工作补助等一系列政策措施，并分两批预拨了疫情防控资金，同时加大国库库款调度力度。截至2020年4月19日，各级财政共安排疫情防控资金1 452亿元，各地疫情防控经费得到较好的保障。二是向地方下达政府转移支付资金。为支持地方切实做好保基本民生、保工资、保运转工作，中央财政及时下达转移支付资金。在2019年第四季度已提前下达转移支付6.1万亿元的基础上，2020年以来拨付均衡性转移支付700亿元、县级基本财力保障机制奖补资金406亿元，增强地方财政经费保障能力，支持地方做好疫情防控和保基本民生、保工资、保运转工作。同时，下达部分中央基建投资、促进企业复工复产等方面的资金，促进经济社会平稳发展。

（三）政策效果

从政策效果上看，我国宏观经济在2020年2月达到最低谷之后开始缓慢回升。国家统计局数据显示，2020年第二季度我国GDP同比增长3.2%，环比增长11.5%，第三季度GDP同比增长4.9%，环比增长2.7%。2020年前三季度GDP同比增长由负转正，增长率为0.7%。就业和收入方面，2020年前三季度城镇新增就业898万人，9月全国城镇调查失业率为5.4%，从年初6.2%的高位持续回落；前三季度全国居民人均可支配收入23 781元，同比名义增长3.9%，扣除价格因素实际增长0.6%。消费与物价方面，社会消费品零售总额增速呈现回升态势，8月同比增长0.5%，9月同比增长3.3%；消费者信心指数自6月起持续回升，9月达120.5，基本达到疫情前水平；消费者价格指数前三季度同比上涨3.3%，其中，9月同比上涨1.7%，物价涨势较为温和。[①]

五、结语

在党中央的坚强领导下，新冠肺炎疫情在我国得到了较为迅速有效的控制，货币政策和财政政策的合力也使我国国民经济发展渐渐步入增长轨道。事实上，在面对疫

---

① 资料来源：根据国家统计局数据整理。

情对经济和社会造成的巨大冲击时，财政部门和货币当局没有任何部门利益，都是在党中央国务院统一领导下共同工作，然而财政政策和货币政策毕竟是两类不同的宏观调控手段，其最终目标、政策工具和作用机制等均存在显著差异。将财政政策与货币政策混淆，突破两者底线，使用货币政策为财政赤字融资未必能实现宏观调控的目的，在长期甚至可能造成巨大危害。而在守住政策底线的前提下分别进行有效安排，同时兼顾两者的协调配合才是求解问题的合理思路。在疫情防控常态化背景下，财政政策和货币政策的相对独立和协调配合是一个值得思考的重要问题。

案例使用说明

一、教学目的与用途

1. 适用课程：金融学、中央银行学。

2. 适用对象：本案例适于金融学专业本科学生学习使用，其他学习金融学课程的经济类、管理类学生也可将其作为辅助资料使用。

3. 教学目的：本案例主要涉及中央银行货币政策目标和工具，中央银行独立性等内容。通过使用本案例，希望达成以下目标。

（1）知识目标。掌握货币政策最终目标和一般性货币政策工具；了解结构性货币政策工具；理解货币政策与财政政策的联系与区别。

（2）能力目标。思考中央银行的独立性问题；了解《中国人民银行法》等现实财经法规；提升对宏观经济环境和财政金融政策的分析和思考能力。

（3）思政目标。引导学生了解疫情期间我国的货币政策操作，理解国家对人民群众的关切；帮助学生领会党中央严守财经纪律，防范金融风险的决心；提升学生对我国财政货币政策抗疫行为和效果的认同感，增强学生对我国经济发展的理论自信和道路自信。

二、启发思考题

1. 我国货币政策的最终目标是什么？近年来在国内外经济压力与新冠肺炎疫情暴发的背景下，货币政策目标有哪些调整？

2. 中央银行是否可以购买财政部门发行的债券？如果可以，该行为会如何影响一国货币供应量？

3. 中国人民银行为什么没有直接购买抗疫特别国债？如果直接购买，我国的国民经济会受到哪些影响？

4. 财政政策和货币政策有何区别和联系？在疫情背景下，我国的财政政策与货币政策是如何选择和配合的？

三、分析思路

1. 从一般意义上的货币政策最终目标出发，掌握我国《中国人民银行法》对货币政策目标的界定，并结合近年来国内外经济形势和新冠肺炎疫情暴发对我国经济生活的影响，理解国家提出的"六保""六稳"，从中找出与货币政策最终目标的契合点。

2. 中央银行在市场上以平等的经济主体身份公开买进或卖出有价证券是最重要的货币政策工具之一——公开市场业务。其中的有价证券就包括财政部门发行的债券。央行购买有价证券可以通过增加基础货币扩大货币供应量，同时也可以影响利率和利率结构。

3. 中央银行直接购买财政部门发行的债券和在公开市场上以平等市场主体的身份买入有价证券是不一样的。当央行直接购买财政部门发行的债券时，它丧失了对购买时机、购买品种和购买数量的选择权，此时货币政策被动地受到财政政策的制约。这种行为被大多数国家所禁止。

4. 财政政策和货币政策同属于国家的宏观调控政策，但两者存在较大区别。新冠肺炎疫情的暴发使社会的供给侧和需求侧都出现了问题，此时两类政策应发挥各自优势协调配合，尽快将经济拉出低谷。

四、理论依据与具体分析

1. 货币政策的最终目标。货币政策是政府采取的宏观经济调控的重要经济政策之一，是指中央银行为了实现既定的经济目标，运用各种政策工具调节货币供应量和利率等经济变量，进而影响宏观经济运行的方针和措施的总和。一般认为，货币政策的最终目标主要有稳定币值、经济增长、充分就业、平衡国际收支和金融稳定五个。这五大货币政策最终目标之间既有统一性又有矛盾性，因此，中央银行在某一特定时期实施的货币政策不可能同时兼顾各项最终目标，于是出现了如何选择货币政策最终目标的问题。各国在货币政策的最终目标选择方面各有不同，理论界对此问题也有争论。根据《中国人民银行法》的规定，我国货币政策的目标是："保持货币币值的稳定，并以此促进经济增长。"

近年来，我国发展面临的国内外形势日益复杂：一方面世界主要经济体政策调整及其外溢效应加大，保护主义加剧，地缘政治风险上升；另一方面我国经济正处在转变发展方式、优化经济结构、转换增长动力的攻关期。在复杂的背景下，2018年7月，中央经济工作会议首次提出"六稳"方针，即稳就业、稳金融、稳外贸、稳外资、稳投资、稳预期，表现出了实现全盘稳定的信心。2020年4月在新冠肺炎疫情复杂影响下，中央又提出"六保"的新任务，即保居民就业、保基本民生、保市场主体、保粮食能源安全、保产业链供应链稳定、保基层运转。在2020年及之后的几年中，货币政策的制定和实施必然要在"保持货币币值的稳定，并以此促进经济增长"的基础上向更好地实现"六保""六稳"倾斜，即更加关注就业、金融稳定等方面，而上述目标之间也蕴含着协调统一的机制。

2. 货币政策的工具。中央银行通过货币政策工具的选择和使用来实现宏观调控目标。货币政策工具是由中央银行掌握和具体实施的，它的运用可对基础货币、银行储备、货币供给量、利率、汇率以及金融机构的信贷活动等产生直接或间接的影响。货币政策工具从其操作对象来划分，可分为三类：一般性货币政策工具、选择性货币政策工具和其他货币政策工具。一般性货币政策工具是对货币供给量或信用总量进行调节和控制的政策工具，是最为主要的一类政策工具，包括法定存款准备金政策、再贴现政策和公开市场操作。

公开市场业务（也称"公开市场操作"），是指中央银行通过在市场上以平等的经济主体身份，公开买进或卖出有价证券（特别是政府短期债券）来投放或回笼基础货币，以控制货币供应量，并影响市场利率的一种行为。因此，中央银行是可以购买财政部门发行的债券的。当中央银行购买财政部门发行的债券时，基础货币数量增加，货币供应量往往也倍数增加。

3. 货币政策的独立性。中央银行的独立性是指中央银行履行自身职责时法律赋予或实际拥有的权利、决策与行动的自主程度。中央银行的独立性比较集中地反映在中央银行与政府（国家行政当局）的关系上。这一关系包括两层含义：一是中央银行应对政府保持一定的独立性；二是中央银行对政府的独立性是相对的。总体而言，当各国经济社会处于平稳发展的时候，政府与中央银行的关系是比较协调的。中央银行能够比较自主地履行自己的职责，而在经济、金融比较困难甚至出现危机的时候，政府与中央银行往往出现不协调的情况。政府较多地考虑就业、保障等社会问题，中央银行较多地考虑稳定、秩序等经济问题，虽然两者在最终目标上是一致的，但在实现目标的措施选择上往往有不同考虑。

在我国，《中国人民银行法》第二十九条规定，"中国人民银行不得对政策财政透支，不得直接认购、包销国债和其他政府债券"。因此，由中央银行直接购买财政部门发行的抗疫特别国债是违反法律规定和财经纪律的。如果直接购买，可能会造成货币的超发和通货膨胀，从而对国民经济产生负向影响。

4. 财政政策与货币政策的协调配合。货币政策和财政政策作为当代各国调控宏观经济的主要手段，只有相互协调配合，才能保证国家对宏观经济的调控获得预期效果。

财政政策与货币政策的共性表现在三个方面：一是这两大政策均作用于本国的宏观经济；二是这两大政策均由国家制定；三是最终目标一致。两者的区别也表现在三个方面。一是政策的实施者不同。财政政策是由政府财政部门具体实施；货币政策则由中央银行具体实施。二是作用过程不同。财政政策的直接对象是国民收入再分配过程，以改变国民收入再分配的数量和结构为初步目标，进而影响整个社会经济生活；货币政策的直接对象是货币运动过程，以调控货币供给的结构和数量为初步目标，进而影响整个社会经济生活。三是政策工具不同。财政政策所使用的工具一般与政府的收支活动相关，主要是税收和政府支出及转移性支付等；货币政策使用的工具通常与中央银行的货币管理业务活动相关，主要是存款准备金率、再贴现政策、公开市场操作等。

在总量平衡的情况下，调整经济结构和政府与公众之间的投资比例，一般采取货币政策和财政政策"一松一紧"的办法。在总量失衡的情况下的微量调整，一般单独使用财政或货币政策。根据西方国家的经验，财政政策在短期内见效快，但长期调整还要靠货币政策。在总量失衡较为严重的情况下，政府要达到"扩张"或"紧缩"目的时，一般同时使用财政政策和货币政策两种手段，即"双松"或"双紧"。

2011 年以来，我国的宏观调控政策一直定调为积极的财政政策和稳健的货币政策。2018 年《政府工作报告》中指出，鉴于复杂的国内外经济形势，积极的财政政策要聚力增效，稳健的货币政策要松紧适度。2019 年《政府工作报告》中指出，2019 年我国发展面临的环境更复杂更严峻，可以预料和难以预料的风险挑战更多更大，积极的财政政策要加力提效，稳健的货币政策要松紧适度。2020 年，鉴于全球疫情和经贸形势不确定性很大，我国发展面临一些难以预料的影响因素，为了引导各方面集中精力抓好"六稳""六保"，《政府工作报告》指出："积极的财政政策要更加积极有为。今年赤字率拟按 3.6% 以上安排，财政赤字规模比去年增加 1 万亿元，同时发行 1 万亿元抗疫特别国债。这是特殊时期的特殊举措。上述 2 万亿元全部转给地方，建立特殊转移支付机制，资金直达市县基层、直接惠企利民，主要用于保就业、保基本民生、保市场主体，包括支持减税降费、减租降息、扩大消费和投资等，强化公共财政属性，决不允许截留挪用。稳健的货币政策要更加灵活适度。综合运用降准降息、再贷款等手段，引导广义货币供应量和社会融资规模增速明显高于去年。保持人民币汇率在合理均衡水平上基本稳定。创新直达实体经济的货币政策工具，务必推动企业便利获得贷款，推动利率持续下行。"

参考资料：

［1］中国人民银行. 2020 年中国货币政策大事记［EB/OL］. ［2021 - 02 - 08］. http：//www.pbc. gov. cn/zhengcehuobisi/125207/125227/125963/4190884/index. html.

［2］王广谦. 中央银行学（第四版）［M］. 北京：高等教育出版社，2017.

［3］丁述军，沈丽．金融学［M］．济南：山东人民出版社，2017．

［4］刘尚希．如何理解疫情条件下的财政政策［J］．财政科学，2020（5）：5－9．

［5］中国新闻网．中国财政、金融学界争辩"财政赤字货币化"［EB/OL］．［2020－05－19］．https：//baijiahao. baidu. com/s？id＝1667126017563548735&wfr＝spider&for＝pc．

［6］话说经济．应对新冠疫情之财政政策梳理［EB/OL］．［2020－05－15］．https：//baijiahao. baidu. com/s？id＝1666738620927746143&wfr＝spider&for＝pc．

［7］经济日报．"财政赤字货币化"是个啥？学者们因为它"吵"起来了［EB/OL］．［2020－05－27］．https：//baijiahao. baidu. com/s？id＝1667833921327910727&wfr＝spider&for＝pc．

［8］中国财富管理50人论坛．刘尚希：新的条件下，财政赤字货币化具有合理性、可行性和有效性［EB/OL］．［2020－05－02］．https：//baijiahao. baidu. com/s？id＝1665547371389453010&wfr＝spider&for＝pc．